### E-Book inside.

Mit folgendem persönlichen Code können Sie die E-Book-Ausgabe dieses Buches downloaden.

```
80188-v5x6p-
56r2k-t0030
```

Registrieren Sie sich unter
**www.hanser-fachbuch.de/ebookinside**
und nutzen Sie das E-Book
auf Ihrem Rechner*, Tablet-PC
und E-Book-Reader.

Der Download dieses Buches als E-Book unterliegt gesetzlichen Bestimmungen bzw. steuerrechtlichen Regelungen, die Sie unter www.hanser-fachbuch.de/ebookinside nachlesen können.
* Systemvoraussetzungen: Internet-Verbindung und Adobe® Reader®

Susanne Petersen
# Führung und Zusammenarbeit in Managementsystemen

**Bleiben Sie auf dem Laufenden!**

Hanser Newsletter informieren Sie regelmäßig über neue Bücher und Termine aus den verschiedenen Bereichen der Technik. Profitieren Sie auch von Gewinnspielen und exklusiven Leseproben. Gleich anmelden unter

**www.hanser-fachbuch.de/newsletter**

Susanne Petersen

# Führung und Zusammenarbeit in Managementsystemen

Der Faktor Mensch in der ISO 9001, ISO 14001 und OHSAS 18001

HANSER

Bibliografische Information der Deutschen Nationalbibliothek

Die Deutsche Nationalbibliothek verzeichnet diese Publikation in der Deutschen Nationalbibliografie; detaillierte bibliografische Daten sind im Internet über <http://dnb.d-nb.de> abrufbar.

Dieses Werk ist urheberrechtlich geschützt.

Alle Rechte, auch die der Übersetzung, des Nachdrucks und der Vervielfältigung des Buches, oder Teilen daraus, sind vorbehalten. Kein Teil des Werkes darf ohne schriftliche Genehmigung des Verlages in irgendeiner Form (Fotokopie, Mikrofilm oder ein anderes Verfahren), auch nicht für Zwecke der Unterrichtsgestaltung, reproduziert oder unter Verwendung elektronischer Systeme verarbeitet, vervielfältigt oder verbreitet werden.

© 2016 Carl Hanser Verlag München
http://www.hanser-fachbuch.de

Lektorat: Lisa Hoffmann-Bäuml
Seitenlayout und Herstellung: Der Buch*macher*, Arthur Lenner, München
Titelbild und Zeichnungen: Iris Zerger, Hainfeld
Umschlaggestaltung: Stephan Rönigk
Druck & Bindung: Hubert & Co, Göttingen
Printed in Germany

ISBN 978-3-446-44190-3
E-Book-ISBN 978-3-446-44195-8

# Inhalt

Einleitung ... 1

1 Mitarbeiterverhalten beeinflussen ... 7
   1.1 Coaching: Wir haben doch alles aufgeschrieben ... 7
   1.2 Wo sind die „Schrauben" für ein gewünschtes Verhalten? ... 8
      1.2.1 In der Person liegende Einflussfaktoren ... 9
      1.2.2 In der Situation liegende Einflussfaktoren ... 10
      1.2.3 Der Blick aufs Ganze – Wechselwirkungen und Dynamiken ... 11
      1.2.4 Der Kern im Rückblick ... 11
   1.3 „Führung": „Schrauben" finden und drehen ... 12
      1.3.1 Grundlagen: Die Werkzeugkiste der Betriebswirtschaftslehre ... 12
      1.3.2 Wozu Führung? ... 12
      1.3.3 Direkte und indirekte Führung ... 13
         1.3.3.1 Indirekt Führen durch Strukturen ... 13
         1.3.3.2 Direkt Führen durch (Inter-)Aktion ... 15
      1.3.4 Der Kern im Rückblick ... 16
   1.4 Mögliche Konsequenzen für Führung und Zusammenarbeit ... 18
      1.4.1 Die richtigen Fragen stellen – Der „Bremsfragebogen" ... 18
      1.4.2 Neuer Fokus – Führen im Managementsystem ... 20
      1.4.3 Laterale Führung: „Von der Seite" führen ... 21
   1.5 Coaching: Aha-Erlebnisse ... 21
   1.6 Literatur ... 22

2 Mit Widerständen umgehen ... 25
   2.1 Coaching: Mal eben schnell ein neuer Prozess ... 25
   2.2 Eine Frage der Perspektive ... 26
   2.3 Widerstand bei Veränderungen ... 27
      2.3.1 Kennzeichen von Widerstand ... 27
      2.3.2 Signale bei Widerstand ... 28

|  |  |  |
|---|---|---|
| | 2.3.2.1 Verschlüsselte Botschaften und rätselhafte Reaktionen | 28 |
| | 2.3.2.2 Sammeln von „Rabattmarken" | 29 |
| 2.4 | Gute Gründe für Widerstand | 30 |
| | 2.4.1 Persönliche Befürchtungen | 30 |
| | 2.4.1.1 Zeit ist ein begrenztes Gut | 30 |
| | 2.4.1.2 Der Mensch ist ein Gewohnheitstier | 31 |
| | 2.4.1.3 Alles nicht mehr gut genug | 31 |
| | 2.4.1.4 Nicht anerkannt | 31 |
| | 2.4.2 Typische Bremsmanöver bei Veränderungsprozessen | 32 |
| | 2.4.2.1 Change-Kurve: Höhen und Tiefen beim Change-Prozess | 32 |
| | 2.4.2.2 Starthilfen und Beschleuniger | 33 |
| 2.5 | Der Kern im Rückblick | 34 |
| 2.6 | Mögliche Konsequenzen für Führung und Zusammenarbeit | 35 |
| | 2.6.1 Signale auf- und ernst nehmen | 36 |
| | 2.6.2 Change-Kurve nutzen | 36 |
| | 2.6.3 Verbindliche Vereinbarungen treffen | 38 |
| | 2.6.4 Zeit einplanen und Zuhören können | 38 |
| | 2.6.5 Direkte Führung – So früh wie möglich umsetzen | 38 |
| 2.7 | Coaching: Aha-Erlebnisse | 39 |
| 2.8 | Literatur | 40 |
| **3** | **In Managementsystemen führen** | **41** |
| 3.1 | Aufgaben der Führung | 42 |
| | 3.1.1 Fünf Schlüsselaufgaben | 42 |
| | 3.1.1.1 Für Ziele sorgen | 42 |
| | 3.1.1.2 Organisieren | 43 |
| | 3.1.1.3 Entscheiden | 46 |
| | 3.1.1.4 Kontrollieren | 46 |
| | 3.1.1.5 Menschen entwickeln und fördern | 48 |
| | 3.1.2 Führungsaufgaben und PDCA-Aufgaben | 49 |
| 3.2 | Ziele der Führung im Managementsystem | 50 |
| | 3.2.1 Zentrale Anforderungen der Normen an Führung | 50 |
| | 3.2.1.1 Aufbau/Einführung | 50 |
| | 3.2.1.2 Verwirklichung/Umsetzung | 52 |
| | 3.2.1.3 Aufrechterhaltung | 53 |
| | 3.2.1.4 Verbesserung | 54 |
| | 3.2.1.5 Dokumentation | 55 |
| | 3.2.2 Ein- und Durchführung des Change | 56 |
| 3.3 | Schlüsselprozesse der Führung im Managementsystem | 59 |
| | 3.3.1 Einführung: Neues zum Laufen bringen | 59 |

3.3.1.1 Für Ziele sorgen .................................................................. 59
3.3.1.2 Strukturen als Leitplanken errichten ................................... 60
3.3.1.3 Einmalige Herausforderungen bewältigen ......................... 61
3.3.1.4 Wiederkehrende Abläufe und Routinen dauerhaft regeln .... 61
3.3.1.5 Aufgabenauf- und -zuteilung klären .................................. 62
3.3.1.6 Mitarbeiter fördern und entwickeln ................................... 63
3.3.2 Durchführung: Konsequent am Ball bleiben ................................. 63
3.3.2.1 Kontrolle und Begleitung der eingeführten Routine ........... 64
3.3.2.2 Widersprüchliche Ziele, Zu- und Vorfälle .......................... 65
Durchführung mündet in Einführung .............................................. 66
3.4 Der Kern im Rückblick ................................................................................ 66
3.5 Mögliche Konsequenzen für Führung und Zusammenarbeit ..................... 67
3.6 Literatur ....................................................................................................... 68

# 4 Gesetzliche Anforderungen berücksichtigen ................................................. 71
4.1 Organisation und Delegation ...................................................................... 72
4.1.1 Delegation sicher und fair gestalten .............................................. 73
4.1.1.1 Begriff und Zusammenhänge ............................................ 73
4.1.1.2 Pflichten oder Grundsätze ................................................. 73
4.1.1.3 Nicht alles kann delegiert werden ..................................... 74
4.1.1.4 Verantwortung wahrnehmen ............................................ 74
4.1.1.5 Der Tatbestand des Organisationsmangels oder -verschuldens ................................................................... 76
4.1.2 Maßnahmen gegen Organisationsmangel .................................... 76
4.1.2.1 Generelle Pflichtenübertragung ........................................ 76
4.1.2.2 Prozessbezogene Aufgabenteilung und Pflichtenübertragung ....................................................... 78
4.1.3 Delegationsprozess im Detail ........................................................ 80
4.1.3.1 Einführung ........................................................................ 80
4.1.3.2 Durchführung .................................................................... 84
4.1.4 Der Kern im Rückblick .................................................................. 86
4.1.5 Mögliche Konsequenzen für Führung und Zusammenarbeit ........ 88
4.1.5.1 Aufgabenübergabe als Aushandlungsprozess ................... 89
4.1.5.2 Rechtzeitige Feinabstimmung .......................................... 89
4.2 Wer muss, wer darf führen? ........................................................................ 91
4.2.1 Zentrale Rollen .............................................................................. 91
4.2.1.1 Beauftragte ....................................................................... 91
4.2.1.2 Oberste Leitung ................................................................ 92
4.2.1.3 Der Begriff „Rolle" ............................................................ 93
4.2.2 Stab-Linien-Organisation .............................................................. 95
4.2.3 Der Kern im Rückblick .................................................................. 96

4.2.4 Mögliche Konsequenzen für Führung und Zusammenarbeit ............ 98
    4.2.4.1 Führung zwischen Stab und Linie muss abgestimmt sein ... 98
    4.2.4.2 Rollenklarheit im Managementsystem ................................ 98
4.3 Literatur ............................................................................................ 99

# 5 Unternehmen als System interpretieren ............................................ 103
5.1 Was ist ein System? ......................................................................... 103
5.2 Bausteine und Besonderheiten des Unternehmens ............................ 105
    5.2.1 Elemente und Systemgrenzen ................................................. 105
    5.2.2 Vernetzung und Wechselwirkungen ........................................ 107
    5.2.3 Ordnungen und Muster ........................................................... 107
    5.2.4 Störung und Veränderungen .................................................. 110
5.3 Systemisches Unternehmensmodell ................................................. 112
    5.3.1 Innere Zusammenhänge und Wechselwirkungen ................... 112
        5.3.1.1 Strategie .................................................................. 113
        5.3.1.2 Kultur ...................................................................... 114
        5.3.1.3 Organisation ........................................................... 114
        5.3.1.4 Führungskräfte ....................................................... 115
        5.3.1.5 Mitarbeiter .............................................................. 115
    5.3.2 Äußere Zusammenhänge und Wechselwirkungen ................... 116
5.4 Der Kern im Rückblick ..................................................................... 117
5.5 Mögliche Konsequenzen für Führung und Zusammenarbeit ............. 119
    5.5.1 Eigenes Denken reflektieren ................................................... 119
    5.5.2 Unerwünschtes Verhalten als Feedback nutzen ..................... 120
    5.5.3 (Los)lassen und vertrauen ...................................................... 121
    5.5.4 Mit Unsicherheit und Unerwartetem umgehen ...................... 122
    5.5.5 Das „Draußen" wirksam machen ............................................ 123
    5.5.6 Agil agieren ............................................................................. 123
5.6 Literatur ........................................................................................... 124

# 6 Das System im System integrieren .................................................... 127
6.1 Wie „systemisch" denken und führen die Normen? ......................... 127
    6.1.1 Die zentralen Qualitätsnormen ............................................... 127
    6.1.2 „Systemisches" Gedankengut in Grundlagen und Begrifflichkeiten 130
        6.1.2.1 Selbstorganisation als Grundprinzip ...................... 130
        6.1.2.2 Was ist ein Management-„System"? ...................... 130
        6.1.2.3 Das Managementsystem als (Teil-)System ............ 131
    6.1.3 Elemente und Wechselwirkungen aus Sicht der Normen ....... 132
        6.1.3.1 Kontext .................................................................... 132
        6.1.3.2 Strategie .................................................................. 134

|  |  |  |
|---|---|---|
| | 6.1.3.3 Kultur | 135 |
| | 6.1.3.4 Organisation | 140 |
| | 6.1.3.5 Mitarbeiter sind Teil des Systems | 144 |
| | 6.1.3.6 Oberste Leitung und Führung | 145 |
| 6.1.4 | Der Kern im Rückblick | 149 |
| 6.2 Das System im System – Integration als Herausforderung | | 151 |
| 6.2.1 | Entwicklungsstufen | 151 |
| | 6.2.1.1 Integration ohne Managementsystem | 152 |
| | 6.2.1.2 Angebaute Managementsysteme | 152 |
| | 6.2.1.3 Zusammenwachsende Managementsysteme | 154 |
| | 6.2.1.4 Zunehmende Integration im Unternehmen | 154 |
| 6.2.2 | Integration à la Norm | 155 |
| 6.2.3 | Unerwünschte Dynamiken | 157 |
| | 6.2.3.1 Wo ist der Dirigent? | 157 |
| | 6.2.3.2 Solo oder Orchester? | 157 |
| | 6.2.3.3 Noten sind nötig? | 158 |
| | 6.2.3.4 Gleich- oder Missklang? | 158 |
| | 6.2.3.5 Was wird hier gespielt? | 161 |
| | 6.2.3.6 Musikgenuss oder Lärm? | 162 |
| | 6.2.3.7 Programmänderung unerwünscht? | 162 |
| 6.2.4 | Der Kern im Rückblick | 163 |
| 6.3 Mögliche Konsequenzen für Führung und Zusammenarbeit | | 165 |
| 6.3.1 | Synergien nutzen und klar ausrichten | 165 |
| 6.3.2 | Die Instrumente einsetzen | 166 |
| | 6.3.2.1 Strategie | 166 |
| | 6.3.2.2 Organisationsstrukturen | 167 |
| | 6.3.2.3 Kultur und direkte Führung | 168 |
| 6.3.3 | „Stimmige" Ausrichtung | 169 |
| | 6.3.3.1 Neue Ziele prüfen und abgleichen | 170 |
| | 6.3.3.2 Reibungen in der Umsetzung als Rückmeldung nutzen | 170 |
| 6.3.4 | Kulturmuster erkennen | 171 |
| | 6.3.4.1 Arbeitsfeldkultur | 172 |
| | 6.3.4.2 Dokumentenkultur | 172 |
| | 6.3.4.3 Kontrollkultur | 173 |
| | 6.3.4.4 Fehlerkultur | 173 |
| 6.3.5 | Lernen braucht Impulse | 174 |
| 6.4 Literatur | | 175 |

**7 Vorstufen des Handelns kennen** ... 177

7.1 Einleitung und Überblick ... 177

7.2 Gefilterte Wahrnehmung ... 179

7.2.1 Aufmerksamkeit und Konzentration .................................................. 181
7.2.2 Kenntnisse, Erfahrungen .................................................................. 183
7.2.3 Ergebnis: Ein persönlicher Ausschnitt der Wirklichkeit ................... 184
7.3 Gefilterte Bewertung ..................................................................................... 184
    7.3.1 Ziele ................................................................................................. 186
    7.3.2 Motive und Bedürfnisse ................................................................... 188
        7.3.2.1 Bedürfnisse als psychologische Grundnahrungsmittel ...... 189
        7.3.2.2 Motive – Was uns wichtig und wertvoll ist ....................... 191
        7.3.2.3 Macht, Leistung, Anschluss ............................................... 193
        7.3.2.4 Implizite und explizite Motive ........................................... 195
    7.3.3 Werte, Normen, Regeln .................................................................... 196
    7.3.4 Kenntnisse, Erfahrungen .................................................................. 198
    7.3.5 Die mentale Gewinn-und-Verlust-Rechnung ................................... 200
        7.3.5.1 Der Blick in die Zukunft ..................................................... 201
        7.3.5.2 Abwägen .............................................................................. 202
        7.3.5.3 „Qualitätskriterien" für unser Handeln .............................. 202
        7.3.5.4 Die emotionale Währung ................................................... 204
    7.3.6 Emotion und Motivation .................................................................. 207
    7.3.7 Antriebsquellen erschließen ............................................................. 209
        7.3.7.1 Der persönliche Sinn und Nutzen ...................................... 209
        7.3.7.2 Der Einfluss „der anderen" ................................................ 211
        7.3.7.3 Motivationsbremsen ........................................................... 212
    7.3.8 Verhaltens- oder Handlungsintention ............................................. 213
        7.3.8.1 Intuition .............................................................................. 214
        7.3.8.2 Handlungsimpulse ............................................................. 215
7.4 Gefilterte Bewältigung .................................................................................. 216
    7.4.1 Die äußeren Rahmen- und Ausführungsbedingungen .................... 217
    7.4.2 Körperliche und mentale Befindlichkeit .......................................... 218
    7.4.3 Kenntnisse und Erfahrungen ............................................................ 222
    7.4.4 Das Ergebnis: Handlungsstart = Erkenntnis + Emotion ................... 223
7.5 Lernen – Voraussetzung jeder Änderung .................................................... 224
    7.5.1 Wann lernen wir? ............................................................................. 225
        7.5.1.1 Aus Erfahrungen lernen .................................................... 225
        7.5.1.2 Aus Beobachtungen lernen ............................................... 226
    7.5.2 Wie lernen wir? ................................................................................ 227
        7.5.2.1 Wiederholungen bahnen Erinnerungen ........................... 227
        7.5.2.2 Emotionen als Verstärker ................................................... 227
        7.5.2.3 Schemata – Wissen gut sortiert ........................................ 229
    7.5.3 Rückschläge und Scheitern .............................................................. 230
7.6 Der Kern im Rückblick .................................................................................. 230
7.7 Mögliche Konsequenzen für Führung und Zusammenarbeit ..................... 234

7.7.1 Unterschiedliche Perspektiven nutzen ............................................. 234
7.7.2 Antrieb ermöglichen durch Identifikation ...................................... 234
  7.7.2.1 Motive und Co. kennen .................................................... 235
  7.7.2.2 Motive und Co. erkennen (lassen) und nutzen ................. 235
7.7.3 Selbstwirksamkeit stärken .............................................................. 237
7.7.4 Stimmungs-/Zufriedenheitskiller als Bremsen abschalten ........... 239
  7.7.4.1 Kontrolle kontrolliert einsetzen ....................................... 240
  7.7.4.2 Kommunikation auf Augenhöhe ..................................... 240
7.7.5 Lernen zulassen .............................................................................. 241
7.8 Literatur ...................................................................................................... 242

# 8 Denken und Handeln im Unternehmen verstehen ............................................ 247
8.1 Menschliche Betriebszustände und ihre Auswirkungen ......................... 247
  8.1.1 Normalbetrieb ................................................................................. 248
    8.1.1.1 Langsames und schnelles Denken .................................. 248
    8.1.1.2 Handlungssteuerung im Betrieb ...................................... 251
  8.1.2 Müdigkeit und Erschöpfung .......................................................... 254
    8.1.2.1 Ermüdung als Schutzfunktion ......................................... 254
    8.1.2.2 Schlaf ist wichtig .............................................................. 256
    8.1.2.3 Andere Ausgleichsmechanismen .................................... 257
  8.1.3 Notfallbetrieb .................................................................................. 257
    8.1.3.1 Stressauslöser ................................................................... 258
    8.1.3.2 Erfolg versprechende Herausforderung oder Alarm? ........ 261
    8.1.3.3 Das menschliche „Alarmprogramm"(Notfallreaktion) ...... 262
  8.1.4 Der Kern im Rückblick .................................................................. 265
8.2 Herausforderungen im Managementsystem ............................................ 267
  8.2.1 Kennzeichen kritischer Situationen im Betrieb ........................... 267
    8.2.1.1 Komplexität ...................................................................... 267
    8.2.1.2 Risiko und Ungewissheit in der Normenwelt .................. 269
  8.2.2 Alltägliche Herausforderungen im Managementsystem .................. 270
    8.2.2.1 Vorgaben und Regeln ...................................................... 271
    8.2.2.2 Kontrollen ........................................................................ 271
    8.2.2.3 Dokumente und Unterweisungen ................................... 272
  8.2.3 Außergewöhnliche Herausforderungen im Managementsystem ..... 273
  8.2.4 Der Kern im Überblick .................................................................. 274
8.3 Engpässe und Abkürzungen ..................................................................... 275
  8.3.1 „Unschärfen" der Handlungsvorbereitung im Normalbetrieb ......... 275
    8.3.1.1 Wahrnehmung .................................................................. 276
    8.3.1.2 Bewertung und Bewältigung ........................................... 282
    8.3.1.3 Reflexion und Lernen ...................................................... 292
  8.3.2 „Unschärfen" der Handlungsvorbereitung bei Müdigkeit und Erschöpfung ................................................................................... 292

    8.3.2.1 Wahrnehmung ................................................................. 293
    8.3.2.2 Bewertung und Bewältigung ............................................ 294
  8.3.3 „Unschärfen" der Handlungsvorbereitung im Belastungs-
    und Notfallbetrieb ........................................................................... 294
    8.3.3.1 Wahrnehmung ................................................................. 295
    8.3.3.2 Bewertung und Bewältigung ............................................ 297
    8.3.3.3 Reflexion und Lernen ....................................................... 300
  8.3.4 Der Kern im Rückblick ................................................................... 301
 8.4 Mögliche Konsequenzen für Führung und Zusammenarbeit ..................... 304
  8.4.1 Umgang mit Komplexität und herausfordernden Verhältnissen ...... 304
    8.4.1.1 Unnötige Belastungen vermeiden und reduzieren ............. 304
    8.4.1.2 Der Wirklichkeit ins Auge sehen ....................................... 306
    8.4.1.3 Mit dem eigenen „Betriebssystem" umgehen lernen ........ 307
  8.4.2 Lernen lernen ................................................................................. 309
    8.4.2.1 Erst die Einstellungen, dann das Verhalten ..................... 309
    8.4.2.2 Notfall trainieren .............................................................. 310
 8.5 Literatur ..................................................................................................... 311

# 9 Mit Fehlern umgehen ........................................................................................ 315
 9.1 Was sind Fehler? ....................................................................................... 315
  9.1.1 Fehler im Managementsystem ....................................................... 316
  9.1.2 Verhaltensbezogene Fehler ........................................................... 316
 9.2 Wie werden Fehler „gemacht"? .................................................................. 317
  9.2.1 Menschliches Verhalten als Unfallursache? ................................... 317
  9.2.2 Fehler und ihre Wechselwirkungen ................................................ 318
    9.2.2.1 Aktive Fehler und latente Bedingungen ........................... 318
    9.2.2.2 Latente Sicherheitslücken als Löcher im Käse ................. 319
    9.2.2.3 Vorfälle und Unfälle als Spitze des Eisberges .................. 320
 9.3 Fehlerursachen und -arten ........................................................................ 322
  9.3.1 Absicht oder nicht? ......................................................................... 322
  9.3.2 Fehlerarten auf Basis der Handlungssteuerung ............................. 323
    9.3.2.1 Fertigkeitenbasierte Unsicherheiten ................................. 324
    9.3.2.2 Regelbasierte Unsicherheiten .......................................... 325
    9.3.2.3 Wissensbasierte Unsicherheiten ...................................... 326
 9.4 Unsichere (riskante) Verhältnisse .............................................................. 327
  9.4.1 Persönliche Sichtschranken ........................................................... 327
  9.4.2 Unkalkulierbare Risiken .................................................................. 328
    9.4.2.1 Menschbedingte Ursachen für Fehleinschätzungen ........ 329
    9.4.2.2 Typische Fehleinschätzungen .......................................... 331
  9.4.3 Die Normen zum Risiko ................................................................. 332
    9.4.3.1 Risikobasiertes Denken ................................................... 332

9.4.3.2 Risikobetrachtung als Fehlervermeidung ...................333
9.4.4 Unbekannte Einflussfaktoren und Zusammenhänge ....................334
9.5 Verhalten (ziel)sicherer machen..............................................335
    9.5.1 Fehlerkultur etablieren ................................................335
        9.5.1.1 Wohlüberlegte Fehler .......................................335
        9.5.1.2 Gute und schlechte Fehler ................................335
        9.5.1.3 Der experimentelle Fehler.................................336
        9.5.1.4 Vertrauenserweckende Fehler .........................336
    9.5.2 Ereignisanalysen durchführen .......................................337
        9.5.2.1 Generelles Vorgehen..........................................337
        9.5.2.2 Beitragende Faktoren .......................................338
    9.5.3 Zwischenfälle berichten (Zwischenfall-Reporting)...........342
9.6 Der Kern im Rückblick ...........................................................343
9.7 Mögliche Konsequenzen für Führung und Zusammenarbeit ....................345
    9.7.1 Unerwünschte Ereignisse nutzen ..................................345
    9.7.2 Mitarbeiter einbinden ...................................................345
    9.7.3 Vorausschauendes Denken üben..................................346
    9.7.4 Je nach Fehlerart reagieren ..........................................346
9.8 Literatur..................................................................................348

# 10 Zentrale Elemente der Zusammenarbeit ............................. 351
10.1 Kommunikation.....................................................................351
    10.1.1 Hinweise der ISO .........................................................352
    10.1.2 Senden einer Information............................................352
    10.1.3 Empfangen einer Information .....................................355
    10.1.4 Der Kern im Rückblick ..................................................356
10.2 Mitarbeiter beteiligen............................................................357
    10.2.1 Hinweise der ISO .........................................................357
    10.2.2 Unterschiedliche Freiräume ........................................357
    10.2.3 Der Kern im Rückblick ..................................................359
10.3 Besprechungen und Moderation...........................................359
    10.3.1 Vorbereitung................................................................359
    10.3.2 Gestaltung....................................................................361
    10.3.3 Der Kern im Rückblick ..................................................365
10.4 Gemeinsames Verständnis ....................................................365
    10.4.1 Stufenweise Übereinstimmung ...................................366
    10.4.2 Der Kern im Rückblick ..................................................368
10.5 Entscheidungsfindung ..........................................................369
    10.5.1 Wer entscheidet?.........................................................369

10.5.2 Wie wird entschieden? ... 370
10.5.3 Der Kern im Rückblick ... 372
10.6 Zentrale Methoden des systemischen Ansatzes ... 372
10.6.1 Lösungsorientierung und Perspektivenwechsel ... 372
10.6.2 Der Kern im Rückblick ... 373
10.7 Zusammenarbeit zwischen Stab und Linie ... 374
10.7.1 Das Was und Wie klären ... 374
10.7.2 Das Wer klären ... 375
10.7.3 Der Kern im Rückblick ... 376
10.8 Literatur ... 377

**Abkürzungen** ... 379

**Dank** ... 381

**Index** ... 383

**Die Autorin** ... 389

# Einleitung

Managementsysteme sollen dabei unterstützen, Unternehmen zu steuern. Sie stellen einen Rahmen für betrieblich erwünschtes Handeln und haben in den letzten Jahrzehnten durch ihre Methoden und Instrumente wesentlich dazu beigetragen, dass grundlegenden Themen wie Qualität, Umweltschutz, Arbeitssicherheit gezielter und systematischer bearbeitet wurden. Nicht nur das: Sie haben Unternehmen dazu bewegt, sich einer externen Beobachtung und Beurteilung zu öffnen und die entsprechenden Impulse zur Weiterentwicklung zu nutzen. Auch bündeln und konservieren sie Wissen, schaffen durch Verschriftlichung Transparenz und verbindliche und verlässliche Arbeits- und Diskussionsgrundlagen und nicht zuletzt auch Rechts- und Beweissicherheit. All dies gibt Orientierung, schafft Kompetenz und kommt damit den allzu menschlichen Grund- und Wohlfühlbedürfnissen zugute. Allerdings kommen diese Systeme aus einer Vergangenheit, in der Arbeitsteilung noch übersichtlich praktiziert wurde und Anweisung und Kontrolle von oben nach unten ausreichend gute Ergebnisse hervorbrachten.

Unsere Welt, die Unternehmen und auch die Menschen darin entwickeln sich allerdings weiter. Komplexität und Dynamik, Unsicherheit und Veränderung prägen den Zeitgeist. Mithilfe des systemischen Denkens mit seinen Grundprinzipien in Führung und Management kann dieser Herausforderung erfolgreich begegnet werden. Immer mehr Unternehmen erkennen dies und setzen auf Selbstorganisation und agile Herangehensweisen.

Managementsysteme sind Teil unserer Unternehmenswelt und können sowohl Keimzelle wie Baustein bedeutsamer Entwicklungen sein. Schließlich bieten sich mit ihnen Kernziele wie Arbeitssicherheit/Gesundheit, Qualität oder Umweltschutz, die es (moralisch und ökonomisch) wert sind, gelebt zu werden – auch im Unternehmen. Hier ist „Verantwortung" nicht mehr vordringlich eine organisatorische oder juristische Frage, sondern eine der betrieblichen und individuellen Bedeutsamkeiten und des daraus folgenden (selbstgesteuerten) Engagements.

Managementsystem und ihre Kernziele sind allerdings oftmals so eingeführt, dass es den Einzelnen kaum ermöglicht wird, mit Freude und Erfolg selbst wirksam zu werden:

- Definierte Prozesse und Arbeitsabläufe werden selten und oft aus Zeitnot so eingeführt, dass Sinn und Nutzen vermittelt und mit eigenen Wertvorstellungen und Bedeutsamkeiten gekoppelt werden können. Identifikation als wirkungsvoller Motivationsfaktor und Antreiber bleibt so ungenutzt.

- Standardisierte Regelungen und ihre stramme interne und externe Kontrolle lassen kaum Freiraum für eigenverantwortliches, situationsangemessen abwägendes Handeln oder verleihen diesem sogar einen Anstrich ungewollter und demotivierender „realitätsgeschuldeter" Illegalität.
- Solche Regeln bremsen nicht nur eigenverantwortliche Initiative und Kreativität, sondern schaffen vielfach Rahmenbedingungen, die andere, widersprüchliche Ziele, Regelungen, Praktiken und Gepflogenheiten (Kultur) im Unternehmen außer Acht lassen. Mit diesem „Tunnelblick" geben sie keine Orientierung, sondern behindern eine solche und schaffen lediglich Verwirrung. Auf diese Weise werden Wert und Bedeutsamkeit in unseren Managementsystemen und damit Sinn und Antrieb für motiviertes Handelns „wegorganisiert"!

Während meiner etwa 20jährigen Beratungspraxis sind mir immer wieder Unternehmen begegnet, denen Umweltschutz, Qualität oder Arbeitssicherheit so wichtig waren, dass sie gesagt haben: „Besser ohne Managementsysteme und Zertifizierung! Die Normvorgaben engen uns ein, lassen uns nicht den Spielraum, den wir brauchen, die Dinge auf gute Art ins Rollen zu bringen ..." Verständlich: Kraft und Energie selbstbewusst, selbstgewählt und -wirksam auf wertvolle Ziele auszurichten ist sehr viel befriedigender (und gesünder) als eine sture und kontrollierte Regelbefolgung, mit der Managementsysteme heute noch vielfach gleichgesetzt werden. Doch Managementsysteme bieten mit ihren Methoden und Strukturen eine Hilfestellung, die auch anders genutzt werden kann. Vor allem die jüngst revidierte Normen geben mehr Spielraum:

- Die erkennbare Lockerung der Verschriftlichungsvorgaben im Zuge der vergangenen Revisionen,
- die vielfachen Hinweise auf die systemische Denkwelt und insbesondere die Aspekte des Kontextes und der breiten Palette an Anspruchsgruppen/Stakeholder, die Einfluss auf ein Unternehmen haben, den es zu berücksichtigen gilt,
- die deutliche Forderung, nicht mehr alles als „sicher" anzunehmen, sondern sich mit Ungewissheit und ihren unkalkulierbaren Auswirkungen auseinanderzusetzen, womit dann auch Planung, Entscheidung und Steuerung im Unternehmen etwas realitätsnaher gesehen werden können sowie
- die Tatsache, dass zögerlich, aber zunehmend auch der Faktor Mensch in den Fokus rückt, der mit Engagement seinen Beitrag leisten kann und
- „Rollen" ergänzend zu festen Funktionen und Zuständigkeiten öffnen die Türen dafür, Engagement dann und dort zu praktizieren, wo es gebraucht wird.

Viele Umsetzungsprobleme sind nicht der Norm und ihrem Wortlaut zuzuschreiben, sondern der Art und Weise, wie dieser im Unternehmen interpretiert, ein- und durchgeführt wird. Jedweder Standard (auch unsere Normen) ist nicht mehr als eben das: ein Standard. Erst wenn er auf das Unternehmen „übersetzt" ist, kann er nützlich und hilfreich sein. „Übersetzen" könnte dabei auch Auswählen, Anpassen, Ergänzen, Verknüpfen, Vereinfachen oder sogar Ablehnen bedeuten, denn was hilft eine Methode oder ein Instrument im Handbuch oder der Prozessbeschreibung, die nicht akzeptiert und angewendet wird, wenn z. B. der Aufwand den Nutzen nicht rechtfertigt?

Hierzu braucht es allerdings die direkte (personale) Führung und Zusammenarbeit – durch Fach- und Führungskräfte, Projektleiter und engagierte Mitarbeiter und Kollegen (Rollen), die durch ihre Fach-, Spezial-, Vorort-Kenntnis die „Übersetzung" in die Sprache des Gesamtsystems dolmetschen und bei Bedarf auch immer wieder anpassen oder Überflüssiges eliminieren. Auf einem solchen Fundament lässt sich jede hilfreiche und funktionierende Anwendung und Veränderung oder Ein- und Durchführung nach innen und außen überzeugend vertreten – mit Wirkung auf Sinn und Nutzen der Managementsysteme im Unternehmen.

Managementsysteme sind lediglich eine Sammlung von Methoden und Instrumenten, die dabei unterstützen, das Unternehmen in Richtung bestimmter Kernziele zu führen und zu steuern. Jedes Unternehmen hat solche Werkzeuge – einerlei, ob mit oder ohne Zertifizierung. Managementsysteme helfen Qualität zu erzeugen, die Umwelt zu schützen oder die Arbeitssicherheit zu optimieren. Führung und Zusammenarbeit kommt hier nicht selten besonders dann zum Ausdruck, wenn darüber diskutiert wird, wer welche „Verantwortung" hat und wie weit genau die „Beratung" durch die Beauftragten oder Stäbe geht. Dicke Luft, Stress, überlastete Fachfunktionen, Konflikte und permanente Umsetzungsprobleme sind die Folge. Prozesse oder Anlagen lassen sich vielleicht „steuern", Menschen nicht. Sie reagieren nicht auf Knopfdruck. Sie haben einen eigenen Kopf, sind mal mehr, mal weniger motiviert, sind überhaupt typisch „menschlich". Nicht umsonst gibt es Unmengen an Führungsliteratur, die sich genau mit diesem Thema auseinandersetzt.

Auch die gängigen Normen – besonders der 9000er-Familie – kennen die Bedeutsamkeit von Führung und finden dafür zunehmend deutliche Worte. Was allerdings gute und wirkungsvolle Führung (und Zusammenarbeit) ausmacht und wie sie in Managementsystemen erfolgreich umgesetzt werden kann, bleibt im Dunkeln. Genau hier setzt das vorliegende Buch an. Es zeigt auf, was in Managementsystemen unter Führung verstanden werden kann, womit sie zusammenhängt und wie sie „funktioniert". Es werden Grundlagen und Zusammenhänge erfolgreicher Führung vermittelt und ein praktischer Werkzeugkasten zusammengestellt, der dabei unterstützt, die Dreh- und Angelpunkte zu erkennen und an den richtigen Stellen zu „schrauben". Illustriert wird das Ganze durch konkrete Beispiele aus dem betrieblichen Alltag der Managementsysteme und mit Seitenblick auf die relevanten Normen.

Ist hier in diesem Buch von Managementsystemen die Rede, so sind primär die „konventionellen" Systeme gemeint, also diejenigen, die branchenunspezifisch zur „Basisausstattung" gehören und die am weitesten verbreitet sind:

- die DIN EN ISO 9001, die als Qualitätsmanagementnorm meist als erste in die Unternehmen einzog und deshalb zum Ausbau bzw. zur Integration der folgenden Systeme genutzt wurde;
- die DIN EN ISO 14001 als weltweite Umweltschutznorm (da sie Teil der EMAS ist, gelten die hier gemachten Ausführungen dort natürlich ebenso) und
- die OHSAS 18001 als Arbeitssicherheitsstandard (keine ISO-Norm, kann allerdings als Zertifizierungsgrundlage dienen).

Ihre Nachfolgerin, die DIN EN ISO 45001 konnte nicht eingehender betrachtet werden. Sie lag bei der Entstehung des Buches noch in einer frühen Entwurfsfassung vor.

*Zur Orientierung in diesem Werk folgende Hinweise:*

Der Aufbau des Buches folgt einer Logik, die ausgeht von Appetithappen zu typischen Praxisproblemen, die in kurzen Coaching-Sequenzen serviert und andiskutiert werden (Kapitel 1 und 2). Um diesen und anderen Problemzonen nachhaltiger zu begegnen, schließen sich Grundlagen und Basiswissen zu einigen Themengebieten an, die für die Thematik Führung und Zusammenarbeit im Managementsystem elementar sind (Bild 1). Dies soll Ihnen ermöglichen, ohne vertiefende Recherche in die Materie einzusteigen. Mir hingegen ermöglicht dieses Strategie, auf einem gemeinsamen Fundament aufzubauen und die Inhalte in Verbindung zu bringen. Diese Eigenart des systemischen Denkens wird Ihnen häufiger begegnen. Sie taugt nicht immer zur Vereinfachung, bietet Ihnen allerdings die Möglichkeit, Gedanken und Erkenntnisse mit ihren eigenen Erfahrungen in Verbindung zu bringen und so fachlich und inhaltlich „anzudocken".

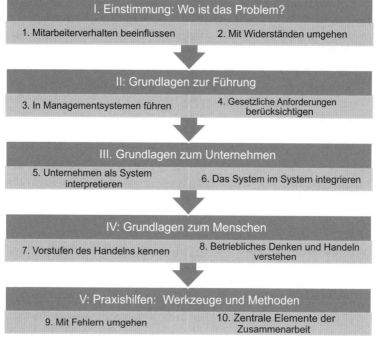

**Bild 1** Struktur des Buches

Kapitel 3 und 4 setzen sich mit den Aufgaben von Führung auseinander. Ein kurzer Ausflug in die Historie und ausgewählte Führungsliteratur führt zurück zu den klassischen Managementsystem-Normen (insbesondere DIN EN ISO 9001/ 14001, OHSAS 18001 und die jeweiligen Begleitnomen), die uns auch für den Rest des Buches begleiten. Hier finden sich einige zentrale Anforderungen, aus denen wir erste Führungsprozesse generieren. Diese lassen sich im Folgekapitel durch gesetzliche Vorgaben ergänzen, die einerseits konkrete Hinweise zur personenbezogene Führung liefern (Stichwort: Delegation). Andererseits servieren sie hilfreiche Anstöße zur internen Aufgabenteilung und Zusammenarbeit zwischen Stab und Linie, die in der betrieblichen Praxis immer wieder zu Reibungen führt (Stichwort: Verantwortung).

Um Achtungspunkte und Konsequenzen für Führung und Zusammenarbeit ableiten zu können, widmen wir uns anschließend dem Unternehmen als Ganzes und den Managementsystemen darin. Hier bedienen wir uns der „systemtheoretischen Brille", die nicht nur die einzelnen Elemente erfasst, sondern auch den Blick auf die Wechselwirkungen schärft (Kapitel 5 und 6).

Der Hauptakteur in diesen Systemen, der Mensch, bekommt ein eigenes Kapitel. Hier versuchen wir, menschlichem Denken und Handeln auf die Schliche zu kommen, wobei auch das Thema Motivation beleuchtet wird (Kapitel 7).

Auf Basis dieser „Funktionsgrundlagen" lässt sich nachvollziehen, dass Mitarbeiter nicht immer „unter Volllast" einsatzfähig sind, woraus wir einige Betriebszustände für die Unternehmensbesatzung ableiten. Hierzu diskutieren wir einige Engpässe und Abkürzungen menschlichen Denkens und Handelns, die nicht nur den ganz alltäglichen Produktionsbetrieb stören, sondern auch dazu beitragen können, herausfordernde Ausnahmesituationen (Vor-, Stör- und Unfälle) riskanter zu machen (Kapitel 8).

Auf Grundlage dieser Betrachtungen wenden wir uns abschließend noch einmal verstärkt der Praxis zu. Vor dem Hintergrund der aufgedeckten menschlichen und zwischenmenschlichen Besonderheiten drängt sich ein Prozess oder Instrument ganz besonders auf: Die Bearbeitung von „Fehlern" oder allgemeiner: von unerwünschten Vorfällen. Hier finden sich sowohl methodisch wie bezogen auf Führung und Zusammenarbeit einige Hinweise und Ideen. Dabei riskieren wir auch ein Seitenblick auf das revisionsaktuelle Thema der „Risikobetrachtung" (Kapitel 9).

Am Ende kommen wir auf die häufigen Hinweise zur Einbeziehung und Beteiligung der Mitarbeitenden zurück und servieren als Dessert einige konkrete Hilfen, nämlich Werkzeuge und Methoden zur besseren (Führungs-)Kommunikation und Zusammenarbeit (Kapitel 10).

Jedes Kapitel ist so aufgebaut, dass am Ende zentrale Ideen als Kern zusammengefasst sind und auch mögliche Konsequenzen für Führung und Zusammenarbeit in Managementsystemen abgeleitet werden.

Wenn ich Mitarbeiter schreibe, meine ich immer auch die Mitarbeiterinnen. Bei den Führungskräften ebenso! In den folgenden Ausführungen handhabe ich die männliche und weibliche Ansprache nicht einheitlich, sondern wechsle hier und da – wie im wirklichen Leben auch. Ob männlich, weiblich oder was dazwischen – ich wünsche Ihnen viel Freude bei der Lektüre dieses Buches und hoffe, dass Sie die eine oder andere Anregung in Ihrem Alltag erfolgreich umsetzen können!

Natürlich bin ich gespannt, wie dieses Buch bei Ihnen ankommt, was es ggf. auslöst oder bewegt. Vielleicht sind auch Fragen offen, vielleicht haben Sie Anregungen, hilfreiche eigene und andere Erfahrungen? Ich würde mich freuen, von Ihnen zu hören oder zu lesen über den direkten Weg: petersen@change-in-progress.de, oder über Beiträge und Kommentare in meinem BLOG (https://cip1sp.wordpress.com), der sich auch und ergänzend mit den hier be- und verarbeiteten Inhalten auseinandersetzt.

# 1 Mitarbeiterverhalten beeinflussen

## 1.1 Coaching: Wir haben doch alles aufgeschrieben ...

„Tut mir leid, dass ich zu spät komme! Ich musste noch mal schnell zum Produktionsleiter." Herr Schnell, der Qualitätsmanagementbeauftragte der Maschinenbaufirma „Schubs & Co.", kommt im Laufschritt zur Tür herein und lächelt entschuldigend.

Auch in diesem Treffen ist die fehlende Zeit ein Thema. Heute angestoßen durch mehrere Reklamationen, um die er sich „unverzüglich" zu kümmern hat: „Wichtiger Kunde – schon seit vielen Jahren." Gerade heute, wo so viel anderes auf dem Programm steht.

„Und wieder liegt der Grund in der Endmontage. – Wie kann das bloß sein?", schimpft er frustriert. Beschreibungen sind zu allen relevanten Themen vorhanden – ebenso die Arbeitsschritte und Prüfungen in der Endmontage.

Wenn er sich richtig erinnere, dann hätte das Dokument mindestens acht Seiten! Sowohl Detailgrad wie auch die darstellerischen Feinheiten der eingebauten Grafiken und Fließbilder finden bei den externen Auditoren jedes Jahr wieder anerkennende Worte. Immerhin hatte er seinen letzten Urlaub verschoben und einige Überstunden angesammelt, um alle Dokumente „in Form" zu bringen. „Und kein Papier mehr – fast alles elektronisch."

„Aber, na ja – die Endmontage ist immer schon ein bisschen schwerfällig gewesen."

Wenn es irgendwo hakt, liegt es nahe, die Verantwortung dafür bei den beteiligten Menschen bzw. Mitarbeitern zu verorten. Dabei sind hier auch andere Faktoren im Spiel, die gar nichts mit der betroffenen Person zu tun haben. Aber die sind viel zu oft nicht bekannt oder bewusst.

„Hier scheint es irgendetwas zu geben, das die Kollegen hindert, die Dinge so zu tun wie vor- und aufgeschrieben", mutmaße ich. „Vielleicht fehlt auch etwas?"

Für die Weiterarbeit in den nächsten eineinhalb Stunden vereinbaren wir, uns dem aktuellen Problem in der Endmontage zu widmen. So kann Herr Schnell nach dem Coaching das Thema mit neuen Impulsen wieder aufgreifen.

Kernfragen für unseren Fahrplan sind:

- Wie lässt sich im Unternehmen Mitarbeiterverhalten beeinflussen?
- Was gibt es noch über perfekte Dokumente hinaus?

Herr Schnell ist einverstanden, und wir legen los …

## ■ 1.2 Wo sind die „Schrauben" für ein gewünschtes Verhalten?

Warum verhalten sich Menschen so wie gewünscht und vorgegeben – oder auch nicht? Nicht auf Knopfdruck, aber wie dann? Welche Schrauben gibt es? Und wie lässt sich daran drehen? Nach dem in Bild 1.1 dargestellten Modell fällt gewünschtes Verhalten nicht vom Himmel, sondern erfordert bestimmte Voraussetzungen. Diese Voraussetzungen liegen sowohl in der Person wie auch der umgebenden Situation (Comelli/Rosenstiel 2011).

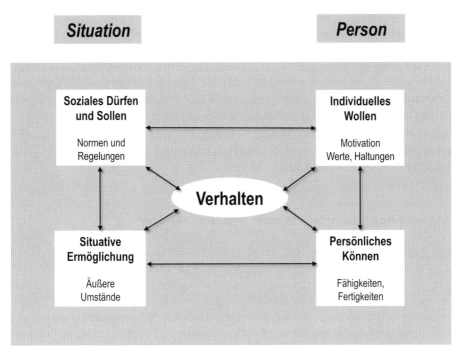

**Bild 1.1** Verhaltensmodell: Vier Faktoren bestimmen unser Verhalten (nach Comelli/Rosenstiel 2011, S. 11)

## 1.2.1 In der Person liegende Einflussfaktoren

In der Person liegt zunächst das persönliche *individuelle Wollen*, umgangssprachlich auch als Motivation bezeichnet. Dieser Antrieb, etwas zu tun, wird gespeist durch die inneren (Wert-)Haltungen und Einstellungen, also allem, was uns wichtig, nützlich, sinn- und wertvoll erscheint. Lehne ich z. B. als Betriebsleiter autoritäre Befehlsstrukturen grundsätzlich ab, werde ich Entscheidungen in meinem Team gern auf kooperative Art herbeiführen wollen.

Innere Werte, Haltungen, Bedürfnisse und Überzeugungen können allerdings auch Verhalten verhindern. Nehmen wir beispielsweise einen anderen Chef mit einem Mitarbeiter, der wiederholt und auch nach mehreren Ansprachen zu spät kommt. „Eigentlich" sollte dieser Vorgesetzte dem Kollegen Grenzen aufzeigen und gegebenenfalls auch disziplinarische Folgen einläuten. Allerdings ist er auch überzeugt davon, dass es wichtig ist, mit allen Menschen freundlich zu sein und niemandem auf die Füße zu treten. Eine solche Haltung wirkt als Bremse und gegebenenfalls auch als wirkungsvoller Verhaltensverhinderer.

Tückisch an dieser Stelle ist, dass viele dieser Denkweisen – einerlei, ob förderlich oder nicht – oft schon in der Kindheit (durch Vorbild der Eltern) erworben und im Erwachsenenalter selten überprüft einfach „weiterverwendet" werden.

Entscheidungsfindung im Team, wie es der genannte Betriebsleiter bevorzugt, findet üblicherweise in einer Besprechung statt. Eine solche zielführend anzuleiten, erfordert allerdings Kompetenz – das *persönliche Können*. Hier spielen also die Fähigkeiten, Fertigkeiten und Erfahrungen die entscheidende Rolle. Die Führungskraft unseres Beispiels sollte also grundlegende kommunikative Fähigkeiten besitzen, sich ein paar Grundlagen zur Entscheidungsfindung und Besprechungstechnik angeeignet haben, um ihr Team geschickt und gezielt zum Ergebnis zu führen.

Nicht alles was, „gewollt" und „gekonnt" ist, wird aber auch getan. Um Ziele beharrlich umzusetzen und Hindernisse zu überwinden, braucht es weitere „Kräfte", die später eingehend betrachtet werden (→ Kapitel 7).

## 1.2.2 In der Situation liegende Einflussfaktoren

Zur Person kommt die Situation. Sie ist geprägt durch das *soziale Dürfen und Sollen*. Hier kommen sowohl die geschriebenen wie auch die ungeschriebenen (Spiel-)Regeln zum Tragen: Im Unternehmen beschrieben sind Regelungen zur Aufbauorganisation, die zumeist als Organigramm dargestellt werden. Dazu kommt die sogenannte Ablauforganisation, die bestimmt, wer was darf und muss. Auch externe Vorgaben wie Gesetze oder Anforderungen von Kunden und anderen Stakeholdern spielen hier hinein. Unser Demonstrationsobjekt (der Betriebsleiter, der eine Besprechung abhalten will) hat die entsprechende Position im betrieblichen Organisationsgefüge und darf deshalb eine Teamsitzung einberufen und die Art der Entscheidungsfindung vorgeben. Diese Befugnis ist sogar an geeigneter Stelle dokumentiert.

Allerdings wird er bei seinem Vorgehen auch berücksichtigen, wie es die Kollegen üblicherweise und „schon immer" machen und ob ein eher „demokratisches" Vorgehen im Unternehmen akzeptiert wird. Diese ungeschriebenen Regeln, die klarmachen, „was man hier bei uns tut/darf" und „was man auf keinen Fall tun sollte", sind ebenfalls ein starker Wegweiser für betriebliches Verhalten und werden üblicherweise unter dem Begriff „Unternehmens-" oder auch „Führungskultur" zusammengefasst.

Die *situative Ermöglichung* als letzter Einflussfaktor weist auf hemmende oder förderliche äußere Umstände hin. Gemeint sind die personellen und örtlichen Bedingungen der konkreten Situation, die Verhalten fördern oder behindern. Im Unternehmen wären das z. B. Arbeitsumfeld und Arbeitsmittel (Anlagen, Werkzeuge etc.), aber auch die Arbeitsmöglichkeit – all dies zum gegebenen Zeitpunkt und im „laufenden Betrieb", immer wieder eingeschränkt durch den Faktor Zeit. Hat der genannte Betriebsleiter beispielsweise gerade Wichtigeres zu tun (Auftrag vom Chef – eilig) oder keinen geeigneten Besprechungsraum zur Verfügung, wird er sein Vorhaben, gemeinsam abzustimmen, nicht umsetzen können.

„… dachte, ich schreib mal die ganzen ungeschriebenen Regeln auf!"

### 1.2.3 Der Blick aufs Ganze – Wechselwirkungen und Dynamiken

Eine systemische Sichtweise berücksichtigt Wechselwirkungen und Dynamiken (→ Kapitel 5). Die beschriebenen Faktoren beeinflussen sich gegenseitig: Unser Betriebsleiter wird eher wollen, wenn er die (Selbst-)Sicherheit hat, zu können. Er hat schon einige Fortbildungen zu Moderation und Besprechungstechnik gemacht und praktiziert das Gelernte seit Jahren.

In der Regel wird das Wollen dadurch erleichtert, dass auch das Dürfen gegeben ist. Unerlaubte Handlungen ziehen negative Konsequenzen nach sich.

Möglicherweise sind auch die situativen Gegebenheiten nicht „förderlich" – gegebenenfalls sind meine Arbeitsmittel veraltet oder defekt – und schränken mein Können oder Wollen ein.

### 1.2.4 Der Kern im Rückblick

Das Verhalten von Menschen und besonders von Mitarbeitern ist von Faktoren abhängig, die sich als Wollen, Können, Sollen/Dürfen und situative Ermöglichung zusammenfassen lassen. Die ersten beiden Faktoren liegen in der Person, die letzten beiden kennzeichnen Situation bzw. aktuelle Rahmenbedingungen.

Wie im Coaching-Beispiel aufgezeigt und vielfach in der Praxis gelebt, liegt der Fokus der Managementsysteme häufig bei schriftlichen Vorgaben zu Zuständigkeiten und Abläufen, die primär das Sollen/Dürfen definieren.

# 1.3 „Führung": „Schrauben" finden und drehen

Die Dokumentation ist meist perfekt – trotzdem scheint etwas nicht zu stimmen. Wenden wir das genannte Modell auf den kritischen Vorfall bei Schubs & Co. an, stellt sich schnell die Frage: Was tun? Wie lassen sich in der Endmontage Wollen, Können etc. so beeinflussen, dass am Ende keine oder doch entscheidend weniger Reklamationen eintreffen? Denn die perfekte Dokumentation allein reicht nicht.

Die Frage nach dem erwünschten Verhalten wird in Unternehmen nicht nur durch schriftliche Regelungen beantwortet. Hier sind ebenfalls Menschen im Einsatz: unter anderem die Führungskräfte. Aber was ist Führung? Was tun Führungskräfte? Hier kann die Betriebswirtschaftslehre, speziell die Unternehmensführung, helfen.

### 1.3.1 Grundlagen: Die Werkzeugkiste der Betriebswirtschaftslehre

*Unternehmensführung*, die deutsche Übersetzung für Management, bezeichnet zum einen die Person oder die Personen, die ein Unternehmen leiten, zum anderen die Tätigkeiten oder den Prozess, der dazu notwendig ist (Wikipedia 2013). Die hilfreiche Mischung aus Werkzeugen und Methoden hierzu liefert ein Managementsystem (z. B. nach ISO 9001:2015). Es unterstützt das Management dabei, die Richtung – im Fall der genannten ISO: Qualität – vorzugeben und auch umzusetzen.

Die eingesetzten Werkzeuge und Methoden hierzu gab es allerdings schon lang, bevor Qualität, Umweltschutz oder Arbeitssicherheit als Querschnittsthemen in den Fokus von Normen und Industrie gerieten. Insofern wird in der Betriebswirtschaftslehre auch schon lang darüber nachgedacht, was wie gut funktioniert und was nicht.

Zur Unternehmensführung gehört auch *Führung*. Einerlei, welche Zielsetzung ich im Unternehmen verfolge – um diese erfolgreich umzusetzen, braucht es genau diesen Baustein.

### 1.3.2 Wozu Führung?

Um dieses Werkzeug genauer zu erfassen, ist es hilfreich, zunächst zu schauen, wozu es gut ist. Auf welche Frage war und ist „Führung" die Antwort?

Werfen wir dazu einen Blick in die jüngere Geschichte. In wirtschaftlich orientierten Unternehmen gab es schon vor langer Zeit – Adam Smith sei Dank – die Erkenntnis, dass Arbeitsteilung eine gute Sache ist. Im Sinne einer aufgabenorientierten Spezialisierung konnten die Mitarbeitenden auf diese Weise gezielt Erfahrungen und Fertigkeiten entwickeln. Gleichzeitig wurde es so möglich, speziellere Tätigkeiten mit weniger Betriebsmitteln effizienter und schneller zu erledigen, denn nicht alle Mitarbeiter brauchten für den gesamten Arbeitsablauf jeweils alle Werkzeuge. Henry Ford hat diese gute Idee erfolgreich umgesetzt (Daniel 2008).

**Führung**

Führung ermöglicht Arbeitsteilung – schafft Ordnung und Orientierung.

Um ein großes und uneffektives Durcheinander zu verhindern, musste die Arbeit also sinnvoll aufgeteilt und koordiniert werden. Neben der horizontalen Spezialisierung auf Bereichsebene (z. B. Einkauf, Produktion, Vertrieb) ergaben sich Arbeits- und Ablaufeinheiten innerhalb der Bereiche, die dann wiederum spezialisierten Mitarbeitern zugewiesen werden konnten.

So viele Aufgaben und Aufgabenträger mussten dann auch vertikal gelenkt und koordiniert werden – ein Chef „ganz oben" war einfach zu wenig. Und so entstand die Hierarchie und mit ihr die Position der Führungskräfte, deren Aufgabe es wurde, einen geordneten und ausgerichteten Betrieb zu ermöglichen (Laux/Liermann 2005).

### 1.3.3 Direkte und indirekte Führung

„Führung" gibt also dem Handeln der Mitarbeitenden im Unternehmen Ordnung und Orientierung. Wie macht sie das? Die Antwort vieler klassischer Definitionen lautet: durch „zielbezogene Einflussnahme" (Sprenger 2012). Wer oder was beeinflusst hier?

**Führung**

Führung ist zielbezogene Einflussnahme.

Hören wir „Führung", denken wir zunächst an Führungskräfte, z. B. den eigenen Chef oder die Chefin. Allerdings agiert solch ein Mensch ja nicht im luftleeren Raum. Im Unternehmen sind Gegebenheiten und institutionelle Rahmenbedingungen vorhanden, die das Führen maßgeblich mitgestalten und bestenfalls auch erleichtern. Neben dem direkten Einsatz der Führungskraft existieren also auch indirekte Mechanismen, die sogenannten Strukturen (Wunderer 2009; Rosenstiel 2009).

An anderer Stelle wird Führung in „harte" und „weiche" Faktoren differenziert. Als hart werden Strategien, Strukturen und Systeme bezeichnet, als weich die im Menschen liegenden Faktoren Stil, Stammpersonal, Spezialkenntnisse und Selbstverständnis (7-S-Modell von Peters und Waterman in Bleicher 2011).

#### 1.3.3.1 Indirekt Führen durch Strukturen

Bei der indirekten Führung wird durch Kontextgestaltung beeinflusst. „Gestaltet" wird – zumindest in den meisten Unternehmen – durch Unternehmensleitung und Führungskräfte an den in Bild 1.2 dargestellten Elementen: Strategie, Organisation, qualitative Personalstruktur und Kultur.

Mit *Strategie* wird die Art und Weise beschrieben, wie mittel- und langfristige Ziele des Unternehmens erreicht werden sollen. Dies geschieht in der Regel mittels Planung und kann auch die eingesetzten Steuerungs- und Führungskonzepte beinhalten. Hier entscheidet sich z. B. die Frage, wie hierarchisch, bürokratisch, demokratisch und beteiligungsorientiert ein Unternehmen seinen Weg geht.

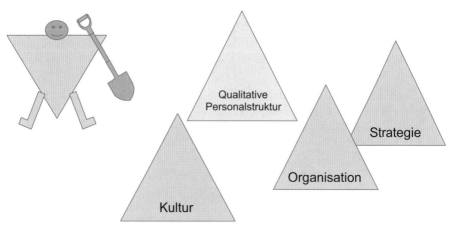

**Bild 1.2** Die Kontextfaktoren der strukturellen Führung

Der Weg ist ausgestaltet unter anderem durch die *Organisation*. Als sogenannte Aufbauorganisation werden Verantwortlichkeiten und Handlungsspielräume definiert und dargestellt, z. B. im Organigramm. Die Ablauforganisation regelt dann die Prozesse, Abläufe und Verfahrensweisen bis hin zu einzelnen Arbeitsfolgen und Handgriffen – zumindest dort, wo sich diese wiederholen und standardisieren lassen. Hierzu gehört beispielsweise auch die im Coaching angesprochene Verfahrensbeschreibung. Ebenso Anreizsysteme (Prämien etc.) oder die Ausgestaltung der Arbeitsplätze und Anlagen werden diesem Element zugeordnet (Comelli/Rosenstiel 2011).

Hinzu kommt die *qualitative Personalstruktur*. Sie wird als relativ beständiger Kontextfaktor gesehen und langfristig unternehmensübergreifend gestaltet durch Personalauswahl, -einsatz und -entwicklung (Wunderer 2009). Da Personalentwicklung zunehmend auch Führungsaufgabe ist, wird sie ebenfalls von der im nächsten Abschnitt beschriebenen direkten Führung, z. B. über Ein- und Unterweisung oder Coaching am Arbeitsplatz, kurzfristig und situativ beeinflusst. Im Folgenden werden wir diese Sichtweise übernehmen, denn langfristige Personalauswahl und -entwicklung spielt für unsere Betrachtungen eine untergeordnete Rolle.

Diese Komponenten sind geprägt und entwickeln sich weiter in einer spezifischen „Atmosphäre", der (Unternehmens-, Führungs- und Kooperations-)*Kultur*. Sie besteht wie ein unsichtbares Gas aus den verschiedensten „Molekülen": zentrale Einstellungen, Werthaltungen und Prinzipien, die als ungeschriebene Selbstverständlichkeit das Handeln und die Zusammenarbeit sowohl der Mitarbeiter wie auch der Führungskräfte ausrichten und leiten. Sie fließen ein und verfestigen sich in den übrigen Rahmenbedingungen (Strategie und Organisation) und werden gelebt als unternehmenscharakteristische

Verhaltensmuster und Routinen, z. B. die übliche Art der Anrede („du" oder „Sie") oder wie im Allgemeinen auf Fehler/Fehlhandlungen reagiert wird. Besonders wirkungsvoll (vor)gelebt werden solche Denk- und Verhaltensmuster von anerkannten Vorbildern und Respektspersonen, also den Führungskräften. Insbesondere neue Organisationsmitglieder erfahren in ihrer Einarbeitungszeit sehr schnell, „was man hier bei uns so macht und was man besser lassen sollte", und erkennen so Unterschiede zu früheren Arbeitgebern. Vielfach werden solche Einstellungs- und Verhaltensmuster auch übernommen, ohne sie lange zu hinterfragen und zu begründen („Das ist hier halt so!") – auf diese Art bleiben sie unbewusst. Kultur findet auch Ausdruck in Ritualen (z. B. zur Beförderung), Erfolgsstorys oder in Gestaltungselementen der Corporate Identity (z. B. Farben, Architektur).

Zusammengenommen geben diese Strukturkomponenten den Rahmen des gewünschten Verhaltens vor und wirken auch, wenn die Führungskraft abwesend ist.

Stellen wir uns als „Orientierung gebend" den schon angesprochenen Weg vor, der in eine bestimmte Richtung führt. Die Ränder sind klar markiert, und innerhalb dieser „Leitplanken" bewegen sich die Läufer (oder Mitarbeitenden) zum Ziel. Eine breite Straße gibt den Freiraum, die Route und Richtung zu variieren. Der schmale Weg lässt kaum Wahl- und Entscheidungsraum (Bild 1.3).

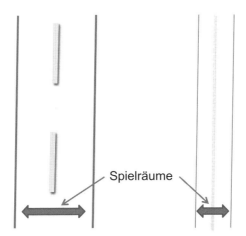

**Bild 1.3** Strukturelle Führung – Orientierung mit mehr oder weniger Spielraum

### 1.3.3.2 Direkt Führen durch (Inter-)Aktion

Ob und wie dieser Rahmen gefüllt, der Frei- und Spielraum genutzt wird, die Strukturen in der konkreten betrieblichen Situation umgesetzt werden, das entscheidet insbesondere der direkte Kontakt. Durch direkte Interaktion sorgen Führungskräfte oder andere richtunggebende Kollegen – quasi als „Navigationssystem" – dafür, dass die Mitarbeitenden die vorgesehenen Leitplanken kennen und ernst nehmen, die mehr oder weniger breiten „Straßen" und „Wege" nutzen und diese zielorientiert in die richtige Richtung gehen (Bild 1.4).

Ebenso ermöglicht diese direkte Führung Flexibilität. Sie schließt Hinweis- und Regelungslücken, generiert „Umleitungen" und entscheidet – je nach Qualifikation und Erfahrungshorizont des betroffenen Mitarbeiters und den Anforderungen der konkreten Situation –, ob mit, gegen oder trotz der Strukturen gearbeitet wird. Im besten Fall tritt sie ergänzend dort in Aktion, wo die „Routinen" der indirekten Strukturen und Regelungen nicht ausreichen oder fehlen, also z. B. in zeitkritischen oder schlecht strukturierten Situationen.

Wichtigstes Werkzeug dabei: die verbale und nonverbale Kommunikation. So werden beispielsweise Aufgaben delegiert, Ziele und Vorgehensweisen vereinbart sowie Statusquo- und Fortschrittsbeurteilungen durchgeführt und abgestimmt. Auch Rat und Unterstützung sowie weiterführende Qualifizierungs- und Entwicklungsmaßnahmen können nur dann wirklich hilfreich sein, wenn sie von einem angemessenen Informationsaustausch begleitet werden (Blessin/Wick 2014).

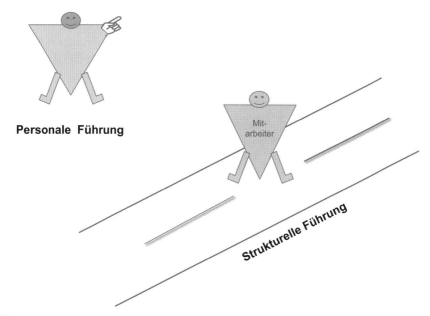

**Bild 1.4** Personale und strukturelle Führung im Zusammenspiel

## 1.3.4 Der Kern im Rückblick

Nach einem Ausflug in die Theorie der Unternehmensführung haben wir jetzt erfahren, dass Führung als zielbezogene Einflussnahme sowohl indirekt als auch direkt geschieht (Bild 1.5).

**Indirekte und direkte Führung**

Führung als zielbezogene Einflussnahme geschieht „mit und in einer strukturierten Arbeitssituation" (Wunderer 2009, S. 4):

- *Indirekt* erfolgt sie mithilfe von Strukturen, die den Rahmen der betrieblichen Abläufe markieren.
- *Direkt* erfolgt sie durch Interaktion entsprechender Führender in der jeweiligen Situation – meist via Kommunikation. Diese prägen durch ihr Vorbild und die situative Interpretation, ob und wie flexibel Mitarbeitende mit den Rahmenbedingungen umgehen. Gerade vor Ort und im direkten Einsatz kommt Führung also eine besondere Bedeutung zu.

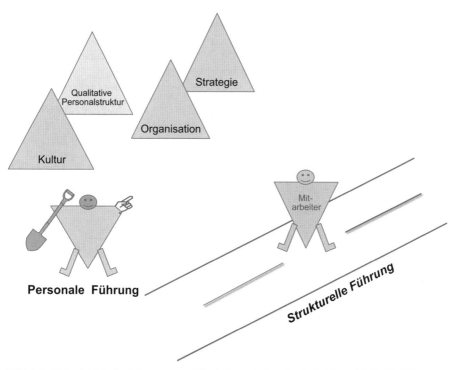

**Bild 1.5** Zielgerichtete Beeinflussung von Mitarbeiterverhalten durch direkte und indirekte Führung

> **Eine kleine Reise...**
>
> Die dargestellten Grundlagen der Führung lassen sich auch anders zusammenfassen. Hierzu möchte ich Sie zu einer kleinen Reise einladen ...
>
> Neben einem Reiseziel (Vision, Mission, politische Leitlinien) sollten wir das Verkehrsmittel auswählen und Prämissen für die Route (Autobahn – Landstraße, schnell – kurz – benzinsparend) festlegen (die Strategie). Reisegruppe und Fahrer sind ebenfalls zu bestimmen, und die notwendige Infrastruktur darf nicht fehlen: Straßen, befestigte Wege (möglichst direkt) und hier und da die Möglichkeit, anzuhalten und sich zu stärken – alles dargestellt auf unserer Landkarte (Organisationsstrukturen).
>
> Nun zu den Protagonisten, unseren Reisenden – zu uns. Wir brauchen in jedem Fall einen Führerschein (Kompetenz, Qualifikation = Können) und den Willen, das Ziel zu erreichen (die Motivation = Wollen). Wenn jetzt noch Benzin im Tank ist (situative Ermöglichung), kann es losgehen.
>
> Ob und wie schnell wir das Ziel erreichen, hängt dann allerdings von vielen verschiedenen Einflussfaktoren ab: dem Wetter, den Straßenverhältnissen, den übrigen Verkehrsteilnehmern sowie der Anziehungskraft möglicher „Zwischenziele", die im Zweifel in der entgegengesetzten Richtung liegen. Da kann man schon vom Weg abkommen ...
>
> In so einem Fall ist ein Navigationssystem eine gute Hilfe. Es reagiert situativ auf die aktuellen Verkehrsverhältnisse, liefert neue Informationen zu Aufkommen und Hindernissen, umfährt mit uns den Stau und führt uns zur nächsten Tank- oder Raststelle ... Und das alles ruhig und mit freundlicher Stimme, wohlwollend und unterstützend.

## ■ 1.4 Mögliche Konsequenzen für Führung und Zusammenarbeit

Auch wenn Herr Schnell am Ende des Coachings seine eigenen Schlüsse zieht, wollen wir an dieser Stelle ein Zwischenfazit wagen und einige wesentliche Konsequenzen für Führung und Zusammenarbeit in Managementsystemen auf den Punkt bringen.

### 1.4.1 Die richtigen Fragen stellen – Der „Bremsfragebogen"

Wenn Mitarbeiter nicht das erwünschte, vorgeschriebene Verhalten zeigen, liegen die Gründe nicht immer auf der Hand. Die Ursachen können innerhalb, aber auch außerhalb der Person liegen. Hier gilt es, zu ermitteln und zu analysieren – eine Praxis, die in Managementsystemen nicht unbekannt ist. Schließlich gehört zur nachhaltigen Fehlerbeseitigung eine Ursachenanalyse, die in mehrere Richtungen schaut.

Mit den folgenden „Bremsfragebogen" können Sie alle Richtungen „unter die Lupe" nehmen.

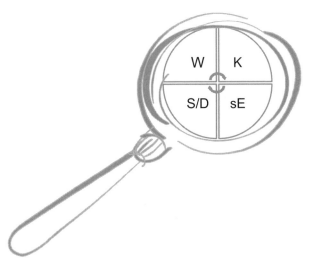

**Bild 1.6** Die Suche nach den richtigen Schrauben (W: Wollen, K: Können, S/D: Sollen/Dürfen, sE: situative Ermöglichung)

 **Bremsfragebogen**

Fragen Sie sich (oder den betroffenen Mitarbeiter) zielgerichtet, an welcher Stelle „ausgebremst" wurde.

Den persönlichen Bremsen gehen Sie durch folgende Fragen auf den Grund:

- Kann es am persönlichen Wollen (W) liegen? Fehlt es an Motivation oder Antrieb? Wie ist die innere Haltung oder Einstellung zum angestrebten Tun?
- Fehlt es am individuellen Können (K), also an Fähigkeiten, Kompetenzen oder Erfahrungen?

Ursachen, die im Umfeld, in der Situation liegen, ergründen Sie so:

- Erlauben es die betrieblichen „Spielregeln", also das Sollen/Dürfen (S/D)? Und hier sind nicht nur offizielle – häufig auch aufgeschriebene – Regeln zu beachten, sondern ebenfalls die ungeschriebenen „Gesetze", die die Unternehmenskultur hervorbringt und lebt.
- Ließ die aktuelle Situation (sE), die Umstände, es zu, also die im betrachteten Moment zur Verfügung stehenden Arbeitsmittel, die Infrastruktur oder auch persönliche Ressourcen wie der Faktor Zeit?

Die aus der Arbeitssicherheit bekannten Unfallanalysen arbeiten nach einem ähnlichen Prinzip: Hier werden nicht nur die betroffenen und beteiligten Personen (W, K) und ihr Handeln, sondern auch die Technik (sE) und die organisatorischen Bedingungen (S/D) in Augenschein genommen (TOP-Prinzip).

Sind die Bremsfragen zu beantworten, sollte klarer geworden sein, wo durch Führung und Zusammenarbeit Löcher zu stopfen sind.

Konkrete Antworten, die auf das Unternehmen und die spezielle Situation passen, lassen sich allerdings erst finden, wenn wir die persönlichen und situativen „Schrauben" und was jeweils an ihnen „dranhängt" eingehender untersuchen (→ Kapitel 5 - 8).

### 1.4.2 Neuer Fokus – Führen im Managementsystem

Für unseren Coaching-Fall und manch anderes verhaltensbedingte Umsetzungsproblem praktizierender Managementsysteme bedeutet dies, neben der Gestaltung und Verschriftlichung von Arbeitsabläufen das Thema direkte Führung mehr in den Vordergrund zu rücken und diesem Element und seinen Akteuren das volle Nutzenpotenzial zu entlocken.

Hier stellt sich also die Frage: Wie muss eine solche (direkte) Führung im Managementsystem aussehen (Bild 1.7), um auf der Ebene des Verhaltens zielgerichtet und wirksam Einfluss zu nehmen?

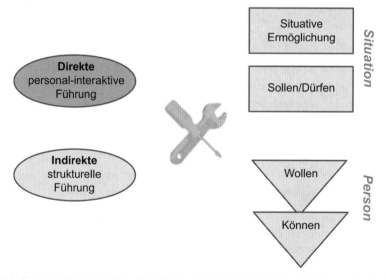

**Bild 1.7** Zusammenhang zwischen den Führungswerkzeugen (direkt und indirekt) und den Erfolgsfaktoren (Schrauben)

### 1.4.3 Laterale Führung: „Von der Seite" führen

Führen in und mit Strukturen erfolgt nach unserer gegenwärtigen Definition nicht nur durch die klassischen Führungskräfte. Auch ohne Weisungsbefugnis lassen sich mit Überzeugungskraft und Begeisterung Ziele verfolgen und umsetzen. Gerade Stabsfunktionen im Bereich Qualität, Umweltschutz oder Arbeitssicherheit leben dies anschaulich vor. Sie führen nicht von oben mit disziplinarischer Macht, sondern *lateral*, d. h. von der Seite – und zwar unter anderem mit Fachkunde und Überzeugungskraft (→ Kapitel 4).

Ebenso kann „zielbezogene Einflussnahme", die mit Engagement Dinge vorantreibt, durch Mitarbeitende geschehen. Aus diesem Grund ist der Titel des Buches weiter gefasst und beinhaltet auch den offenen Begriff der *Zusammenarbeit*.

Nur so lassen sich die Wechselwirkungen zwischen den Funktionen im Managementsystem vollständig erfassen.

## ■ 1.5 Coaching: Aha-Erlebnisse

Herr Schnell, unser Qualitätsmanagementbeauftragter von Schubs & Co. sitzt nach zwei Stunden etwas ermattet, aber dennoch ermutigt vor mir.

Bislang hatte er gedacht, dass seine schriftlichen Qualitätsmanagementvorgaben den Führungskräften vor Ort die Arbeit abnehmen – in gewisser Weise die persönliche Führung vor Ort ersetzen. Nun sei ihm allerdings deutlich geworden, dass es mehr braucht als eine gut gestaltete Arbeitsbeschreibung, um die Reklamationszahlen zu senken.

Dass Mitarbeiter nicht auf Knopf- oder in diesem Fall Papierdruck funktionieren, war ihm ja eigentlich klar. Um die Kollegen zum „Tun" zu bewegen, gilt es, mehrere Schrauben zu berücksichtigen, und das Wollen scheint hier entscheidend zu sein.

Ein schriftliches Vorgabedokument allein kann da kaum etwas ausrichten. Wirkungsvolle Unterstützung vor Ort kann nur von der Führungskraft kommen, und auf die will er gleich nächste Woche zugehen. Ein bisschen erleichtert geht Herr Schnell dann aus dem Zimmer. Er hatte bei all dem Zeitdruck mal wieder vergessen, dass er nicht alles alleine machen muss.

## ■ 1.6 Literatur

Bleicher, Knut (2011): *Das Konzept Integriertes Management. Visionen – Missionen – Programme.* St. Galler Management-Konzept. 8. Auflage, Campus, Frankfurt am Main

Blessin, Bernd; Wick, Alexander (2014): *Führen und Führen lassen.* 7. Auflage, UVK Verlagsgesellschaft, Konstanz, München

Comelli, Gerhard; Rosenstiel, Lutz von (2011): *Führung durch Motivation. Mitarbeiter für Unternehmensziele gewinnen.* 4. Auflage, Vahlen, München

Daniel, Klaus (2008): *Managementprozesse und Performance. Ein Konzept zur reifegradbezogenen Verbesserung des Managementhandelns.* Gabler, Wiesbaden

DIN EN ISO 9001:2015: *Qualitätsmanagementsysteme – Anforderungen (ISO 9001:2015); Deutsche und Englische Fassung EN ISO 9001:2015.* Beuth, Berlin

Laux, Helmut; Liermann, Felix (2005): *Grundlagen der Organisation. Die Steuerung von Entscheidungen als Grundproblem der Betriebswirtschaftslehre.* 6. Auflage, Springer, Berlin

Malik, Fredmund (2006): *Führen, Leisten, Leben. Wirksames Management für eine neue Zeit.* Campus, Frankfurt am Main

Rosenstiel, Lutz von (2009): „Grundlagen der Führung". In: Rosenstiel, Lutz von; Regnet, Erika; Domsch, Michel E.: *Führung von Mitarbeitern. Handbuch für erfolgreiches Personalmanagement.* 6. Auflage, Schäffer-Poeschel, Stuttgart

Sprenger, Reinhard K. (2012): *Radikal führen.* Campus, Frankfurt am Main

Wikipedia (2013): „Management". URL: http://de.wikipedia.org/wiki/Management, Abruf: 15.07.2013

Wunderer, Rolf (2009): *Führung und Zusammenarbeit. Eine unternehmerische Führungslehre.* 8. Auflage, Luchterhand, Köln

# 2 Mit Widerständen umgehen

## ■ 2.1 Coaching: Mal eben schnell ein neuer Prozess

Im nächsten Coaching will Herr Schnell die Sache mit der Endmontage weiterverfolgen.

Seine Idee: Die Führungskraft soll die Arbeitsbeschreibung nachschulen und den betroffenen Kollegen ins Gewissen reden.

Ich frage daraufhin, wie denn im Unternehmen üblicherweise neue Vorgabedokumente (die erwähnten „Arbeitsbeschreibungen") erarbeitet werden. Sofort fällt Herrn Schnell das aktuelle Projekt in der Logistik ein: „Und so läuft es wirklich oft – immer unter Zeitdruck. Die Rezertifizierung ist ja in zwei Monaten."

Hier musste er also drängen, die neuen Abläufe zur Bestandsprüfung endlich zu Papier bzw. auf den Bildschirm zu bringen ... mit der neuen Software dort hatte sich einiges verändert. Zu guter Letzt hatte er die Arbeitsbeschreibung dann „mal eben schnell" selbst geschrieben – mit gelegentlich abgefragten Details.

Unterstützt hat ihn dabei die zuständigen Logistikleiterin, Frau Wächter, die das Dokument am Ende auch freigegeben hat. „Die war total froh über meinen Einsatz, denn sie hat auch grad ziemlich viel am Hals – neue Lagerorganisation und so, aber trotzdem immer freundlich." Die Freigabe klappte dann auch erstaunlich schnell. Wahrscheinlich – so vermutet Herr Schnell – wollte sie ihn durch „kleinkarierte" Anmerkungen oder Veränderungswünsche nicht noch weiter strapazieren.

Auf meine Frage, ob der oder die zuständigen Mitarbeiter der Kollegin die neue Vorgabe vor Inkrafttreten gesehen haben, erklärt er: „Die Frau Wächter meinte, da die Zeit drängte, hätte sie das lieber gelassen. Der betroffene Teamleiter Herr Straub sei doch immer so penibel! Für Diskussionen hätte sie einfach keine Zeit gehabt."

Inzwischen – über drei Wochen später – sollte der neue Ablauf eingeführt sein und als Herr Schnell die Logistikleiterin gestern beim Mittagessen in der Kantine traf, erkundigte er sich bei ihr, wie es steht.

Nun, sie habe schon Ende vorletzter Woche (immerhin vor 14 Tagen) dem Teamleiter Herrn Straub die neue Vorgabe gemailt mit der Bitte um Kenntnisnahme, Unterweisung der Kollegen inklusive Unterschriften und Umsetzung. Bislang habe sie allerdings noch nichts gehört. Und irgendwie hätte sie das Gefühl, dass er ihr aus dem Weg geht. Aber sie hätte auch momentan keine Zeit, da permanent nachzuhaken.

Keine optimale Ausgangsbedingung für die reibungslose Umsetzung neuer Abläufe – und das kurz vor der externen Überwachung.

Wir einigen uns darauf, dass wir uns diese Erfahrung und insbesondere die Zusammenarbeit und Reaktionen genauer anschauen wollen.

Kernfragen für unseren Fahrplan sind:
- Wo hakt es? (Liegt es an Herrn Straub, dass es nicht weitergeht?)
- Was tun?

## 2.2 Eine Frage der Perspektive

Herr Straub, der Teamleiter in der Logistik, scheint es mit der Umsetzung des Auftrags seiner Vorgesetzten nicht eilig zu haben. Wir können ihn im Rahmen der Coaching-Sitzung nicht zu seinen Gründen befragen. Aber hier gibt es andere Möglichkeiten: Wir versetzen uns in seine Position.

Herrn Schnell brachte ich mit folgendem Vorschlag zum Nachdenken:

„Lassen Sie uns dazu ein kleines Experiment machen! Versetzten Sie sich in die Situation von Herrn Straub und betrachten das Geschehen aus seiner Sicht oder durch seine Brille. Er hat diese Mail seiner Vorgesetzten bekommen mit dem Auftrag der Kenntnisnahme und Unterweisung. Was geht ihm jetzt durch den Kopf? Wie sieht er das Ganze?"

**Perspektivenwechsel**

Diese Methode lässt sich auf jeden Menschen anwenden, mit dem wir zu tun haben. Sie können sich auch gern wahlweise einen Ihrer Mitarbeitenden, Ihre unmittelbare Kollegin, Ihre Ehefrau oder Ihren Partner vorstellen.

Es wird also versucht, die Perspektive des anderen einzunehmen.

Ein Perspektivenwechsel bedeutet, „sich in andere hineinzuversetzen", „seine oder ihre Brille aufzusetzen", z. B. mit dem Ziel, Reaktionen im Voraus zu „erraten" und sich so besser auf Situationen oder Gespräche vorzubereiten. Auch lässt sich der Perspektivenwechsel gut im Gespräch oder spätestens im Nachhinein einsetzen, um Verlauf und Reaktionen des Gegenübers besser verstehen und nachvollziehen zu können.

Hintergrund dieser Methode ist, dass jeder Mensch aufgrund seiner eigenen Erfahrungen und seiner aktuellen Situation und Befindlichkeit immer auch eine eigene Sicht der Dinge hat, seine eigene „Landkarte der Wirklichkeit" zeichnet. Dieses Phänomen ist unter anderem dafür verantwortlich, dass „Ordnung und Sauberkeit" in der Praxis unterschiedliche Gesichter haben kann (→ Kapitel 7).

**Was also geht Herrn Straub durch den Kopf?**

Herr Schnell denkt kurz nach. Dabei erinnert er sich auch an ähnliche Situationen, die er schon erlebt hat. Denn auch er selbst wurde in den vergangenen Jahren häufiger von Veränderungen „überrascht". Schon nach kurzer Zeit füllt sich das Flipchart, auf dem ich seine Vermutungen und Ideen notiere. Mögliche Gedanken von Herrn Straub nach der Mail seiner Vorgesetzten:

- Schon wieder was Neues – das kann nicht wahr sein.
- Ich hab ja auch nichts Besseres zu tun.
- Wie soll das denn gehen bei der jetzigen Personalsituation?
- Das schaff ich nie.
- Was soll das denn?
- Wer hat sich das denn wieder ausgedacht?
- Das geht so doch gar nicht ... die hat doch keine Ahnung, was wir hier machen!
- Unverschämtheit! Mein Verantwortungsbereich ... Hätte mich ja mal fragen können!
- Na, dann unterschreib und unterweise ich ... mir doch egal ... das interessiert ja doch keinen, solange der Laden läuft.

Herr Schnell war gar nicht mehr zu stoppen. Offensichtlich kennt er solche Reaktionen aus seinem Arbeitsumfeld nur zu gut. Hier lohnte es sich, hinter die Fassade zu schauen..

## ■ 2.3 Widerstand bei Veränderungen

Was im häuslichen Umfeld schnell mit Begriffen wie „Faulheit" oder „Bequemlichkeit" tituliert wird und insbesondere bei lästigen Pflichten wie z. B. aufräumen oder Abfalleimer leeren wirksam wird, bekommt im Unternehmen bei Veränderungen einen anderen Namen: Widerstand.

### 2.3.1 Kennzeichen von Widerstand

Dieser Begriff zeichnet sich dadurch aus, dass er nicht die Diagnose („der ist faul"), sondern das Symptom beschreibt. Hier klappt etwas nicht. Aufträge oder Vorgaben werden nicht oder nicht in gewünschter Form umgesetzt. Was genau dahintersteht, ist zunächst unklar.

**Was ist Widerstand?**

„Von Widerstand kann immer dann gesprochen werden, wenn vorgesehene Entscheidungen oder getroffene Maßnahmen, die auch bei sorgfältiger Prüfung als sinnvoll, ‚logisch' oder sogar dringend notwendig erscheinen, aus zunächst nicht ersichtlichen Gründen bei einzelnen Individuen, bei einzelnen Gruppen oder bei der ganzen Belegschaft auf diffuse Ablehnung stoßen, nicht unmittelbar nachvollziehbare Bedenken erzeugen oder durch passives Verhalten unterlaufen werden" (Doppler/Lauterburg 2014, S. 354).

Ob neuer Gehörschutz, konsequente Mülltrennung, regelmäßige Schulungen oder, wie in unserem Fall, die Einführung und Unterweisung einer neuen Verfahrensweise – Engagement und/oder Ergebnis lassen zu wünschen übrig.

Im Familienkreis und insbesondere bei Heranwachsenden wird solchen Ärgernissen mit „Erziehung" begegnet, die entsprechende Lernprozesse mit Belohnung und Bestrafung unterstützt. „Wenn du dein Zimmer (nicht) aufräumst …" Im betrieblichen Umfeld haben wir es allerdings in der Regel mit erwachsenen Mitarbeitenden zu tun, die mittels reichhaltiger Lernerfahrungen und Kompetenzen ihr Leben selbständig gestalten, Situationen abwägen und Entscheidungen eigenverantwortlich treffen. Solche Gewohnheiten und „Freiheiten" lassen sich nicht einfach abstellen, und insofern braucht es hier alternative Vorgehensweisen.

## 2.3.2 Signale bei Widerstand

Einerlei, ob es sich um Führungskräfte – in unserem Fall um einen Teamleiter – oder Mitarbeitende handelt, bei betrieblichen Neuerungen (und auch Änderungen) trifft man eher selten auf Begeisterung. Werden entsprechende Signale nicht ernst genommen, können sie eine erfolgreiche Umsetzung behindern.

Das Ernstnehmen kann allerdings nur erfolgen, wenn solche Anzeichen auch bemerkt und erkannt werden. Das ist nicht immer einfach, denn nicht jeder trägt sein Herz auf der Zunge oder ist brillanter Rhetoriker.

### 2.3.2.1 Verschlüsselte Botschaften und rätselhafte Reaktionen

Wie in Tabelle 2.1 dargestellt, gibt es Menschen, die dann eher im „Hinter- oder Untergrund" arbeiten. Der Widerstand wird passiv durch Nichthandeln und Ausweichen oder nonverbal durch „dicke Luft", Unruhe und Unlust oder durch Gerüchte, Intrigen und die Bildung von Cliquen und „Interessengemeinschaften" ausgetragen.

Auffälliger wird es, wenn Vorhaben oder Maßnahmen aktiv lautstark verspottet oder ins Lächerliche gezogen werden („Und wieder ein Zertifikat – alles nur Papier", „Solche Maßnahmen gehören zum Hobby unseres Umweltmanagementbeauftragten") oder zu aggressiven Ausbrüchen führen („So ein Schwachsinn").

Aber auch unendliche „Ja, aber"-Diskussionen, Bagatellisieren („Ich habe Wichtigeres zu tun, als Checklisten und Protokolle auszufüllen") oder „lautstarkes" Schweigen sind deutliche Zeichen dafür, dass „etwas im Busch" ist.

**Tabelle 2.1** Anzeichen von Widerstand (in Anlehnung an Doppler/Lauterburg 2014)

|  | Verbal (durch Reden) | Nonverbal (durch Verhalten) |
|---|---|---|
| **Aktiv (Engagement/Angriff)** | • Konstruktive, lösungsorientierte Kritik<br>• Angriff, Aggression, Vorwürfe<br>• Polemik, Sarkasmus, Spott | • Unruhe, Gerüchte, Intrigen<br>• Verbrüdern, Verschwören, Cliquenbildung<br>• Schlechte Stimmung, „dicke Luft" |
| **Passiv (Flucht)** | • Schweigen, peinliche Pausen<br>• Bagatellisieren<br>• Ablenken<br>• „Unendliche" Diskussionen | • Ausweichen auf andere (wichtigere) „Baustellen" und Schauplätze<br>• Abtauchen, Fernbleiben<br>• Müdigkeit<br>• Lustlosigkeit |

## 2.3.2.2 Sammeln von „Rabattmarken"

Im Zusammenhang mit den geschilderten Anzeichen ist eine Verhaltensweise interessant, die auch in der betrieblichen Zusammenarbeit verbreitet ist: das sogenannte Rabattmarkensammeln.

Nicht selten neigen Menschen dazu, Befürchtungen oder Unmut nicht sofort anzusprechen. Sei es, weil grad die Zeit fehlt oder „aus der Mücke kein Elefant gemacht" werden soll. So werden diese „Mücken" mitsamt emotionaler Ladung innerlich gesammelt und abgelegt, vergleichbar mit dem „Sammeln von Rabattmarken". Diese treffende Bezeichnung stammt aus der Transaktionsanalyse, einer handlungsorientierten Denkrichtung der Psychologie (Dehner/Dehner 2004).

Einerlei, wie und wo diese Gedanken und die dazugehörigen Gefühlsregungen angehäuft und aufgestaut werden, eines Tages ist das Rabattmarkenbuch voll, das persönliche Erträglichkeitslimit erreicht, und dann läuft das berühmte Fass über. Meist geschieht dies auf eine Weise, die für das Gegenüber nicht nachvollziehbar ist, weil der Anlass im Verhältnis nichtig war.

So können die benannten passiven Widerstandsäußerungen auch als Vorstufe oder „kleiner Bruder" der lautstarken aktiven Vertreter gelten. Umso wichtiger ist es also, auch diese leisen und unauffälligen Signale zur Kenntnis zu nehmen und sie zu entschlüsseln, bevor der Druck zu groß wird.

## ■ 2.4 Gute Gründe für Widerstand

Versetzen wir uns, wie im Perspektivenwechsel, in die Rolle eines bremsenden Mitarbeiters, so sind die beschriebenen Reaktionen und Signale meist gut nachzuvollziehen. Schließlich hat jeder sowohl privat wie beruflich im Laufe des Lebens auch eigene Erfahrungen mit Veränderungen gesammelt.

Die Gedanken von Herrn Straub jedenfalls sind auch für Managementsysteme nichts Ungewöhnliches und sprechen einige, verbreitete und „typische" Gründe an.

### 2.4.1 Persönliche Befürchtungen

Veränderungen im Außen haben – wenn man sich persönlich betroffen fühlt – Reaktionen und Emotionen im Inneren zur Folge. Der Grund liegt vielfach in dem Versuch, einzuschätzen, welche Folgen und Konsequenzen die jeweilige Veränderung auf den eigenen Arbeitsplatz hat. „Bleibt mein Arbeitsplatz erhalten, wenn die neue Software eingeführt ist? Habe ich dann immer noch so viel Entscheidungsfreiheit? Muss ich gegebenenfalls mehr und länger arbeiten? Schaffe ich das bei meinen rudimentären EDV-Kenntnissen?"

So werden Veränderungen viel zu selten als Abenteuer und Chance, sondern häufiger als Risiko und Bedrohung erlebt. Besorgnis, Befürchtungen, gegebenenfalls sogar nackte „Angst" sind die Folge. Kommen Gefühle wie z. B. Angst ins Spiel, bekommt das Handeln eine eigene Dynamik, und die ausgelösten Reaktionen sind selten gründlich durchdacht und bewusst gesteuert (→ Kapitel 8). Ein solches „Gepäck" erschwert jegliche Umstellung auf Neues.

In der Regel gibt es für die Befürchtungen gute Gründe, die sich leicht nachvollziehen lassen und „typisch" für den betrieblichen Alltag sind.

#### 2.4.1.1 Zeit ist ein begrenztes Gut

„Hatte leider keine Zeit!" Eine Aussage, die Sie als Stabsstelle in Qualität, Arbeitssicherheit oder Umweltschutz wahrscheinlich schon oft gehört haben – sowohl aufseiten der Mitarbeiter wie auch der Linienvorgesetzten.

In der Regel haben Mitarbeitende „genug" zu tun: Pflicht und Kür, notwendige Pausenzeiten, Kommunikation und soziales Miteinander, um die Batterien wieder aufzuladen. All dies reiht sich in regelmäßig wiederkehrender Folge den Tag entlang. Das bedeutet, dass jede Änderung und jede „neue" Tätigkeit den ohnehin vollen Arbeitsalltag zusätzlich belastet und Stress macht.

Ob mit oder ohne systematisches Zeitmanagement: Jeder hat hier (eine mehr oder weniger bewusste) Prioritätenliste, die den Tag nach „Wichtigkeit" und „Dringlichkeit" strukturiert. Seien Sie gewiss, dass Ziele, die Sie für wichtig halten, beim Kollegen oder Mitarbeiter eine andere Priorität genießen. Und eines ist klar: Für die Kollegen in der Produktion gilt vordringlich: Die „Zahlen" müssen stimmen.

## 2.4.1.2 Der Mensch ist ein Gewohnheitstier

Wir Menschen (zumindest die meisten von uns) mögen Routine, halten gern am Gewohnten fest. Die amerikanischen Verhaltensexperten Thaler und Sunstein beschreiben diese Haltung in ihrem Bestseller *Nudge. Wie man kluge Entscheidungen anstößt* als „Status Quo Bias": eine Tendenz, am Gegenwärtigen festzuhalten (Thaler/Sunstein 2008, S. 55 f.). An anderer Stelle wird davon gesprochen, Mitarbeitende aus der „Komfortzone" zu locken, in der sie sich gut aufgehoben fühlen (Senninger in Landes/Steiner 2014, S. 7).

Die Ursachen für diese komfortable Trägheit sind vielfältig. Tatsache ist, dass diese „Trägheit" ein gutes Mittel ist, Situationen zu vermeiden, die unsicher machen. Nachfolgend zwei Aspekte, die dazu führen, auf anstehende Veränderungen zurückhaltend zu reagieren:

- **Alles unter Kontrolle**: Da wissen wir, was wir haben, wissen, dass wir es können, und kennen den Rhythmus und die Risiken: „Alles unter Kontrolle!" Diese Form von Sicherheit tut uns gut. Keine Herausforderungen, die uns zum Scheitern verurteilen und unangenehme Konsequenzen haben könnten – oder machen Sie etwa gern Fehler (Schmidt-Tanger 2012)?
- **Was ich hab, das hab ich!** Gewinne sind gut – Verluste weniger. Die erwähnten amerikanischen Experten schätzen, dass Verluste emotional doppelt so viel wiegen wie Gewinne. Wer will schon gern verlieren, was er hat? Einerlei, ob es sich um Macht, Position, Ansehen, Einfluss oder die geliebte Kaffeetasse handelt, die im Zentrum eines Experiments mit Studenten stand. Schließlich kann man nie wissen, wodurch es ersetzt wird (Thaler/Sunstein 2008).

## 2.4.1.3 Alles nicht mehr gut genug

Wenn Arbeits- und Vorgehensweisen sich ändern müssen, setzen wir dies häufig gleich mit: Das Alte ist nicht okay. Wer kennt ihn nicht, den Satz: „Das haben wir aber schon immer so gemacht!"

Vielfach unbewusst folgern wir: Wenn Neuerungen notwendig sind, war das bisher Geleistete offensichtlich nicht „gut genug". Der Rückschluss auf die eigene Person ist nicht weit, und schon ist sie da: die persönliche Kränkung (Muffert 2012).

Viel zu selten wird gesehen, dass die Dinge innerhalb der jeweiligen Rahmenbedingungen (z. B. Zeit, Kontext) betrachtet und bewertet werden müssen. Vielleicht war eine Arbeitsweise früher angemessen und wurde als sicher betrachtet. Aber Umfeld oder Kontext haben sich weiterentwickelt: Dank technologischer Entwicklung oder neuer Sicherheitsvorgaben kann dieses Verhalten aus heutiger Sicht uneffektiv oder maßlos riskant sein.

## 2.4.1.4 Nicht anerkannt

Viele Menschen – wahrscheinlich die meisten – versuchen, ihre Arbeit gut zu machen, und sind stolz auf ihre Leistung und ihre Ergebnisse. Als Experte an genau der einen Stelle des Gesamtgetriebes wissen sie, was sie tun und warum. Sie vermeiden Fehler oder bügeln sie aus, optimieren, wo sie können, und gehen abends – wenn es geklappt hat – zufrieden nach Hause.

Stehen dann Veränderungen ins Haus und müssen womöglich schnell umgesetzt werden, wird dieses Expertentum allerdings oft übersehen. So bleibt das hier angesammelte Wissen ungenutzt mit den entsprechenden Folgen für die Machbarkeit und Umsetzbarkeit im betrieblichen Alltag.

Hinzu kommt außerdem der Gedanke: „Die sehen mich gar nicht – sehen gar nicht, was ich hier leiste ...". Die daran gekoppelte mangelnde Beachtung und Anerkennung hat unweigerlich auch „klimatische" Folgen (→ Kapitel 7.3).

### 2.4.2 Typische Bremsmanöver bei Veränderungsprozessen

Diese Abwehrgründe gibt es nicht nur in Managementsystemen. Gegenwind ist ein alltägliches Phänomen bei betrieblichen Veränderungen jedweder Art. Einerlei, ob es sich um große oder kleine Change-Vorhaben handelt, die Reaktionen folgen immer der gleichen Logik. Aus diesem Grund haben die entsprechenden Change-Experten ein Denkmodell entwickelt, das Widerstand in einen zeitlichen Ablauf einordnet. Dieses Modell verdeutlicht, dass der Gegenwind eine Phase von mehreren ist und im besten Fall und mit entsprechendem Umgang auch wieder abflaut.

#### 2.4.2.1 Change-Kurve: Höhen und Tiefen beim Change-Prozess

Die Change-Kurve (siehe Bild 2.1) beschreibt das Verhalten von Menschen in Change-Projekten (Bormann 2011; Landes/Steiner 2014):

- Auf den mehr oder weniger angekündigten Startschuss und die daraus folgende „Überraschung" folgen erst Schock und Unruhe. Nur wenige reagieren mit Freude oder Gleichmut. Keiner weiß Genaues, die Gerüchteküche kocht und befeuert persönliche Sorgen, Vorbehalte und Ängste. Hier und da bricht auch Wut oder Ärger aus.
  In dieser Phase der *Ablehnung* stehen Unglauben und Verdrängen im Vordergrund: „Das kann nicht wahr sein." Da bislang doch alles gut gelaufen ist, kann hier nur ein Irrtum vorliegen, oder aber, man selbst ist gar nicht betroffen. Am besten erst einmal abwarten. „Zusatzthemen" aus Managementsystemen, die keinen offensichtlichen, direkten Einfluss auf Produktivität und Wertschöpfung haben, bieten hier eine ideale Vorlage.
  So macht es vielleicht auch Herr Straub, der bislang noch nicht sichtbar reagiert hat auf die Vorgabe seiner Vorgesetzten. Allerdings könnte er auf der Kurve auch schon weiter sein.
- Lassen sich die Anzeichen der Veränderung von außen nicht mehr verleugnen, werden Gegenargumente gesucht und gefunden, Allianzen gebildet, und all dies mündet in vielfältige Formen von *Widerstand* und gegebenenfalls auch in ein entschiedenes „Mit mir nicht".
- Erst wenn klar wird, dass es „ernst gemeint" und „kein Zurück mehr möglich ist", kommt neben dem Betrauern der Vergangenheit auch das Öffnen, Interessieren, Ausprobieren und *Entdecken*, um zu sehen, was „dran und drin" ist.
- Am Ende folgen das Arrangieren, Einpendeln und das *Commitment* – die Identifikation, das individuelle Einverständnis mit dem Neuen.

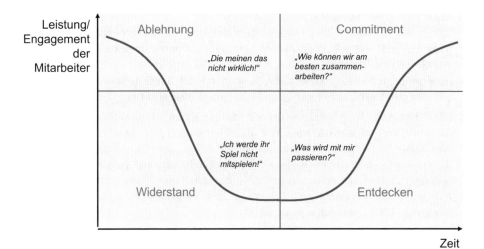

**Bild 2.1** Reaktionen auf Veränderung (in Anlehnung an Bormann 2011)

Wie lang und wie ausgeprägt diese Phasen sind, hängt von der Persönlichkeit des betroffenen Mitarbeiters und auch von den Vorerfahrungen ab. Jemand, der über Jahre viele und vielfältige Veränderungen im Unternehmen er- und überlebt hat, wird darauf gegebenenfalls gelassener reagieren als jemand, der „neu" ist oder solches zum ersten Mal erlebt.

Bevor sich ein neuer und veränderter Zustand einpendelt, bestimmen also Ungewohntes und Unsicherheit den Alltag (das Tal der dargestellten Kurve). Berater aus der systemischen Schule sprechen hier auch gern von einer Zeit des ungeordneten „Chaos", die notwendig ist, bevor Neues entstehen und gelernt werden kann.

#### 2.4.2.2 Starthilfen und Beschleuniger

Wie geschildert, ist es bei Veränderungen – auch durch Managementsysteme – normal, dass beteiligte Führungskräfte und Mitarbeitende zurückhaltend oder sogar abweisend reagieren.

Statt die entsprechende Unruhe, die Unsicherheit, den Unmut, die Kritik als Signal zu nehmen, dass hier Interesse und Anteilnahme vorliegen, und diese ernst- und aufzunehmen, werden sie im alltäglichen Stress viel zu oft als Störung empfunden, abgetan, ignoriert. Allerdings verhärten sie sich so, setzen sich als Blockade fest und wirken gegebenenfalls sogar ansteckend.

Besser ist es, der Kurve zu folgen: Je nachdem, wo der Mitarbeitende sich darauf befindet, sind die Schwerpunkte der Maßnahmen unterschiedlich zu setzen. Sie zielen darauf ab, Dauer der Phasen und Schnelligkeit der Übergänge im Sinne der erwünschten Veränderung zu beeinflussen. Hier eine kleine phasenbezogene Zusammenfassung der „Achtungspunkte", die im Kreise der Change- und Kommunikationsexperten Zuspruch finden (Bormann 2011):

1. In der Phase der *Ablehnung/Verleugnung* geht es darum, die Veränderung in die „Realität zu holen" – deutlich zu machen, dass dies keine vorübergehende Modeerscheinung oder eine weitere „kreative Idee" des Managements oder der jeweiligen Vorgesetzten ist. Es soll deutlich werden, dass hier etwas definitiv ernst gemeint ist und zu Ende gebracht werden soll. Je mehr, je offener, je ausführlicher darüber informiert und diskutiert wird, umso schwieriger ist es, das Ganze abzutun.
2. In der Phase des *Widerstands* (in der wir unseren Herrn Straub vermuten) kommt es darauf an, Vertrauen aufzubauen. Wie wir im letzten Abschnitt gesehen haben, liegen die Gründe für Protest individuell. Deshalb gilt es hier, „anschlussfähig" zu sein, und das bedeutet: ernst nehmen, nachfragen. Im besten Fall ergeben sich bei dieser mitarbeiterspezifischen „Ursachenanalyse" Unsicherheiten und Risikopotenziale, die nicht nur „persönlich", sondern auch für das gesamte Vorhaben, seine Planung und wirkungsvolle Umsetzung relevant sind.
3. Das regelmäßige Bestätigen und Beschäftigen mit der Veränderung hat auch zur Folge, dass diese als „real und echt" erkannt ist, es kein Zurück mehr gibt. Die Phase des *Entdeckens* braucht nach wie vor Informationen, aber auch Hilfestellung und Unterstützung, das Neue genau zu erkunden – gegebenenfalls zu erproben. Positives Feedback und Erfolgsberichte helfen, resultierende Vorteile und Verbesserungen zu erkennen und sich so damit anzufreunden.
4. In der letzten Phase, des *Commitments*, wird das Neue etabliert und vereinbart und gegebenenfalls zur (Auf-)Bewahrung im Sinne von Wissensmanagement dokumentiert. Nach wie vor geht es darum, den Schwung zu erhalten, Erfolge zu „feiern", um die Sinnhaftigkeit des Neuen zu verdeutlichen und den Abschied vom Alten zu erleichtern.

Rechtzeitige, klare und offene Information und Kommunikation sind also bei Widerstand generell eine wesentliche Unterstützung. Sie helfen, das „Warum" zu verstehen (Sinn und Zweck), Gerüchten und unnötigen Ängsten den Boden zu entziehen, und eröffnen die Chance, Kenntnisse und Erfahrungen der betroffenen Mitarbeitenden sinnvoll mit einzubeziehen.

Wie die Information und Kommunikation im Einzelnen aussehen könnte, muss von Fall zu Fall entschieden werden. Jeder Einzelfall wird von situations- (unternehmens-) und personenbezogenen Faktoren beeinflusst, auf deren Elemente und Wechselwirkungen wir in den kommenden Kapiteln näher eingehen.

## ■ 2.5 Der Kern im Rückblick

Veränderung im Unternehmen ist Neues, ist Ungewohntes. Sie betrifft nicht nur das Unternehmen und seine Strukturen. Auch Mitarbeitende sind davon betroffen und reagieren darauf. Mit Widerstand! Generell kann man Widerstand als ein Zeichen sehen: Der Mitarbeitende hat ein Problem mit den Folgen der Veränderung. *Widerstand ist also eine verschlüsselte Botschaft.*

Nicht immer sind diese Reaktionen so deutlich, dass man sie sofort einordnen kann – oft sind die Kollegen „komisch", sind ihre Aussagen unklar und ist ihr Verhalten auf den ersten Blick „unverständlich", sodass sie als Widerstand nicht ohne Weiteres erkennbar sind. Unterscheiden tun sie sich sowohl im Ausdruck (Worte und Taten) wie auch in der Bewältigungsstrategie (aktiv/Angriff und passiv/Flucht).

*Veränderung ist „persönlich"*. Die emotionale „Ladung" eines Mitarbeiters dabei hängt ab von den persönlichen Konsequenzen, die sich ergeben können. Und dies ist unabhängig davon, ob Mitarbeitende direkt angesprochen und eingebunden sind oder nicht, wie wir am Beispiel von Herrn Straub nachvollziehen konnten.

Sind die befürchteten Konsequenzen negativ, erzeugen sie Unsicherheit, Unmut oder auch Angst, und diese Ladung und Last bremst gewünschtes und verändertes Verhalten bewusst und unbewusst aus.

Zurückzuführen ist die Bremswirkung auf einige „typische" Gründe, von denen wir unter anderem die Faktoren Zeit, Gewohnheit und Anerkennung kennengelernt haben. Bremswirkung und -spur sind unterschiedlich – je nach Persönlichkeit und (Firmen-) Geschichte. Je größer die Veränderungen, umso mehr summieren sich diese Einzelreaktionen. Diesen Zustand vergleicht der eine mit einem Umbau am laufenden Motor (Fink/ Hartmann 2009). Andere gehen so weit, organisatorische Veränderungen „mit chirurgischen Eingriffen (...) in einen lebenden Organismus und ohne Betäubung" gleichzusetzen (Malik 2006, S. 193).

Die *Change-Kurve* verbildlicht diese Umstände in einem Verlauf, der zeitlich gesehen aus verschiedenen Phasen besteht. Widerstand ist eine davon. Das eigentliche, produktive Auseinandersetzen mit dem Thema erfolgt oft erst nach einer Übergangsphase aus Ignorieren und Verdrängen sowie mehr oder weniger offensichtlichen, emotional verpackten Bremsversuchen.

Rechtzeitige und klare Information kann vorbeugend dafür sorgen, Vorhaben, Zweck und Ziele klar und glaubhaft zu vermitteln. Im Falle eines Widerstands gilt es nachzufragen, um Hürden zu überwinden und dauerhafte Blockaden zu verhindern.

## ■ 2.6 Mögliche Konsequenzen für Führung und Zusammenarbeit

Menschen reagieren bei Veränderungen zunächst oft skeptisch und verunsichert. Das führt zu Gegenwind, auch bei betrieblichen Neuerungen, wie Managementsysteme sie mit sich bringen.

Diese Reaktionen sind völlig normal, besonders wenn man sich klarmacht, dass sie hervorgehen aus einer persönlichen Risikoanalyse, die pessimistisch ausgeht. Wie also lässt sich in Managementsystemen damit umgehen – im besten Fall so, dass der Wind abflaut oder sich sogar dreht?

## 2.6.1 Signale auf- und ernst nehmen

Ist der Stress im Alltag groß, müssen Prioritäten gesetzt werden – gerade für Führungskräfte. Je nach Akzeptanz rangieren Aufgaben aus dem Dunstkreis der gängigen Managementsysteme dabei nicht immer auf den ersten Plätzen. Entsprechend werden auch mehr oder weniger verschlüsselte Signale hierzu nicht immer wahr- und aufgenommen, schließlich schlagen sie sich oft nicht direkt im Gewinn nieder.

Hier gilt es, vor Ort die Augen und Ohren offen zu halten und auch vermeintlich zweitrangigen Themen Aufmerksamkeit und Zeit zu schenken. Da die Signale des Widerstands hauptsächlich in der persönlichen Betroffenheit begründet sind und durch Befürchtungen auch Emotionen mitschwingen, kann ein „Stau" im Rabattmarkenheft zudem unliebsame Entladungen zur Folge haben.

Generell kann „Keine Rabattmarken!", also das möglichst frühzeitige Ansprechen von „Umsetzungsbauchschmerzen" eine sinnvolle Vereinbarung sein. Allerdings braucht es hierfür die „offene Tür" der Führungskraft.

Für weitere Schritte der Ursachenforschung und möglichen Maßnahmenplanung lässt sich dann die Change-Kurve nutzen.

## 2.6.2 Change-Kurve nutzen

Die Phasen der Change-Kurve helfen generell bei Veränderungsvorhaben, entsprechende Signale einzuordnen und angemessen zu reagieren. Bringen wir es jetzt für Managementsysteme auf den (Achtungs-)Punkt:

In der Phase der *Ablehnung* kann dem Ignorieren und Verdrängen nur durch klare und nachdrückliche Kommunikation begegnet werden: Es wird hier nicht wieder „eine weitere Sau durchs Dorf getrieben", von der man sich schon bald wieder verabschiedet, sondern es geht um ein wichtiges Thema, das auch in Zukunft Bestand hat! In der Kommunikation müssen Nutzen und Notwendigkeit nachvollziehbar werden, und sie müssen von allen Ebenen ausgehen, um glaubwürdig zu sein. Dies ist umso wichtiger, wenn es – wie in Managementsystemen üblich – um Zielsetzungen geht, die dem üblichen Produktivitäts- und Gewinnstreben nicht auf direktem Wege zuarbeiten. Das ist z. B. der Fall, wenn sicherheits-, qualitäts- oder umweltgerechtes Handeln zusätzlich Zeit in Anspruch nimmt, die auf Kosten der Produktivität geht.

In der Phase des *Widerstands*, der sich ja auch passiv durch Verzögern und Nichthandeln äußert, muss die persönliche Betroffenheit (das Ergebnis aus der genannten Risikoanalyse) erkannt und entschlüsselt werden. Hier braucht es Vertrauen und offene Kommunikation – wiederum möglichst direkt. Zum einen gilt es, die Leistungen der Vergangenheit zu würdigen, um den abwertenden Interpretationen (→ Abschnitt 2.3.1) Einhalt zu gebieten. Zum anderen stehen folgende Fragen im Vordergrund:

- Wie ist das beobachtete Verhalten zu deuten? Handelt es sich um Widerstand oder um eine Fehlinterpretation, z. B. um einen akuten zeitlichen Engpass? Was im ersten Moment als Widerstand wirkt („der will nicht!"), kann auch andere Ursachen

haben (beispielsweise häuslicher Stress, der ablenkt, oder eine schwächende Erkältung).
- Welche konkreten Vorbehalte haben den Mitarbeitenden zum Bremsen bewogen? Welche Befürchtungen oder Interessen stehen dahinter?

Beides lässt sich mit den Fragen aus dem *Bremsfragebogen* (→ Kapitel 1) unter die Lupe nehmen. Mit seiner Hilfe werden auch die Faktoren in den Blick genommen, die nicht in der Person liegen.

### Wiederholung des Bremsfragebogens

Persönliche und situative Bremsen können durch folgende Fragen erfasst werden:

- Kann es am persönlichen Wollen (W) liegen?
- Fehlt es an Motivation oder Antrieb? Wie ist die innere Haltung oder Einstellung zum angestrebten Tun?
- Fehlt es am individuellen Können (K), also an Fähigkeiten, Kompetenzen oder Erfahrungen?
- Erlauben es die betrieblichen „Spielregeln", also das Sollen/Dürfen (S/D)? Und hier sind nicht nur offizielle – häufig auch aufgeschriebene – Regeln zu beachten, sondern ebenfalls die ungeschriebenen „Gesetze", die die Unternehmenskultur hervorbringt und lebt.
- Ließ die aktuelle Situation (sE), die Umstände, es zu, also die im betrachteten Moment zur Verfügung stehenden Arbeitsmittel, die Infrastruktur oder auch persönliche Ressourcen wie der Faktor Zeit?

Bei diesen Gesprächen geht es einerseits darum, die entsprechenden Vorbehalte aus dem Weg zu räumen und die persönlichen Bremsen zu lösen. Andererseits ermöglicht diese Kommunikation, wichtige Informationen zu erhalten, die für Planung und Wirksamkeit des Veränderungsvorhabens relevant sein können. In den meisten Fällen treffen die Aufgaben und Abläufe der Managementsysteme auf ein fertiges und funktionierendes Unternehmen. Sie werden nachträglich ein- und hinzugebaut und müssen zum etablierten Geschehen vor Ort passen. Mitarbeitende sind Experten an ihrem Arbeitsplatz. Was also liegt näher, als dieses Expertentum anzuzapfen und zu nutzen, wenn es um Veränderungen geht? Damit wird nicht nur eine wertvolle Wissensquelle genutzt, sondern auch Respekt und Wertschätzung signalisiert.

Auch in den letzten Phasen der Change-Kurve – dem *Entdecken* und dem abschließenden *Commitment* muss der Kontakt zu den Mitarbeitenden gehalten, müssen Stärke und Richtung des Windes gemessen werden.

Während es in den ersten beiden Phasen also darum geht, den „Wetterfunk" laut zu stellen und die persönlichen Hoch- und Tiefdruckgebiete über Nachfragen zu erfassen und zu reagieren, kommt es jetzt auf tatkräftige Kontinuität an. Der Kurs muss gehalten, Erreichtes gemeldet und „gefeiert" werden. Bestätigung und Anerkennung der Ergebnisse und gewonnenen Erkenntnisse sind hier genauso wichtig wie eine entspannte Haltung zu Fehlern. Schließlich ist alles neu und im Aufbau.

Gerade das Commitment, bei dem es um die überdauernde Verankerung im Alltag geht, gestaltet sich in Managementsystemen nicht immer leicht. Wenn auf der einen Seite Forderungen und Druck von Kunden und vom Gesetzgeber selbstverständliche Realität sind, erschwert dies auf der anderen Seite freiwilliges Einverständnis und Selbstverpflichtung, die für den dauerhaften Antrieb unerlässlich sind (→ Abschnitt 7.1.3).

### 2.6.3 Verbindliche Vereinbarungen treffen

Werden im Zuge der Gespräche Maßnahmen geplant und vereinbart, sollten diese realistisch sein. Hat man den Sorgen und Nöten der Kollegen viel Zeit und Aufmerksamkeit geschenkt, verführen Mitgefühl und Hilfsbereitschaft dazu, Versprechungen zu machen, die später nicht einzulösen sind. (Ein Effekt, den manch einer vielleicht auch von internen Audits und Begehungen kennt.) Vielerorts folgt auch die Budgetplanung der erwähnten Rangfolge betrieblicher Zielsetzungen.

Die entsprechende Enttäuschung darüber hat unumkehrbare Folgen auf das Vertrauen der Angesprochenen in die Verbindlichkeit zukünftiger Maßnahmenpläne: „Da passiert ja sowieso nichts."

### 2.6.4 Zeit einplanen und Zuhören können

Nicht jede Windbewegung lässt sich erfassen und verwandeln – nicht alle Probleme lassen sich endgültig auflösen. Auch der Abschied von Vertrautem ist nicht immer leicht. Oft genug war „früher alles besser".

Manche Erkenntnis und mancher Lernprozess brauchen ein wenig Zeit und Abstand, zu „verdauen", gerade wenn Emotionen im Spiel sind. Wer kennt sie nicht, die berühmte Nacht, die noch einmal überschlafen werden will, um den Blick zu klären und den „Weitwinkel" einzustellen? In so einem Moment sind die unangenehmen Wahrheiten durch Zuhören und eine Prise aufrichtiges Verständnis einfach etwas besser zu ertragen.

### 2.6.5 Direkte Führung – So früh wie möglich umsetzen

Mit diesem Kapitel haben wir jetzt den neuen Fokus der direkten Führung in Managementsystemen konkretisiert. Primär geht es um frühzeitige Information und Kommunikation mit dem Ziel, Anzeichen von Ablehnung und Widerstand rechtzeitig erkennen und nutzen zu können.

**Führung**

Führung als zielbezogene Einflussnahme sollte so früh wie möglich einsetzen, also nicht nur in konkreten, kritischen Situationen vor Ort, sondern auch vorher bei der Planung und Etablierung von Neuerung.

Auch das Phänomen der Rabattmarken spricht dafür, direkte Führung nicht erst einzusetzen, wenn das Kind schon in den Brunnen gefallen ist, die Vorbehalte und Emotionen schon ausgelöst sind und kräftig Gegenwind erzeugen. Viel besser ist es, schon vorher, in der Phase der Planung und Konzeption der Neuerung, im Dialog zu sein – auch eine Form von Vorbeugemaßnahmen.

## 2.7 Coaching: Aha-Erlebnisse

„Die Kurve ist klasse!" Herr Schnell, unser Qualitätsmanagementbeauftragter von Schubs & Co., ist definitiv erfreut darüber, dass all der Gegenwind, den er im betrieblichen Alltag mit seinen Änderungswünschen erfährt, kein besonderes Phänomen von Schubs & Co. oder womöglich sogar seine Schuld, sondern völlig normal ist.

Die Kollegen aus der Linie hätten sich schon häufig über ähnliche Effekte beklagt. Dabei sei es einerlei, ob es sich um neue Qualitätsmanagementvorgaben, eine neue Pausenregelung oder Schichtplanung handelt.

Auf meine Frage, welche Konsequenzen er aus seinen Erkenntnissen ableitet, antwortet er nach kurzem Nachdenken: „Tja, kontrollieren und gut zureden reicht doch nicht. Da ist schon zu viel Porzellan zerschlagen. Wahrscheinlich muss man da früher ansetzen?! Aus der Sicht des Kollegen Straub (der Teamleiter aus der Logistik) sind einige Fragen zu klären. Da ist die direkte Vorgesetzte wahrscheinlich näher dran als ich – zudem kann sie auch gleich und direkt reagieren."

Auch wenn an dieser Stelle noch nicht genau klar ist, wann und wie die Fragen geklärt werden können und die zukünftige Zusammenarbeit mit den Führungskräften und Bereichen aussehen kann, so nimmt Herr Schnell sich zumindest schon einmal vor, Frau Wächter, die Logistikleiterin beim nächsten Zusammentreffen zu fragen, ob sie von der Change-Kurve schon etwas gehört hat.

# 2.8 Literatur

Bormann, Hans-Werner (2011): „Change Management. Die Mitarbeiter als Mitstreiter gewinnen". In: *KMU-Magazin* Nr. 2, März 2011, S. 10–12

Dehner, Ulrich; Dehner, Renate (2004): *Coaching als Führungsinstrument.* Campus, Frankfurt am Main

Doppler, Klaus; Lauterburg, Christoph (2014): *Change Management. Den Unternehmenswandel gestalten.* 13. Auflage. Campus, Frankfurt am Main/New York

Fink, Dietmar; Hartmann, Matthias (2009): *Das Missing-Link-Prinzip. Schließen Sie die Lücke zwischen Strategie und Umsetzung!* Hanser, München

Landes, Miriam; Steiner, Eberhard (2014): Psychologische Auswirkungen von Change Prozessen. Widerstände, Emotionen, Veränderungsbereitschaft und Implikationen für Führungskräfte. Springer, Wiesbaden

Malik, Fredmund (2006): *Führen, Leisten, Leben. Wirksames Management für eine neue Zeit.* Campus, Frankfurt am Main

Muffert, Yvonne (2012): „Widerstand und Motivation in Change-Prozessen". In: *IPL-Magazin* 19, April 2012. URL: http://www.ipl-mag.de/scm-fachbericht/240-ipl-scm-fachbericht-19-2, Abruf: 22.07.2013

Schmidt-Tanger, Martina (2012): *Change – Raum für Veränderung. Sich und andere verändern. Psychologische Veränderungsintelligenz im Business.* Junfermann, Paderborn

Thaler, Richard H.; Sunstein, Cass R. (2008): *Nudge. Wie man kluge Entscheidungen anstößt.* Econ, Berlin

# 3 In Managementsystemen führen

Aus den vorangegangenen Kapiteln haben wir erfahren, dass die „Performance", also die Leistung der Managementsysteme, nicht nur durch Organisationsstrukturen und Vorgabedokumente beeinflusst wird. Die wirksame Umsetzung in erwünschtes Verhalten der Mitarbeitenden geschieht wesentlich auch durch direkte Einflussnahme der Führung vor Ort. Mit Blick auf die Change-Kurve und die normalen, menschlichen Reaktionen, die eine Neuerung an Abwehr hervorbringen kann, haben wir gefolgert, dass dieser direkte Einsatz so früh wie möglich einsetzen sollte. Wie kann das konkret aussehen?

Die unendliche Menge entsprechender Fachliteratur hierzu macht deutlich, dass hier unterschiedliche Auffassungen und Zusammenstellungen existieren. Formen und Begrifflichkeiten ändern sich so schnell wie die Welt darum herum. Je nach Art und Jahrgang entsprechender Veröffentlichungen sind darin vorgestellte Führungstechniken sowie zugehörige Haltungen und Wertvorstellungen entsprechend unterschiedlich dargestellt.

Bleiben wir also bei den Basics, den Grundzutaten, die dann je nach Unternehmen individuell angereichert und verfeinert werden können. Hierzu lassen wir uns vom „prozessorientierten Ansatz" inspirieren und nutzen, um das Thema zu strukturieren, einige Bausteine, die wir am Ende zusammensetzen können (Becker/Kugeler/Rosemann 2012):

- Zunächst wollen wir uns der Frage widmen, welche grundsätzlichen Aufgaben Führung in der Praxis zugewiesen werden, und sammeln so verwendbare Prozess- bzw. Arbeitsschritte (→ Kapitel 3.1).
- Um diese sinnvoll anzuordnen, brauchen wir auch Vorgaben, welchen Output bzw. welche besondere Leistung Führung im Managementsystem hervorbringen soll, und leiten daraus zentrale Ziele oder Zielrichtungen ab (→ Kapitel 3.2).
- Abschließend bauen wir aus diesen Bestandteilen Prozesse, die dem Führungshandeln im Managementsystem eine klare Orientierung geben (→ Kapitel 3.3).

# 3.1 Aufgaben der Führung

Führungsaufgaben gibt es viele. Mit einem Seitenblick auf die Betriebswirtschaftslehre und einige Klassiker der Führungsliteratur lassen sich allerdings Gemeinsamkeiten mit dem finden, was wir aus Managementsystemen kennen.

### 3.1.1 Fünf Schlüsselaufgaben

Schon im Eingangskapitel haben wir gesehen, dass die Entstehungsgeschichte von Führung viel mit dem Thema Arbeitsteilung zu tun hat. Primär wurde Führung installiert, um Arbeitsteilung zu ermöglichen. Um in unserem Bild zu bleiben: Mitarbeitende befahren die Straßen des Unternehmens, und Führungskräfte bauen sie und unterstützen, beispielsweise bei Stau als Navigationssystem.

Die Aufgaben, die dazu notwendig sind und für Führungskräfte üblicherweise dazugehören, lassen sich zu fünf Schlüsselaufgaben bündeln, ohne die im Unternehmen keine vernünftigen Ergebnisse möglich wären: Für Ziele sorgen, Organisieren, Entscheiden, Kontrollieren, Menschen entwickeln und fördern (Malik 2014). Was heißt das im Einzelnen und worauf ist zu achten?

#### 3.1.1.1 Für Ziele sorgen

Ziele im Unternehmen geben eine Richtung vor und definieren, was für das Unternehmen, den Bereich oder den Mitarbeiter wichtig ist und als Erfolg gewertet wird. In diesem Zusammenhang wird häufig Seneca zitiert, ein Philosoph, Naturforscher und Staatsmann, der zu Beginn unserer Zeitrechnung in Rom gelebt hat: „Wenn ein Seemann nicht weiß, welches Ufer er ansteuern muss, dann ist kein Wind der richtige"

Ziele werden, je nach Kultur des Unternehmens, vorgegeben oder ausgehandelt und anschließend zeitlich und inhaltlich konkretisiert. Im klassisch-hierarchischen Unternehmen, das uns hier als Standardmodell dient, werden sie dann über die verschiedenen Hierarchieebenen von oben nach unten „heruntergebrochen".

Das Wort „Ziel" hat im Unternehmenskontext unterschiedliche Erscheinungsformen. Was sich als oberste Zielsetzung oder Leitlinie (Vision, Mission, Unternehmenspolitik etc.) noch unkonkret, visionär und abgehoben anhört, wird über langfristige strategische Konzepte und schrittweise Konkretisierung entlang der disziplinarischen Treppe in konkrete Maßnahmen mit Zielgrößen (z. B. Anzahl, Gewicht, Geldwert), Zeiten und Zuständigkeiten versehen und in Managementsystemen gern als „Programm" zusammengefasst.

Dieser Konkretisierungsprozess wird auch *Planung* genannt und ist vom Begriff der „Zielformulierung" nicht deutlich abgegrenzt. Planung kann also je nach Zielsetzung und Planungshorizont lang-, mittel- und kurzfristig sein. Wie in Bild 3.1 gezeigt, kommt langfristige *strategische* Planung von „ganz oben" und beschäftigt sich mit den Fragen der Unternehmenssicherung, z. B. mit der Produktpalette und Positionierung im Markt.

Sie umfasst einen Planungshorizont von fünf bis zehn Jahren. Die mittelfristige, sogenannte *taktische* Planung umfasst etwa ein bis vier Jahre und konkretisiert die strategische Planung für die unterschiedlichen Sparten oder Bereiche des Unternehmens (z. B. Einkauf, Produktion, Vertrieb), wobei eine entsprechende Abstimmung unerlässlich ist. Hier ist dann je nach Unternehmensgröße auch die mittlere Führungsebene gefragt. Auf den unteren Führungsebenen werden dann in der *operativen* Planung Projekte konkret und kurzfristig (rollierend bis zu einem Jahr) geplant (Jung 2010).

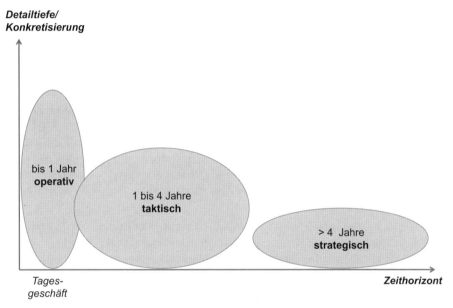

**Bild 3.1** Zeithorizont und Konkretisierungsgrad der verschiedenen Planungsprozesse

### 3.1.1.2 Organisieren

Organisieren hat eine sinnvolle Arbeitsteilung zum Ziel, die jedem ermöglicht, den optimalen Beitrag zur Gesamtleistung zu erbringen. Dazu gehört nicht nur die Zuordnung von Menschen und Teilaufgaben, sondern auch von Sachmitteln. Grundsätzlich steht im Vordergrund, die Effizienz der Leistungserstellung und Aufgabenerledigung zu sichern.

Effizienz – gemeint ist hier das Verhältnis von Aufwand und Nutzen – zielt auf wirtschaftlichen Erfolg. Auf Führung bezogen bedeutet dies auch, die Führung vom operativen Geschäft zu entlasten und einsatzfähig für „höhere" oder komplexere Aufgaben zu machen (Jung 2010). Wird der Mitarbeitende nicht nur als „Mittel zum Zweck" betrachtet, rückt ein weiterer Blickwinkel in den Vordergrund: „Organisation soll es den Menschen erleichtern, Leistung zu erbringen und Erfolg zu haben" (Malik 2013).

- **Organisation – Ganz klassisch**

Das Wer, Was und Wie wird durch die *Aufbau- und Ablauforganisation* geregelt. Ersteres beschäftigt sich mit der Verteilung von Aufgaben auf organisatorische Einheiten (z. B. Stellen, Abteilungen, Sparten) und Ebenen. Festgehalten wird diese Verteilung beispielsweise in Organigrammen und Funktions- oder Stellenbeschreibungen. Auch Weisungsbefugnis, Kommunikations- und Informationswege und -beziehungen (z. B. Hol- und Bringschuld) sind in der Aufbauorganisation reglementiert.

Letztere – also die Ablauforganisation – kümmert sich um die Arbeitsprozesse und koordiniert den Einsatz von Raum, Zeit, Sachmitteln und Personen, stellt notwendige Informationsflüsse dar und macht die Übergänge/Schnittstellen zu anderen Abläufen und Bereichen deutlich.

Hierzu werden generelle Regeln festgelegt, was immer die kritische Entscheidung zwischen Menge und Qualität beinhaltet. Diese bemessen sich dann in Details und Regelungstiefe und – falls verschriftlicht oder grafisch dargestellt – dem daraus resultierenden Umfang eines Vorgabedokuments. Hohe Seitenzahlen mit einem entsprechenden Organisationsgrad entscheiden dann auch darüber, wie viel Frei- oder Spielraum den Mitarbeitenden für eigenverantwortliches Handeln gegeben ist.

Von einem hohen Detaillierungsgrad wird vielfach erwartet, dass er möglichst alle Ein-, Aus- und Sonderfälle im betrieblichen Alltag abbildet. Nur so könnte die direkte Führung auch entlastet und könnten alle „Wenn und Aber" geklärt sein. Dies kann allerdings nur da klappen, wo Arbeitsgänge stark standardisiert und einheitlich ablaufen und ungeplantes, spontanes Handeln selten ist, also beispielsweise in der Buchhaltung. Unberücksichtigt bleibt an dieser Stelle, dass sich nicht alle Tätigkeiten und Abläufe routinemäßig wiederholen.

Einmalige Aufgaben beispielsweise brauchen nicht dauerhaft strukturiert und geregelt zu werden. Sie werden als Maßnahmen oder Projekte abgehandelt, die immer wieder neu und ein bisschen anders sind. Aber es gibt noch mehr „Außenseiter".

■ **Organisation – Ganz spontan**

Es kann nicht alles bis ins letzte Detail bewusst gestaltet und geregelt werden. Lediglich ein Teil der betrieblichen Realität ist formal und dauerhaft vorgegeben, allerdings auch nicht zwangsläufig dokumentiert und auffindbar. Nicht erfasst sind Situationen mit neuen oder plötzlich geänderten Anforderungen, Aufgaben, Arbeitsbedingungen und Anlagen. Solche unvorhergesehenen, ungeregelten – oft auch zeitkritischen – Situationen erfordern spontanes Handeln, um unter den neuen Umständen bestmögliche Aufgabenerfüllung zu gewährleisten. Bild 3.2 illustriert die Zusammenhänge.

Spontanes Organisieren erfolgt hier zum einen als *Improvisation*, z. B.: „Solange die Bahn streikt, transportieren wir unsere Produkte wieder per Lkw." Bewährt sich eine vorläufige Verfahrensweise, kann sie später auch dauerhaft organisiert und dokumentiert werden.

Zum anderen kommen zahlreiche Situationen im täglichen Betrieb hinzu, die einmalig und fallweises Handeln erfordern wie beispielsweise Liefer- oder Personalausfälle, Anlagenstörungen und anderes mehr. „Fahren Sie doch bitte ausnahmsweise zu dem Kunden, solange die Kollegin den Kongress vorbereitet." Hier sind Aufgaben, Personal- und Sachressourcen einmalig einzuteilen und zuzuordnen durch *Disposition* (Jung 2010).

Gerade bei sich häufig ändernden Rahmenbedingungen – die heutigen Unternehmen im Allgemeinen attestiert werden – muss oft improvisiert werden. Manchmal haben wir damit einen Vorläufer organisatorischer Regelungen – manchmal auch einen Querläufer.

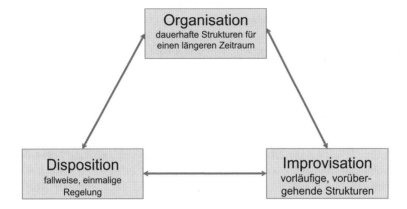

**Bild 3.2** Der Zusammenhang zwischen Organisation, Disposition und Improvisation

Ob und in welchem Maße bei Improvisation und Disposition direkte Führung ein- und mitwirkt und in welchem Rahmen die Mitarbeitenden eigenverantwortlich ohne Führungsbeteiligung agieren, ergibt sich vor allem aus den jeweiligen kulturellen Gepflogenheiten. Hier sind es insbesondere die Führungskultur und die dazu vertretene und gelebte Haltung. Sie gibt den Ausschlag, wie selbstbestimmt und eigenverantwortlich Mitarbeitende agieren sollen und dürfen.

- **Organisation – Undercover**

An dieser Stelle tritt also neben der *formalen*, bewusst gestalteten und meist auch schriftlich fixierten, die *informale* Organisation in Erscheinung. Hier sind eigene „Strukturen", Hierarchien und Sanktionsmechanismen am Werk, die sich zeigen an guten Beziehungen, „kurzen Wegen" oder Sonder- und Ausnahmebefugnissen. Sie sind nicht durch hierarchische Positionen und Befugnisse, sondern durch Erfahrung und Erfolg legitimiert.

In früheren Zeiten wurde ein solches Verhalten meist als Abweichen oder Zuwiderhandeln von Vorschriften gesehen. Heute wächst zunehmend die Erkenntnis, dass hier positive, ergänzende individuelle und gemeinschaftliche Kräfte am Werk sind, die die Starrheit, Schwächen und Lücken formaler Organisation kompensieren. (Jung 2010; Schreyögg 2008)

Mit den letzten beiden Abschnitten bekommen wir eine Ahnung, wie die schon angesprochenen „Freiräume" innerhalb und neben den formalen Organisationsstrukturen gefüllt werden. Offensichtlich werden in der wechselhaften Realität „Straßenführungen" schnell (informell) verlegt, Abkürzungen eingebaut oder Umwege gefahren, um zu einem akzeptablen Ergebnis zu kommen.

Während Organisation Standards und Regeln für Routinehandeln hervorbringt und damit Stabilität und Transparenz schafft, ermöglicht spontanes und informelles Handeln eine gewisse Elastizität und Anpassungsfähigkeit. So wird auch klar, dass jedwede

Organisation (inklusive der entsprechenden Regelungen in Managementsystemen) keine „perfekte" sein kann. Sie ist immensen Anforderungen und Veränderungen im Außen ausgesetzt und muss sich permanent anpassen. Versuch und Irrtum, Widersprüche und Kompromisse stehen dabei auf der Tagesordnung. Insofern sollte sie nie starr, sondern funktional und unterstützend sein, frei nach dem bewährten Motto „Form follows function". Die Form folgt der Funktion und nicht umgekehrt, wie es z. B. bei vielen „fertigen" Managementsystemdokumentationen oder EDV-Tools, für die sich Anwender und Abläufe „verbiegen" müssen, nicht selten der Fall ist (Doppler/Lauterburg 2014).

### 3.1.1.3 Entscheiden

Gibt es verschiedene Handlungsmöglichkeiten, gilt es, zwischen den Alternativen zu entscheiden. Anlässe dazu gibt es viele: Jede Zielfestlegung beinhaltet eine Entscheidung. Probleme und Konflikte müssen einer Lösung zugeführt werden. Auch die Frage, wie genau bei lückenhaften oder fehlenden Strukturen zu agieren ist (Disposition, Improvisation), kann nur in eine Richtung führen.

„Nur wer entscheidet, ist Führungskraft", wobei auch hier immer wieder gern zwischen Qualität und Quantität balanciert wird. Manchmal ist Schnelligkeit wichtig, um überhaupt weiterzukommen – entsprechende Befugnisse vorausgesetzt. Manchmal braucht es eine angemessene Gründlichkeit, um akzeptable Ergebnisse zu bekommen. Bei alledem hilft die richtige Vorgehensweise oder Methodik, z. B. wenn Partizipation und Konsensorientierung in zumutbarer Zeit zum Ziel führen sollen.

Eine Führungskraft muss nicht alles alleine entscheiden. Hier gibt es die unterschiedlichsten Formen der Beteiligung.

Zur Entscheidungsvorbereitung bieten sich für die Praxis diverse, oft auch mathematisch unterstützten Analyse- und Hilfsinstrumente an – basierend auf ebenso unterschiedlichen Kriterien und Regeln. Eine Methode, die sogenannte „Nutzwertanalyse", stellen wir in einem nachfolgenden Kapitel ausführlicher dar (→ Kapitel 7).

Auch hier ist also wieder die Planung im Spiel, denn zu jeder Entscheidung gehören auch Folgeentscheidungen, die notwendige Aktionen in „handliche" Pakete wie Aktionsprogramme schnüren und festlegen, wer bis wann was mit welchen Informationen „tut" und wie zu steuern und zu kontrollieren ist, womit wir beim nächsten Punkt sind.

### 3.1.1.4 Kontrollieren

Kontrollieren wird oft mit beobachten und überwachen gleichgesetzt. Nicht verwunderlich also, dass diese Aufgabe sowohl bei Führungskräften wie Mitarbeitern unbeliebt und umstritten ist. Sie hat bei unangemessener „Anwendung" großen Einfluss auf Motivation und Miteinander. Hier werden Selbstbestimmtheit und Freiwilligkeit – und damit wirksame Antriebskräfte – unterspült und abgetragen (→ Kapitel 7).

Mancherorts führt Kontrolle sogar zur kulturellen Fehlentwicklung einer *Misstrauensorganisation*, in der diese Führungsaufgabe nicht zur Informationssammlung, Kommunikation und Reflexion genutzt wird, sondern Rechtfertigungen und Beweise einfordert und vielfältigen „Machtspielen" Tür und Tor öffnet (Sprenger 2007).

## 3.1 Aufgaben der Führung

Allerdings ist sie für Führung notwendig, denn ein gewisser Überblick ist nötig, um Aufgaben zu verteilen und zu verfolgen. Nur so lassen sich Lücken oder Optimierungspotenziale erkennen, die gegebenenfalls Führungshandeln notwendig machen. Üblicherweise geschieht Kontrolle über Soll-Ist-Vergleiche, vielfach – auch in Managementsystemen – mithilfe von (Kenn-)Zahlen. Sie beziehen sich auf konkrete Vorgaben, Ziel- oder Performance-Kenngrößen von Anlagen, Prozessen, Verbräuchen/Aufwänden etc., aber auch auf Menschen und ihr konkretes Verhalten (Jung 2010).

Kontrolle ist nicht nur dazu da, Lücken und Fehler aufzudecken. Ebenso geht es darum, Erfolge, Leistungen und Ergebnisse, die erfreulich sind, aufzudecken und zu würdigen. Wie sonst – wenn nicht durch die „Evaluation des Leistungs- und Kooperationsverhaltens der Mitarbeiter" (Wunderer 1996) – könnte eine faire Mitarbeiterbeurteilung zustande kommen? Und genau darauf sollte die Entwicklung und Förderung der Mitarbeiter, die im nächsten Abschnitt geschildert wird, basieren.

Auch wenn der Begriff und seine nahen Verwandten "Überwachung" oder "Prüfung" tendenziell andere Assoziationen wecken, so kann Kontrolle Fürsorge und Wertschätzung ausdrücken – schließlich wird sich hier Zeit genommen, Aufmerksamkeit gespendet. Insbesondere für vorsorgenden Gesundheits- und Arbeitsschutz oder den Schutz der Persönlichkeitsrechte (z. B. bei Mobbing) ist eine solche Fürsorgepflicht auch gesetzlich verankert. Der hierzu notwendige Ein- und Überblick kann nur durch eine entsprechend aktive Informationsbeschaffung gewährleistet werden.

### 3.1.1.5 Menschen entwickeln und fördern

In vielen Unternehmen gibt es engagierte Personalabteilungen, die sich fachkundig um wirkungsvolle Aus- und Weiterbildung kümmern. Trotzdem liegt der Hauptanteil der hier beschriebenen Aufgabe bei der direkten Führungskraft.

Auch sie kann ihre Kollegen und Mitarbeiter nicht wirklich „entwickeln", allerdings kann sie sinnvoll dabei unterstützen, dass diese es selbst tun. Hierzu steht das „Stärken stärken" im Vordergrund. Schwächen abzubauen, ist ungleich schwieriger und aufwendiger. Das bedeutet zum einen das *Fordern* in angemessener „Lattenhöhe", denn nur an Herausforderungen wachsen wir. Die resultierenden Erfolgserlebnisse sind die wichtigsten Anker produktiven und nachhaltigen Lernens (→ Kapitel 7.5). Zum anderen bedeutet das aber auch das individuelle *Fördern* als Mentor, Vorbild und Ermutiger. Auch die Antwort auf die Fragen „Wo ist dieser Mensch am richtigen Arbeitsplatz?", „Welche Aufgaben passen zu seinen Fähigkeiten und bauen diese aus?" gehört in diesen Aufgabenzusammenhang (Malik 2014).

Die Befähigung für aktuelle und kommende Aufgaben und Herausforderungen erfolgt auf unterschiedliche Weise. Neben entsprechende Herausforderungen in der Praxis kann Befähigung auch koordiniert und gezielt von einer knappen Information, einer Ein- oder Unterweisung über Einarbeitung (Theorie und Praxis) oder von ausgelagerten Schulungen, Aus- und Weiterbildungen sowie Coaching oder Mentoring ausgehen:

- Mentor kann ein erfahrener Kollege oder Vorgesetzter – auch aus einem anderen Bereich – sein.
- Als Coach wird in der Regel ein meist externer Berater bezeichnet, der im Bereich Führung und Zusammenarbeit auf fachlicher und persönlicher Ebene Hilfe zur Selbsthilfe leistet.

In Managementsystemen sind Unterweisung und Co. oft gekoppelt an die Organisationsaufgabe und die daraus resultierende Verhaltensregelungen. Sie unterstützen Mitarbeitende kurzfristig dabei, Erwünschtes umzusetzen. Schulungen, Aus- und Weiterbildungen sind eigenständige, meist längere, eher mittel- und langfristige Personalentwicklungsmaßnahmen, die auch oft über die erwähnten Fachabteilungen (Human Resource, Personalbereiche) gesteuert oder unterstützt werden.

**Schlüsselaufgaben der Führung**

Schlüsselaufgaben der Führung sind (Malik 2014):

- für Ziele sorgen,
- organisieren,
- entscheiden,
- kontrollieren,
- Menschen entwickeln und fördern.

## 3.1.2 Führungsaufgaben und PDCA-Aufgaben

Die genannten Schlüsselaufgaben überschneiden sich mit den Aufgaben aus dem *PDCA-Regelkreis* (Plan, Do, Check, Act). Das hier definierte Planen, Aus-/Durchführen, Kontrollieren/Prüfen, Handeln/Optimieren hat in allen gängigen Managementsystemnormen seinen Platz. Es soll und kann auf jeden Prozess oder Arbeitsablauf angewendet werden, denn er stellt einen Verlauf dar, der sich für die verschiedenen Abschnitte nahezu jeder betrieblichen Tätigkeit und jedes Projekts anwenden lässt. Damit ist er auch als Grundgerüst betrieblicher Führungsarbeit verwendbar.

In der klassischen Betriebswirtschaftslehre werden die genannten PDCA-Aufgaben auch als elementare Führungsfunktionen bezeichnet und in einem *Managementkreis oder -zyklus* dargestellt, wie ihn Bild 3.3 zeigt. Funktionen meint an dieser Stelle die zur Steuerung eines Unternehmens notwendigen Aufgaben, die nicht rein ausführender Natur sind (Jung 2010).

**Bild 3.3** Elementare Führungsfunktionen im Managementkreis (in Anlehnung an Jung 2010)

## 3.2 Ziele der Führung im Managementsystem

Auch die Führung in Managementsystemen sollte sich an der Zielsetzung ausrichten, für die der „richtige Wind" aufkommen muss. Die primären Zielsetzungen durch die jeweiligen Arbeitsfelder sind mit z. B. Qualität oder Umweltschutz zwar unterschiedlich. Allerdings lassen sich übergreifende Ausrichtungen an Führung definieren, die sich auch in den relevanten Normen oder Standards finden.

### 3.2.1 Zentrale Anforderungen der Normen an Führung

Wer ein Managementsystem einführt und lebt, ist in der Realität oft genötigt, sich in Details zu vertiefen. Mit Blick auf die Zertifizierung werden die vielen verschiedenen Normpassagen genauestens studiert und möglichst prüfungssicher in die verschriftlichte Realität übersetzt. Man brütet stunden- ja tagelang über den Fein- und Einzelheiten professioneller Formulierungen und Layouts und vergisst darüber die eigentliche Zielsetzung: Es soll auch „funktionieren". (Nicht umsonst kommt der Begriff *Wirksamkeit* in den Normtexten gern und häufig vor.)

Die Normen drücken dies allerdings nicht nur in einem Wort aus. Die entsprechenden Managementsysteme sind

- aufzubauen (einzuführen, festzulegen),
- zu dokumentieren,
- zu verwirklichen (umzusetzen),
- aufrechtzuerhalten sowie
- ständig bzw. fortlaufend zu verbessern.

Diese Kernforderungen lassen sich in allen Standards und den verschiedenen Revisionen nachvollziehen und tauchen bei ähnlichen Jahrgängen dann auch an den gleichen Stellen auf: Bei den älteren Normen unter „4.1 Allgemeines" und bei den aktuellen Revisionen (2015) unter 4.4 und in Variationen auch in späteren Abschnitten. Mit der jüngsten Revision wurde allerdings das „dokumentieren" aus dem Fünfergespann verbannt und taucht nur noch in der Begriffserläuterung der „Realisierung eines Qualitätsmanagementsystems" in der gewohnten Zusammenstellung auf (ISO 9000:2015, 3.4.3).

Auch wenn sich diese Anforderungen im Normtext an „die Organisation" wenden, ist klar, dass sie sich – schon allein aus organisationsrechtlichen Gründen (→ Kapitel 4) – an die Führung richten. Diese „Aufträge" sind nur umsetzbar in der gelebten Praxis, und zwar als zielgerichtete Einflussnahme durch dazu befugte und befähigte Personen.

#### 3.2.1.1 Aufbau/Einführung

Die Begriffe „Aufbau" oder „Einführung" kennzeichnen Zustände, in denen es darum geht, ein Managementsystem (oder einzelne Bestandteile davon) neu zu etablieren.

**Führung im Managementsystem**

*Einführung ...*

- schafft die notwendigen Voraussetzungen für Verwirklichung und Aufrechterhaltung,
- errichtet die (indirekten) Rahmenbedingungen für die zukünftige direkte Führung,
- sorgt für fachliche, finanzielle und zeitliche Ressourcen,
- muss sich mit Widerständen auseinandersetzen.

Einerlei, um welches Arbeitsfeld es geht, jetzt wird das Thema und damit eine neue Zielsetzung „offiziell" und rückt in den Fokus. Am Ende sollen die relevanten Vorgaben der Norm auf allen Ebenen des Unternehmens installiert sein und funktionieren, gegebenenfalls sogar mit einer erfolgreichen Zertifizierung (bei EMAS auch Validierung genannt) abschließen.

Aufgabe bzw. Arbeitsfeld (z. B. Qualität, Umweltschutz) sind zu diesem Zeitpunkt wahrscheinlich nicht gänzlich neu. Auch vorher schon gab es Aktivitäten, um Gesetzgeber, Behörde oder Kunde zufriedenzustellen. Auch vorher gab es kompetente Ansprechpartner, die an der einen oder anderen Stelle drücken oder ziehen mussten, um etwas zu bewegen. Neu ist, dass all diese Aktivitäten ins Licht gerückt, mit politischen Leitlinien und Zielen versehen und klare Verantwortlichkeiten, Zuständigkeiten und Abläufe installiert werden.

Ergebnis der Einführung sollte sein, dass jegliche Neuerung zu Aufgaben, Abläufen und Zuständigkeiten tatsächlich „gelebt" wird, worauf auch die folgenden Begrifflichkeiten der „Verwirklichung" und „Aufrechterhaltung" deutlich hinweisen. Die hiermit betrauten Kollegen sollten also alles zur Verfügung gestellt bekommen, was zum neuen Tun benötigt wird. Neben der Präzisierung von Zuständigkeiten und Vorgehensweise, der Gestaltung und Ausstattung des Arbeitsplatzes geht es hier auch um fachliche, finanzielle und zeitliche *Ressourcen*.

Der zugrunde liegende Standard (z. B. ISO 9001) unterstützt dabei, durch verbindliche Vorgaben und ergänzende Hinweise (z. B. ISO 14004), die vorliegende Arbeitsteilung und die zugehörigen Prozesse zu optimieren und zu ergänzen, dabei eine gewisse Ordnung und Systematik einzuhalten, und ermöglicht so auch, das aktuell gelebte Engagement zu überblicken und zu bewerten. Zudem werden Werkzeuge und Methoden vorgegeben, die wir schon unter dem Stichwort „strukturelle Führung" kennengelernt haben. Neben Politik und Programm (Ziele und Maßnahmen) sind dies insbesondere die organisatorischen Maßnahmen hinsichtlich der Zuständigkeiten und Abläufe.

Auch wenn nicht alles neu ist, bedeutet es Veränderung mit genau den Konsequenzen, die wir weiter vorn kennengelernt haben. An der einen oder anderen Stelle kommt es zu Mehrarbeit. Auch könnten durch Wegfall alter Regelungen Freiräume entstehen oder im vormals „ungeregelten Raum" solche eingeschränkt werden. Es darf also mit Widerstand gerechnet werden, und diesem ist frühzeitig zu begegnen – d. h., genau an dieser Stelle.

### 3.2.1.2 Verwirklichung/Umsetzung

In dieser Phase geht es darum, das Managementsystem oder einzelne „Teile" mit seinen Festlegungen sofort nach dem schon angedeuteten „Startschuss" zu praktizieren – und dies über das erste Zertifikat und die erste Euphorie hinaus. Vereinbarte und gegebenenfalls auch verschriftlichte Regelungen und Abläufe dürfen hier nicht nur das Drehbuch eines fiktiven Films, sondern sollten das „wirkliche Leben" darstellen.

>  **Führung im Managementsystem**
>
> *Verwirklichung ...*
>
> - setzt die Vorgaben in die Praxis um,
> - ist sichtbar/wahrnehmbar,
> - sorgt für die Umsetzung der Leitlinien und Ziele,
> - geschieht (für Routinetätigkeiten) durch klare Zuständige in definierten, standardisierten Verfahrensweisen,
> - wird begleitet und bei Bedarf situativ unterstützt und ermöglicht durch direkte Führung.

So wie in jedem guten Film die Dialoge frei gesprochen, echt und authentisch wirken sollen, muss auch das im und durch das Managementsystem geregelte Tagwerk ins betriebliche Fleisch und Blut übergehen. Die Themen Qualität, Umweltschutz etc. sollen nicht nur auf dem Papier oder Speichermedium, sondern auch im Denken und Handeln der Mitarbeitenden und der (direkten) Führung „verwirklicht" werden. Provokant könnte man sagen, dass Einführung ohne Verwirklichung für den Papierkorb oder Datenfriedhof gemacht ist – insofern macht dieser Aspekt deutlich, dass jegliche Veränderung und Anpassung nur dann Sinn macht, wenn sie tatsächlich gelebt wird.

Verwirklichung umfasst dabei zwei Aspekte der eingeführten Neuerung:

- Der erste Aspekt umfasst die *konsequente und durchgängige Umsetzung* des vollständigen Inhalts der Neuerungen über alle Ebenen (Vorbild!) und nicht nur den einen oder anderen „praktikablen" Teil davon – insofern kann sie als Machbarkeitsprüfung für die neuen Prozesse in der betrieblichen Realität gelten.
Allerdings wird ein Managementsystemthema z. B. zur Arbeitssicherheit – wie wir unter „Organisation" gesehen haben – nicht nur nach schriftlicher Vorlage, sondern auch in Zwischenräumen, Abkürzungen und Umwegen informell gelebt und auch improvisiert. Hier gilt es, die praktikable und gelebte Realität im Auge zu haben und gegebenenfalls nach einer Probephase nachzubessern - ggf. auch die Dokumentation.
- Der zweite Aspekt betrifft die *nachhaltige Umsetzung*, die auch die Anfangsphase überdauert und bis zur nächsten Neuerung an dieser Stelle fortgeführt wird.

Während Ersteres zur Verwirklichung gehört, ist Letzteres der nächsten Anforderung – der Aufrechterhaltung – zuzuordnen.

### 3.2.1.3 Aufrechterhaltung

Sieht man die geschriebenen und ungeschriebenen Regelungen zum Managementsystem als Gedächtnis, so gilt es an dieser Stelle, den Mechanismen des „Vergessens" entgegenzuwirken.

**Führung im Managementsystem**

*Aufrechterhaltung ...*

- sichert die nachhaltige Umsetzung der Vorgaben und wirkt dem Vergessen entgegen,
- „vergessen" wird, was nicht sichtbar und nicht umsetzbar ist.

Bestehendes soll weiter bestehen – auf dem definierten Niveau – laut Normen als Prozess, als dokumentierte Information oder als Wissen (Kenntnisse und Verständnis).

Im Entwurf der QM-Begleitnorm wurde Aufrechterhaltung (in Abgrenzung zu Verbesserung und Innovation) erläutert als: „Maßnahmen ergreifen, um die Leistung auf der gegenwärtigen Stufe aufrechtzuerhalten und die Ziele zu erfüllen" (ISO 9000:2014, 2.4.2). Diese Formulierung ist allerdings in der finalen Fassung nicht mehr enthalten.

Vor dem Hintergrund, dass immer wieder neue Anforderungen und Vorschriften, Projekte und Umorganisationen Raum und Recht fordern, ist es nicht verwunderlich, dass eine natürliche Selektion stattfindet. All die vielen Vorgaben, Daten und Dokumente haben nur dann Bestand, wenn auf sie zugegriffen wird, wenn sie verwendet werden.

Geschieht dies nicht, verschwinden sie aus Wahrnehmung und Gedächtnis des Betriebs. Nur das, was kommuniziert, praktiziert, beachtet, gegebenenfalls auch bewertet, bestätigt und kommentiert werden kann, ist vorhanden. Alles andere ist schlicht ein Datenfriedhof (Simon 2004).

Nicht Sichtbares ist dann nicht „wichtig". Ausschlaggebend dafür ist insbesondere die direkte Führung mit ihrem Verhalten – einerlei, ob es um das Sehen, Wertschätzen oder Nachhalten der Umsetzung oder auch um das Vorleben geht. Aber auch die Frage, ob und wie die jeweiligen Kollegen Vorgaben in die Tat umsetzen, hat Einfluss auf die Wichtigkeit und Akzeptanz. Schließlich will man dazugehören und nicht als Außenseiter dastehen.

#### 3.2.1.4 Verbesserung

Neben der Einhaltung von Anforderungen, Pflichten und Standards geht es im Managementsystem auch immer darum, besser zu werden – KVP oder fortlaufender Verbesserungsprozess genannt. Die Fachwelt hat sich hier auf keine einheitliche Begriffsauffassungen geeinigt. Manch einer denkt spontan an das betriebliche Vorschlagswesen. Andere weltgewandte oder reiselustige Beobachter erinnern die durch einen japanischen Automobilbauer bekannt gemachte Variante „Kaizen", und moderne Zeitgenossen sehen hier eine Spielart der Organisationsentwicklung (Schiersmann/Thiel 2009) oder Mittel und Motor der lernenden Organisation (Kostka/Kostka 2008).

Eine klare Differenzierung bietet der Blick auf die Leistung oder das Ergebnis. Solange hier kein nennenswerter Mehrwert erzielt wird im Hinblick auf Output-Menge, -qualität oder Ressourceneinsatz, kann hier nicht von Verbesserung gesprochen werden (ISO 9000:2015, 3.3.1, 3.6.15, 3.7.8). Die Überarbeitung einer Prozessbeschreibung oder die Einführung einer neuen Software zum Dokumentenmanagement kann erst dann als Verbesserung betrachtet und gewürdigt werden, wenn sie auch verbesserte Effekte und Ergebnisse hervorbringt – wenn nicht messbar, so wenigstens wahrnehmbar. Vielfach haben Verbesserungen das Ziel, Kosten zu sparen und Verschwendung zu minimieren – hinsichtlich Ressourcen- oder Personaleinsatz(zeiten) beispielsweise (DGQ 2014).

Allerdings sind Verbesserungen auch notwendig, um sich verändernden internen und externen Bedingungen und zukünftigen Anforderungen anzupassen. Nur so lässt sich das Leistungsniveau aufrechterhalten und in einem dynamischen, wirtschaftlichen Umfeld überleben (ISO 9001:2015, 01; ISO 9000:2015, 2.3.5.2).

Entsprechende Hinweise und Anstöße kommen z. B. von innen, also von den ausführenden Mitarbeitenden über konkrete Probleme und vermutete sowie aufgedeckte Fehler. Diese Anpassungsleistungen sind auch für die Akzeptanz eingeführter Prozesse essenziell, denn erst sie können konkrete Erfahrungen einbeziehen und ermöglichen, das System wirklich praxistauglich und -unterstützend zu gestalten.

Anpassungen sind allerdings nicht nur von innen – aus der betrieblichen Praxis heraus – inspiriert. Die Erde dreht sich, die Welt verändert sich – entsprechend ändern sich auch die Anforderungen von außen. So kann ein Managementsystem nur dann funktionieren, wenn es das „Ohr am Zahn der Zeit hat" und sich entsprechend anpassen und ändern kann. Das „kontinuierliche Lauschen" – sei es z.B. in Richtung Gesetzgebern oder auch hin zum Kunden – ist eine wichtige Forderung aller Managementsysteme und wird in den aktuellen Revisionen über einen eigenen Abschnitt 4 „Kontext" noch einmal betont. Auch Kundenfeedback, Reklamationen, interne und externe Audits sowie Reviews liefern großzügig Hinweise.

**Führung im Managementsystem**

*Verbesserung ...*

- ist mehr als die Einhaltung von Soll-Vorgaben (Pflicht),
- erfasst Signale von innen (Mitarbeitende) und außen (Gesetzgeber, Kunden etc.) und
- sorgt für notwendige Anpassungs- und Lernreaktionen,
- erzielt wahrnehmbare – im besten Fall messbare – Effekte (Einsparungen oder Ergebnissteigerung),
- geschieht in kleinen Schritten oder auch Sprüngen.

Verbesserungen können sich dann in kleinen, übersichtlichen Schritten der Optimierung vollziehen, aber auch mit wirklichen Innovationen einhergehen, die statt kleiner Verbesserungsstufen echte Sprünge ermöglichen.

Auch die Normenwelt hat erkannt, dass hier und heute „Verbesserung" im Sinne der Leistungsoptimierung nicht genug sein kann, und verweist deshalb auf „bahnbrechende Veränderung, Innovation und Umorganisation" (ISO 9001:2015, 10.1 Anmerkung)

Hier wird nicht nur definiert, sondern inspiriert durch „Innen" und „Außen", verbunden mit Lernprozessen und Weiterentwicklung, gekoppelt an Ideen und Kreativität und an das Mitdenken vieler. Solche Prozesse allerdings erfordern offene Strukturen und Freiräume, anderes Denken und Handeln, als es beispielsweise durch eine bis ins Detail durchgeplante Null-Fehler-Kultur vorgegeben ist (Petersen 2011).

Verbesserung und KVP haben also viele Gesichter, in jedem Fall geht es – einerlei, was, wie optimiert wird und ob fortlaufend oder nicht – weit über das Definieren und fehlerfreie Einhalten von Standards und dem Status quo hinaus.

### 3.2.1.5 Dokumentation

Der Begriff „Dokumentation" wird in diesem Buch eng gefasst und nur auf die Vorgabedokumente angewendet. Auch wenn die Revisionen 2015 zusammenfassend von „dokumentierten Informationen" sprechen, soll auf die Dokumentation zu Nachweiszwecken – auch Aufzeichnungen genannt – nicht eingegangen werden.

Explizit gefordert sind schriftliche Vorgabedokumente durch die Standards nur zum Teil und über die Jahre und die verschiedenen Revisionen immer weniger. In den aktuellen Revisionen hat sich die Anforderung nach „Dokumentation" nun gänzlich aus dem traditionellen Fünfergespann verabschiedet. Auch der deutliche Einführungshinweis in der ISO 9001, weder Strukturen noch Bezeichnungen (Terminologien) vorzugeben, geht in diese Richtung (ISO 9001:2015, 0.1).

Darstellung und Umfang sowie die Art und Weise der Erarbeitung, Einführung und Nutzung von Vorgabedokumenten sind den Unternehmen also weitgehend freigestellt.

Sinn macht ihre Nutzung dort, wo besonders Wichtiges in einem unternehmenseigenen Wissensspeicher dokumentiert werden kann und so als „betriebliches Gedächtnis" für Zuständigkeiten, Abläufe oder Prozesse das hier konzentrierte Know-how und gegebenenfalls Spezialwissen bewahrt und sichert.

**Führung im Managementsystem**

*Dokumentation ...*

- verschriftlicht notwendige und wichtige Rahmen-/Kontextbedingungen der strukturellen Führung (Leitlinien, Ziele, Organisation),
- fungiert insbesondere als Vereinbarungsgrundlage, als Wissensspeicher, Unterweisungs- und Schulungsgrundlage.

Dies wäre im Sinne der neuen Qualitätsmanagementnorm, die Wissen jetzt als wertvolle Ressource eines Unternehmens betrachtet (ISO 9001:2015, 7.1.6).

Zudem können schriftlich niedergelegte Zuständigkeiten, Aufgaben und Abläufe als faire und transparente Vereinbarungsgrundlage gelten, gerade wenn Abläufe und Schnittstellen komplex und unübersichtlich sind. Als Delegationsinstrument unterstützten sie ebenfalls dabei, den Zeitpunkt zu markieren, ab dem das Neue gilt und unwiderruflich umzusetzen ist, wenn sie beispielsweise „wahrnehmbar" übergeben, unterwiesen, unterschrieben oder ausgehängt werden. Dieser „Startschuss" kann bei entsprechenden Ausgangsbedingungen (einfache Handlung, gut eingearbeiteter, erfahrender Mitarbeiter) auch ohne schriftliche Grundlage mündlich, z. B. mit einer An- und Unterweisung, gegeben werden.

Außerdem lassen sich Schriftstücke mit und ohne Grafik als Ein- und Unterweisungs- oder Schulungsskript z. B. in der Einarbeitung nutzen und dienen bei Bedarf auch im täglichen Betrieb als Erinnerungshilfe.

Was kann Führung nun dazu beitragen, all diese Anforderungen zum Managementsystem zu erfüllen? Hier lassen sich zwei generelle Zielrichtungen feststellen, mit deren Hilfe wir zwei Arten von Führungsprozessen unterscheiden können.

### 3.2.2 Ein- und Durchführung des Change

Vergleichen wir die ersten vier Kernanforderungen, lassen sich zwei generelle Richtungen unterscheiden: *Einführung* und *Verbesserung* im Managementsystem sind Aspekte, die von Veränderung – auch „Change" genannt – geprägt sind. Kennzeichnend für sie ist, dass hier etwas Neues auf das Unternehmen und die Mitarbeitenden zukommt, für das durchdachte Planung und Konzeption die notwendigen Grundlagen schaffen müssen (Bild 3.4). Dies ruft je nach Größe und Wirkungsgrad der Veränderung typisch menschliche Reaktionen hervor, die nicht immer nur von Begeisterung geprägt sind und Beachtung finden sollten.

Wäre das Managementsystem ein Film, so würde hier das Drehbuch geschrieben werden.

| Kern-anforderungen | Ausrichtung Verändern | Ausrichtung Stabilisieren | |
|---|---|---|---|
| einführen | X | | dokumentieren |
| verwirklichen | | X | |
| aufrechterhalten | | X | |
| ständig verbessern | X | | |

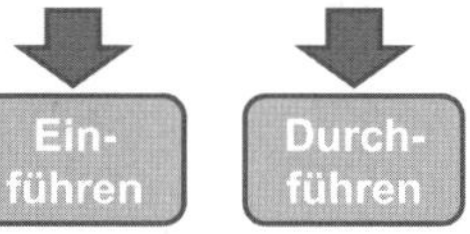

⬇ Einführen     ⬇ Durchführen

**Bild 3.4** Strukturierung der Kernanforderungen

Bei der *Verwirklichung* und *Aufrechterhaltung* geht es um die gelebte Praxis, um Kontinuität, Konsequenz und auch um Verbindlichkeit und Durchhaltevermögen innerhalb eingeführter Strukturen – einerlei, ob alt oder neu. Diese sollen durchgängig funktionieren und von den Mitarbeitenden dauerhaft gelebt werden. Für unseren angenommenen Film bedeutet dies, zunächst in der Probe das Zusammenspiel zu perfektionieren und alle relevanten Anforderungen und Ansprüche auszubalancieren, bis das Zusammenspiel harmonisiert, konserviert und wiederholt werden kann.

Die *Dokumentation* begleitet alle Aspekte, erfolgt je nach Bedarf oder Erfordernis, hält so die jeweiligen Entscheidungen fest und erleichtert sowohl Diskussion und Abstimmung wie auch Verbreitung.

Die dargestellte Ordnung macht deutlich, dass wir hier zwei grundsätzlich unterschiedliche Ausrichtungen von Führungstätigkeiten unterscheiden müssen, die auch in unterschiedliche Führungsprozesse münden. „Change" – also Änderungs- und Verbesserungsprozesse – braucht eine andere Führung als der konsequent fortgesetzte „Normalbetrieb": Die *Einführung* erschafft oder ändert das strukturelle Umfeld, die *Durchführung* unterstützt, begleitet und ermöglicht seine Umsetzung im betrieblichen Alltag. Bei Letzterem sind auch Flexibilität und Anpassungsfähigkeit erforderlich, um der komplexen und veränderlichen Wirklichkeit gerecht zu werden. Die Grenzen zwischen eher marginalen Anpassungen und grundlegenden Änderungen sind dabei fließend.

Diese Führungsvarianten gehen ineinander über (Bild 3.5) Alles, was ernsthaft eingeführt ist, sollte durch entsprechende Begleitung aufrechterhalten werden, und aus dem täglichen Betrieb und seiner Wahrnehmung und Kontrolle fließen Impulse für neue und bessere Strukturen und Ergebnisse, die nach der Einführung auch weiterhin Bestand haben sollten.

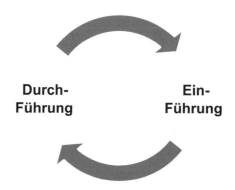

**Bild 3.5** Der Führungszyklus – Ein- und Durchführung im ständigen Wechsel

Als Veranschaulichung sei hier noch ein kurzer Ausflug in die Kindheit gestattet: Eine der wichtigsten Regeln, mit denen wir groß geworden sind, war die, zu einer bestimmten Zeit schlafen zu gehen. Die Einführung dieser Regelung war schnell getan – gegebenenfalls begleitet von Erklärungen und Diskussionen. Je nach Akzeptanz und Ausdauer waren zur anschließenden Durchführung im Normalfall immer weitere Begleit- und Unterstützungsmaßnahmen notwendig, um dauerhaft für die Umsetzung zu sorgen. Je nach Machbarkeit mussten die Vorgaben gegebenenfalls auch noch einmal angepasst werden, weil sie bestimmte Randbedingungen im Alltag nicht erfasst und berücksichtigt haben (z. B. die Abende und Nächte bei Freunden und Verwandten). In jedem Fall mussten sie mit zunehmendem Alter variiert und neue Regeln eingeführt werden.

 **Ein- und Durchführung im Managementsystem**

Die *Einführung* erschafft oder ändert das strukturelle Umfeld bis hin zum Praxiseinsatz, die *Durchführung* ergänzt, unterstützt und begleitet seine Umsetzung im betrieblichen Alltag.

Die zentralen Normanforderungen offenbaren uns also zwei Zielrichtungen oder Schlüsselziele für Führung: mithilfe des Durchführens definierte Leistungen zu vollbringen und zu stabilisieren und im Einführen wirksam mit Veränderungen umzugehen – ein Seiltanz zwischen Disziplin und Dynamik, der im nächsten Abschnitt weiter konkretisiert wird.

## 3.3 Schlüsselprozesse der Führung im Managementsystem

Dass verhaltenswirksame Ein- und Durchführung unterschiedliche Schwerpunkte hat und infolgedessen auch ebenso unterschiedlich ansetzen muss, wurde schon angedeutet. Versuchen wir jetzt, diese Unterschiede dadurch zu konkretisieren, dass wir die beiden Zielrichtungen mithilfe der herausgearbeiteten Führungsaufgaben als Prozess darstellen.

Sie dienen dem Überblick und Verständnis und vereinfachen deshalb zwangsläufig. Wo sinnvoll, fließen wieder Normsicht und -begrifflichkeiten sowie entsprechende Interpretationen ein, Quellenangaben dazu erfolgen allerdings – im Sinne der besseren Lesbarkeit – nur im Falle aktueller Änderungen/Neuerungen.

Welche Aufgaben also in welcher Reihenfolge sind bei Ein- und Durchführung im Managementsystem zu berücksichtigen?

**Anmerkungen zu Wortwahl und Begrifflichkeit:**

Dort, wo der Zusammenhang keine andere Bedeutung dieser Begriffe nahelegt (z.B. das Durchführen einer Wartungsmaßnahme oder eines Gesprächs), sind Ein- und Durchführung im Folgenden als Führungsprozesse zu verstehen.

Sie sind nicht zu verwechseln mit den „klassischen Führungsprozessen" die sich in der Fachliteratur im Trio mit den wertschöpfenden, kundenbezogenen „Kernprozessen" und den „Unterstützungsprozessen" finden und sich mit Themen wie „Strategieentwicklung", „Geschäfts- oder Jahresplanung", „Controlling" etc. beschäftigen (Becker/Kugeler/Rosemann 2012).

### 3.3.1 Einführung: Neues zum Laufen bringen

Übertragen wir mithilfe von Bild 3.6 die klassischen Führungsaufgaben auf die Einführung im Managementsystem.

Entscheidungen kommen in den folgenden Darstellungen wiederholt vor. In den Normen vielfach als „Festlegung" vorgegeben sind Entscheidungen eine immer wiederkehrende Führungsaufgabe. Neu ist ein Hinweis zur Entscheidungsfindung in den Grundsätzen des Qualitätsmanagements: Sie sollen „faktengestützt" sein und „auf Grundlage der Analyse und Auswertung von Daten und Informationen" geschehen (ISO 9000:2015, 2.3.6).

In den folgenden Grafiken sind sie als Raute dargestellt, deren Ergebnisse unterschiedliche Konsequenzen haben können.

#### 3.3.1.1 Für Ziele sorgen

Mit der Zielsetzung erhält die Einführung die organisationale „Startvorgabe".

Betrachten wir die Standards, ergibt sich dieser Start als lang- und mittel- bzw. kurzfristige Zielsetzung zum einen als Top-down-Planung von oben und in der Gegenrichtung von unten (ISO 9000:2015, 3.7.1):

- Ersteres erfolgt als langfristiges Ziel von oben in Einklang mit der Politik und der strategischen Ausrichtung und spezifiziert für die jeweiligen Ebenen, Bereiche und Prozesse (ISO 9001:2015, 5.1.1.b; ISO 14001:2015, 5.1.b).
- Eine weitere Quelle für große und kleine Ziele kommt bottom up, von unten. Hierbei handelt es sich eher um kurzfristige Ziele, die sich aus bereichsspezifischen Analysen, Bewertungen und Verbesserungsinitiativen (z. B. Audits) ergeben. Auch Risikobetrachtungen (z. B. Umweltauswirkungen, Gefährdungen am Arbeitsplatz – neuerdings auch zum Thema Qualität (ISO 9001:2015, 6.1)) – oder die Betrachtung von (Beinahe-)Vor- und Unfällen, Fehlern bzw. Abweichungen können neue Zielsetzungen hervorbringen.

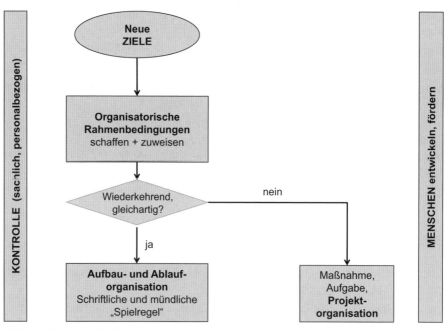

**Bild 3.6** Klassische Einführungsaufgaben im Managementsystem

### 3.3.1.2 Strukturen als Leitplanken errichten

Nachdem entschieden ist, wohin es gehen soll und bestenfalls auch in welcher Prioritätenfolge, gilt es, eine effiziente Arbeitsteilung zu ermöglichen und die entsprechenden strukturellen Rahmenbedingungen zu schaffen. Die Entscheidung darüber, wer wie ein Ziel umsetzt, erfolgt durch Organisation.

Die Normen definieren hier entsprechende Grundpflichten zur Aufbauorganisation (z. B. klare Verantwortlichkeiten und Befugnisse, nach aktueller Revision sogar „Rollen" (ISO 9001/ISO 14001:2015, 5.3) sowie zur Ablauforganisation generelle, arbeitsfeldübergreifende Prozesse wie Kommunikation, Dokumentenlenkung und gegebenenfalls auch arbeitsfeldspezifische Prozesse (z. B. zu rechtlichen Verpflichtungen, Umweltaspekten). Insgesamt liegen hier der Schwerpunkt der Normvorgaben und auch die größte Hilfestellung.

Besondere Wichtigkeit kommt – insbesondere in Umwelt- und Arbeitsschutz – den potenziellen Stör-, Alarm-, Not- und Krisensituationen zu. Zudem werden auch die Abläufe/Prozesse der genannten Analysen und Audits definiert.

Je nach Art der Zielstellung ist außerdem zu ent- und unterscheiden, ob es sich um eine einmalige, in dieser konkreten Form nicht wiederkehrende Aufgabenstellung oder um etwas sich Wiederholendes, Gleichartiges – eine zukünftige Routine – handelt, das sich zu standardisieren lohnt.

### 3.3.1.3 Einmalige Herausforderungen bewältigen

Einmalige Vorkommnisse lassen sich als Aufgabe oder Maßnahme um- oder fortsetzen. Sind allerdings Umfang, Aufwand und fachliche Herausforderung für eine Person zu groß, liegt die Organisation als Teamaufgabe im Projekt nahe. Projekte bieten sich insbesondere dann an, wenn unternehmens- und bereichsübergreifende Aufgaben zu bewältigen oder Prozesse einzurichten sind, wie es bei der Etablierung eines Managementsystems häufig der Fall ist.

Im Managementsystem übliche Maßnahmen und Projekte sind oft im Zuge der Zielsetzungen geplant oder setzen Anpassungen, Korrektur- oder Verbesserungsmaßnahmen als Folge von z. B. Audits um. Auch unerwünschte Vor-, Stör- und Unfälle können solche Arbeitsschritte der Analyse nach sich ziehen. Hilfreiche Abläufe, Strukturen und Werkzeuge zur Bearbeitung von größeren und kleineren Projekten bietet das Projektmanagement.

Das Ende der jeweiligen Bemühungen sollte in jedem Fall durch einen eindeutigen, wie auch immer gesetzten „Schlussstrich" markiert sein. Dieser ermöglicht nicht nur, den Erfolg des eingesetzten Engagements zu messen – schließlich soll das Ganze Sinn gemacht haben und sein Geld wert sein. Er gestattet ebenso, den erarbeiteten Fortschritt zu würdigen, wenn er „wirksam" wurde, oder aber nachzusteuern und daraus zu lernen. Wie wichtig diese Aspekte sind, zeigt → Kapitel 7.

Diese Abschlussrituale fallen in der Praxis – meist durch Zeitmangel gerechtfertigt – sowohl bei kleineren Maßnahmen wie bei Projekten viel zu oft unter den Tisch.

### 3.3.1.4 Wiederkehrende Abläufe und Routinen dauerhaft regeln

Wiederkehrende, gleichartige Aufgaben und Abläufe dagegen sind möglichst dauerhaft zu regeln. Hierfür ist zu überlegen, welche stabilen (Organisations-)Strukturen sinnvoll sind, die auch mündlich – z. B. über entsprechende Einarbeitung (gerade bei qualifizierten Mitarbeitern), Ein- und Unterweisungen, Absprachen zum Arbeitsplatz oder Prozess – vereinbart werden können.

Ist für festgelegte Routinen ein Vorgabedokument hilfreich oder erforderlich, erfolgt die entsprechende Dokumentation, also Verschriftlichung als Vorgabedokument oder -datei.

Generell sollen die hier errichteten Organisationsstrukturen als Führungssubstitut die Führungskraft und die direkte Führung vor Ort entbehrlich machen und entlasten. Allerdings macht Überorganisation ein Unternehmen starr und „unelastisch" und schränkt so die Leistungsmöglichkeit der Mitarbeiter ein. Erfordern beispielsweise aktuelle Sachverhalte eine individuelle Verfahrensweise, wird aber durch eine generelle Regelung gesteuert, die „alles in einen Topf wirft" und den speziellen Anforderungen der Situation nicht gerecht wird, so werden die Lücken entweder anderweitig gefüllt, oder die Arbeitsergebnisse sind nur suboptimal.

### 3.3.1.5 Aufgabenauf- und -zuteilung klären

Einerlei, ob dauerhaft oder einmalig: Zu dem Wie der jeweiligen Organisationsaufgabe muss auch die nächste Frage noch geklärt werden: Wer verfolgt es mit wem?

All dies erfolgt selten als Einzelleistung einer Führungskraft. Gerade größere, zuständigkeitsübergreifende Vorhaben – wie sie in prozessorientierten Managementsystemen nicht selten sind – überfordern einzelne Entscheider. Einerlei, ob für zu planende bzw. zu organisierende Projekte oder Prozesse: Bei allem, was über Fach- und Bereichsgrenzen hinauszielt, braucht es mehrere Perspektiven. Hier sind Kooperation und Zusammenarbeit angeraten, denn es gilt, eine Arbeitsauf- und -zuteilung zu inszenieren, die alle disziplinarischen und fachlichen Aspekte berücksichtigt. Auch hier wird geführt – auch hier braucht es Qualifikationen und den kontrollierenden Blick von oben.

Als letzter Schritt all dieser jeweiligen Entscheidungen und Planungen müssen die entsprechenden Aufgaben, Prozesse und Projekte dann auch übergeben werden. Dieser Startschuss vonseiten der Führung kann auf unterschiedliche Arten vorbereitet und durchgeführt werden und entscheidet dann auch über die zukünftige Zusammenarbeit und Unterstützung der direkten Führung.

Die genauere Benennung der jeweiligen Form wird unter Fachleuten nicht einheitlich gehandhabt. Gängig ist eine Unterscheidung, die den Frei- oder Spielraum des Adressaten bei der Umsetzung kennzeichnet, in die folgenden drei Kategorien (Rosenstiel 2009):

- Ziel und Weg detailliert vorgegeben: *Anweisung, Befehl*.
- Nur das Ziel wird vorgegeben, der Weg dorthin ist freigestellt: *Auftrag*.
- Die Aufgaben oder Pflichten werden – meist längerfristig – mit den dazugehörigen Rechten und Verantwortlichkeiten übertragen, Weg und Ziel dorthin sind freigestellt: *Delegation*.

Delegation im Zusammenhang mit Managementsystemen spielt insbesondere im Umgang mit gesetzlich definierten Pflichten z. B. in Arbeits- und Umweltschutz eine große Rolle. Hier haben sowohl Gesetzgeber wie Rechtsprechung eine Reihe von Vorgaben definiert, die dabei unterstützen sollen, fair und (rechts)sicher zu agieren, die sogenannten Organisationspflichten. Mit diesen Vorgaben erhalten wir auch für rechtsunabhängige Aufgabenübertragung (z. B. im Qualitätsmanagement) wertvolle Hinweise, auf die wir im nächsten Kapitel eingehender zu sprechen kommen.

Aufgabenauf- und -zuteilung dient allerdings nicht nur der Arbeitsteilung und Entlastung der Führungskräfte. Sie fördert ebenfalls – bei angemessenen Herausforderungen – die Entwicklung der Mitarbeiter, womit wir bei den personalbezogenen Aufgaben wären.

Sobald also die Führungskraft nicht allein tätig ist, sondern Aufgaben verteilt und übergibt an Mitarbeiter und Kollegen, kommen die beiden letzten Führungsaufgaben ins Spiel: Förderung und Qualifizierung sowie Kontrolle. In Bild 3.6 werden die Arbeitsschritte durch diese zwei personalbezogenen Schlüsselaufgaben zunächst begleitend „eingerahmt". Beide Aufgaben setzen sich auch im nächsten Abschnitt, der Durchführung, fort.

### 3.3.1.6 Mitarbeiter fördern und entwickeln

Mitarbeiter sind – wie schon erwähnt – generell auch unabhängig von der Situation zu fördern und zu entwickeln. Dies ist vorausschauend und langfristig angelegt und dient als „generelle" Führungsaufgabe der Entwicklung und Zufriedenheit der Mitarbeitenden (Schierenbeck/Wöhle 2012).

Vorgaben der Normen dazu beziehen sich primär auf die Bedarfserhebung und Durchführung von Schulungen zur Absicherung der aktuell erforderlichen fachlichen Kompetenzen und Fähigkeiten – also konkret bezogen auf die Zielstellung des Managementsystems (Umweltschutz/Energie, Qualität, Arbeitssicherheit). Aber nicht nur Kompetenzen sind zu gewährleisten. Auch das Bewusstsein z. B. über Bedeutung (Sinn) und Auswirkungen des vorgegebenen Handelns ist sicherzustellen.

Allerdings scheint „Wissen" mit der jüngsten Revision im Qualitätsbereich eine Aufwertung zu erfahren. Als wichtige Ressource des Unternehmens liegt im „Wissen der Organisation" ein entscheidender Faktor, „ändernde Erfordernisse und Entwicklungstendenzen zu berücksichtigen" und ihnen gerecht zu werden (ISO 9001:2015, 7.1.6).

### 3.3.2 Durchführung: Konsequent am Ball bleiben

Im Rahmen der alltäglichen Routine muss die Durchführung jetzt die dauerhafte und zuverlässige Umsetzung der definierten Zuständigkeiten und Abläufe/Prozesse, Maßnahmen und Projekte sichern und so auf Wirksamkeit hinwirken (Bild 3.7). Damit dient sie zum einen der konsequenten Fortsetzung der Einführung und der dort festgelegten Strukturen zur indirekten Führung. Zum anderen muss sie auf Vorfälle und Situationen eingehen, die so weder vorhergesehen noch geplant waren.

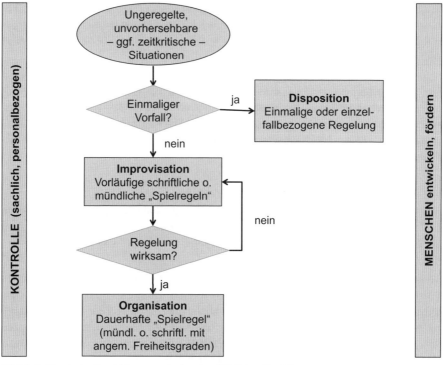

**Bild 3.7** Klassische Durchführungsaufgaben im alltäglichen Betrieb

### 3.3.2.1 Kontrolle und Begleitung der eingeführten Routine

Kontrollieren ist ein wesentlicher Bestandteil der Normen, was schon durch den angesprochenen PDCA-Kreislauf deutlich wird. Zudem existieren in Normabschnitt 9.1 umfassende Passagen zu Überwachung, Messung usw., die sich auf den ersten Blick eher auf Prozesse, Produkte, Dienst- oder Umweltleistungen beziehen.

Die führungsspezifische Kontrolle der Mitarbeitenden findet sich zum einen als Bereitstellung und Steuerung der Ressourcen, zu denen auch die Mitarbeiter ("Personen") gehören. Zum anderen geschieht sie in Audits und durch die oberste Leitung in der Managementbewertung. Auch ist an vielen Stellen immer wieder von „sicherstellen" die Rede. Betrifft dies Einsatz und Aktivitäten der Mitarbeitenden, ist es nur durch entsprechende, direkte und aktuelle Informationsbeschaffung möglich.

Führungsrelevant – auch im Qualitätsmanagement – ist die explizite Forderung, auch externe Dienstleistungen (sprich Fremdfirmenmitarbeitende) zu überwachen (ISO 9001:2015, 8.4, 9.1.3.f).

Als durchgängiger Soll-Ist-Abgleich sind für die Erfassung und Bewertung von Personen, Prozessen oder Anlagen immer die entsprechenden Informationen erforderlich. Und diese Sammlung besteht nicht nur aus Kennzahlen und Daten, sondern auch aus Fakten, die sich nur aus Wahrnehmungen und Kommunikation ableiten lassen. Nur wenn die Beurteilungsbasis stimmt, kann sie zu angemessenen Bewertungen und Folgen führen. Letzteres kann im positiven Fall eine sichtbare Beachtung und Wertschätzung der Leistung oder im negativen Fall eine korrigierende Folgeentscheidung sein – sowohl im Hinblick auf Organisations- wie Personalfragen.

Beide Formen dieser spürbaren Aufmerksamkeit haben – wie schon unter „Aufrechterhaltung" angesprochen – einen interessanten Effekt zur Folge: Die mündlichen und/oder schriftlichen Vorgaben werden im Fokus gehalten. So wird – bei der häufig unübersichtlichen Vielfalt an alten und neuen Pflichten – immer wieder an ihre Wichtigkeit erinnert. Zudem ist ernst gemeinte Wertschätzung – auch Lob oder Anerkennung genannt – ein wirkungsvoller Antrieb, das entsprechende Verhalten aufrechtzuerhalten (→ Kapitel 7).

Abweichungen vom vorgegebenen Handeln sollten anschließend konsequent verfolgt werden. Wie wichtig und ernst zu nehmen ist eine Regelung, deren offensichtliche Nichteinhaltung an einem Tag angemahnt und an einem anderen geduldet wird? Mögliche Defizite können durch mitarbeiterbezogene Förder- und Entwicklungsmaßnahmen oder Anpassung der strukturellen oder situativen Rahmenvoraussetzungen ausgeräumt werden.

Außerdem sollen Regelungslücken bei akutem Bedarf ausbalanciert werden, womit wir zu einem weiteren Arbeitsfeld der Durchführung kommen: das der nicht geregelten und nicht vorhersehbaren – gegebenenfalls auch zeitkritischen – Sachverhalte, die unvermittelt und spontan im betrieblichen Alltag auftauchen.

### 3.3.2.2 Widersprüchliche Ziele, Zu- und Vorfälle

Diese Sachverhalte, gegebenenfalls auch unvermutete Widersprüche zwischen Vorgaben verschiedener Zielstellungen (z. B. zwischen Produktivität/Schnelligkeit und Qualität oder Sicherheit) sowie unerwartete Zu-, Vor-, Stör- und Unfälle müssen nach individuellem Ermessen spontan vor Ort und in der Situation entschieden, verfolgt und kontrolliert werden.

Wenn weder mündliche noch schriftliche Regelungen vereinbart sind, ist es häufig eine Frage der Führungskultur und der geltenden informalen Regeln, wie wirkungsvoll, einsatzfreudig und eigenverantwortlich Mitarbeiter in solchen Situationen agieren und ab wann die Führung ins Boot geholt wird. In solchen Situationen gilt: „Wie wird hier bei uns üblicherweise mit so etwas umgegangen?" Die Antwort auf diese Frage ist insbesondere in solchen kritischen Ausnahme-, Not- und Krisensituationen wichtig, die nicht gesetzlich geregelt oder vorhergesehen sind und nur durch eine unternehmensspezifische Risikobetrachtung aufgedeckt werden können.

Dieser Zusammenhang lässt sich auch aus den neuen Normen herauslesen, wo ungeschriebene Regeln der Unternehmenskultur primär unter dem Sammelbegriff des Kontextes wirksam werden (→ Kapitel 6). Dieser Kontext ist auch beim risikobasierten Ansatz und seiner Ermittlung von Risiken und Chancen zu beachten, was u. a. dazu führen soll, unerwünschte Ereignisse zu verhindern (ISO 9001:2015, 0.3.3, 4.1+6.1, A 4; ISO 14001:2015, 6.1).

Mit diesem – zumindest im Qualitätsmanagement nicht formal vorgegebenen – Vorausdenken könnte die eine oder andere unerwünschte und ungeregelte Entwicklung nicht nur vermieden, sondern gegebenenfalls auch reflektierter bewältigt werden (→ Kapitel 9.4.3).

Handelt es sich um einen Einzelfall, wird kurzfristig und einmalig *disponiert* und mit den vorhandenen Ressourcen (Sach- und Personalmittel, Zeit) jongliert.

Handelt es sich um eine Situation oder einen Vorfall, der wiederkehren kann und sind schnelle Entscheidungen gefordert, kann *improvisiert* werden. Improvisation ist vorläufig und muss sich in der Praxis bewähren. Hat die getroffene Entscheidung nicht den erwarteten Erfolg, wird weiter improvisiert und werden Erfahrungen gesammelt, bis eine wirksame dauerhafte Regelung gefunden ist – zumindest solange sich im Umfeld des Geschehens nichts ändert.

**Durchführung mündet in Einführung**

Werden in der Durchführungspraxis Regelungslücken aufgedeckt oder unvorhersehbare Sachverhalten enttarnt, stellt sich schlussendlich immer die Frage, ob es sich bei diesen um Eintagsfliegen handelt oder nicht. Besteht die Möglichkeit, dass sie sich wiederholen, wären wir wieder am Anfang der Kette, bei der Einführung mit dem möglichen Bedarf nach dauerhaften, verbindlichen Regelungen und Vereinbarungen, die die betriebliche Alltagsroutine nachvollziehbar und zuverlässig machen.

## ■ 3.4 Der Kern im Rückblick

Direkte Führung muss sein – auch im Managementsystem. Mithilfe der zuständigen Normen und ein wenig „Prozess-Denke" lässt sich dieser wichtige Baustein praxisbezogen ausgestalten.

*Führungsaufgaben* gibt es viele. Pragmatisch zusammengefasst lassen sie sich auf wenige Schlüsselaufgaben konzentrieren, die auch in den Normen ihr Echo finden. Es handelt sich um: für Ziele sorgen, organisieren, entscheiden, kontrollieren, Menschen entwickeln und fördern. Um Managementsysteme wirksam und im Sinne der Normen und ihrer Ausrichtung zum Leben zu erwecken, sind sämtliche Schlüsselaufgaben der Führung zu erfüllen.

Diese Aufgaben verteilen sich auf alle Lebensphasen der Managementsysteme und lassen sich – ausgerichtet auf die übergreifenden Kernziele der Normen – als Führungsprozesse der *Ein- und Durchführung* zusammenfassen.

**Einführung und Durchführung**

*Einführung:* erschafft und ermöglicht.

*Durchführung:* verfolgt und verfeinert.

Während es bei den Einführungstätigkeiten primär um das „gegenwindwirksame" Etablieren von Veränderungen und Verbesserungen im betrieblichen „Regelwerk" geht, liegt der Fokus der Durchführung bei Wirksamkeit und Stabilisierung im Alltag sowie dem Umgang mit dem alltäglichen und ungeplanten Chaos.

Die detailliertere Betrachtung beider Prozesse hat geholfen, die Aufgaben zu konkretisieren. Hier spielen die Strukturen schaffenden Aufgaben für Ziele sorgen sowie das Entscheiden und das Organisieren in allen seinen kurz- und langatmigen Varianten die Hauptrolle. Die direkten personenbezogenen Führungsaufgaben (Mitarbeiter entwickeln und fördern und die Kontrolle) sind bislang als aktive „Nebenrollen" nur in Teilen sichtbar.

Tatsache ist jedoch, dass jede Planung im Sinne einer Aufgabenaufteilung irgendwann „scharf" geschaltet werden und übergeben werden muss. Spätestens hier sind *Mitarbeiter direkt* angesprochen – ob als Befehl/Anweisung, Auftrag oder Delegation. Letzteres ist gerade bezogen auf Rechtssicherheit in Managementsystemen ein wichtiges Thema und hilft uns, im folgenden Kapitel die direkten personenbezogenen Führungsaufgaben weiter zu konkretisieren.

Einführung und Durchführung kann nur durch entsprechend *Befugte und Befähigte* passieren. (Weisungs)befugt und ermächtigt sind in der klassischen Hierarchie die Führungskräfte der Linie. Das notwendige Fachwissen bezüglich der Managementsysteme – insbesondere zu Anforderungen aus Normen und Gesetzen – liegt allerdings woanders: bei den Beauftragten bzw. Fachkräften in Stabsfunktion (→ Kapitel 4.2).

# ■ 3.5 Mögliche Konsequenzen für Führung und Zusammenarbeit

Der Einsatz direkter Führung in Managementsystemen darf sich nicht nur auf den alltäglichen Betrieb in der Durchführung beschränken.

Auch die Einführung, die den indirekten Führungsrahmen gestaltet und etabliert, spielt im Managementsystem eine wichtige Rolle (Bild 3.8). Mit Rückblick auf die Change-Kurve und die (vermutete) Reaktion von Herrn Straub, unserem Logistik-Teamleiter, werden hier die Weichen für zukünftiges Verhalten und möglichen Gegenwind gestellt.

Wirksame Verhaltensbeeinflussung sollte also schon im Zuge der Neuerung – also bei Einführungsaktivitäten – berücksichtigt werden und nicht erst bei Verwirklichung und Aufrechterhaltung der Praxis.

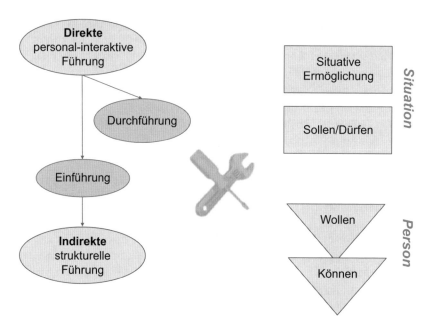

**Bild 3.8** Auch Einführung wirkt auf alle Schrauben

## ■ 3.6 Literatur

Becker, Jörg; Kugeler, Martin; Rosemann, Michael (Hrsg.) (2012): *Prozessmanagement. Ein Leitfaden zur prozessorientierten Organisationsgestaltung.* 7. Auflage, Springer, Berlin/Heidelberg

DGQ (Hrsg.) (2014): *KVP – Der Kontinuierliche Verbesserungsprozess. Praxisleitfaden für kleine und mittlere Organisationen.* Hanser, München

DIN EN ISO 9000:2014: *Qualitätsmanagementsysteme – Grundlagen und Begriffe (ISO/DIS 9000:2014); Deutsche und Englische Fassung prEN ISO 9000:2014.* Beuth, Berlin

DIN EN ISO 9001:2008: *Qualitätsmanagementsysteme – Anforderungen (ISO 9001:2008); Dreisprachige Fassung EN ISO 9001:2008.* Beuth, Berlin

DIN EN ISO 9001:2015: *Qualitätsmanagementsysteme – Anforderungen (ISO 9001:2015); Deutsche und Englische Fassung EN ISO 9001:2015.* Beuth, Berlin

DIN EN ISO 14001:2015: *Umweltmanagementsysteme – Anforderungen mit Anleitung zur Anwendung (ISO 14001:2015); Deutsche und Englische Fassung EN ISO 14001:2015.* Beuth, Berlin

DIN EN ISO 14004:2015: *Umweltmanagementsysteme – Allgemeiner Leitfaden über Grundsätze, Systeme und unterstützende Methoden (ISO/DIS 14004:2015); Deutsche Fassung prEN ISO 14004:2015.* Beuth, Berlin

Doppler, Klaus; Lauterburg, Christoph (2014): *Change Management. Den Unternehmenswandel gestalten.* 13. Auflage. Campus, Frankfurt am Main/New York

EMAS VERORDNUNG (EG) Nr. 1221/2009 DES EUROPÄISCHEN PARLAMENTS UND DES RATES vom 25. November 2009 über die freiwillige Teilnahme von Organisationen an einem

Gemeinschaftssystem für Umweltmanagement und Umweltbetriebsprüfung und zur Aufhebung der Verordnung (EG) Nr. 761/2001, sowie der Beschlüsse der Kommission 2001/681/EG und 2006/193/EG

Jung, Hans (2010): *Allgemeine Betriebswirtschaftslehre*. 12. Auflage. Oldenbourg, München

Kostka, Claudia; Kostka, Sebastian (2008): *Methoden des KVP*. (Reihe: Pocket Power) Hanser, München

Malik, Fredmund (2013): *Management. Das A und O des Handwerks*. 2. Auflage. Campus, Frankfurt am Main

Malik, Fredmund (2014): *Führen, Leisten, Leben. Wirksames Management für eine neue Zeit*. Campus, Frankfurt am Main

OHSAS 18001:2007: *Arbeits- und Gesundheitsschutz-Managementsysteme – Anforderungen*. BS OHSAS 18001:2007. Deutsche Übersetzung. Reihe zur Beurteilung des Arbeits- und Gesundheitsschutzes. Beuth, TÜV Media, Köln

Petersen, Susanne (2011): „Wenn dem KVP die Luft ausgeht". In: *QZ – Zeitschrift für Qualität und Zuverlässigkeit* 11/2011

PM-Handbuch.com (2014): von Hagen Management GmbH. URL: http://www.pm-handbuch.com/, Abruf: 26.03.2014

Rosenstiel, Lutz von (2009): „Grundlagen der Führung". In: Rosenstiel, Lutz von; Regnet, Erika; Domsch, Michel E.: Führung von Mitarbeitern. Handbuch für erfolgreiches Personalmanagement. 6. Auflage, Schäffer-Poeschel, Stuttgart

Schierenbeck, Henner; Wöhle, Claudia B. (2012): G*rundzüge der Betriebswirtschaftslehre*. 18. Auflage, Oldenbourg, München

Schiersmann, Christiane; Thiel, Heinz U. (2009): *Kompetenzen und Strategien für die Organisationsentwicklung*. Springer/VS, Wiesbaden

Schreyögg, Georg (2008): *Organisation. Grundlagen moderner Organisationsgestaltung. Mit Fallstudien*. 5. Auflage. Gabler, Wiesbaden

Seneca, Lucius Annaeus (4 vor bis 65 nach Chr.): „Wenn ein Seemann nicht weiß, welches Ufer er ansteuern muss, dann ist kein Wind der richtige". Zitate.de. Abruf: 14.12.2015

Simon, Fritz B. (2004): *Gemeinsam sind wir blöd. Die Intelligenz von Systemen, Managern und Märkten*. Carl-Auer, Heidelberg

Sprenger, Reinhard K. (2007): *Vertrauen führt. Worauf es im Unternehmen wirklich ankommt*. 3. Auflage, Campus, Frankfurt am Main/New York

Wunderer, Rolf (1996): „Führung und Zusammenarbeit – Grundlagen innerorganisatorischer Beziehungsgestaltung". In: *Zeitschrift für Personalforschung* (ZfP) 4/96, S. 385. URL: http://www.rhverlag.de/Archiv/4_96_Wunderer.pdf, Abruf: 16.03.2014

# 4 Gesetzliche Anforderungen berücksichtigen

Im letzten Kapitel haben wir Ziele und Aufgaben der Führung zu einem zweiteiligen Prozess geordnet und mit einigen Randbedingungen kommentiert, die aus Normsicht vorgegeben sind.

Nun kommen weitere dazu, die aus Recht und Gesetz abzuleiten sind. Diese helfen nicht nur, die Organisationsaufgaben und die damit zusammenhängenden personalbezogenen Pflichten zu konkretisieren (→ Kapitel 4.1). Sie geben ebenso Impulse zur Zusammenarbeit zwischen Fach- und Linienfunktion und zur Frage „Wer muss, wer darf führen?" (→ Kapitel 4.2).

Qualität ist dem Kunden und seiner Zufriedenheit und damit dem wirtschaftlichen Überleben geschuldet. Hier gibt es – bis auf wenige Ausnahmen (z. B. Produkthaftung) – wenig spezielle gesetzliche Vorgaben. Aufgaben und Pflichten, die im Unternehmen umgesetzt werden sollen, orientieren sich an den Kundenwünschen und -forderungen gepaart mit der Aufrechterhaltung der Leistungsfähigkeit in finanzieller und materieller Hinsicht.

Arbeits- und Umweltschutz behüten die Sicherheit und Gesundheit der Mitarbeiter und Anwohner sowie der Umwelt als Standort und Ressourcenlieferant. Hier sind Aufgaben und Pflichten in großem Umfang durch den Gesetzgeber (bei Arbeitssicherheit auch durch die Berufsgenossenschaften/Unfallversicherungsträger) geprägt. Entsprechende Vorgaben und Handlungshilfen wollen Risiken und Folgeschäden für Mensch und Umwelt minimieren und geben genau vor, wie z. B. der Umgang mit gefährlichen Chemikalien (Gefahrstoffen), Abfällen oder Anlagen auszusehen hat.

Diese Risikovermeidungs- und -bewältigungsvorgaben wenden sich zunächst an die Unternehmensleitung, die als Kopf des Unternehmens dieses auch nach außen vertritt, z. B. den Vorstand oder die Geschäftsführung. Durch eine durchdachte, eindeutige und wirksame Arbeits(auf- und -zu)teilung gelangen die notwendigen Informationen an die entsprechenden Stellen. Denn die potenziell riskanten Vor- und Unfälle passieren nicht am Schreibtisch der obersten Führung. Vielmehr entfalten sie ihre unheilsame Wirkung direkt beim Arbeiten und (Dienst-)Leisten an gänzlich anderen Orten. Und genau dort müssen sie den jeweils Tätigen bekannt sein und von diesen berücksichtigt werden.

## 4.1 Organisation und Delegation

In der Vergangenheit hat die Auf- und Zuteilung der genannten Risikovermeidungs- und -bewältigungsvorgaben nicht immer funktioniert. Die entsprechenden Vor- und Unfälle haben zunehmend dazu geführt, die delegierenden Führungskräfte in den Fokus zu nehmen.

> **Beispiel: Sandoz, 1986**
>
> In der Nacht zum 1. November 1986 brannte in der Nähe von Basel eine Chemiefabrik. Der Name Sandoz ist seither gleichbedeutend mit Chemieunfall, Rheinverschmutzung, Fischsterben. 20 bis 30.000 Tonnen Pflanzenschutzmittel strömten damals mit dem Löschwasser in den Rhein, über eine Strecke von mehreren hundert Kilometern stromabwärts starben die Fische, als Trinkwasserquelle war der Fluss fortan tabu. ‚Die damalige Katastrophe bewirkte ein Umdenken in Politik und Industrie', kommentierte Angela Merkel zehn Jahre nach dem Unfall als Bundesumweltministerin unter Helmut Kohl. Nach dem Brand flossen rund 60 Milliarden Euro in die Rettung des Oberrheins. Zum 20. Jahrestag, im Herbst 2006, hieß es, die Fischfauna sei mit 63 Arten fast wieder komplett, sogar die Lachse seien zurückgekehrt. Und: Im Rhein kann man mittlerweile auch wieder baden (Haeming 2007).
>
> Das Umdenken hat Konsequenzen:
>
> „In seinem Urteil vom 10.12.2013 hat das Landgericht München den früheren Finanzvorstand der Siemens AG zu 15 Mio. Euro Schadensersatz mit der Begründung verurteilt, die Einrichtung eines effizienten Compliance-Systems und die Überprüfung der Wirksamkeit unterlassen zu haben. Dieses Urteil reiht sich ein in die Fälle der zitierten Rechtsprechung seit 1911, in denen Geschäftsleiter keine Aufsichtsorganisation angeordnet, angewendet, nachgewiesen und ständig verbessert haben" (Rack 2014).

Aus der diesbezüglichen Rahmengesetzgebung (unter anderem die in diesem Zusammenhang vielfach zitierten § 130 OWiG – Ordnungswidrigkeitengesetz und §§ 823, 831 BGB – Bürgerliches Gesetzbuch) und der entsprechenden Rechtsprechung dazu hat das amtierende Rechtssystem Grundsätze entwickelt, die bestehende Paragrafen weiter konkretisieren und das sogenannte Organisationsverschulden als Ursache gefährlicher Störungen und Unfälle ausschließen wollen (Rack 2013a).

Diese als *Organisations- oder Delegationspflichten* bekannten Richtlinien unterstützen dabei, die vielfältigen Rechtsvorschriften, aber auch Kundenanforderungen zu den Arbeitsfeldern unserer Managementsysteme gezielt und wirkungsvoll an den Mann oder die Frau zu bringen und damit ungeplante und ungewollten Ereignisse zu verhindern. Ihre Einhaltung empfiehlt sich für delegierende Vorgesetzte nicht nur aus haftungs- und strafrechtlichen, sondern auch aus Fairnessgründen.

## 4.1.1 Delegation sicher und fair gestalten

### 4.1.1.1 Begriff und Zusammenhänge

Was genau bedeutet *Delegation*? Wie in vielen anderen Fällen auch finden sich die Wurzeln im Lateinischen. Delegation lässt sich aus dem lateinischen *delegare* ableiten und unter anderem übersetzen mit „jemandem etwas zuweisen, übertragen, anvertrauen".

Im Zusammenhang mit der Einhaltung gesetzlicher Verpflichtungen werden in der Regel nicht nur Pflichten und Verantwortlichkeiten, sondern auch Befugnisse und Rechte weiterdelegiert. Wichtig ist am Ende immer das Gleiche: Der „Übernehmende" soll anschließend willens und in der Lage sein, die übertragene Aufgabe auch umzusetzen. Nur so ist eine Delegation erfolgreich und landet nicht wieder auf dem eigenen Schreibtisch. Ein Ziel, das nicht nur für die gesetzlich relevante Aufgaben(ver)teilung bedeutsam ist, sondern für alle.

Grundsätzlich lässt sich unterscheiden zwischen einer *dauerhaften Delegation* von Aufgaben und Pflichten, wie wir es aus der Pflichtenübertragung (→ Abschnitt 4.1.2) kennen, und einem einmaligen Auftrag, der je nach Reifegrad und Qualifikation des Mitarbeiters mit einer angemessenen An- oder Unterweisung verbunden ist. Hier spricht man auch von einer *fallweisen Delegation* (Kratz 2006).

### 4.1.1.2 Pflichten oder Grundsätze

Delegation ist Voraussetzung für Aufgabenteilung. Aus den ermittelten Pflichten werden Teilpflichten und Aufgaben festgelegt und über die verschiedenen Hierarchiestufen innerhalb der jeweiligen Bereiche von oben nach unten zugewiesen. Dabei gilt es nach geltender Rechtsprechung, folgende Grundsätze zu beachten (Adams/Davidsohn/Werner 2002):

- *Selektions- oder Auswahlpflicht*: Mitarbeiter im Hinblick auf ihre persönliche und fachliche Eignung – also mit ausreichender Qualifikation, Zuverlässigkeit und Gesundheit – sorgfältig auswählen.
- *Anweisungs- auch Instruktionspflicht:* Mitarbeiter im Hinblick auf ihre Qualifikation angemessen instruieren, z. B. durch An- bzw. Unterweisung.
- *Überwachungspflicht:* Wirkungsvolle Kontrollen implementieren, Ausführung sicherstellen.

Aus rechtlicher Sicht beinhaltet eine ordnungsgemäße Delegation auch Faktoren wie z. B. Sach- und Zeitkapazitäten. Abteilungen oder Mitarbeiter müssen also materiell und finanziell angemessen ausgerüstet sein.

Auch das Sanktionieren wird in diesem Zusammenhang erwähnt. Es dient dem Bekräftigen der Ernsthaftigkeit der Instruktion und der Tatsache, dass bei erkannten Missständen von verantwortlicher Seite eingegriffen werden muss (Bock 2009).

Dies ist auch der Fall, wenn der Mitarbeiter die Regeln kennen „müsste" und insofern wissentlich regelwidrig handelt. Kommt es zu einem Vor- oder Unfall wegen Regelverstoß, hat die Führungskraft vor Gericht die folgenden Fragen zu beantworten:
- Hat sie den Regelverstoß gesehen?
- Hat sie zur Einhaltung der Regeln aufgefordert?

- Ist sie ihrer Überwachungspflicht nachgekommen und hat stichprobenweise kontrolliert?
- Hat sie beobachtete Verstöße regelmäßig toleriert?
- Hat sie bei anhaltenden Vorfällen dieser Art auf disziplinarische Maßnahmen gegen den Mitarbeiter verzichtet?
- Hat sie den Mitarbeiter trotz der regelwidrigen Handlungen und damit trotz fehlender persönlicher Eignung weiterhin mit diesen gefährdenden Tätigkeiten beauftragt?

So ein Dauerzustand wird vor Gericht (in der zitierten Quelle im Zusammenhang mit Arbeitssicherheit) als fehlende fachliche oder persönliche Eignung des Mitarbeiters für die entsprechende Tätigkeit interpretiert. So wird dann auch nicht der Mitarbeiter verantwortlich gemacht, sondern die Führungskraft, die ihn für derartige Tätigkeiten einsetzt und belässt, statt nachweislich Konsequenzen bis hin zu arbeitsrechtlichen Schritten einzuleiten (Abt 2006).

#### 4.1.1.3 Nicht alles kann delegiert werden

Ausnahmen bilden solche Pflichten, die nur durch übergeordnete Koordination verschiedener Bereiche erfüllt werden können. Hierunter fällt beispielsweise die Festlegung der Aufbauorganisation in Stab und Linie. Auch können Krisen- oder Ausnahmesituationen es erforderlich machen, bestehende Zuständigkeiten auszusetzen, um Probleme unternehmensübergreifend zu lösen. Solche Pflichten sind nicht delegierbar. Sie können nur durch diejenigen erledigt werden, die den notwendigen Überblick haben, und verbleiben in der Verantwortung der Unternehmensleitung (Rack 2009).

#### 4.1.1.4 Verantwortung wahrnehmen

*4.1.1.4.1 Unkenntnis schützt nicht*

Die Gesetze unserer speziellen Rechtsgebiete wenden sich an den Unternehmer. Dieser muss alles dafür tun, Gesetzesverstöße zu verhindern. Dazu muss er die Pflichten zunächst kennen und dann innerbetrieblich umsetzen, wozu er allein und persönlich nicht in der Lage ist. Aus diesem Grund ist die Übertragung oder Delegation von Pflichten innerhalb der Führungsriege ein wichtiges Instrument, Recht und Gesetz zu erfüllen.

Delegation in diesem Kontext wird von der Frage begleitet, wer auf welche Weise für das Ergebnis – auch für sein Scheitern – verantwortlich ist. Dies ist für gesetzlich angestoßene Pflichten zentral, weil die Ausführenden bei entsprechenden Vorkommnissen nicht nur innerbetrieblich, sondern auch außerhalb der Betriebsgrenze „zur Verantwortung gezogen werden". Innerbetrieblich müssen sie mit disziplinarischen, außerhalb darüber hinaus gegebenenfalls auch mit haftungs- und strafrechtlichen Konsequenzen rechnen.

Auch ohne eindeutige (formale) Delegation oder Pflichtenübertragung müssen leitende Angestellte, z. B. Betriebs- und Abteilungsleiter, für die Umsetzung der rechtlichen Pflichten in ihrem Verantwortungsbereich einstehen. Hierzu sind sie schon aufgrund ihrer Funktion verpflichtet. Im Zweifel haben sie sich selbst zu „erkundigen" (BGI 2005; Rack 2013b).

Auch wenn die Leitungsfunktionen in der Praxis diese Verantwortung häufig nicht kennen: Hier schützt die Unkenntnis nicht vor Strafe.

#### 4.1.1.4.2 Verantwortung vermehrt sich automatisch

Hintergrund dieser grundsätzlichen Pflichten ist, dass die Aufgaben und damit ein Stück Verantwortung für die Erledigung zwar weiter-, aber nicht und endgültig abgegeben sind. Aus der abgegebenen *Durchführungsverantwortung* wird eine *Überwachungsverantwortung*. Tritt am Ende einer solchen Delegationskette ein Fehlhandeln auf, kommt es zu einer Verantwortungsaddition über alle Stufen. Für jede Stufe der betrieblichen Hierarchie stellt sich dann die Frage, ob die genannten Pflichten erfüllt sind und welcher Beitrag dazu geleistet oder nicht geleistet wurde, die kritischen Zustände zu erhalten (Adams/Davidsohn/Werner 2002; Schliemann 2002, Nr. 142).

Nehmen wir beispielsweise die mangelhafte Wartung einer Anlage, die zu einem Personenschaden führt. Hier kann wegen fahrlässiger Körperverletzung verantwortlich gemacht werden:

- der Arbeiter, der die Arbeiten nicht ordnungsgemäß durchgeführt hat,
- der Meister, der den Arbeiter nicht ordnungsgemäß eingewiesen und überwacht hat,
- der Abteilungs-/Betriebsleiter, der es versäumt hat, dem gegebenenfalls vorhersehbaren Mangel durch entsprechende Anweisungen bzw. Überwachungsanforderungen vorzubeugen,
- der Geschäftsführer, der es versäumt hat, für eine effektive Organisation zu sorgen.

Rechtfertigt sich also z. B. ein Meister damit, dass er „mit Arbeit völlig überfrachtet sei und sich einfach nicht um alles kümmern kann", befreit er sich nicht von seiner verletzten Überwachungsverantwortung, sondern belastet nur zusätzlich seine Vorgesetzen (Zdebel 2001).

### 4.1.1.5 Der Tatbestand des Organisationsmangels oder -verschuldens

Passiert ein außenwirksamer „Un- oder Störfall", ist der Tatbestand des *Organisationsmangels* oder *Organisationsverschuldens* nicht weit, bei dem das schuldhafte Handeln insbesondere an den Auswahl-, Anweisungs- und Überwachungspflichten festgemacht wird (Adams/Davidsohn/Werner 2002). Das ist z. B. der Fall, wenn die Verteilung der Verantwortung und damit auch der Täter nicht ermittelt werden kann oder wenn der entsprechend beauftragte Kollege erkennbar überfordert ist. Auch das offensichtliche Abweichen der gelebten von der „Papierversion" organisatorischer Vorkehrungen im Managementsystem rechtfertigt den Vorwurf des Organisationsmangels (Adams/Davidsohn/Werner 2002).

Die „unterlassene Anordnung der Aufsichtsorganisation ist die häufigste Pflichtverletzung" in der Führungsetage (Rack 2013a, S. 192). So reicht es nicht aus, Rechtsvorschriften zu ermitteln und aktuell zu halten, Strukturen zu ihrer Umsetzung zu schaffen (organisieren) und ihre Umsetzung ein- und anzuweisen. Kommt es zu einem unerwünschten Vorfall, muss vor Gericht nachgewiesen werden, dass dieser zum Zeitpunkt des Geschehens auch wirksam beaufsichtigt und überwacht wurde. Eine entsprechende Dokumentation kann hierbei als Entlastungsbeweis dienen. Wie erwähnt: Die Überwachungsverantwortung bei Delegation ist „anhänglich".

Hier sprechen Managementsysteme und Rechtsprechung die gleiche Sprache, wie wir bei den Ausführungen zu den generellen Zielsetzungen der Managementsysteme (Verwirklichung und Aufrechterhaltung) gesehen haben.

### 4.1.2 Maßnahmen gegen Organisationsmangel

Generell lassen sich die zwei Ebenen der Pflichtenübertragung unterscheiden:

#### 4.1.2.1 Generelle Pflichtenübertragung

Wie in Bild 4.1 dargestellt, besteht der erste Schritt bei Einführung neuer Arbeitsfelder – mit oder ohne Managementsystem – darin, das jeweilige Thema oder Oberziel zu „verorten". Auch die zugehörigen Rechtsgebiete (Umweltschutz, Arbeitssicherheit etc.) sind dann innerhalb der *Aufbauorganisation* zu platzieren. Dazu müssen auch die Zuständigkeitsgrenzen (also z. B. Grundstücks-, Gebäude- und Anlagenzuordnung) geklärt sein. Zum Teil sind entsprechende Pflichten schon in den Stellen- oder Funktionsbeschreibungen enthalten.

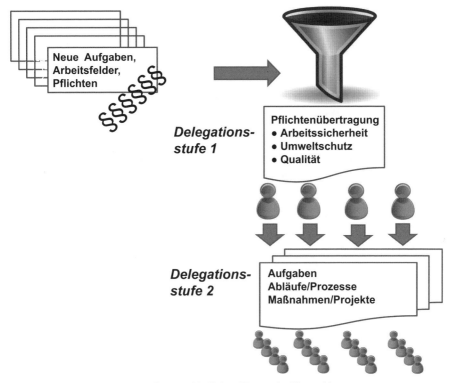

**Bild 4.1** Delegation geschieht auf unterschiedlichen Ebenen der Hierarchie

Manchmal geschieht die Übertragung auch nach einer entsprechenden Aufklärung mittels Formular, das Aufgabenfeld und Rechtspflichten eingrenzt und die Unterschrift des zukünftigen Pflichtenträgers erfordert. Es ist allerdings nicht selbstverständlich, auch dafür zu sorgen, dass der Unterschreibende (ob nun in der Stellenbeschreibung oder auf dem Extraformular) versteht, worum es geht, welche Pflichten im Detail folgen und welche rechtlichen Konsequenzen ihn erwarten, falls es zu einem wie auch immer gearteten Schaden kommt. So ist die beabsichtigte Einverständniserklärung im Sinne von „Ich übernehme die Pflichten" eigentlich keine: Wie kann ich mit etwas einverstanden sein, das ich nicht verstehe?

Die Übertragung von Unternehmerpflichten gehört in der Arbeitssicherheit inzwischen zur Routine. Entsprechend reichhaltig werden berufsgenossenschaftliche Weiterbildungsveranstaltungen, Informationsmaterialien und Werkzeuge zur Verfügung gestellt (z. B. BGI 2005). Auch im Umweltschutz hat sich diese Praxis inzwischen etabliert. Für das Thema Qualität finden entsprechende Verortungen in der Regel immer über Stellen- und Funktionsbeschreibungen statt. Bei vorhandenen Managementsystemen gibt es bei allen Themen oft zusätzlich auch entsprechende Zuständigkeitsabschnitte in der Managementsystemdokumentation (z. B. im Handbuch).

Sind die Rechte und Pflichten auf der obersten Ebene geklärt, gilt es auch, die nachfolgenden Ebenen, die Führungskräfte und Mitarbeitenden rechtssicher zu „versorgen".

## 4.1.2.2 Prozessbezogene Aufgabenteilung und Pflichtenübertragung

Aufgaben und Tätigkeiten lassen sich hier allerdings erst innerhalb der Ablauforganisation auf- und zuteilen, wenn man sie identifiziert hat.

Gemeinsam mit den auch rechtlich unabhängigen Inputs von „oben" und „unten" geht es nicht nur darum, stur und folgsam geltendes Recht umzusetzen. Der Gesetzgeber stellt hierzu einen reichhaltigen Fundus an Handlungshilfen bereit: Von der Überwachung gefährlicher Anlagen, ihren Ausstößen, wie Abluft und giftige Abfällen, zur Schutzausrüstung von Mensch und Maschine bis hin zur Vorgabe einzelner Handgriffe, z. B. im Umgang mit Gefahrstoffen, regeln Gesetze mal mehr, mal weniger detailliert, was wie zu tun ist. Auch zur Qualifizierung und Unterweisung werden für einzelne Themen- und Arbeitsfelder konkrete Vorgaben gemacht, die sowohl fachliche Inhalte wie auch Wiederholung und Nachschulung vorgeben.

### 4.1.2.2.1 Vor- und Aufgaben aus Recht und Gesetz

Um hier die Auswahl treffen zu können, braucht es eine Bestandsaufnahme und die Klärung der Frage „Betrifft dieses Gesetz unser Unternehmen?". Da Gesetze unterschiedlichste Dinge regeln, z.B. Umgang mit gefährlichen (Rest-)Stoffen und Materialien, Anlagen, Handlungen und Verhalten in Notlagen und anderes mehr, müssen sie intern „gefiltert" werden.

> **Erfahrungen aus der Rechtsprechung: Wie Organisationsverschulden zu vermeiden ist**
>
> Dort, wo Gesetzgebung zum Thema „Organisationsverpflichtung" noch allgemein und unkonkret bleibt, lassen sich konkrete Hilfestellungen aus Gerichtsurteilen ableiten.
>
> Eine Auswertung dazu ergab, dass zur Vermeidung von Organisationsverschulden folgende Vorkehrungen sinnvoll sind (Rack 2013a):
>
> - Rechtsvorschriften müssen zunächst bekannt, also ermittelt sein sowie
> - aktualisiert werden (nach Darstellung des Autors ändern sich monatlich mindestens 400 Rechtspflichten),
> - die ermittelten Pflichten müssen an Verantwortliche delegiert werden, sodass transparent ist, welche Pflicht in welcher Abteilung zu welchem Zeitpunkt erfüllt wird,
> - sämtliche Rechtspflichten müssen erfüllt werden,
> - die Einhaltung der Pflichten muss lückenlos kontrolliert, Defizite müssen bekannt gemacht und Abstellmaßnahmen verfolgt werden,
> - die organisatorischen Maßnahmen wie auch ihre Umsetzung sind zu dokumentieren, um die Erfüllung der Rechtspflichten zu jedem Zeitpunkt beweisen zu können.

> Diese Aufgaben müssen in Anweisungen bzw. Prozessbeschreibungen der Managementsysteme zur Einhaltung gesetzlicher Pflichten vorkommen, um nicht nur die Kenntnis dieser Pflichten z. B. via Rechtskataster zu gewährleisten, sondern auch ihre Umsetzung.

Generell geht es dem Gesetzgeber um das Vermeiden und Bewältigen von Risiken und Gefahren (Spindler 2011, S. 23). Für die Arbeitsfelder Qualitätssicherung, Arbeitssicherheit und Umweltschutz gilt also zunächst zu klären: Welche Gefahr, welches Risiko soll an welcher Stelle des Betriebsgeschehens vermieden werden? Erst dann kann man dieses Geschehen an Ort und Stelle mithilfe konkreter Aufgaben(folgen), Arbeitsabläufe, Projekte oder Maßnahmen und der zugehörigen Aufgabenverteilung und Delegation regeln.

Jede Entscheidung darüber, gesetzliche oder kundenspezifische Vorgaben umzusetzen, beinhaltet also – mehr oder weniger bewusst und explizit – eine solche Bestandsaufnahme und damit ein wenig „Risikoanalyse". Auch wenn die Ermittlung von Risiken und Gefahren üblicherweise den zu planenden Maßnahmen vorangestellt wird, kann der Blick auf potenzielle Gefährdungen auch nachträglich durch neue Gesetze geschärft werden. Hier kann also der Gesetzgeber Impuls- und Ideengeber für bislang unbewusste Gefahrenquellen sein.

Ob und wie Risikoanalysen generell durchgeführt werden muss, lässt der Gesetzgeber in den meisten Fällen offen. Geregelt ist sie für Vorstände in Aktiengesellschaften (§ 91 Absatz 2 AktG) und in einigen managementsystemrelevanten Rechtsgebieten, z. B. für den Umweltschutz in der Störfallverordnung (12. BImschV). In der Arbeitssicherheit fordern Betriebssicherheitsverordnung (BetrSichV), das Arbeitsschutzgesetz (ArbSchG) und die Gefahrstoffverordnung (GefStoffV) die Durchführung einer „Gefährdungsbeurteilung". Auch die aktuelle Rechtsprechung belegt entsprechende Pflichten der obersten Leitung – insbesondere vor dem Hintergrund der Verkehrssicherungspflichten (Rack 2014). Verkehrssicherungspflicht meint die „Pflicht zur Sicherung von Gefahrquellen" (Juraforum 2011).

Inzwischen gibt es – insbesondere durch die Managementsystemnormen – aussagekräftige „untergesetzliche Regelungen", die Risikoanalysen fordern (bedeutende Umweltaspekte im Umweltmanagement, Gefährdungserkennung, Risikoeinschätzung usw. im Arbeitsschutzmanagement), die die Rechtsprechung maßgeblich beeinflussen (Rack 2013c, 2014).

Mit der aktuellen Revision zieht auch das Qualitätsmanagement nach, protegiert das risikobasierte Denken, um unerwünschte Ereignisse und Ergebnisse zu verhindern, und widmet den Normabschnitt 6.1 der Risikoerkennung als ersten Schritt der Planung entsprechender Maßnahmen und Aufgaben. Mehr zum Thema Risiko und Co. im → Kapitel 8 und 9.

*4.1.2.2.2 Risiko- und gefahrenrechtsunabhängige Aufgaben*

An dieser Stelle versammeln sich noch mehr Aufgaben – z. B. abgeleitet aus Zielen, Fehleranalysen und vielem anderen mehr, die delegiert werden können. Nicht alles, was im Unternehmen getan wird, hat mit Risikovermeidung und Schadensbegrenzung zu tun.

Die dargestellten Delegationsgrundsätze lassen sich auf alle Aufgaben und Prozesse anwenden, denn neben der rechtlichen Relevanz und der hierzu notwendigen Aufteilung und Weiterreichung der Pflichten geht es immer auch um Arbeitsteilung und die zeitliche Entlastung der Führenden. Fehlt dazu allerdings das notwendige Handwerkszeug, sind auch hier die Ergebnisse häufig unbefriedigend. Unklarheiten und Missverständnisse führen zu zeitaufwendigen Abstimmungsarbeiten, oder der Ausführende ist überfordert, sodass die Aufgaben schnell wieder zurückdelegiert werden. Diese Erfahrungen führen oft dazu, „besser doch alles gleich selbst zu machen".

## 4.1.3 Delegationsprozess im Detail

Da Managementsysteme – insbesondere in Umweltschutz und Arbeitssicherheit – mit dem Ziel errichtet werden, Rechtssicherheit zu gewährleisten, widmen wir jetzt der Delegation als durchgängigem, personalbezogenem Rahmenprozess der Führung besondere Aufmerksamkeit. Er betrifft sowohl die ordnungsgemäße Pflichtenübertragung wie auch die nachfolgende schriftliche oder mündliche Aufgaben(ver)teilung und liefert im Kern auch für gleichberechtigte Koordinationsprozesse in der Zusammenarbeit wertvolle Hinweise.

Um geltendes Recht innerbetrieblich zum Leben zu erwecken, braucht es ein durchdachtes und wirkungsvolles Vorgehen zur Arbeits(ver)teilung. In der folgenden Darstellung sollen deshalb die rechtlichen Grundsätze als Grundstruktur verwendet und als personenbezogene direkte Führungsaufgaben der Ein- und Durchführung zugeordnet werden.

Damit konkretisieren wir die vorab vorgestellten kontinuierlich begleitenden Aufgaben der beiden Prozesse, die Kontrolle und die Förderung und Qualifizierung der Mitarbeiter aus Sicht der Gesetze.

### 4.1.3.1 Einführung

*4.1.3.1.1 Neues steht an*

Den Anstoß geben neue oder geänderte Aufgaben und Pflichten, die eingeführt werden sollen. Sie leiten sich nicht nur aus Zielen von oben und diversen Vorfall-/Fehler-/Unfallanalysen und Verbesserungsvorhaben von unten, sondern auch und insbesondere von Rechtsvorschriften in Kombination mit Risikoanalysen ab.

Sind Mitstreiter im Spiel, muss darüber entschieden werden, Aufgaben(abläufe) zu teilen und zu delegieren. Hier ergibt sich mit den angesprochenen Grundsätzen oder Delegationspflichten der in Bild 4.2 dargestellte Ablauf.

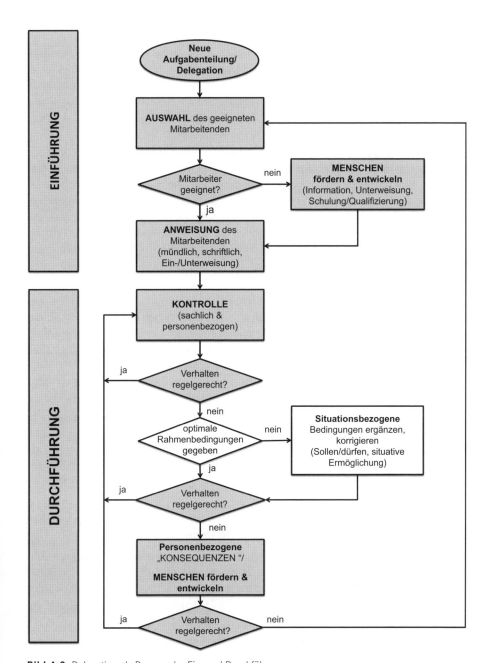

**Bild 4.2** Delegation als Prozess der Ein- und Durchführung

### 4.1.3.1.2 Die richtige „Besohlung" gewährleisten

Übergebe oder teile ich eine Aufgabe, ist zunächst die Frage zu klären, wer für diese Herausforderung verfügbar und geeignet ist (*Auswahl*). Besitzt die ausgewählte Person die geforderten Fähigkeiten und Kenntnisse – die erwähnte Besohlung – oder lässt sie sich (bei Bedarf auch kurzfristig) dahin qualifizieren? Auch die Zuverlässigkeit des ausgewählten Kandidaten spielt hier juristisch interpretiert eine Rolle (Adams/Davidsohn/ Werner 2002).

Zu diesem Zeitpunkt sollten ebenfalls die Fragen um Zeit-, Sach- gegebenenfalls auch Personalkapazitäten geklärt werden. Diese „Ausstattung" und insbesondere die verfügbare Zeit sind zur Einschätzung der Machbarkeit und der zukünftigen (psychischen) Belastung des betroffenen Beschäftigten unabdingbar. Die kurze Frage „Was brauchen Sie (noch), um ...?" liefert in der Regel aufschlussreiche Ergebnisse. Dass gerade die Einschätzung der Machbarkeit Auswirkungen auf die Gesundheit haben kann, gilt als erwiesen (→ Abschnitt 8.1.3). Nicht umsonst ist die Ermittlung psychischer Belastungen inzwischen verpflichtender Bestandteil der gesetzlich geforderten Gefährdungsbeurteilung am Arbeitsplatze (§§ 5, 6 ArbSchG).

Auch für die Normen sind Ressourcen ein Thema. Die Verknüpfung der Delegation von Aufgaben mit der Frage nach den Ressourcen ist unter anderem in der Begriffsklärung zur „obersten Leitung" erkennbar: „Die oberste Leitung ist innerhalb der Organisation (..) in der Lage, Verantwortung zu delegieren und Ressourcen bereitzustellen" (ISO 9000:2015, 3.1.1. Anmerkung 1 ).

Zeit als Ressource ist nach wie vor kein Thema der Norm. Allerdings wird unter „Umgebung" als Ressource auf psychologische Faktoren hingewiesen (ISO 9001:2015, 7.1.4). Und diese hängen auch mit dem Thema „Zeit" und ihrer Verfügbarkeit zusammen (→ Abschnitt 8.1.3).

Ist eine große oder kleine *Qualifizierung* vorher notwendig oder gesetzlich vorgeschrieben, ist sie entsprechend zu veranlassen.

Sowohl bei der Frage nach den (insbesondere zeitlichen) Ressourcen wie auch nach den Kompetenzen braucht es konkrete Informationen als Entscheidungsgrundlage. Hier ist also der direkte Kontakt/die Rückfrage beim betroffenen Mitarbeitenden angeraten, um diese entscheidenden Fakten aus erster Hand zu erfahren.

Je nach Aufgabenstellung und langfristigen Entwicklungszielen muss der oder die Führende in Abstimmung mit dem Mitarbeitenden entscheiden, ob und wie dieser in die neue Aufgabe „wachsen" kann. Dabei spielen Ausbildungs- und Erfahrungsstand (hier wird vielfach auch von „Reife" gesprochen) sowie Aufgabenschwierigkeit und -umfang die entscheidende Rolle.

Erst wenn die notwendigen „Qualitäten" und Kapazitäten gegeben sind, folgt der nächste Schritt, der offizielle Startschuss.

### 4.1.3.1.3 Wendepunkt „Übergabe"

Dieser kann im Rahmen einer *Anweisung* (Ein- oder Unterweisung) erfolgen, in der die Aufgabe als verbindlicher Auftrag so detailliert wie notwendig übergeben wird. Ziel ist, dass spätestens an dieser Stelle der jeweilige Empfänger im Sinne klarer Vorgaben genau im Bilde ist über den Umfang, die Verantwortung und die Befugnisse der Tätigkeiten (Adams/Davidsohn/Werner 2002). Umfang und Verantwortung lassen sich nur erkennen, wenn auch Zusammenhänge und Auswirkungen der eigenen Tätigkeit erkannt sind.

Wichtig ist an dieser Stelle, dass der Adressat genug Informationen hat, um zu beurteilen, ob er der Aufgabe gewachsen ist oder nicht (Gregor 2007). Ist die Übergabe erfolgt, ist die Zustimmung dazu „amtlich" – einerlei, ob durch bloßes Nicken oder schriftlich fixiert und unterschrieben.

Entsprechende Forderungen sind auch für Managementsysteme nichts Neues. Kompetenzen ermitteln und sicherstellen und das Bewusstsein über die Zusammenhänge der eigenen Tätigkeiten und ihrer Auswirkungen gehören dazu.

In der ISO 9001:2015 werden Rollen, Verantwortlichkeiten und Pflichten nicht nur zugeteilt, sondern sollen auch „verstanden" werden (ISO 9001: 2015, 5.3; ISO 14001:2015, A.5.3).

Auch gilt es zu vermeiden, dass es zu Kompetenzüberschneidungen kommt, also gleiche oder ähnliche Aufgaben mehreren Stellen übertragen sind, weil dann die Abgrenzung unklar ist und sich im Zweifel niemand zuständig fühlt (Grüninger et al. 2012).

Hinzu kommt, dass entsprechende Vorgaben an Mitarbeitende auch das Verhalten in Not- und Krisensituationen einschließen müssen, was für risikobehaftete Anlagen und Vorkommnisse in Umwelt- und Arbeitsschutz (z. B. Wassergefährdung, Explosionsgefährdung, Mitarbeiterunfälle) im entsprechenden Regelwerk festgelegt ist.

### 4.1.3.1.4 Bedeutung einer Unterschrift

Sowohl die genannte Qualifizierung (Information, Ein- oder Unterweisung, Aus- oder Weiterbildung etc.) wie auch die Übergabe der Aufgaben(felder, -abläufe) kann mit einer Unterschrift des Mitarbeitenden abschließen.

Dies ist auch in Managementsystemen üblich: Jeder Schulung folgt in der Regel die Unterschriftenliste. Auch die Bekannt- und Übergabe neuer Abläufe und Prozesse werden per Unterschrift dokumentiert.

Dies erfolgt - nicht nur in Managementsystemen - zu Nachweiszwecken. Aber was genau soll nachgewiesen werden? Bestätigt der unterzeichnende Mitarbeitende durch seine Unterschrift,

- dass er bei der Schulung, Unterweisung oder Ähnlichem anwesend war oder
- dass er die Inhalte verstanden hat oder
- dass er mit den Inhalten einverstanden ist und sie im Sinne eines Vertrags einhalten und wie aufgeschrieben umsetzen wird?

Gerade bei regelmäßigen Unterweisungen (der Name lässt sich zusammensetzen aus „Unter-richtung" und „An-weisung") ist den Teilnehmern häufig nicht wirklich klar, was sie mit ihrer Unterschrift ausdrücken. So ist dann ebenfalls nicht wirklich erkennbar, ob sie die Vorgaben verstanden haben und sich zur Einhaltung verpflichten.

Verantwortlich machen kann ich jemanden nur für etwas, dem er mit dem erforderlichen Durchblick und Bewusstsein zugestimmt hat.

## 4.1.3.2 Durchführung

### 4.1.3.2.1 Mitarbeiter und Betrieb im Blick behalten

Die Aufgabe erfordert auch nach Übergabe weiter Aufmerksamkeit. Diese permanente personen- und sachbezogene *Kontrolle* bezieht sich zum einen auf das Verhalten der Mitarbeitenden, aber auch auf Zustände, Ereignisse und Ergebnisse im Verantwortungsbereich, die im unmittelbaren Zusammenhang mit dem Mitarbeiterverhalten stehen und Folge davon sind.

Ziel ist es, für die verbindliche Einhaltung und Umsetzung zu sorgen oder aber die Vorgaben zu ändern und den realen Gegebenheiten anzupassen.

Direkte Kontrolle darf sich nicht nur auf definierte Routineverfahren beschränken. Vielmehr ist die Einhaltung kunden- oder rechtsrelevanter Anforderungen auch bei Disposition und Improvisation zu verfolgen.

Nachfolgendes Beispiel verdeutlicht, dass es sowohl bei rechtlichen wie auch den daraus folgenden betrieblichen Spielregeln gut ist, das eigentliche Ziel und den Nutzen daraus im Auge zu behalten.

> **Beispiel aus dem Betrieb: Organisationspflicht und Unterweisungen**
>
> In einem großen produzierenden Unternehmen wurde die Kritik an der gängigen Form jährlich vorgeschriebener Unterweisungen laut: „Immer dasselbe ...", „Keiner hört zu ...", „Macht keinen Spaß ...", „Bringt nichts ...".
>
> Eine Führungskraft hörte die frustrierten Meister an und äußerte sich pragmatisch: „Sie wissen alle, dass die Unterweisungen für uns eine wichtige Funktion haben. Dazu haben wir im letzten Jahr auch den Juristen X gehört, der uns zum Thema ‚Pflichtenübertragung und rechtliche Konsequenzen' aufgeklärt hat. Falls im Unternehmen etwas passiert, können wir mit den Unterweisungen nachweisen, dass wir unserer Organisationspflicht nachgekommen sind. Hieran sollten wir nichts ändern, denn wir wollen auf der sicheren Seite sein."
>
> In diesem Unternehmen war das Thema „Organisationspflicht" ernst genommen worden. Sogar ein Jurist war eingeladen, um den Pflichtenträgern Rede und Antwort zu stehen. Allerdings scheint nicht klar geworden zu sein, was das eigentliche Ziel der gesetzlichen Vorschrift zur jährlichen Unterweisung ist – nämlich durch ausreichend Information und Instruktion Gefahren und Risiken für die Mitarbeiter bei der Arbeit einzugrenzen und vorzubeugen.

Auch Arbeitsteilung bezogen auf Anlagen zieht – insbesondere wenn diese gesundheits- oder umweltgefährdend sind – entsprechende Kontrollpflichten nach sich. Sie finden sich oft auch in den behördlichen Genehmigungen, die sich üblicherweise an den betreibenden Kollegen vor Ort richten und gegebenenfalls an Fachleute aus der Instandhaltung delegiert werden. Hier „klare Verhältnisse" zu schaffen, ist immer wieder eine Herausforderung beim Auf- und Umbau von Managementsystemen.

Dass im betrieblichen Alltag nicht immer alles läuft, wie geplant, Routinen anzupassen sind oder spontan reagiert werden muss, findet jetzt auch explizit in den Normen Beachtung (Hinsch 2014): Neben den geplanten müssen jetzt auch die ungeplante Änderungen und ihre Auswirkungen, die für die Einhaltung der Anforderungen bedeutsam sein können, überwacht werden (ISO 9001/ISO 14001:2015, 8.1).

Das Sichten und Auswerten entsprechender Kontrolldaten (z. B. Statistiken, Kennzahlen, Messgrößen) kann in konzentrierter Abgeschiedenheit eines Büros erfolgen. Für das Beobachten und Wahrnehmen betrieblicher Abläufe und Zustände sowie des konkreten Verhaltens der Mitarbeitenden ist allerdings auch die Anwesenheit vor Ort und im täglichen Betrieb erforderlich.

Beispielsweise sollten neu eingestellte Mitarbeitende unmittelbar nach der Anstellung im Hinblick auf kritische Pflichten intensiver beobachtet werden. Haben sich Pflichtenträger als qualifiziert und pflichtbewusst erwiesen, kann die Kontrolle angemessen reduziert, darf allerdings – vor dem Hintergrund der Delegationspflichten – nie ganz eingestellt werden.

Häufigkeit und Intensität der Kontrollen sollten sich am Mitarbeitenden und an den übrigen Rahmenbedingungen orientieren. Aspekte solcher Rahmenbedingungen sind z. B. bekannte „Vorfälle" im betroffenen Bereich, komplexe oder risikoträchtige Sachverhalte oder ständig wechselnde Vorschriften. Es kann allerdings keine lückenlose Überwachung geben. Auch sind bei alledem die Rahmenbedingungen zu beachten, die sich aus Vorgaben des Arbeitsrechts, Betriebsverfassungsgesetzes oder durch die Vertretungsmacht und -befugnisse des Betriebsrats ergeben (Grüninger et al. 2012).

Die entsprechende Analyse und Bewertung der resultierenden Fakten und Zusammenhänge ermöglicht dann die Entscheidung darüber, ob und welche weiteren Steuerungs- und Unterstützungsaktivitäten vonseiten der Führung – im schlimmsten Fall bis hin zur Sanktionierungspflicht – notwendig sind.

*4.1.3.2.2 Bei Bedarf: Personen- oder situationsbezogene Folgemaßnahmen*

Wesentlich ist, alle Aspekte zu berücksichtigen, die verhaltenswirksam sind – also Probleme nicht nur bei der Person zu suchen. Hier hilft der entsprechende Fragenkatalog (Bremsfragebogen; → Kapitel 1), der sich sowohl auf die Person wie auf die Situation bezieht. Um hier Informationen aus erster Hand zu erhalten, empfiehlt es sich, betroffene Kollegen direkt einzubinden.

Im Hinblick auf die situationsbezogenen Bedingungen, also den organisatorischen Rahmen (Sollen/Dürfen) und die situative Ermöglichung, könnte beispielsweise unerwünschtes Verhalten und Nichthandeln sich damit erklären, dass es eine widersprüchliche Anweisung aus einem anderen Arbeitsfeld gibt oder die situationsbezogene Zeitknappheit eine Berücksichtigung der vielleicht nicht eindeutig prioritären Vorgabe unmöglich macht. Auch könnten Umfeld (Prozessumgebung) und Ausstattung am Arbeitsplatz (z. B. alte oder fehlende Ausrüstung) eine Rolle spielen.

Bewertungen und Entscheidungen münden in zu planende (neue verbindliche dauerhafte Verfahrensweisen) oder spontane organisatorische Konsequenzen. Sind die Gründe personenbezogen (wollen oder können), ist hier „nachzuregeln". Eine wiederholte Ein- oder Unterweisung kann an dieser Stelle nicht nur als Korrektur erforderlich, sondern gegebenenfalls auch gesetzlich gefordert sein. Oft sind für gefährliche Tätigkeiten von rechtlicher Seite jährliche Unterweisungen vorgesehen, die erinnern und gegebenenfalls im Hinblick auf neue Vorgaben aktualisieren sollen.

Führen kooperative Nachregelung und Unterstützungsmaßnahmen nicht zum Ziel, ist der Mitarbeitende vielleicht „nicht am richtigen Platz". Wiederholtes Missachten vereinbarter Pflichten sollte in der Praxis zu Konsequenzen, im schlimmsten Fall auch Sanktionen führen. Dass es hier oft an Klarheit und Nachdruck fehlt, lässt sich ähnlich begründen wie der „Rabattmarkenmechanismus" (→ Abschnitt 2.4.2). Generell muss immer wieder die Frage gestellt werden: Wie angemessen und ernst gemeint kann eine Regelung sein, die nicht konsequent eingehalten werden muss? Was wäre auf so manchem Fußballfeld los, wenn nicht Gelbe und Rote Karten konsequent eingesetzt würden?

Auch wenn das Verhalten wie gewünscht und vorgeschrieben umgesetzt ist, wird dem Geschehen weiterhin Beachtung geschenkt und die Kontrolle oder Überwachung fortgesetzt.

### 4.1.4 Der Kern im Rückblick

Mit der Ein- und Durchführung haben wir im vergangenen Kapitel zwei Schlüsselprozesse der Führung konkretisiert, die von personalbezogenen Aufgaben (kontrollieren und Mitarbeiter fördern und entwickeln) eingerahmt oder durchzogen sind. Diese lassen sich durch den Blick auf Recht und Gesetz weiter „verfeinern". Insbesondere die Aufgabenauf- und -verteilung im Zuge der Organisation führen zum Thema *Delegation*, das stark durch Rechtsvorschriften geprägt ist.

Zunächst finden sich hier – zumindest für Arbeits- und Umweltschutz – reichlich Pflichten, um Gefahren und Risiken zu minimieren, angefangen bei dezidierten Handlungsvorgaben bis hin zur vorgeschalteten (Risiko-)Analyse. Bezogen auf die *Organisation* insbesondere gefahrenträchtiger unternehmerischer Tätigkeiten werden durch Gesetzgeber und Rechtsprechung nur solche Unternehmensabläufe und Risiken herausgefiltert, die es „wert" sind und die sich wiederholen können. Die erwähnten Risikobetrachtungen, die neben den gesetzlichen Vorgaben auch verpflichtender Bestandteil der Normen sind, erweitern den Blick: Neben den bekannten Risiken, die in absichernde rechtskonforme Routinen und Standards münden, werden auch solche betrachtet, die der Gesetzgeber nicht berücksichtigt hat und die sich betriebsspezifisch z. B. bei Neuerungen ungeplant und überraschend ergeben können.

Außerdem haben Recht und Rechtsprechung zum *Organisationsverschulden* reichhaltiges Material gesammelt, das die aktuelle Unternehmenspraxis zur Delegation wirksam bereichert. Es hilft dabei, die genannten Aufgaben und Pflichten genau bei dem Mitarbeitenden zu platzieren, der sie auch wirksam umsetzen kann. Bezogen auf die gesetzlichen Pflichten der Führungskräfte in der Linie bedeutet dies insbesondere, dass diese Pflichten auch ohne offizielle Übertragung wirksam werden. Zudem lassen sich hier zwar Aufgaben über-, aber nicht entgültig abgeben. Die letztendliche Verantwortung und die daran gekoppelte Überwachungspflicht bleiben bestehen.

*Änderungen und Neuerungen* sind im Betrieb nichts Ungewöhnliches. Interne Umorganisationsprozesse im Kielwasser neuer Strategien sowie von Rationalisierungen und Einsparungen gehören dazu. Entsprechend ändern sich Produkte, Sparten, Dienstleistungen, Anlagen und Ähnliches. Es verändern sich hierbei nicht nur die betrieblichen Chancen, sondern auch die Risiken. Da diese Hand in Hand mit möglichen Rechtsvorschriften gehen, gilt es, am Ball zu bleiben, um sowohl dem Risiko wie auch dementsprechenden Rechtsvorschriften gerecht zu werden. Nicht umsonst ist „Compliance" eine Kernforderung der betrachteten Nomen (ISO 9001:2015, 4.2; ISO 14001:2015, 6.1.3).

*Personalbezogene Details* zur Delegation ergeben sich insbesondere aus der *Auswahl-, Anweisungs- und Überwachungspflicht*. Diese sprechen – wie in Tabelle 4.1 dargestellt – einige wesentliche „Schrauben" an, die sich sowohl auf den Kenntnisstand der Mitarbeitenden (Können), wie auch auf die Rahmenbedingungen (Sollen/Dürfen, situative Ermöglichung) beziehen und für erfolgreiche Umsetzung und Wirksamkeit förderlich sind.

**Tabelle 4.1** Übersicht zur Schraubenwirksamkeit der Delegationspflichten

| Organisations-/ Delegationspflichten | Umsetzung | Schrauben |
|---|---|---|
| Vorbereitung im Rahmen der Organisationsaufgabe (Aufgabe abgrenzen und zuteilen) | Aufgabe konkretisieren:<br>• Wer?<br>• Wie?<br>• Was?<br>• Wann/wie oft?<br>• Womit (Ressourcen)? | Sollen/Dürfen<br>Situative Ermöglichung |
| Selektions- oder Auswahlpflicht: Mitarbeiter im Hinblick auf ausreichende Qualifikation, Zuverlässigkeit, Gesundheit sorgfältig auswählen | Auswahl/Klärung von<br>• Kompetenz<br>• Zuverlässigkeit<br>• Gesundheit | Können |
| Bereitstellung der Ressourcen im Rahmen der Organisationsaufgabe | Abstimmung über<br>• Verfügbarkeit (Zeit)<br>• Sach-, gegebenenfalls Personalmittel etc. | Situative Ermöglichung |
| Anweisungs-, auch Instruktionspflicht: Mitarbeiter im Hinblick auf seine Qualifikation angemessen instruieren, z. B. durch An- bzw. Unterweisung | • Auftrag<br>• An-/Ein-/Unterweisung<br>• Einarbeitung<br>• Schulung<br>• Weiterbildung<br>• Mentoring/Coaching | Sollen/Dürfen<br>Können |
| Überwachungspflicht: Wirkungsvolle Kontrollen implementieren ‚Ausführung sicherstellen' | Kontrolle und „aufmerksame Unterstützung" zu Person und Situation | Sollen/Dürfen |

Vielfach ist in der Praxis nicht ausreichend geklärt und aufgeklärt, wozu die *Unterschrift* der Mitarbeitenden erforderlich ist. Gilt sie als Einverständnis (Vertrag), Willens- oder Anwesenheitserklärung oder lediglich als Identitätsnachweis? Es ist notwendig, hier mehr Transparenz und Klarheit zu schaffen. Nur so lässt sich die Unterschrift als ehrlicher und verbindlicher Akt auch strategisch einsetzen und z. B. auch die Ernsthaftigkeit und „Feierlichkeit" einer solchen Handlung nutzen.

Auch die Konkretisierung des Delegationsprozesses hat deutlich gemacht, dass der direkte „Draht" zum Mitarbeitenden kontinuierlich wirksam ist und insbesondere in der Einführung wesentliche Weichen zum Gelingen stellt. Auch, wenn gerade nur „organisiert" wird, findet die verhaltensbezogene Beeinflussung der Mitarbeiter durch die *direkte Führung* durchgehend statt.

Obwohl die Auswahl der Mitarbeiter auch auf den Punkt „Zuverlässigkeit" abstellt, die gegeben sein sollte, bleiben bei dieser gesetzlich geprägten Sicht auf die Dinge die Delegationsempfänger mit ihrem *Willen und Wollen* mehr oder weniger unberücksichtigt, wie die Tabelle 4.1 verdeutlicht. Insofern stellen die Grundsätze zur Delegation zwar in jeder Form von Kooperation und auch ohne diesen gesetzlichen Zugzwang eine wichtige Basis für passende, funktionierende und faire Zusammenarbeit dar. Diese Basis muss allerdings um eine wesentliche Schraube: das Wollen erweitert werden.

### 4.1.5 Mögliche Konsequenzen für Führung und Zusammenarbeit

Die hier dargestellte, rechtlich inspirierte Delegation hilft, bestimmte Facetten von Führungspflichten und -verantwortung deutlich zu machen.

Sie nimmt zwar den Mitarbeitenden in den Blick, fördert dabei allerdings das eher „klassische" Führungsverständnis, das durch disziplinarische Verhältnisse von Oben und Unten und entsprechende Machtbefugnisse geprägt ist. Die Zusammenarbeit erscheint als „Befehlskette", in der Kommunikation nur in eine Richtung per Order und Anweisung erfolgt.

Hinzu kommt, dass mit der „klassischen" Betrachtung der Mensch bzw. Mitarbeiter auf sein Handeln reduziert wird, das auf Knopfdruck initiiert werden kann. Eigenständiges Denken, Wollen und Entscheiden werden ausgeblendet bzw. nur den verantwortlichen Führungskräften zugebilligt. Sowohl die Organisation wie auch der Mensch werden hier stark vereinfacht und reduziert betrachtet.

> **Die „klassische" Führungshaltung**
>
> In der neueren Führungsliteratur wird die „klassische" Grundhaltung der Führung auch als mechanistisch oder linear im Sinne einfacher Ursache-Wirkungs-Regelung bezeichnet: Führung wird dort interpretiert wie das Bedienen und Steuern einer Maschine.
>
> Wenn man die richtigen Knöpfe und Hebel betätigt, funktioniert das Ganze auch. Der Mensch ist ein Rad im Getriebe, das möglichst gut passen soll (Blessin/Wick 2014).

Macht man sich allerdings klar, dass die hier dargestellten Delegationspflichten und Grundsätze sich vor dem Hintergrund der jüngeren Rechtsprechung entwickelt haben und genau auf die Defizite hinweisen, die hier am häufigsten vorgekommen sind, relativiert sich dieser Eindruck wieder. Dann geht es primär darum, genau diese Defizite in Führung und Organisation zu vermeiden – anders ausgedrückt, daran zu denken, die wesentlichen Schrauben, die Einfluss auf das (möglicherweise auch rechtswidrige) Verhalten der Mitarbeiter haben, zu berücksichtigen und zu „bedienen". Hierzu ist die „klassische" Führungshaltung keine notwendige Basis.

#### 4.1.5.1 Aufgabenübergabe als Aushandlungsprozess

Gerade bei der Übergabe von Aufgaben macht es Sinn, sich das Ganze – immer noch „rechtsnah" – als Aushandlungsprozess im Vorlauf eines Vertrags vorzustellen. Diesen Vorlauf kennt jeder, der einen solchen – einerlei, in welchem Zusammenhang – unterschreiben musste. Da hier die Unterschrift rechtsverbindlich ist, wird in der Regel von den Vertragsparteien gewünscht und erwartet, dass

- die Inhalte klar und verständlich sind,
- die daraus resultierenden Rechte und Pflichten inklusive der notwendigen Ausstattung und Hilfestellung für beide Seiten ausreichend gegeben und erkenntlich sind,
- die Konsequenzen, die bei Verletzung des Vertrags zu erwarten sind, klar sind,
- beide Seiten mit Unterschrift das „Geschäft" und die daran geknüpften Pflichten und Handlungen zu einer verbindlichen Absprache machen und
- diese dann auch ausführen können und wollen.

#### 4.1.5.2 Rechtzeitige Feinabstimmung

Es ist sinnvoll, diese Abstimmungen und Festlegungen *vor* der endgültigen Übergabe der Aufgabe zu absolvieren. Nur so lässt sich der an Herrn Straub vorgestellte „Überraschungseffekt" (→ Kapitel 2) vermeiden.

Besonders folgende Aspekte sollten eingehend erörtert werden:

- **Kontrolle**: Wie oft und auf welche Weise Kontrollen durchgeführt werden, kann Teil der vorhergehenden Vereinbarung/Instruktion sein. Ist eine solche Maßnahme abgestimmt und erläutert, verliert sie schnell den Anstrich misstrauischer Heimlichkeit, die bei fehlerhaftem Handeln „ertappen" will, und vermittelt vielmehr den Eindruck von Interesse und Unterstützung.

- **Konsequenzen statt Sanktionen**: Kommt es trotz guter Vorbereitung in Richtung Person oder Situation zu sichtbarem Abweichen, gilt der Grundsatz: Konsequenzen. Auch wenn Mitarbeiter das betreffende Risiko kennen und willentlich eingehen, darf eine Führungskraft hier nicht die Augen verschließen. Tut sie es dennoch, macht sie sich im Falle eines Vor- oder Unfalls strafbar (Abt 2006).
Konsequentes Führungshandeln ist unbequem und weckt im Führenden oft auch Vorbehalte gegen Missstimmungen und Spannungen. Allerdings lässt sich auch hier – wie bei den Delegationspflichten – durch Klarheit Sicherheit schaffen.

**Eskalation: Durchführen heißt auch durchsetzen**

Bei besonders schwierigen Fällen (auch nach ausführlicher Aufklärung, und Diskussion möglicher Hindernisse und Widersprüche keine Einsicht und keine Änderung) sollte der Konflikt offen thematisiert und konsequent ge- und behandelt werden.

Arbeitsrechtlichen Sanktionen wie Abmahnungen und Kündigungen sind dabei der letzte Schritt. Vielfach existieren im Unternehmen (gegebenenfalls mit Personalbereich oder Betriebsrat abgestimmte) **Eskalationsverfahren**, die schrittweise übergeordnete Führungskräfte, Betriebsrat oder Personalbereich einbinden.

Um den negativen Konsequenzen an dieser Stelle die emotionalisierende Spitze der bösartigen Überraschung zu nehmen, sollte immer über die Art und Kriterien der Beurteilung und die Folgen der uneinsichtigen Fortsetzung des kritischen Verhaltens gesprochen werden. Die Entscheidung darüber, wie es weitergeht, liegt dann eindeutig bei dem betroffenen Mitarbeiter.

Nur so ist eine faire, individuelle „Kosten-Nutzen-Analyse" möglich, die zu einer eigenverantwortlichen Entscheidung führt. Hier ist es wie im Fußball: Die Regeln und Konsequenzen sind bekannt, und die Entscheidung, wie damit umzugehen ist, wird nicht vom Schiedsrichter getroffen (Berner 2005).

- **Positives Feedback**: Generell lässt sich an dieser Stelle anmerken, dass einer Kontrolle nicht nur Kritik und Korrektur, sondern auch Lob und Bestätigung folgen können. Diese Strategie ist insbesondere auch in der Arbeitssicherheit in der sogenannten „Behavior Based Safety" als verhaltensfördernd erkannt (Bördlein 2009; siehe auch → Kapitel 7).

Zusammenfassend finden sich also im Um- und Arbeitsfeld der Paragrafen wertvolle Hinweise, auch in Richtung erwünschtes Verhalten der Mitarbeitenden zu führen und zu beeinflussen.

Die hier unter Schmerzen „erlernten" Grundsätze betreffen nicht nur geplante betriebliche Routinen, Maßnahmen und Projekte, sondern erleichtern auch den Umgang mit ungeplanten und spontanen (auch risikoträchtigen) Ereignissen. Unabhängig von der Hierarchiestufe nützen sie nicht nur der Führung, sondern auch jeder Form der Zusammenarbeit.

Bezüglich unseres Coaching-Themas um den Logistikteamleiter Herrn Straub bei Schubs & Co. stellt sich die Frage, ob der Qualitätsmanagementbeauftragte Herr Schnell bei der Einführung neuer Abläufe in der Logistik ein gutes Händchen hatte.

# 4.2 Wer muss, wer darf führen?

Mit dem Rückblick auf unser Coaching und die zwei, in der Einführung nicht erfolgreich agierenden, Führungskräfte liegt eine Frage besonders nahe: Wer führt in der Einführung und wie könnten Managementbeauftragte und Linienverantwortliche generell bei Ein- und Durchführung zusammenarbeiten? In der betrieblichen Praxis wird in diesem Zusammenhang gern auch die Frage nach der „Verantwortlichkeit" gestellt. Herr Unsicher, der Kollege aus der Arbeitssicherheit bei Schubs & Co., sagt an der Stelle immer gern: „Ich berate nur!"

Auch zu diesem Thema gibt es Rückendeckung durch den Gesetzgeber – allerdings in erster Linie für den Umweltschutz und die Arbeitssicherheit. Für die Arbeitsfelder zur „Risikovermeidung und -bewältigung" hat der Gesetzgeber Experten benannt, die den Führungskräften und Mitarbeitern zur Seite stehen sollen.

## 4.2.1 Zentrale Rollen

### 4.2.1.1 Beauftragte

#### 4.2.1.1.1 Gesetzlich vorgegebene Beauftragte

Um in Umweltschutz und Arbeitssicherheit das hier erforderliche Spezialwissen bereitzustellen, müssen Unterstützer bestimmt werden, die der Unternehmensleitung helfen, die vielfältigen Rechtspflichten fachkompetent zu ermitteln und umzusetzen.

Im Umweltschutz gilt diese Rollenteilung verpflichtend allerdings nur für im Gesetz klar definierte, besonders umweltgefährdende Anlagen oder Zustände (Immissionsschutzbeauftragter, Abfallbeauftragter).

Schaut man in die jeweiligen Gesetzestexte, so finden sich insbesondere folgende Aufgaben (z. B. § 54 BImSchG, § 60 KrWG, § 6 ASiG):

- die Betriebsangehörigen über Gefahren und Schutzmaßnahmen aufzuklären und zu informieren,
- die Linienverantwortlichen (Anlagenbetreiber, Abfallbesitzer) fach- und gesetzesbezogen zu beraten,
- die Einhaltung von Recht und Gesetz und deren Konkretisierungen in anlagenbezogenen Genehmigungen etc. zu beobachten und zu überwachen,
- auf das Abstellen von erkannten Mängeln (in der Arbeitssicherheit auch explizit im Verhalten der Mitarbeitenden) und
- auf die zeitgemäße (Weiter-)Entwicklung und Verbesserung von Anlagen, Verfahren und Produkten hinzuwirken.

Die Information (und Zusammenarbeit) der obersten Leitung wird über entsprechende „Berichtspflichten" oder in der Arbeitssicherheit über regelmäßige Gremien (Arbeitsschutzausschuss) gewährleistet.

Auch wenn vor dem Hintergrund mangelnder Weisungsbefugnis (es sei denn, es wurden z. B. Sonderregelungen zu „Gefahr im Verzug" getroffen) die Durchführungsverantwortung immer in der Linie gesehen wird (Schliemann/Ascheid 2002, S. 496, Nr. 141), gehen manche Autoren so weit, die Aufgabe der Betriebsbeauftragten z. B. im Umweltschutz darin zu sehen, „eigenverantwortlich die Einhaltung umweltrechtlicher Vorschriften im Unternehmen (zu) gewährleisten" (Rack 2009, S. 18).

#### 4.2.1.1.2 „Freiwillige" Beauftragte im Managementsystem

Ähnliche Funktionen kennen wir auch aus den Managementsystemen. In Abgrenzung zu den gesetzlich vorgegebenen sind diese allerdings „freiwillig".

Vor der Revision 2015 gab es noch „Beauftragte" als Unterstützer des Managements, die direkt an dieses zu berichten hatten.

Generell haben bzw. hatten sie die Aufgabe, „sicherzustellen", dass das Managementsystem bzw. die erforderlichen Prozesse normkonform eingeführt, verwirklicht und aufrechterhalten werden (vgl. z. B.: ISO 9001:2008, 5.5.2; ISO 14001:2009, 4.4.1; OHSAS 18001:2007, 4.4.1). Wie ein Beauftragter diese Schlüsselaufgaben umsetzt, die für ein Funktionieren des Managementsystems elementar sind, ist den Unternehmen überlassen. Diese Freiwilligkeit geht nach den aktuellen Revisionen so weit, dass die Position gar nicht mehr auftaucht (ISO 9001/ISO 14001:2015, Änderungen). Allerdings ist sie nach wie vor möglich, wenn entsprechende Kompetenzen sichergestellt werden müssen oder spezielle Rollenzuweisungen notwendig sind (ISO 9001/ISO 14001:2015, 7.2, Anmerkung; ISO 14001:2015, A.5.3).

Auch wenn die Durchführung von Aufgaben delegiert werden kann, die nicht delegierbare „Rechenschaftspflicht für die Wirksamkeit des (...)managementsystems" (in den Entwürfen 2014 noch „Verantwortung/Verantwortlichkeit") liegt mit der Revision jetzt eindeutig bei der obersten Führungsposition (ISO 9001:2015, 5.1.1.a; ISO 14001:2015, 5.1.a/A.3). Damit ist auch der Begriff „Beauftragter der obersten Leitung" aus der letzten 9001er-Fassung (5.5.2) vom Tisch.

So wird die Verantwortung in der Linie bestärkt, was auch dem vorgestellten Organisationsrecht entspricht.

Auch nach dieser Änderung ist davon auszugehen, dass die Beauftragtenposition nach wie vor gebraucht wird, um die Umsetzung bestimmter unternehmensübergreifender Aufgaben sicherzustellen, für die fachliche Expertise (z. B. Umweltschutzrecht, Normenkenntnisse) erforderlich ist (Pölz, Pelzmann 2015).

#### 4.2.1.2 Oberste Leitung

Wie in der betrieblichen Praxis der Unternehmen üblich, ist der „Kopf" des Unternehmens, also das Management, die Geschäftsleitung, -führung oder der Vorstand als oberste Leitung dafür zuständig, die „generelle Richtung" vorzugeben (Vision, Mission, Politik etc.) und diese in eine strategische Planung auf oberster Ebene zu übersetzen.

Mit den jüngsten Revisionen werden diese Gepflogenheiten jetzt eindeutiger auf Managementsysteme übertragbar. Nicht nur wird vorausgesetzt, das (Qualitäts-)System auf Basis einer „strategischen Entscheidung" einzuführen (ISO 9001:2015, 0.1). Auch die Abstimmung der Politik und Ziele mit der strategischen Ausrichtung des Unternehmens wird dargestellt (ISO 9001:2015, 5.1.1; ISO 14001:2015, 5.1). Ebenfalls von oben müssen die rechtlich geprägten Organisationspflichten gesteuert werden, was auch für die Normen selbstverständlich ist: Es ist auch Aufgabe und Pflicht der Führung, die Zuteilung von Verantwortlichkeiten und Befugnissen zu gewährleisten. Allerdings sind hier nun auch Rollen zu klären (ISO 9001/ISO 14001:2015, 5.3).

### 4.2.1.3 Der Begriff „Rolle"

Für diesen Begriff gibt es keine eindeutige Klärung oder Abgrenzung:

- Für Führungskräfte existieren Führungsrollen (ISO 9001/ISO 14001:2015, 5.1)
- „Rollen und Verantwortlichkeiten" werden als „Elemente des Managementsystems" gesehen (ISO 9000:2015, 3.5.3 Anmerkung 2).
- An anderer Stelle sind „Verantwortlichkeiten und Befugnisse für relevante Rollen" zuzuweisen (ISO 9001/ ISO 14001:2015, 5.3).

Die Entwurfsfassung zur erläuternde QM-Schwesternorm enthielt noch weitere Hinweise:

- Sie erklärt „Bewusstsein" damit, dass den Mitarbeitern „ihre Rolle zum Erreichen der Ziele einer Organisation" klar ist (ISO 9000:2014, 2.2.5.1) und
- „Funktion" wird erläutert als „Rolle, die durch eine vorgesehene Einheit der Organisation (..) auszuführen ist (ISO 9000:2014, 3.2.6).

Auch im UM-Entwurf gab es eine erläuternde Passage, die ebenfalls nicht erhalten blieb:

- „Von der obersten Leitung wird erwartet, eine Kultur und Umgebung herzustellen, die Personen in Führungsrollen (nicht notwendigerweise formale Führungspositionen, wie z. B. Gruppenleiter) ermutigt, aktiv auf die Verwirklichung der Anforderungen des Umweltmanagementsystems hinzuarbeiten und die Umweltziele zu erfüllen" (ISO 14001:2014, A.5.1)

An dieser Stelle wird unmissverständlich klar, dass eine (Führungs-)Rolle nicht unweigerlich an formalen Organigrammen und hierarchischer Macht ausgerichtet ist, sondern vielmehr an Zielerreichung und Ergebnissen. In diesem Zusammenhang können also auch Kollegen ohne „Verantwortung" oder Weisungsbefugnisse auf der Bühne der Managementsysteme eine tragende „Rolle" bekommen. Sowohl normale Mitarbeitende wie auch erwähnte „freiwillige Beauftragte" lassen sich hier zuordnen.

Während Schauspieler auf der Bühne dezidiert nach Vorgabe eines „Drehbuches" spielen und für ihre Rolle jedes Wort und jede Geste auswendig gelernt haben, verhält es sich mit den Rollen in der sozialen und damit auch der Arbeitswelt anders. Erklärungen und theoretischer Unterbau hierzu stammen aus der Soziologie, also der Wissenschaft, die sich mit der Erforschung sozialen Verhaltens befasst, und den Begriff der sozialen Rollen geprägt (vgl. Seliger 2010). Jeder von uns hat sowohl berufliche als auch private Rollen, je nachdem, in welcher Welt (in der Soziologie auch „soziales System" genannt) oder auf welcher Bühne er sich gerade bewegt (vgl. Bild 4.3). Privat bin ich – Mutter/Vater, Ehepartner, Vorsitzender des Tennisvereins oder ehrenamtliche Nachhilfelehrerin. Beruflich definiert sich meine Rolle einmal durch den Beruf, den ich gelernt habe, z. B. Ärztin oder Lehrer (Profession). Zum anderen habe ich durch eine Stellenbeschreibung und die dazugehörige hierarchische Position auch eine Rolle in der speziellen Organisation, in der ich arbeite.

Jede Rolle ist verknüpft mit bestimmten Rollenerwartungen, die vorgeben, wie ich mich in dieser Rolle zu verhalten habe.

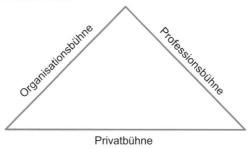

**Bild 4.3** Drei Bühnen für die zentralen Rollen

Rollen sind dabei nicht immer klar: Ein Rollenkonflikt entsteht z. B., wenn aus dem ehemaligen Kollegen und Freund ein Vorgesetzter wird, der in dieser Rolle auch „unbequem" sein muss und dann die Rückmeldung erhält: „Du bist vielleicht ein Freund!" In diesem Zusammenhang muss immer klar sein, auf welcher Bühne und in welchen Rollen man gerade „zusammenspielt".

Verhalten im Betrieb und auch die Zusammenarbeit orientieren sich also nicht nur an offiziellen (gegebenenfalls auch verschriftlichten) Spielregeln und Vereinbarungen, sondern auch an Rollenerwartungen, die an die jeweilige „Rolle" im betroffenen sozialen System geknüpft sind. Habe ich beispielsweise viele Jahre unter einem autoritären Chef verbracht, der darauf bestanden hat, dass seine Mitarbeitenden nur das tun, was ihnen gesagt wird, könnte mir als Mitarbeiterin Eigeninitiative und Eigenverantwortlichkeit, die sein junger Nachfolger erwartet, gegebenenfalls völlig fremd sein: „Ich bin ja nur Mitarbeiter – das gehört nicht zu meinen Aufgaben – dafür bin ich nicht zuständig ..."

Ähnliche Gespräche haben auch viele Beauftragte oder Sicherheitsfachkräfte erlebt. Vielen Kollegen im Unternehmen ist – auch bei ausführlichen Funktionsbeschreibungen im Handbuch etc. – nicht klar, welche Rolle von wem gespielt wird. Was genau heißt in dem Zusammenhang „keine Verantwortung" oder „ich berate nur"?

 **Rollen abstimmen**

Zusammenfassend erhalten wir mit den soziologischen Einblicken für die Rollen im Managementsystem weitere Impulse zur Zusammenarbeit. Es reicht nicht, Funktionen oder Rollen grundsätzlich zu definieren, denn sie ändern sich durch die aktuelle Bühne – also die jeweiligen Rahmenbedingungen, Situationen und vor allem auch Personen. Durch diese Personen kommen Erwartungen ins Spiel, die je nach Vergangenheit und Erfahrungsstand unterschiedlich sein können.

Hier empfiehlt sich, immer auch situativ abzustimmen und Rollen und Erwartungen zu präzisieren bzw. zu aktualisieren.

Dass schriftliche Funktionsbeschreibungen – oder wie in der Praxis nach wie vor verbreitet solche in Handbüchern – zur Rollenklärung nicht immer ausreichen, haben auch die Normautoren erkannt und nehmen nun die oberste Leitung in die Pflicht. Diese ist unter anderem gefordert mit der Vorgabe, dass sie „andere relevante Führungskräfte unterstützt, um deren Führungsrolle in deren jeweiligem Verantwortungsbereich deutlich zu machen" (ISO 9001:2015, 5.1.1.j; ISO 14001:2015, 5.1.i).

### 4.2.2 Stab-Linien-Organisation

Zur Frage „Wer führt wen?" kehren wir jetzt zum Grundgerüst der Organisation, der Aufbauorganisation, zurück.

Die bislang beschriebenen gesetzlichen Vorgaben im Zusammenhang mit den Organisationspflichten legen eine Arbeitsteilung nahe, die sich in der sogenannten Stab-Linien-Organisation zusammenfassen lässt (Bild 4.4).

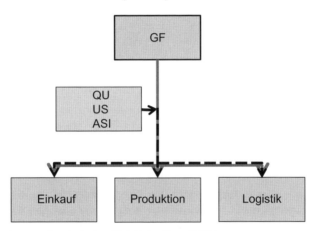

**Bild 4.4** Organigramm einer typischen Stab-Linien-Organisation

Zunächst ist eine kompetente – gegebenenfalls auch gesetzlich vorgeschriebene – Fachfunktion einzurichten (QU: Qualität, US: Umweltschutz, ASI: Arbeitssicherheit), die als Stabsstelle direkt unter der obersten Leitung (GF: Geschäftsführung) verortet wird. Diese Stelle unterstützt die oberste Leitung, z. B. durch die für gesetzlich geforderte Beauftragte aufgelisteten Vorkehrungen, und hilft so, einen Organisationsmangel zu vermeiden. Insbesondere hilft sie (Rack 2009):

- die entsprechenden Vorschriften oder Anforderungen zu ermitteln und zu aktualisieren,
- bei der Delegation zu beraten,
- die Einhaltung ermittelter Vorgaben zu überwachen und
- dies (auch zur eigenen Sicherheit) nachzuweisen.

Im Kern trägt die Stabsstelle die durch Fachwelt, Kunde oder Gesetz initiierten Veränderungsimpulse in das Unternehmen und berät und kontrolliert die Umsetzung.

Das gesetzlich inspirierte Stab-Linien-Organisationsmodell lässt sich auf Managementsysteme übertragen. Ob die Stabsstelle dann Beauftragter oder Umwelt-/Qualitätsmanager etc. genannt wird, ist unerheblich. Allerdings sollte die Rolle geklärt sein.

Im Rahmen betrieblicher Innovationen hat sich für ein solches Zusammenspiel das Tandem von Fach- und Machtpromotor eingebürgert. Als Promotoren (herzuleiten aus dem Lateinischen: „pro" = „vorwärts"; „movere" = „bewegen" – also: „vorwärtsbewegen") werden hier solche Personen bezeichnet, die zur Überwindung von Fähigkeits- oder Willensbarrieren beitragen, also Bremsen lösen und für den nötigen Antrieb sorgen (Witte in: Urbaniec 2008).

Diese Rollenaufteilung setzt sich auch im Bereich der Überwachungspflichten fort. Sowohl Stab wie Linie haben eine solche:

- Die des Stabes ist eine fachlich begründete, unabhängige Expertenkontrolle (Rack 2009).

- Die der Linie ist gekoppelt an die Pflichten, die sich aus der Delegation von Aufgaben in der Linie ergeben, und an die Tatsache, dass zwar Aufgaben und Pflichten (gegebenenfalls auch Überwachungsaufgaben) delegiert werden können, nicht aber Verantwortung. Diese bleibt bestehen und ist deshalb immer mit Aufsichts- und Kontrollpflichten auf allen delegierenden Hierarchieebenen verbunden.

Ein Problem allerdings ist, dass dieses Modell nur für klassisch hierarchisch strukturierte Unternehmen mit klar unterteilten Bereichen und eindeutigen Verantwortungsebenen gilt. Die Umsetzung in „moderneren" Organisationsformen wie Matrixorganisation insbesondere in komplexen, internationalen Konzernverbünden, wo die klaren Strukturen am deutschen Standort plötzlich überlagert werden von weltweiten Business Strukturen mit „units" und „lines", bringt allerdings Umsetzungsprobleme mit sich: Wo sitzt der Chef und welches nationale Recht gilt?

Hier ist besonders wichtig, abzustimmen und klar zu vereinbaren (und zu dokumentieren), wer vor Ort und dem örtlichen Gesetz verantwortlich ist und wie das fachlich-rechtliche Zusammenspiel mit den fernen Kollegen klappen soll (Adams 2009).

### 4.2.3 Der Kern im Rückblick

Zu viele Vorschriften und Regelungen, Forderungen und Pflichten von außen treffen auf eine oder wenige oberste Führungen. Als Flaschenhals und Filter in das Unternehmen existieren Fach-/Stabsstellen, die dem Management zur Seite stehen, die Vielfalt zu sichten und zu kanalisieren. Adressaten sind die Bereiche, die dem Pflichtensatz Leben einhauchen, ihn zur Durchführung bringen sollen. Im Innovationsmanagement hat sich für solche Antreiber der Begriff *Promotor* etabliert

In der für hierarchisch strukturierte Unternehmen üblicherweise geltenden Stab-Linien-Organisation führt dies in der Regel über die verantwortliche Führungskraft, die (unter anderem!) mit der ihr zugesprochenen disziplinarischen Macht die Dinge ins Laufen bringen soll. Sie hat anhand ihrer bereichsspezifischen Kenntnisse über Abläufe, Prozesse, Anlagen, Ausrüstung, Mitarbeiter und örtliche Gegebenheiten zu entscheiden und zu verantworten, wie und dass es funktioniert – am besten so, dass sie den Auswahl-, Anweisungs- und Überwachungspflichten gerecht wird (→ Kapitel 4.1.1). Ihr kommt die Rolle des *Machpromotors* zu.

Der entsprechende *Fachpromotor* ist die Stabsstelle. Sie hat als fachliche Vorhut im Rahmen ihrer Zuständigkeit die jeweiligen Soll-Vorgaben zu beobachten, zu filtern und damit die Über- und Umsetzung im Unternehmen einzuleiten – als verlängerter Arm und in Abstimmung mit der Unternehmensleitung. Allerdings wirkt sie nicht nur auf und „durch die Linie", sondern muss unter anderem durch ihre Überwachungspflichten auch am Ort des Geschehens in Erscheinung treten und dort „zielorientiert beeinflussen" (= führen).

Beide zusammen fungieren im Managementsystem als *Umsetzungstandem*.

Wie das genau gehen soll und darf, also wie die fachliche Information, Beratung und Unterstützung der Stabsstelle dosiert und angewendet wird, ist von rechtlicher Seite nicht genau definiert. Formulierungen wie „gewährleisten", „sicherstellen" und „darauf hinwirken" in den erwähnten Gesetzestexten machen allerdings deutlich, dass nicht der Versuch, sondern das Ergebnis zählt. Führung als „zielorientierte Beeinflussung" wird im Managementsystem nicht nur durch klassische Führungskräfte praktiziert.

- Die fachlich versierte Stabsstelle ist darauf verpflichtet, alle Führungskräfte in der Linie – auch die oberste Führung – zu führen, indem sie durch die erwähnten Tätigkeiten die Umsetzung der jeweils erfassten Vorgaben und Pflichten sicherstellt. Dies allerdings ohne eigene Weisungsbefugnis und nur mit dem Rückenwind von „oben". Eine solche, nicht disziplinarische Führung wird auch *lateral* (lateinisch für „von der Seite") genannt. Auch viele Projektleiter in zeitlich begrenzten Projekten mit intern „ausgeliehenen" Mitarbeitern führen auf diese Weise.
- Hinzu kommt, dass die Stabsfunktion in der Regel nicht nur mit und über die Führungskräfte wirkt, sondern auch – z. B. über ihre Kontrollfunktion – direkt auf die Mitarbeitenden. Ohne Macht und Weisungsbefugnis sind es hier insbesondere die fachliche und die persönliche Überzeugungskraft, die wirken.
- Dass Mitarbeitende auch ohne hierarchische Macht und Befugnis im Unternehmen etwas bewegen können, lässt sich in den jüngsten Normrevisionen mit der Einführung der „Rolle" in Zusammenhang bringen.

**Laterale Führung**

Führung ist zielorientierte Beeinflussung, die auch ohne disziplinarische Befugnisse von oben von der Seite – also lateral – erfolgen kann:

- vom Stab zur obersten Führung (Geschäftsführer etc.),
- vom Stab zum Linienvorgesetzten,
- vom Stab zum Mitarbeiter
- von Mitarbeiter zu Mitarbeiter

Konflikte entstehen oft da, wo *Zuständigkeiten oder Rollen* nicht oder mangelhaft geklärt sind. Hierzu reichen schriftliche Funktionsbeschreibungen nicht aus. Um der jeweiligen Situation und den beteiligten Personen mit ihren gegebenenfalls uneinheitlichen Erwartungen gerecht zu werden, braucht es die konkrete Abstimmung.

Eine Rolle bewegt ohne Macht. Zudem ermöglicht sie, Spielräume und Details auszuhandeln und zu füllen und im besten Fall gute und ergebnisgerichtete Kompromisse zu finden – auf jeder Ebene der Zusammenarbeit.

### 4.2.4 Mögliche Konsequenzen für Führung und Zusammenarbeit

Wer wann wie durch Führung Einfluss ausübt, wird durch gesetzliche Vorgaben vorstrukturiert und lässt sich charakterisieren als Tandem von Macht- und Fachpromotor. Diese Rollenverteilung „passt" in das erwähnte „klassische Führungsverständnis". Hier wird – mit fachlichen Seiteneinflüssen – primär von oben nach unten gearbeitet, wobei „oben" gedacht, vorgegeben und verantwortet und „unten" ausgeführt und gehandelt wird.

Festzuhalten bleibt an dieser Stelle, dass die Aufgabenteilung zwischen Stab und Linie dem geltenden Recht grundsätzlich nicht widersprechen sollte. Darüber hinaus lassen sich aus dem Dargestellten noch einige weitere Erkenntnisse ableiten:

#### 4.2.4.1 Führung zwischen Stab und Linie muss abgestimmt sein

Mit der Polarisierung zwischen „Fach und Machtwelt" wird ein wesentlicher Aspekt der Zusammenarbeit zwischen diesen beiden Promotoren deutlich: Jeder „führt" in seinem Metier und im Rahmen seiner Rolle und macht so das, was er am besten kann, um zum gewünschten Ergebnis zu kommen. Auch die klassische Stab-Linien-Organisation lässt genügend Freiraum, die jeweiligen Aufgaben und Befugnisse zwischen Stab und Linie sinnvoll abzustimmen. Die auf Basis der Gesetze definierten Verantwortlichkeiten sind nur das Grundgerüst, das im „laufenden" Betrieb weiter gefüllt und je nach Situation und Gegenüber gegebenenfalls neu verhandelt werden muss.

#### 4.2.4.2 Rollenklarheit im Managementsystem

Entscheidende Frage hierbei: „Welche Rolle spielen Sie bei diesem Stück auf dieser Bühne heute?"

Die unklare Zusammenarbeit zwischen Stab und Linie, zwischen fachlichen Unterstützern und „Umsatzerzeugern" ist häufig die Ursache dafür, dass Themen und Probleme nicht immer optimal angepackt werden. Für das Berufsfeld der Managementsystembeauftragten ist es also interessant, wie Kollegen im Betrieb die Rolle eines „Beauftragten" oder „Beraters" interpretieren. Denn genau davon hängen dann ihre im Regelfall nicht ausgesprochenen Erwartungen ab.

Bezogen auf die Situation in unserem zweiten Coaching-Fall bei Schubs & Co. war die Zusammenarbeit von Herrn Schnell mit der Logistikleiterin Frau Wächter vielversprechend, denn sie sollte dem aktuellen Zeitdruck gerecht werden.

War die Formulierung der neuen Vorgaben aus fachlicher Sicht gegebenenfalls noch akzeptabel (Fachpromotor), so fehlte doch die Rolle des Vorgesetzten (Machtpromotor). Diese war nicht „besetzt", und insofern haben beide nicht bedacht, dass die Delegation neuer Pflichten – auch wenn sie in diesem Fall gegebenenfalls nicht rechtsrelevant sind – einer gewissen „Vorabstimmung" mit dem oder den Aufgabenempfängern bedarf. Sowohl die Auswahl der Ausführenden wie auch eine gegebenenfalls notwendige Qualifizierung oder die verfügbaren Ressourcen wurden lediglich aus der Distanz (von Frau Wächter, der Logistikleitung) betrachtet und mit den Betroffenen, der „alltagserprobten und -erfahrenen" Basis, nicht diskutiert und blieben so im Nebel.

Allein vor diesem Hintergrund gibt es bei Schubs & Co. also noch einiges zu lernen.

## 4.3 Literatur

Abt, Hans Günter (2006): „Arbeitsunfälle vor Gericht. ‚Wer ein Weisungsrecht hat, hat Verantwortung!'". In: *Inform – Das Magazin der Unfallkasse Hessen 04/2006*, S. 8–10. URL: http://www.ukh.de/fileadmin/ukh.de/inform_PDFs/inform_4_2006.pdf, Abruf: 02.04.2014

Adams, Heinz W. (2009): „Business structure versus legal entity. Wer ist hier Chef?". In: *CHEMIE TECHNIK* August 2009, S. 64–65

Adams, Heinz W.; Davidsohn, Martin; Werner, Ralf (2002): *Integrierte Managementsysteme für Unternehmen der Trinkwasserversorgung und Abwasserentsorgung. Der Weg zur gerichtsfesten Organisation*. Vulkan, Essen

Berner, Winfried (2005): „Sanktionen – Festigkeit und Konsequenz statt drakonischer Strafen". URL: http://www.umsetzungsberatung.de/psychologie/sanktionen.php, Abruf: 03.04.2014

BGI (2005): „BGI 508: Berufsgenossenschaftliche Informationen für Sicherheit und Gesundheit bei der Arbeit (BGI): Übertragung von Unternehmerpflichten", Ausgabe 5/2005. URL: http://www.umwelt-online.de/recht/arbeitss/uvv/bgi/508.htm, Abruf: 14.07.2015

Blessin, Bernd; Wick, Alexander (2014): *Führen und Führen lassen*. 7. Auflage, UVK Verlagsgesellschaft, Konstanz/München

Bock, Dennis (2009): „Strafrechtliche Aspekte der Compliance-Diskussion – § 130 OWiG als zentrale Norm der Criminal Compliance". In: *ZIS – Zeitschrift für Internationale Strafrechtsdogmatik* 2/2009. URL: http://www.zis-online.com/dat/artikel/2009_2_293.pdf, Abruf: 28.03.2014

Bördlein, Christoph (2009): *Faktor Mensch in der Arbeitssicherheit – BBS*. Erich Schmidt, Berlin

DIN EN ISO 9000:2014: *Qualitätsmanagementsysteme – Grundlagen und Begriffe (ISO/DIS 9000:2014); Deutsche und Englische Fassung prEN ISO 9000:2014*. Beuth, Berlin

DIN EN ISO 9001:2008: *Qualitätsmanagementsysteme – Anforderungen (ISO 9001:2008); Dreisprachige Fassung EN ISO 9001:2008*. Beuth, Berlin

DIN EN ISO 9001:2014: *Qualitätsmanagementsysteme – Anforderungen (ISO/DIS 9001:2014); Deutsche und Englische Fassung prEN ISO 9001:2014*. Beuth, Berlin

DIN EN ISO 9001:2015: *Qualitätsmanagementsysteme – Anforderungen (ISO 9001:2015); Deutsche und Englische Fassung EN ISO 9001:2015*. Beuth, Berlin

DIN EN ISO 14001:2009: *Anforderungen mit Anleitung zur Anwendung (ISO 14001:2004 + Cor 1:2009). Deutsche und Englische Fassung*. Beuth, Berlin

DIN EN ISO 14004:2015: *Umweltmanagementsysteme – Allgemeiner Leitfaden über Grundsätze, Systeme und unterstützende Methoden (ISO/DIS 14004:2015). Deutsche Fassung prEN ISO 14004:2015.* Beuth, Berlin

DIN EN ISO 14001:2014: *Umweltmanagementsysteme – Anforderungen mit Anleitung zur Anwendung (ISO/DIS 14001:2014). Deutsche und Englische Fassung prEN ISO 14001:2014.* Beuth, Berlin

DIN EN ISO 14001:2015: Umweltmanagementsysteme – Anforderungen mit Anleitung zur Anwendung (ISO 14001:2015); Deutsche und Englische Fassung EN ISO 14001:2015. Beuth, Berlin

Gregor, Klaus (2007): „Haftung und Verantwortung im Arbeitsschutz". Vortrag Handelskammer Bremen, 14. Juni 2007. URL: http://www.arbeitnehmerkammer.de/cms/upload/Gesundheit/Gregor_Handout_Versand.pdf, Abruf: 03.04.2014

Grüninger, Stephan et al. (2012): *Organisationspflichten – eine Synopse zum Begriffsverständnis und den daraus abzuleitenden Anforderungen an Aufsichts-und Sorgfaltspflichten aus juristischer und betriebswirtschaftlicher Perspektive.* Studie 2 im Forschungsprojekt „Leitlinien für das Management von Organisations-und Aufsichtspflichten". KICG-Forschungspapier Nr. 4, Konstanz. URL: http://www.htwg-konstanz.de/fileadmin/pub/ou_kicg/dokumente/KICG-Forschungspapiere/KICG_Forschungspapier_4_Organisationspflichten.pdf, Abruf: 23.03.2014

Haeming, Anne (2007): „Öl ins Wasser. Eine Chronologie der schwersten Umweltunfälle". In: *Fluter. Magazin der Bundeszentrale für politische Bildung.* URL: http://www.fluter.de/de/wasser/thema/6064/, Abruf: 14.07.2015

Hinsch, Martin (2014): *Die neue ISO 9001:2015 – Status, Neuerungen und Perspektiven.* Springer Vieweg, Berlin/Heidelberg

Juraforum (2011): „Verkehrssicherungspflicht", vom 28.06.2011. URL: http://www.juraforum.de/lexikon/verkehrssicherungspflicht, Abruf: 24.07.2015

Kratz, Hans-Jürgen (2006): *30 Minuten für effektives Delegieren.* Gabal, Offenbach

OHSAS 18001:2007: *Arbeits- und Gesundheitsschutz-Managementsysteme – Anforderungen.* BS OHSAS 18001:2007. Deutsche Übersetzung. Reihe zur Beurteilung des Arbeits- und Gesundheitsschutzes. Beuth, TÜV Media, Köln

Pölz, Wolfgang; Pelzmann Sabine (2015): „Führung". In: Koubek, Anni (Hrsg.): *Praxisbuch ISO 9001:2015. Die neuen Anforderungen verstehen und umsetzen.* Hanser, München, S. 57–70

Rack, Manfred (2009): „Organisationsverschulden vermeiden". In: *BPUVZ* 01.2009, S. 15–20, Erich Schmidt, München

Rack, Manfred (2013a): „CB-Test: Die Organisationspflicht nach höchstrichterlicher Rechtsprechung". In: *Compliance-Berater* 5/2013, S. 191–195. URL: http://rack-rechtsanwälte.de/upload/downloads/aufsaetze/2013/aufsatz_rack_5_2013_rechtpsrechung-zur-organisationspflicht.pdf, Abruf: 27.08.2013

Rack, Manfred (2013b): „CB-Test: Die Organisationspflicht zur Delegation". In: *Compliance-Berater* 6/2013, S. 231–235. URL: http://rack-rechtsanwälte.de/upload/downloads/aufsaetze/2013/aufsatz_rack_6_2013_organisationspflicht-zur-delegation.pdf, Abruf: 12.07.2015

Rack, Manfred (2013c): „CB-Test: Die Aktualisierung von Unternehmenspflichten". In: *Compliance-Berater* 7/2013, S. 275–279. URL: http://rack-rechtsanwälte.de/upload/downloads/aufsaetze/2013/aufsatz_rack_7_2013_aktualisierung-von-unternehmenspflichten.pdf, Abruf: 14.07.2015

Rack, Manfred (2014): „CB-Test: Die rechtlichen Voraussetzungen für ein Compliance-Management-System". In: *Compliance-Berater* 8/2014, S. 279–290. URL: http://rack-rechtsanwälte.de/upload/downloads/aufsaetze/2014/aufsatz_rack_8_2014.pdf, Abruf: 14.07.2015

Schliemann, Harald; Ascheid, Reiner (Hrsg.) (2002): *Das Arbeitsrecht im BGB.* 2. Auflage, de Gruyter, Berlin

Seliger, Ruth (2010): *Das Dschungelbuch der Führung. Ein Navigationssystem für Führungskräfte.* 2. Auflage, Carl-Auer, Heidelberg

Spindler, Manfred (2011): *Unternehmensorganisationspflichten. Zivil- und öffentlich-rechtliche Regelungskonzepte.* Universitätsverlag, Göttingen 2011

Urbaniec, Maria (2008): *Umweltinnovationen durch Kooperationen. Am Beispiel einer freiwilligen Branchenvereinbarung.* Dissertation Internationales Hochschulinstitut Zittau. Gabler, Wiesbaden

Zdebel, Uwe (2001): „Rechtsprechung zum Organisationsverschulden bei Führungskräften". URL: http://www.bubw.de/PDF_Dateien/Maler_Stuckateur/31RechtsprechungOrga.pdf?timme=&lvl=2497. Abruf: 14.07.2015

# 5 Unternehmen als System interpretieren

Ein Unternehmen ist mehr als die Summe seiner Teile: Es verfügt über ein Eigenleben und hat eine Umwelt, ist in sich geschlossen, aber dennoch offen. Es ist ein komplexes System. Führung ist in dieses System eingebettet und sollte daher die systemischen Besonderheiten kennen und berücksichtigen.

Systemisches Denken ist nicht neu und seit den 70er-Jahren fließt es auch in die Unternehmensforschung ein (Gminder 2006). In Ökologie und Naturwissenschaften ist Systemdenken fast allgegenwärtig. Bezogen auf Themen wie z.B. Klima- oder Artenschutz ist das öffentliche Bewusstsein sensibilisiert für Fragen der Vorhersehbarkeit und Beeinflussung der jeweiligen Komplexität. Auch in den Sozialwissenschaften ist systemisches Denken zentral. Menschliches Miteinander in kleinen oder großen Gruppen funktioniert nicht linear in eine Richtung, sondern basiert auf vielfältigen Reaktions- und Rückkopplungsmechanismen.

Die Systemtheorie ist inzwischen gängiger Bestandteil in die Theoriewelt der Unternehmensführung und auch aus der aktuellen Management- und Beratungsliteratur nicht mehr wegzudenken. Die hier dargelegten Gedanken und Erkenntnisse ermöglichen uns die Sicht auf das „große Ganze" im Unternehmen.

Bevor wir das „große Ganze" als Modell konkretisieren (→ Kapitel 5.3), klären wir grundlegende Eigenschaften von Systemen (→ Kapitel 5.1) und übersetzen diese anschließend auf das Unternehmen (→ Kapitel 5.2).

## ■ 5.1 Was ist ein System?

Systeme sind gekennzeichnet durch spezifische Eigenschaften, die auch in Bild 5.1 skizziert sind (Blessin/Wick 2014, König/Volmer 2008):
- Systeme sind eine Ganzheit, die sich durch eine Systemgrenze von ihrer jeweiligen Umwelt abgrenzen lassen.
- Systeme bestehen aus unzähligen und vielfältigen Systemelementen.
- Elemente besitzen ein Eigenverhalten, sind allerdings auch vernetzt miteinander und beeinflussen sich gegenseitig mehr oder weniger. Diese Beziehungen zwischen den

Elementen sind nicht linear. Es gibt keine einfachen Ursache-Wirkungs-Zusammenhänge, sondern viele verschiedene Beziehungen und Wechselwirkungen. Einflüsse wirken verstärkend in eine Richtung oder kompensierend gegeneinander, einfach oder rückkoppelnd, schnell oder langsam, stark oder schwach, weitreichend auf viele oder oberflächlich auf wenige Elemente.

- Resultierende Ergebnisse sind emergent, d. h., sie sind „mehr als die Summe ihrer Teile", ergeben sich nie aus den Eigenschaften der einzelnen Elemente, sondern – wie z. B. im Fußball – aus ihrem Zusammenspiel.
- Je nachdem, wo die Systemgrenze gezogen wird (z. B. Stadt, Land, Welt), ist die Komplexität größer oder kleiner, denn sie ist abhängig von Art und Anzahl der Systemelemente, von der Viel- bzw. Anzahl an Beziehungen und Wechselwirkungen zwischen den Elementen sowie der Verschiedenartigkeit dieser Beziehungen.
- Bei der gegebenen Vielzahl an Elementen und Wechselwirkungen tendieren Systeme dazu, sich ordnend zu strukturieren, um so eine gewisse Konstanz und Stabilität aufrechtzuerhalten. Sie organisieren sich selbst. Dies dient dem Selbsterhalt des Systems.
- Neue Ordnungen können nur entstehen, wenn ältere zunächst destabilisiert werden.
- Systeme sind zwar durch die Systemgrenze von ihrer jeweiligen Umwelt getrennt (dies wird im systemischen Sprachgebrauch operational geschlossen genannt), stehen aber trotzdem mit ihr in Verbindung.
- Einflüsse oder Einwirkungen von außen können im System als „Störungen" des jeweiligen Gleichgewichtes wirken, die im System nach systemeigenen Gesetzmäßigkeiten verarbeitet werden (Selbstorganisation oder Selbststeuerung).
- Sowohl die Systemelemente als auch ihre Beziehungen verändern sich dann und passen sich dynamisch an. Auf welche Weise dies geschieht, ist allerdings bei aller Komplexität nicht oder nur begrenzt vorhersehbar.

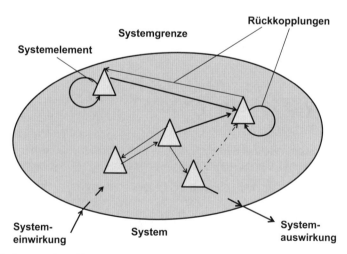

**Bild 5.1** Die Systemwelt und ihre Bestandteile

Systeme gestalten sich also aus Elementen, den Wechselwirkungen zwischen diesen und der Grenze, die das „Innen" vom „Außen" trennt. Mit diesem Denkwerkzeug lassen sich die unterschiedlichsten Sachverhalte und Zusammenhänge auf ähnliche Art „modellieren" und analysieren – einerlei, ob das Biotop aus dem Gartenteich, die aktuellen Wetterverhältnisse oder eine beliebige Familie. Wie sich das System zusammensetzt – also welche Elemente wo ab- und eingegrenzt mit welchen Beziehungen und Kräften wechselwirken –, hängt immer von der Fragestellung ab, die uns beschäftigt. Will ich Probleme im Team durchleuchten und lösen, muss ich nicht gleich das ganze Unternehmen betrachten.

Mit einer systemischen Brille auf der Nase bin ich also einerseits in der Lage, Gegebenheiten zu vereinfachen, um sie besser zu verstehen. Andererseits ist von vornherein klar, dass das jeweils modellierte System mit seinen Elementen, die auf- und miteinander wirken, komplex und dynamisch und mit diesen Eigenschaften nicht einfach zu durchschauen ist.

### Systeme

Systeme sind eigene Welten, die nicht einfach zu durchschauen (komplex) und in ihrer Selbstorganisation nicht willkürlich zu beeinflussen (dynamisch) sind.

## 5.2 Bausteine und Besonderheiten des Unternehmens

### 5.2.1 Elemente und Systemgrenzen

Zunächst müssen wir die *Elemente* abgrenzen, die für unser Modell passend sind. Im Unternehmen können Elemente materiell (z. B. Gebäude, Menschen, Anlagen, Kommunikations- und Informationstechnologie, Arbeitsmittel) oder immateriell (z. B. Ereignisse, Handlungen, Beziehungen, Prozesse, Reaktionsmuster) sein. Die *Grenzen* nach außen sind durch ein ausgeprägtes „Wir" sowie durch Zäune oder andere materielle Trennhilfsmittel deutlich erkennbar. Je nach Sinn und Zweck einer Betrachtung werden Grenzen innen (z. B. nur ein Betriebsteil, mit oder ohne Anlagen und Technik) und außen (Standorte und Betriebsteile im In- und Ausland einschließend, mit und ohne Kunden, Lieferanten, Aktionäre) verschoben und neu definiert. Wichtig ist vor allem, dass sie klar sind. An dieser Grenzziehung orientiert sich dann auch der *Kontext*, also das Umfeld, die Umwelt des Systems mit ihren Kräften, Einflüssen und Wechselwirkungen, die in die jeweilige Betrachtung einbezogen werden.

Mit dem Blick auf Führung und Zusammenarbeit ziehen wir unsere Grenze eng am Unternehmen. Uns interessieren im Wesentlichen die Unternehmensmitglieder der verschiedenen Organisationseinheiten, Bereiche und Etagen – also die Mitarbeiter und Führungskräfte.

Einerlei, ob innerhalb eines Systems, z. B. als Mitarbeiter in einem Team oder als Fachexperte oder Führungskraft, Beauftragter, Auditor oder Zertifizierer: Menschen wirken hier auf eigene Weise und mit ihrer eigenen Dynamik. Ausschlaggebend ist nicht ihre körperliche Anwesenheit, sondern das, was sie allein und gemeinsam hervorbringen: Handlungen, Kommunikation, Erwartungen und Entscheidungen usw. (Blessin/Wick 2014; Simon 2004).

Für dieses Zusammenspiel wurde der Begriff der *sozialen Systeme* geprägt, die primär als Handlungssysteme gesehen werden (Luhmann in Blessin/Wick 2014). Hier ist der Mensch als Person nur „Umwelt" eines Systems. Die wirklich wirksamen „Elemente" sind sein Denken und Handeln.

Diese treten in Wechselwirkung und Rückkopplung, gestalten, bringen in diesem Zusammenspiel „emergent" Neues hervor. So tragen z. B. einzelne Mitarbeiter oder Teams durch Verbesserungsideen zur Regeneration und Selbsterhaltung des gesamten Systems bei. Dieses Zusammenspiel gilt für die unterschiedlichsten sozialen Systeme, wie z. B. Familie, Golfklub, Arbeitsteam und auch für das Unternehmen.

**Soziale Systeme**

Unternehmen sind soziale Systeme. Sie leben vom Denken und Handeln ihrer „Mitbewohner". Kernelemente sind insbesondere Entscheidungen, und diese entstehen über Kommunikation.

Auf Grundlage dieser Sichtweise lassen sich Unternehmen auch als Kommunikationssysteme sehen, denn alles Handeln basiert insbesondere auf Entscheidungen, und diese sind (in der Regel) Ergebnis von Kommunikationsprozessen (Simon 2004). Entscheidungen sind also wesentliche Kernelemente der Organisationen: ohne Entscheidung kein Handeln und ohne Handeln kein Betrieb (Wimmer in Nagel 2014).

Während die meisten Mitarbeitenden ihr Wirken auf das Innere des Unternehmens beschränken (z. B. auf die Produktionsanlage), gibt es auch solche, die mit dem Umfeld oder *Kontext* in Kontakt stehen und maßgeblichen Einfluss darauf haben, welche Impulse oder Störungen ins Innere wirken. Im systemischen Sprachgebrauch werden diese „Türsteher" auch *Peripherie* genannt (Pfläging 2013). Das können Mitarbeiter aus dem Vertrieb oder der Qualitätsmanagementbeauftragte mit direktem Kunden- und Marktkontakt, aber auch Fachkräfte für Arbeitssicherheit oder Umweltmanagementbeauftragte mit einem heißen Draht zur Berufsgenossen oder der zuständigen Genehmigungsbehörde sein.

## 5.2.2 Vernetzung und Wechselwirkungen

Das Miteinander der entscheidenden Systemelemente ist geprägt von individuellen Vorlieben, Eigenheiten, Erfahrungen und anderem mehr, gegebenenfalls spielen auch Gruppen- und Teamkonstellationen und -dynamiken eine Rolle.

Wichtig ist an dieser Stelle die Erkenntnis, dass ein Element, also der Mensch bzw. sein Handeln, nie allein und unabhängig wirkt. Immer gibt es Vernetzungen, Einflussfaktoren und Wechselwirkungen durch andere Elemente und oder den Kontext. Ist der Geschäftsführer in der Nähe, verhalte ich mich als Mitarbeiter gegebenenfalls anders als in Gesellschaft von Kollegen. Herrschen in der Produktionshalle extrem hohe Temperaturen, bewege ich mich langsamer als in kühlen Gefilden. Und jede Aktion wirkt nicht nur im „Hier und Jetzt", sondern kann auch in der Zukunft unvorhersehbare Folgen haben. Dies verdeutlicht der sogenannte „Schmetterlingseffekt" – ein Begriff aus der Chaostheorie mit der Frage „Kann der Flügelschlag eines Schmetterlings in Brasilien einen Tornado in Texas auslösen?" (Schlippe/Schweitzer 2013).

## 5.2.3 Ordnungen und Muster

In diesen sozialen Systemen stehen die einzelnen Elemente – die Menschen – in Verbindung miteinander. Sie interagieren, haben soziale Beziehungen, wirken mit- oder gegeneinander und organisieren sich im Rahmen der offiziellen und inoffiziellen Freiräume selbst.

Ob nun das Denken, Handeln oder Kommunizieren – alles, was sich dabei wiederholt und reproduzierbar ist, ist nicht mehr unübersichtlich und chaotisch, sondern lässt sich durch die systemische Brille als zeitlich und sachlich stabile Ordnung erkennen. Die entsprechende Fachwelt hat für diese Tatsache den Begriff *Ordnungsmomente* oder *Muster* geprägt (Rüegg-Stürm 2004).

> **Muster im QM**
>
> Auch William Edwards Deming (unter anderem der Erfinder des in → Kapitel 3.1.2 erwähnten PDCA-Kreislaufs) hat bei der Analyse von Fehlerquellen die Bekanntschaft mit Mustern gemacht: Als Statistiker stellte er über die Streuung von Produktqualitätsabweichungen fest, dass manche Abweichungen einmalig und andere wiederholt auftreten.
>
> Ersteren schrieb er zufällige Ursachen zu, letzteren offensichtlich wiederholende, die es lohnten, weiter betrachtet zu werden. Ihm half das Erkennen von (Wiederholungs-)Mustern, den systematischen Fehlern auf die Spur zu kommen (Glauser in Baumfeld/Hummelbrunner/Lukesch 2009).

Bei indirekten Führungsstrukturen handelt es sich um solche Ordnungsmomente. Sie werden vorwiegend von der Führungsetage geplant und meist auch beschrieben:

- Die *Strategie* ist dabei nach vorn in die Zukunft gerichtet und soll genau diese Zukunft für das Unternehmen sichern mit Fragen wie: Wo wollen wir in z. B. fünf Jahren stehen? Welche Produkte, Märkte, Kunden werden dann unser Handeln bestimmen? Welche internen Abläufe, Bereiche, Fähigkeiten müssen dazu gelernt und weiterentwickelt werden?

- Die *Organisation* dient mit ihren Organigrammen, Verfahrens-, Arbeitsweisen und Prozessen dem geordneten und arbeitsteiligen „Hier und Jetzt" und klärt unter anderem das Wer, Was, Wie, Wann und Wozu. Während diese Ordnungsmomente in der systemischen Idealwelt „organisch" gewachsen und unter Beteiligung aller Elemente im Sinne des Gesamtsystems gelernt sind, werden sie in der realen Unternehmenswelt oft „autoritär" vorbestimmt. So ist an der „Selbstorganisation" nur ein Teil des „Selbst" beteiligt, und die entsprechenden Freiheitsgrade sind stark begrenzt.

- In der Regel ungeschrieben, oft auch unbewusst, existiert dann noch ein weiteres Ordnungs- oder Orientierungsinstrumentarium: die *Kultur*. Kultur ist ein organisationstheoretisches Konstrukt, das nicht so eindeutig zu definieren ist wie Strategie und Organisationsstrukturen. Deshalb wollen wir sie an dieser Stelle mithilfe des systemischen Denkens vertiefen, denn Kultur ist als Begriff und Phänomen unverzichtbar, wenn es darum geht, Zusammenhänge darzustellen, die sich im Faktor Mensch und dem menschlichen Miteinander des sozialen Systems begründen.

In der *Unternehmenskultur* versammeln sich kollektive, also gemeinsame

- Werte,
- Überzeugungen, Einstellungen, Haltungen,
- „Helden"-Geschichten und „Mythen" aus der Überlebens- und Erfolgshistorie des Unternehmens,
- Erwartungen oder auch
- Denk-, Argumentations- und Erklärungsmuster und anderes mehr,

die innerhalb der betrachteten Grenzen im Unternehmen (Gesamtbetrieb, Abteilungen, Bereiche, Schicht, Team) als allgemeingültig, normal und üblich gelten. Das können in einer Produktionsabteilung, die im Sinne der Kunden zuverlässig, termingerecht und in hoher Qualität arbeitet, völlig andere Werte und Haltungen sein als in einer Entwicklungsabteilung, die möglichst frei und kreativ arbeiten soll (Rüegg-Stürm 2004).

Unternehmensweit geteilte Kultur ist in der Regel nur für neue Mitarbeiter spürbar, die vorher eine andere Unternehmenskultur erlebt haben und so die Unterschiede erkennen können. Für Interne sind die erwähnten Tatsachen so selbstverständlich, dass sie bewusst in der Regel kaum wahrgenommen werden: „So sind wir halt ..." – beispielsweise zur Frage, ob Überstunden bei (übertariflichen) Führungskräften gesehen und geschätzt, gegebenenfalls honoriert werden oder „dazugehören". So wird, wie in Bild 5.2 dargestellt, auch gern die Metapher des Eisberges genutzt, um die offensichtlichen Strukturen über der Wasseroberfläche von den unsichtbaren Kulturbestandteilen unter dem Wasser zu unterscheiden.

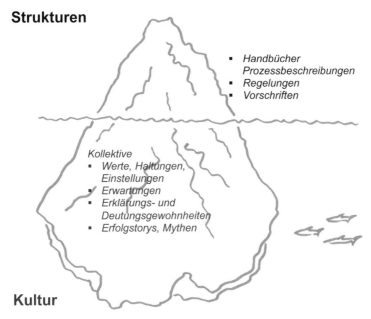

**Bild 5.2** Der organisationale Eisberg (nach French und Bell in Rüegg-Stürm 2004)

Das Zusammenspiel von Kultur und Verhalten entsteht als interner (unbewusster) Lern- und Aushandlungsprozess und wird täglich aufs Neue überprüft und angepasst (Bild 5.3).

**Bild 5.3** Das Zusammenspiel zwischen Kultur und Verhalten wird kontinuierlich überprüft

Neben Strategie und Organisation, die dokumentiert sind, haben wir hier also das undokumentierte Unternehmensgedächtnis. Es wird nicht „gemacht" oder gestaltet, sondern generiert sich selbst und spiegelt damit das wider, was ist. Weil es nicht in Buchstaben konserviert wurde, ist es nur so lange existent, wie es gelebt bzw. kommuniziert wird. Nur wenn etwas (wiederholt) beobachtet/wahrgenommen werden kann, lässt es sich ins Denken und Handeln übernehmen. Alles, was nicht gelebt wird, wird vergessen (Simon 2004; Rüegg-Stürm 2004).

Diese formalen und informalen Ordnungsmomente tragen gemeinsam mit der direkten Führung dazu bei, dass Abläufe/Prozesse, Umgangsformen und Verhaltensweisen in ähnlichen Mustern erfolgen und dabei einen gewissen Grad an Routine oder Standardisierung erfahren. Die beobachtbaren, sich im zeitlichen Ablauf wiederholenden Muster zeigen, wie das System wirklich „tickt" und was „typisch" ist für das jeweilige Unternehmen oder die betrachteten Teilsysteme.

Da Kultur nur in den Köpfen existiert, wird sie erst durch die wahrnehmbaren Muster im betrieblichen Handeln und seiner Vorbereitung (be)greifbar. Und erst die Kenntnis dieser unsichtbaren Muster führt dazu, unerwünschte Abläufe, Risiken und Probleme besser zu verstehen (Ellebracht/Lenz/Osterhold 2011).

### 5.2.4 Störung und Veränderungen

Menschen wie auch Strukturen oder Muster wirken und wechselwirken mit- und gegeneinander, organisieren sich zu möglichst stabilen Ordnungsmustern, die unter anderem dem Selbsterhalt dienen. Selbsterhalt wird in Unternehmen in der Regel mit ökonomischem Überleben gleichgestellt. Neben dieser maßgeblichen Kraft existieren im System Unternehmen weitere, die den individuellen oder gruppenspezifischen Interessen und Bedürfnissen, insbesondere auch macht- oder statuspolitischen Ausrichtungen und Strömungen unterliegen (Schreyögg 2008).

Da auch Unternehmen in ihren Wirkungen, Wechsel- und Nebenwirkungen dynamisch sind, reagieren sie auf Veränderungen und suchen dann ein neues Gleichgewicht. Anlass zur Umordnung sind sogenannte Störungen. Gemeint sind Impulse, die sowohl von innen wie von außen erfolgen können:

- *Von innen* erfolgen diese z. B. dadurch, dass die meisten Elemente – und hier besonders diejenigen, die sich aus hierarchischen Gründen nah an der Unternehmensspitze positionieren – ein ausgeprägtes Eigenverhalten gekoppelt mit entsprechenden Befugnissen besitzen. Ein neuer Chef auf dem alten Sessel bringt in der Regel einiges an Änderungsimpulsen mit. Aber auch Ereignisse, wie dramatische Stör- und Unfälle oder gravierende Umsetzungsprobleme können eine solche Wirkung haben.
- *Von außen* erfolgen ebenfalls Störungen, denn Unternehmen existieren nicht isoliert, unter anderem durch Bedingungen, die von einem prominenten Vertreter moderner Managementliteratur als „chaotische Zeiten" bezeichnet werden (Peters 2012). Hier wirken Kräfte wie Kunden, Dienstleister und Lieferanten, Globalisierung, Ressourcenverknappung, wirtschaftliche und politische Krisen und Technologieentwicklung. Immer wieder neue und gleichzeitige Herausforderungen erhöhen Komplexität und Konkurrenzdruck, erzeugen Dynamik und erfordern Flexibilität und Anpassungsfähigkeit von und in Unternehmen (Doppler/Lauterburg 2002).

Diese Störungen bringen das System aus dem Gleichgewicht, machen es instabil, verunsichern. Diese „unsichere Phasen" des Übergangs haben wir in Kapitel 2 anhand der Change-Kurve charakterisiert. Aus systemischer Sicht ist dieser Übergang normal und notwendig, um von einer stabilen Ordnung zur nächsten zu kommen (Kruse 2008). Anders ausgedrückt: Das System muss die Störung deutlich „spüren", bevor es die Notwendigkeit der Neuordnung/-ausrichtung erkennt.

Hier funktionieren Systeme ähnlich wie die Kugel in Bild 5.4: Befindet sie sich am tiefsten Punkt der Schale, hat sie eine stabile Ordnung und die niedrigste Bewegungs- oder Veränderungsenergie. Wird sie „gestört", ist die Energie höher, und sie pendelt so lange hin und her, bis sie ein neues Gleichgewicht – eine neue stabile Ordnung – gefunden hat (Ellebracht/Lenz/Osterhold 2011).

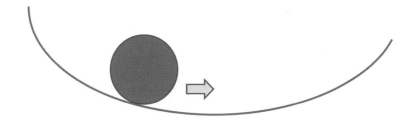

**Bild 5.4** Die Kugel sucht das Gleichgewicht

## ■ 5.3 Systemisches Unternehmensmodell

Nun bauen wir aus den Puzzleteilen mit dem Fokus auf Führung und Zusammenarbeit ein Ganzes – vereinfacht und als Modell. Vorbilder gibt es reichlich. Bezogen auf Unternehmen und Management hat es insbesondere die Management School St. Gallen mit ihren Vertretern und Modellen zu einiger Popularität gebracht (Rüegg-Stürm 2004; Malik 2013) und auch die Welt der Qualitätsmanagementsysteme erreicht (Seghezzi/Fahrni/Herrmann 2007). Bild 5.5 zeigt die Elemente unseres Unternehmensmodells.

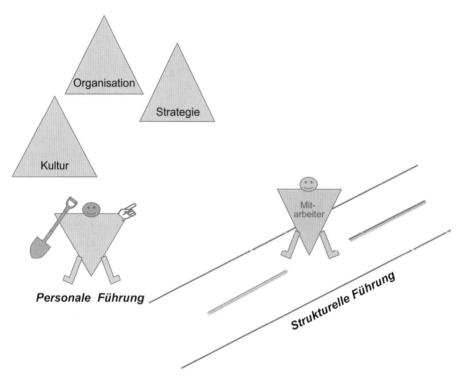

**Bild 5.5** Die ausgewählten Elemente des Unternehmensmodells

### 5.3.1 Innere Zusammenhänge und Wechselwirkungen

Sowohl die strukturellen Rahmenbedingungen wie das Agieren der Akteure beeinflussen sich gegenseitig. Lassen Sie uns einige typische Wechselwirkungen, die auch in Managementsystemen stattfinden können, etwas genauer betrachten.

### 5.3.1.1 Strategie

Das „Dach" des in Bild 5.6 dargestellten Systems bildet die Strategie. Die darin ausgedrückten Ziele können und sollten, je nachdem, wie sie in den jeweiligen Verantwortungsbereichen „heruntergebrochen", umgesetzt und verfolgt werden, Auswirkungen auf die übrigen Rahmenbedingungen haben.

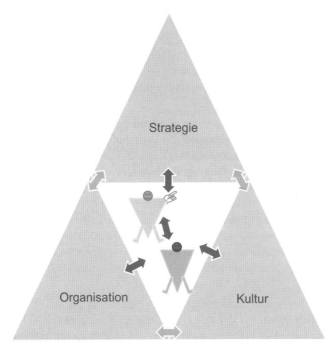

**Bild 5.6** Das Führungssystem im Unternehmen

Beispielsweise könnte die strategische Planung, weltweit der Arbeitssicherheit mehr Geltung zu verschaffen und die Unfallzahlen zu senken, damit einhergehen, die (Aufbau-)Organisation gegebenenfalls um einen neuen Bereich zu ergänzen. In diesem Bereich könnten die zuständigen Experten, z. B. Fachkräfte für Arbeitssicherheit und Betriebsärzte, fachlich und zahlenmäßig über das gesetzlich vorgeschriebene Maß hinaus aufgestockt werden, um mit mehr Kompetenz, Zeit und Kreativität auf neue Ideen und Lösungen zu kommen.

Auch die Kultur könnte sich verändern, wenn definierte Zielsetzungen und Richtungsänderungen nicht nur angekündigt, sondern in der (Ablauf-)Organisation spürbar über alle Ebenen und Bereiche delegiert und allerorts sichtbar gelebt und verfolgt werden. Je intensiver und überzeugender die Auseinandersetzung mit dem Thema ist, umso mehr diffundiert es auch in die Kultur als Gedächtnis oder Bewusstsein des Unternehmens. Dort repräsentiert es gemeinsame innere Haltung, Bewertung und Handhabung des Themas. So kann aus dem „Bisher ist es doch immer gut gegangen" ein „Keine unnötigen Risiken eingehen – Sicherheit der Mitarbeiter/Umweltschutz/Qualität hat bei uns immer höchste Priorität" werden.

Findet allerdings keine „öffentliche" Auseinandersetzung statt im Hinblick auf Zielrichtung, -sinn und -zweck, so kann sich die Denkwelt der Kultur nicht anpassen und weiterentwickeln.

### 5.3.1.2 Kultur

Die Denk- und Verhaltensmuster der Kultur werden ebenfalls an vielen Stellen des Unternehmens „wechselwirksam": Sie prägen die Ausgestaltung der Organisationsstrukturen und der direkten Führung – beispielsweise kann sich eine Grundhaltung mangelnden Vertrauens in Mitarbeitende in zahlreichen und detaillierten Arbeitsanweisungen wiederfinden. Auch der reichliche Gebrauch von Kontroll- und Prüfanweisungen und den entsprechenden Überwachungstätigkeiten der Führung dazu ist hier einzuordnen.

Daneben beeinflussen die ungeschriebenen kulturellen „Grundgesetze" nicht nur indirekt über die schriftlichen Anweisungen das Verhalten der Mitarbeitenden. Sie werten und wirken auch direkt auf das Verhalten, beispielsweise wenn es um die Frage der Gültigkeit und Verbindlichkeit offizieller Pausenregelungen und akzeptierter „Überziehungskredite" geht. Erkennbar werden kulturelle Gepflogenheiten auch als eingespieltes Handlungsmuster bei lückenhaften Zielsetzungen und Vorgehensvorgaben im Alltag, beispielsweise bei der Frage, wie vorzugehen ist, wenn einer der zwei eingeplanten Kollegen für die Endabnahme krank ist: Wird, weil hier die Qualitätsschnittstelle zum Kunden ist, ein zweiter Kollege als Ersatz abgeordnet oder werden nur noch Stichproben geprüft? Unübersehbar sind sie auch und immer wieder, wenn offizielle Vorgaben aus zeitlichen Gründen nicht umsetzbar sind.

Als informelle Regeln oder Strukturen ermöglichen sie so den Arbeitsfluss im Alltag und puffern überzogene, praxisferne Forderungen ab (Schreyögg 2008). Umgekehrt kann aus dem, was viele Einzelne an Werten und Haltungen im Wesentlichen unbewusst (vor)leben, eine gemeinsame Kultur entstehen.

**Kultur**

Kultur umfasst die ungeschriebenen (informellen) Regeln. Diese entstehen vielfach unbewusst und können den geschriebenen Regelungen widersprechen.

### 5.3.1.3 Organisation

Nach der ausführlichen Diskussion der Organisation als Führungsaufgabe und der rechtlichen Einflüsse auf Aufbau- und Ablauforganisation sind im vorangegangenen Kapitel diverse Wechselwirkungen zum Verhalten der Führenden und Mitarbeiter dargestellt worden.

Hervorheben wollen wir an dieser Stelle die Flexibilität oder Elastizität organisatorischer Regelungen, die sich insbesondere in den Handlungsfreiräumen der Mitarbeiter bemerkbar machen. Hinzu kommt die Tatsache, dass nur sich Wiederholendes als regelnde und unterstützende Vorgabe festgeschrieben werden kann. Daneben gibt es einmalige, unvorhersehbare und/oder unerwünschte Ereignisse und ihre Folgen, die spontanes und ungeplantes Handeln der Führenden und Mitarbeitenden erforderlich machen.

Allerdings werden in diesen indirekten Führungswerkzeugen nicht nur Aufgaben und ihre Handhabung festgeschrieben. Vielmehr konservieren verschriftlichte Organisationsstrukturen auch Haltungen aus der Vergangenheit und wirken so auch in die Zukunft (Bleicher 2011): In ihrer Eng- oder Weitmaschigkeit repräsentieren sie z. B., wie im Unternehmen oder Bereich mit individuellen Freiräumen und Verantwortlichkeiten umgegangen wurde und wird. Eine detailverliebte, kleinkarierte Anweisung hält also während ihrer Geltungsdauer die „alte" kulturelle Gedankenwelt mangelnden Vertrauens einer klassischen Führungshaltung von „oben nach unten" am Leben.

### 5.3.1.4 Führungskräfte

Die Führungskräfte im Inneren gestalten und formen die Rahmenbedingungen mit und aus, denn sie arbeiten im Zuge ihrer Zuständigkeit und Verantwortlichkeit am System:

- Sie formen und spezifizieren die Strategie,
- errichten und gestalten Arbeitsumfeld und -bedingungen oder das „Wer macht was und wie?" der (Ablauf-)Organisation und
- prägen die Kultur beispielsweise der Zusammenarbeit durch Vorleben eines kollegialen, wertschätzenden Miteinanders (z. B. auch bei der Gestaltung der erwähnten Ablaufstrukturen) oder durch hierarchieverliebte Machtspiele.

Bei der Interaktion mit den Mitarbeitern (also der direkten Führung) agieren sie bewusst oder unbewusst in und mit dem System, indem sie die darin definierten Strukturen auch selbst leben (Vorbild) und ihre Beachtung und Umsetzung z. B. durch Lob verstärken. Oder aber sie agieren dagegen, z. B. wenn wieder die berühmte Ausnahme von der Regel zugelassen wird. Je nachdem, wie häufig solche Ausnahmen auftreten und von Mitarbeitenden beobachtet werden, entstehen Routinen bzw. Verhaltensmuster, die sich als „ungeschriebene Regeln" verfestigen, die Unternehmens- oder auch Führungskultur. Nicht aufgeschrieben, aber sichtbar praktiziert speichert Kultur z. B. die Grundhaltung zu (bestimmten) geschriebenen Vorgaben: „Werden solche Vorgaben bei uns üblicherweise als verbindlich angesehen und ernst genommen oder nicht?" Ersteres stärkt strukturelle Vorgaben – ihre Geltung, Verbindlichkeit, Glaubwürdigkeit –, Letzteres schwächt sie und damit gegebenenfalls auch das jeweilige Ziel oder Arbeitsfeld, das dahinter steht.

### 5.3.1.5 Mitarbeiter

Werden Mitarbeiter in das Gestalten der Organisation (z. B. Anweisungen, Prozesse) eingebunden, haben sie so auch Einfluss auf diese und die darin gegebenenfalls konservierten Haltungen. Verstehen sie es z. B., die Führungskraft davon zu überzeugen, dass sie kompetent und zuverlässig sind, bestimmte Entscheidungen in Eigenregie zu fällen, kann sich das sowohl auf die Länge und den Detailgrad des betroffenen Dokuments wie auch auf die ungeschriebenen Gesetze der Führungskultur auswirken, die dann dem Mitarbeitenden generell mehr Vertrauen und Spielraum gewähren.

Zudem sind Mitarbeitende diejenigen, die die Praxistauglichkeit der offiziellen, gegebenenfalls auch festgehaltenen Strukturen überprüfen und durch informelle und ungeschriebene Regeln ergänzen, um z. B. unrealistische, praxisferne Vorgaben und Widersprüche abzupuffern.

Ob und wie diese Bestand haben, hängt dann wiederum auch von der direkten Führung ab. In der betrieblichen Praxis werden diese „Puffer" vielfach so lange toleriert, wie keine Probleme auftauchen und die prioritären Ziele (z. B. Produktionszahlen) erreicht werden. Erst wenn unübersehbar das passiert, was durch die „unpassenden" oder „unbequemen" strukturellen Vorgaben verhindert werden sollte – beispielsweise ein Unfall –, werden die Mitarbeiter durch direkte Führung „korrigiert" oder die Strukturen angepasst.

### 5.3.2 Äußere Zusammenhänge und Wechselwirkungen

Störungswirksame Einflüsse von außen (vgl. Bild 5.7), in den Normen „Kontext" genannt (z. B. eine Kontrolle der Gewerbeaufsicht, eine Managementsystemzertifizierung, gesetzliche Änderungen oder behördliche Genehmigungsauflagen), treffen auf die unterschiedlichsten Mitarbeiter und Führungskräfte und werden – je nach „Offenheit" – intern mehr oder weniger konzentriert weitergegeben und verarbeitet. Hier spielt eine große Rolle, wie die Peripherie und ihre „Türsteher" mit den internen Gestaltern und Entscheidern zusammenarbeitet und ob relevante Informationen entsprechend weitergegeben werden (Pfläging 2013).

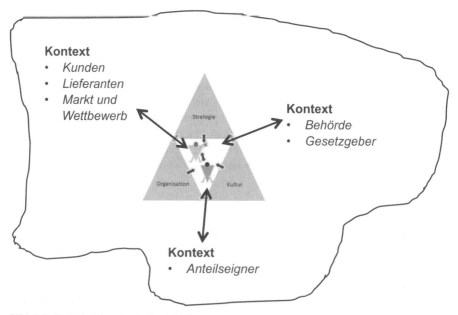

**Bild 5.7** Kontextwirkung in die Organisation

In Managementsystemen sind unter anderem die entsprechenden Stabsstellen für diesen „Übergang" zuständig, und ihr Draht zu den internen Entscheidern ist maßgeblich mitverantwortlich dafür, ob es Auswirkungen auf die internen Organisationsstrukturen, Denk- und Handlungsgewohnheiten gibt. Allerdings gibt es auch in der Linie viele Funktionen, die den Kontakt nach außen pflegen. Während die Stabsmitarbeiter diese Außenwelt durch ihre jeweilige „Funktionsbrille" sehen (Umweltschutz, Arbeitssicherheit, Qualität/Kundenanforderungen), filtern die Linienzuständigen im Hinblick auf ihre Aufgaben und Zuständigkeiten (z. B. Einkauf, Vertrieb, Marketing).

# 5.4 Der Kern im Rückblick

*Unternehmen sind Systeme und sowohl komplex wie dynamisch.* Sie bestehen nicht nur aus Gebäuden, technischen Anlagen und Werkzeugen. Hinzu kommen Menschen, die allein und in Gruppen Ordnungsstrukturen schaffen und in diesem agieren. Die Vielfalt von Elementen, ihr Eigenverhalten und die Wechselwirkungen zwischen ihnen machen das System komplex und nicht einfach zu durchschauen. Seien es der Weltmarkt, neue und alte Kunden, die Besitzverhältnisse, Gesetze, eine neue Managementmode oder ein neues Managementsystem – alles ist im Fluss und erfordert Anpassung und Dynamik. Stabilität ist nur noch ein Übergangszustand, Veränderung wird durch Störungen von innen und außen angestoßen und findet permanent statt.

In diesem Wechselspiel haben die Unternehmensmitglieder eine zentrale Bedeutung, deshalb sind *Unternehmen auch soziale Systeme*. Diese Mitglieder pflegen Kontakte und Sympathien, formieren sich zu formellen und informellen Gruppen und Netzwerken und agieren darin in und mit ihrer eigenen Dynamik. Im Ergebnis entstehen Handlungen, die wirken und wechselwirken, Muster und Kultur generieren und so die „offizielle" Zielerreichung und damit Erhalt und Wachstum dieser ökonomischen Einheit ermöglichen oder behindern.

Das alles tun sie im *Zusammenspiel mit weiteren Elementen* (z. B. Anlagen) und ordnenden Strukturen. Zum Thema „Führung und Zusammenarbeit" haben wir anhand eines einfachen Unternehmensmodells einige – auch für Managementsysteme relevante – Dynamiken verdeutlicht, die wirksam werden zwischen

- formellen und informellen Strukturen,
- Mitarbeitenden und Führungskräften sowie
- diversen Kombinationen aus beidem.

Will ich das Geschehen und insbesondere das Verhalten im Unternehmen verstehen und zu einem wohlklingenden Orchester zusammenschmieden, gilt es, alle „Instrumente", ihren individuellen Klang sowie die Möglichkeiten und Grenzen in ihrem Zusammenspiel zu verstehen.

In diesem Zusammenspiel wirken verschiedene *bewusste und unbewusste Ordnungsmomente*. Insbesondere die kulturell hervorgebrachten Klänge wirken oft, ohne bewusst gehört zu werden. Während Strategie sowie Aufbau- und Ablauforganisation gezielt geplant und genutzt werden, sind die ungeschriebenen Gesetze der Kultur weitgehend unbewusst durch das „gestaltet", was tatsächlich gelebt und wahrgenommen wird.

**„Verdiente" Kultur**

„Ein Unternehmen kann sich seine Kultur nicht aussuchen, es hat gerade die Kultur, die es verdient hat" (Pfläging 2013, S. 54).

Eine Führungskraft beispielsweise, die nicht im Sinne ihrer eigenen (schriftlichen) Vorgaben agiert, gestaltet die ungeschriebenen Regeln und Haltungen in den Köpfen der Mitarbeitenden und der Kultur unter der Aussage: Eine schriftliche Regel, die von der Führungskraft nicht eingehalten wird, kann nicht wichtig sein. Eine ähnliche Dynamik entsteht, wenn ein beobachteter Regelbruch beim Mitarbeiter durch eine Führungskraft toleriert wird. Wiederholt sich so ein Verhalten sichtbar auch für andere, erhalten wir ein Ordnungsmoment, das im Widerspruch zur geschriebenen Organisation (z. B. der schriftlichen Anweisung) steht und diese unwirksam machen kann. So gerinnt Verhalten bei Wiederholung zum unsichtbaren Ordnungsmuster der Kultur – vielfach unbewusst, ungeplant und nicht erwünscht.

*Unternehmenssysteme sind keine Inseln*, sondern leben und überleben innerhalb größerer Zusammenhänge. Dieser Kontext entscheidet über nationale und weltweite Wechselwirkungen darüber, ob und wie gut sich das Unternehmen im Markt platziert. Ändert sich das Umfeld, muss sich gegebenenfalls auch das System Unternehmen ändern und anpassen, und dies ist nur möglich, wenn die relevanten Informationen in die richtige Richtung fließen. Dies geschieht über die Beteiligten. Entscheidend ist also, wer hier offiziell oder inoffiziell „an der Tür steht" und ob und wie diese Person die Informationen „filtert". Wirksam kann nur das sein, was in der richtigen Mischung und Konzentration bei den relevanten Entscheidern und Gestaltern ankommt. Das sind Anforderungen und Wünsche von außen, z. B. von Kunden oder Behörden, genauso wie produktbezogene Forschungsergebnisse, neue Entwicklungen bei den Wettbewerbern wie auch weltweite Trends und Krisen.

Durch die (unbewusste) Dynamik ordnender Muster, die jeder Mitarbeiter im Rahmen seiner Freiheiten (er)lebt, wird jede offizielle Vorgabe, z. B. in Form einer von oben formulierten Anweisung, in der Realität auf „Systempassung" und „Echtheit" überprüft. So wird das unpassende Muster (die Anweisung) „passend" gemacht und werden „unechte" (nicht wichtige, nicht ernst gemeinte) Vorgaben letztendlich ignoriert, um im Gesamtsystem mit seinen Wechselwirkungen zu bestehen. In den wiederholt gelebten, vielfach unbewussten Mustern der Kultur wird das System nicht nur reproduziert. Mitarbeitende tragen als letztendlich Ausführende auch dazu bei, das System zu „reparieren".

Mit diesem systemischen Blick wird deutlich, warum in Unternehmen nicht nur so gehandelt werden kann wie gewollt, bewusst geplant und angesteuert. *Eigendynamik und Selbstorganisation* der menschlichen und insbesondere der Mitarbeiter-„Elemente" erschaffen nicht nur sichtbare, bewusste, sondern auch unsichtbare und unbewusste Muster (oder Strukturen) im Bemühen um Ordnung, Gleichgewicht und Selbsterhalt.

## ■ 5.5 Mögliche Konsequenzen für Führung und Zusammenarbeit

Das Gefüge Unternehmen mit seinen Menschen darin ist keine einfache „Maschine", die ebenso einfach zu steuern ist. Vielmehr organisieren sich Systeme – auch soziale – selbst, die sie sich nicht so ohne Weiteres führen lassen. Hier gilt es, nicht nur Dynamik und Komplexität zu meistern, sondern die relevanten Einflüsse überhaupt erst zu erkennen und greifbar zu machen – insbesondere die unsichtbaren (und ungeschriebenen) Bestandteile der Kultur. Erst dann lässt sich versuchen, mit ihnen umzugehen und sie im Sinne erfolgreicher Führung womöglich zu nutzen.

### 5.5.1 Eigenes Denken reflektieren

Hier gilt es zunächst, gewohntes Denken zu hinterfragen. Für gewöhnlich haben sich im Laufe des Lebens und der gemachten Erfahrungen (inklusive Eltern, eigener Chefs und weiterer Vorbilder) mehr oder weniger bewusste Haltungen zum Thema „führen und geführt werden" angesammelt, die so manchen „Führungsreflex" verursachen (Wüthrich/Osmetz/Kaduk 2009, S. 19 ff.). Da diese Haltungen das Tun maßgeblich beeinflussen, lohnt der Blick hinter die Kulissen.

In einer komplexen, vernetzten und selbstorganisierenden Umwelt kann nicht „alles im Griff" behalten werden. In so einem Zusammenhang kann die Führungskraft kein Macher mehr sein. Führen auf der Basis systemischer Erkenntnisse heißt, nicht vorschnell loszupreschen. Verhaltens- und Umsetzungsprobleme entstehen nicht linear und aus einer Ursache. Sie erwachsen in der Regel aus Wirkungen und Wechselwirkungen zahlreicher Elemente, und ihre Lösung ist allzu oft nicht trivial. Hier ist eine einzelne Perspektive zu wenig, um alle Wirkfaktoren, Wirkungsweisen und Wechselwirkungen zu überblicken und zu durchschauen und damit ein System zu lenken, zu organisieren, zu steuern (Malik 2013).

Auch eine gemeinschaftliche Lösung und die darauf basierende Führungshandlung werden keine vorhersehbare, ultimativ wirksame Einmalaktion sein. Wie eine solche Handlung wirkt, ist nicht eindeutig berechenbar. Allerdings existiert eine Idee, eine Vorstellung davon, was sein oder werden könnte – auch „Hypothese" genannt. Jede Intervention (Einflussnahme, Einmischen) – auch das Führen – ist also ein Versuch, ein systemisches „Wechselwirkungsgestrüpp" positiv zu beeinflussen. Ein solches Experiment kann helfen oder auch nicht. Weitere Erkenntnisse bringt es immer. Hier ergeht es Führungskräften ähnlich wie einem Fußballtrainer am Rande des Spielfelds: Er kann seinen Spielern zwar Hinweise geben – ob diese wirklich zielführend sind und in der Vielfalt der Elemente und der Dynamik des Spiels den Ball wirklich ins Tor bringen, ist ungewiss (Kruse 2012).

### 5.5.2 Unerwünschtes Verhalten als Feedback nutzen

Systeme besitzen die Fähigkeit, sich selbst zu erhalten und zu organisieren. Sie führen sich selbst. Diese Fähigkeit lässt sich nutzen. Im sozialen System Unternehmen geschehen Selbstorganisation und Selbsterhalt primär durch die Menschen darin und ihre Handlungen. Dies schließt die Mitarbeitenden mit ein, die gegebene Freiräume permanent neu erschließen und nutzen. Dabei kreieren und korrigieren sie systemerhaltende Denk- und Handlungsmuster und formen so das, was als informelle Organisation und ungeschriebene Gesetze wesentlicher Teil des Systems ist: Kultur als Spiegel und Gedächtnis dafür, was typisch, selbstverständlich und akzeptiert ist.

Gerade für Managementsysteme, ergibt sich daraus eine neue Deutungsmöglichkeit für wiederkehrendes, unerwünschtes Mitarbeiterverhalten: Regeln werden nicht im Zuge individueller Fehlleistung gebrochen, sondern die gelebten Verhaltensmuster korrigieren und ergänzen das systembezogene Verhaltensrepertoire, um dieses System am Leben zu erhalten.

Auf dieser Basis lohnt es für direkte (Durch-)Führung, ein Augenmerk auf die gelebten Muster (oder ungeschriebenen Regeln) zu haben und diese als Feedback für die Anwendbarkeit der jeweiligen Regeln zu nutzen.

### 5.5.3 (Los)lassen und vertrauen

Die Fähigkeit der Selbstorganisation gilt es zu nutzen – sie zuzulassen und darauf zu vertrauen, dass die richtigen Menschen mit den richtigen Ideen und Kompetenzen im Boot sind. Dies kann durch einen Kreisverkehr (Bild 5.8), der bei der Organisation ohne zentrale Steuerung auskommt, veranschaulicht werden.

„Wer seiner Führungsrolle gerecht werden will, muss genug Vernunft besitzen, um die Aufgaben den richtigen Leuten zu übertragen, und genügend Selbstdisziplin, um ihnen nicht ins Handwerk zu pfuschen." (Theodore Roosevelt, US-amerikanischer Politiker).

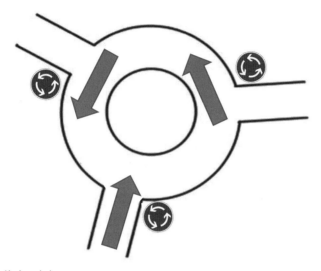

**Bild 5.8** Der Kreisverkehr

 **Wie gehen Sie mit Klammeraffen um?**

Gerade das Nichteinmischen erfordert Klarheit und Konsequenz, die Aufgaben beim Mitarbeiter zu lassen und nicht – aus welchen wohlmeinenden Motiven auch immer – im Verlauf der Erledigung zurückzunehmen. Ein beliebter Zeitfresser in der Praxis von Führungskräften scheint zu sein, bei Fragen und Hilferufen der Mitarbeitenden sofort in die Bresche zu springen.

Dieses Problem – auch Rückdelegation genannt – wurde von kreativen Beraterkollegen über ein Tier, den Klammeraffen, veranschaulicht. Dieser kleine Quälgeist dient als Symbol für den nächsten Schritt der Aufgabenerledigung. Er wird bei Fragen und Unklarheiten offensichtlich viel zu oft zurückgenommen, lastet dann wieder auf der Schulter des Vorgesetzten und führt, weil dieser zeitlich überlastet ist, dazu, den Fortschritt der Erledigung oft unnötig zu verzögern (Blanchard/Oncken/Burrows 2011).

Delegieren können und wollen heißt, sich anvertrauen. Führen geschieht dann – im besten Fall und bei entsprechenden Rahmenbedingungen – nur noch durch das Vertrauen, das den Gelassenen entgegengebracht wird (Sprenger 2007).

### 5.5.4 Mit Unsicherheit und Unerwartetem umgehen

Auch wenn individuelles Erfolgs- und Sicherheitsstreben (→ Kapitel 2.4 und 7) in eine andere Richtung weisen: Ein noch so perfekter Plan ist kein Garant für das gewünschte Ergebnis.

Die entscheidende Fähigkeit an dieser Stelle ist, mit Unsicherheit, Instabilität und unvorhergesehenen Nebenwirkungen und Folgen umzugehen (Kruse 2012). Das „risikobasierte Denken" der aktuellen Normrevisionen kann hier Hilfe und Unterstützung sein, denn es forciert die Auseinandersetzung mit verschiedenen Optionen und damit, dass nicht alles läuft wie geplant und immer mit unerwünschten und unerwarteten Nebenwirkungen und Folgen zu rechnen ist.

In einem solchen Umfeld sind entsprechende Haltungen und Grundsätze erforderlich, die durch folgendes Beispiel veranschaulicht werden: Ein Familienvater ist mit seiner Familie auf dem Weg in den Urlaub. Alle freuen sich auf ruhige und entspannte Tage. In einem Moment der Unachtsamkeit – vielleicht ist die Straße auch nass oder der Gegenverkehr blendet – muss unser Familienoberhaupt bremsen und gleitet mitsamt seiner Fracht von der Fahrbahn in den nicht allzu tiefen Straßengraben. Von seiner Grundhaltung und Reaktion hängt jetzt ab, wie das Ereignis sich auswirkt. Er kann hilflos, verunsichert oder wütend reagieren – mit entsprechenden Reaktionen seiner Mitfahrenden –, oder er kann ruhig und gelassen aus dem Auto steigen und das Ganze zu einem zusätzlichen Urlaubsabenteuer deklarieren, das man hier gemeinsam meistert (in Anlehnung an Rosenstiel 2009).

### 5.5.5 Das „Draußen" wirksam machen

Selbstorganisation und Anpassung funktionieren nur, wenn das Unternehmen an den entscheidenden Stellen „durchlässig" ist. Um die richtigen Dinge (Strategie) auch auf die richtige Art und Weise (Organisation und Kultur) zu tun (Peter Drucker), braucht es die richtigen Informationen zur richtigen Zeit. Hier gilt es nicht nur, diese z. B. zwischen Stabs- und Linienfunktion auszutauschen und abzustimmen. Informationen sind immer erst einmal nur „Theorie", berühren kaum und treiben gegebenenfalls auch nicht an.

Unter Umständen ist es hier hilfreich, einen Entscheider „an die Tür" zu setzen, damit dieser den Kontakt nach außen und zum relevanten Kontext (z. B. Kunden) nicht verliert. Die Realität oder Praxis zu erleben hat eine wesentlich höhere „Störungs- und damit Antriebsqualität", als lediglich darüber zu hören.

### 5.5.6 Agil agieren

In der klassischen Hierarchie hat loslassen viel mit delegieren zu tun. Allerdings hat die Erkenntnis, dass Unternehmen komplexe, dynamische Systeme sind, auch dazu geführt, generell neue Organisationsstrukturen zu „erfinden". Gerade junge Unternehmen und solche aus dem Bereich der Informationstechnologien organisieren sich zunehmend dezentral und „flach" (lean), um Intelligenz und Beteiligung vieler zu nutzen.

**Agilität**

„Agilität ist die Fertigkeit, schnell, flexibel und situationsbezogen in chaotischen und dynamischen Situationen zu agieren, indem eine Balance zwischen Strukturierung und Flexibilität geschaffen wird, um daraus einen Nutzen für den Kunden und sich selbst zu generieren" (Trepper 2012, S. 67).

Ein Arbeitsfeld hat sich inzwischen als Musterschüler im Umgang mit Komplexität erund bewiesen: das der Programmierer und Softwareentwickler. Diese Vorreiter haben über die agilen Methoden (z. B. mit SCRUM im Projektmanagement) neue Horizonte der unternehmensinternen Führung und Zusammenarbeit eröffnet (Trepper 2012). Hier werden Unternehmen (oder Teile davon) als Kooperations-Arenen verstanden, in denen sich große und kleine Einzelleistungen nicht nur summieren, sondern wechselwirken, ergänzen, verstärken und gemeinsam mehr erreichen. Die geschaffenen Bedingungen laden zur Kooperation ein und fördern die Gemeinschaft (Der Begriff „Kooperations-Arena" stammt aus Sprenger 2012, S. 54).

Auch die Managementsysteme wurden von diesem begrifflichen Zeitgeist gestreift – wenn auch nur in der Entwurfsphase der Revision: Im Entwurf der Begleitnorm fand sich folgende Formulierung (Abschnitt „Grundlegende Konzepte") unter „Kontext" wieder: „Eine anpassungsfähige, offene und agile Organisation versteht ihren Kontext ..." (ISO 9000:2014, 2.2.4)

Worin die maßgeblichen Unterschiede liegen, lässt sich anhand einiger Auszüge aus dem „Agilen Manifest" erahnen, das eine Gruppe erfolgreiche Softwareentwickler aus ihrer Arbeit abgeleitet und zusammengetragen hat (Cockburn/Cunningham in Trepper 2012, S. 68):

- „Individuen und Interaktionen sind wichtiger als Prozesse und Werkzeuge.
- Funktionen und Software sind wichtiger als umfassende Dokumentation.
- Kundenzusammenarbeit ist wichtiger als Vertragsverhandlungen.
- Auf Änderungen reagieren ist wichtiger, als einem Plan zu folgen."

Auch wenn viele heutige Unternehmen keine „Bilderbuch"-Systeme sind und sich die selbstorganisierenden Anteile derzeit häufig mit mehr oder weniger linear dirigierten Hierarchien überlagern, ist das systemische Denken behilflich, einige – auch für Managementsysteme relevante – Wechselspiele und Dynamiken durchschaubarer zu machen.

## ■ 5.6 Literatur

Baumfeld, Leo; Hummelbrunner; Richard; Lukesch, Robert (2014): *Instrumente systemischen Handelns: Eine Erkundungstour.* Springer, Wiesbaden. Ursprünglich: Rosenberger, Leonberg 2009

Blanchard, Kenneth H.; Oncken, William; Burrows, Hal (2011): *Der Minuten-Manager und der Klammer-Affe. Wie man lernt, sich nicht zu viel aufzuhalsen.* 10. Auflage, Rowohlt, Hamburg

Bleicher, Knut (2011): *Das Konzept Integriertes Management. Visionen – Missionen – Programme.* St. Galler Management-Konzept. 8. Auflage, Campus, Frankfurt am Main

Blessin, Bernd; Wick, Alexander (2014): *Führen und Führen lassen.* 7. Auflage, UVK Verlagsgesellschaft, Konstanz, München

Doppler, Klaus; Lauterburg, Christoph (2002): *Change Management. Den Unternehmenswandel gestalten.* 10. Auflage, Campus, Frankfurt am Main

DIN EN ISO 9000:2014: *Qualitätsmanagementsysteme – Grundlagen und Begriffe (ISO/DIS 9000:2014); Deutsche und Englische Fassung prEN ISO 9000:2014.* Beuth, Berlin

Ellebracht, Heiner; Lenz, Gerhard; Osterhold, Gisela (2011): *Systemische Organisations- und Unternehmensberatung. Praxishandbuch für Berater und Führungskräfte.* 4. Auflage, Gabler, Wiesbaden

Gminder, Carl Ulrich (2006): *Nachhaltigkeitsstrategien systemisch umsetzen. Exploration der Organisationsaufstellung als Managementmethode.* Dissertation Universität St. Gallen, Deutscher Universitätsverlag, Wiesbaden

König, Eckard; Volmer, Gerda (2008): *Handbuch Systemische Organisationsberatung*. Beltz, Weinheim

Kruse, Peter (2008): „Prof. Peter Kruse über Changemanagement". Video aus dem ersten Interview mit Peter Kruse im Rahmen von „Lernen lernen". Hochgeladen am 18.05.2008. URL: https://www.youtube.com/watch?v=FLFyoT7SJFs, Aufruf: 30.07.2015

Kruse, Peter (2012): *next practice. Erfolgreiches Management von Instabilität. Veränderung durch Vernetzung*. 7. Auflage, Gabal, Offenbach

Malik, Fredmund (2013): *Strategie. Navigieren in der Komplexität der Neuen Welt*. 2. Auflage, Campus, Frankfurt am Main

Nagel, Reinhart (2014): *Organisationsdesign. Modelle und Methoden für Berater und Entscheider*. Schäffer-Poeschel, Stuttgart

Peters, Thomas J. (2012): *Re-imagine! Spitzenleistungen in chaotischen Zeiten*. Gabal, Offenbach

Pfläging, Niels (2013): *Organisation für Komplexität. Wie Arbeit wieder lebendig wird – und Höchstleistung entsteht*. BoD, Norderstedt 2013

Rosenstiel, Lutz von (2009): „Grundlagen der Führung". In: Rosenstiel, Lutz von; Regnet, Erika; Domsch, Michel E.: *Führung von Mitarbeitern. Handbuch für erfolgreiches Personalmanagement*. 6. Auflage, Schäffer-Poeschel, Stuttgart

Rüegg-Stürm, Johannes (2004): „Das neue St. Galler Management-Modell". In: Dubs, Rolf et al. (Hrsg.): *Einführung in die Managementlehre. Band I*. Haupt, Bern/Stuttgart/Wien. URL: http://www.ubpk.de/ing-pk/images/Das-neue-St.Galler-Management-Modell.pdf, Abruf: 18.07.2013

Schlippe, Arist von; Schweitzer, Jochen (2013): *Lehrbuch der systemischen Therapie und Beratung I. Das Grundlagenwissen*. Vandenhoeck & Ruprecht, Göttingen

Schreyögg, Georg (2008): *Organisation. Grundlagen moderner Organisationsgestaltung. Mit Fallstudien*. 5. Auflage. Gabler, Wiesbaden

Seghezzi, Hans Dieter; Fahrni, Fritz; Herrmann, Frank (2007): *Integriertes Qualitätsmanagement. Der St. Galler Ansatz*. 3. Auflage, Hanser, München

Simon, Fritz B. (2004): *Gemeinsam sind wir blöd. Die Intelligenz von Systemen, Managern und Märkten*. Carl-Auer, Heidelberg

Sprenger, Reinhard K. (2007): *Vertrauen führt. Worauf es im Unternehmen wirklich ankommt*. 3. Auflage, Campus, Frankfurt am Main/New York

Sprenger, Reinhard K. (2012): *Radikal führen*. Campus, Frankfurt am Main

Trepper, Tobias (2012): *Agil-systemisches Softwareprojektmanagement*. Springer/Gabler, Wiesbaden

Wüthrich, Hans A.; Osmetz, Dirk: Kaduk, Stefan (2009): *Musterbrecher. Führung neu erleben*. 3. Auflage, Gabler, Wiesbaden

# 6 Das System im System integrieren

Wie „systemisch" denken, definieren und führen die betrachteten Normen und Standards die Unternehmen? Berücksichtigen sie die aktuellen Erkenntnisse und Vorstellungen einer komplexen und dynamischen Welt außer- und innerhalb des betrieblichen Alltags? Wo stimmen sie überein und mit welchen Erkenntnissen und Hilfestellungen? Und wo weichen sie gegebenenfalls auch ab? (→ Kapitel 6.1)

Die Bezeichnung „Managementsystem" legt die Vermutung nahe, dass den Autoren der relevanten Normen das Systemdenken nicht allzu fremd ist.

Anschließend widmen wir uns der Frage, wie ein Managementsystem mit seinen strukturellen Führungselementen im Unternehmen nachhaltig „verortet" werden kann. Letzteres greift die Diskussion um das Thema der wirksamen „Integration" auf (→ Kapitel 6.2).

## ■ 6.1 Wie „systemisch" denken und führen die Normen?

### 6.1.1 Die zentralen Qualitätsnormen

Schon vor der aktuellen Revision (ISO 9000/9001/14001:2015) hatten die Qualitätsmanagementstandards eine gewisse Vorreiterrolle. Mit ihren ausführlichen begrifflichen, „grundsätzlichen" und konzeptionellen Inhalten bieten sie auch den Geschwistern aus Umweltschutz und Arbeitssicherheit Hilfen und Denkanstöße zu Aufbau und Weiterentwicklung.

Die *ISO 9001* mit ihren dezidierten Vorgaben und Anforderungen für gutes, gesetzestreues auf Kunden und ihre Zufriedenheit ausgerichtetes Qualitätsmanagement und die gegebenenfalls gewünschte Zertifizierungsreife stand nie allein da. Sie hatte und hat zwei besondere Unterstützer in der Familie, die ihren eigenen Beitrag zum Erfolg der Umsetzung leisten, und zwar die ISO 9000 und die ISO 9004 (ISO 9000:2005, 0.1; ISO 9001:2015, 0.4, Anhang B.).

Die *ISO 9000* befasst sich in Abschnitt 2 umfassend mit den theoretischen und konzeptionellen Grundlagen:

- Zum einen unterstützten diese Grundlagen, das (Qualitäts-)Managementsystem, seine Teile und ihr Zusammenwirken konkreter zu erfassen sowie eine Vorstellung seiner Weiterentwicklung zu bekommen (ISO 9000:2015, 2.4.1/2).
- Zum anderen präsentieren sie Managementgrundsätze („Grundsätze des Qualitätsmanagements"), in denen neben fachlichen Grundlagen zum Management auch zeitgemäße Werthaltungen vermittelt werden, auf denen ein Managementsystem und seine Führung und Zusammenarbeit aufbauen sollten (ISO 9000:2015, 2.3).

In Abschnitt 3 folgen begrifflichen Definitionen und Erläuterungen, die eine klare und eindeutige Verständigung erleichtern.

Dazu kommt die *ISO 9004*. Sie wird – ähnlich wie die 14004 oder OHSAS 18002 – vorgestellt als Leitfaden, der bei der Umsetzung des Managementsystems unterstützen soll. Hier im QM ist er auf Wirksamkeit und Effizienz ausgerichtet und sieht sein Ziel in der Verbesserung der Leistung und der Zufriedenheit von Kunden und anderen interessierter Parteien. Mit dem Titel „Leiten und Lenken für den nachhaltigen Erfolg einer Organisation – Ein Qualitätsmanagementansatz" wird zwar auf das Thema Qualität fokussiert. Viele Inhalte sind allerdings allgemeiner Natur und geben Anstöße für jedwede Managementtätigkeit.

Dieser Leitfaden dient Qualitätern als unverbindliche Arbeitshilfe, sich in Richtung nachhaltiges bzw. Total (umfassendes) Quality Management (TQM) weiterzuentwickeln – unabhängig von oder aufbauend auf der ISO 9001. Für die entsprechende Zertifizierung hält sie allerdings keine Anforderungen bereit. Aus diesem Grund wird die ISO 9004 in Fachkreisen auch „TQM-Norm" genannt (Pfitzinger 2011, S. 110). Insbesondere die Vorgaben zur Selbstbewertung sollen die Organisation dabei unterstützen, den eigenen Reifegrad diesbezüglich zu ermitteln.

Diese „totale" Norm mit ihrer umfassenden Sicht praktiziert seit ihrem ersten Erscheinen an vielen Stellen systemisches Denken. Das spiegelt sich auch darin wieder, wie sie in der ISO 9001 aus dem Jahre 2008 vorgestellt wurde: „Die (…) ISO 9004 wird der Leitung einen Leitfaden für das Erzielen eines nachhaltigen Erfolgs einer jeglichen Organisation in einem komplexen, anspruchsvollen und ständig veränderlichen Umfeld geben. ISO 9004 hat einen weiteren Fokus in Bezug auf das Qualitätsmanagement als ISO 9001" (ISO 9001:2008, 0.3). Viele relevante Änderungen der Revision, die im Folgenden herausgearbeitet werden, sind auf diese Wurzeln zurückzuführen.

> **Was ist TQM?**
>
> *„Total Quality Management"* (TQM) ist ein Begriff, der in der Fachwelt nicht einheitlich definiert ist. Die inzwischen ersetzte Norm DIN EN ISO 8402 (1995) übersetzte Total Quality Management mit „Umfassendes Qualitätsmanagement" und definiert es als „auf der Mitwirkung aller ihrer Mitglieder gestützte Managementmethode einer Organisation, die Qualität in den Mittelpunkt stellt und durch Zufriedenstellen der Kunden auf langfristigen Geschäftserfolg sowie auf Nutzen für die Mitglieder der Organisation und für die Gesellschaft zielt". In der Nachfolgenorm ISO 9000 ist diese Klärung nicht mehr zu finden. (Zollondz 2011)
>
> Auch andere Definitionen von TQM stellen die Mitwirkung aller Unternehmensmitglieder in den Mittelpunkt. Damit ist TQM nicht nur Managementkonzept, sondern auch Philosophie und Kultur-Baustein des Unternehmens. Umgesetzt wird es in Europa insbesondere durch das EFQM-Modell: European Quality Award, seit 2005 EFQM-Excellence-Award genannt (Koch 2015). ∎

In der TQM-Norm wurden im Jahr 2000 erstmalig *Managementgrundsätze* formuliert (ISO 9004:2000, 4.3), danach auch in der Begleitnorm ISO 9000. Diese Grundsätze sollen die Leitung dabei unterstützen, „die Organisation zu verbesserter Leistung zu führen". Heute ist ihnen in der ISO 9001 ein eigener Abschnitt 0.2 gewidmet, der deutlich macht, dass die Norm „auf diesen Grundsätzen basiert". Dann wird allerdings auf die ausführlichen Ausführungen der ISO 9000 verwiesen (ISO 9001:2015, 0.2). Die Managementgrundsätze umfassen folgende Aspekte:

- Kundenorientierung,
- Führung,
- Einbeziehung von Personen,
- prozessorientierter Ansatz,
- Verbesserung,
- faktengestützte Entscheidungsfindung und
- Beziehungsmanagement.

Mit Begründungen, Hauptvorteilen und Maßnahmenvorschlägen ausgestattet, bieten sie übergreifend Anregungen und Denkanstöße für die Führung und Zusammenarbeit. Dabei wird nicht nur die oberste Leitung angesprochen. Zusammen mit den übrigen grundlegenden Konzepten werden für alle Maßnahmen und Aktivitäten im Managementsystem Denkmodelle und Haltungen angeboten, das Unternehmen in einem größeren und wechselwirkenden Zusammenhang zu verstehen (ISO 9000:2015, 2.1). Zudem ermutigen sie mit ihren Begründungen und Konkretisierungen, über den Tellerrand zu schauen und weitere Elemente und Zusammenhänge des Unternehmenssystems ins Visier zu nehmen.

## 6.1.2 „Systemisches" Gedankengut in Grundlagen und Begrifflichkeiten

Aus systemischer Sicht lässt sich in den hier betrachteten konventionellen Normen und Standards (ISO 9000er-Reihe, ISO 14001/14004, OHSAS 18001/zukünftig ISO 45001) viel Bekanntes entdecken.

### 6.1.2.1 Selbstorganisation als Grundprinzip

Zunächst beruht schon die Existenz der Normen auf Grundprämissen systemischen Denkens: die Prinzipien der Selbststeuerung und Selbstorganisation des Systems Unternehmen. Insbesondere die rechtsrelevanten Managementsysteme (z.B. Umweltschutz, Arbeitssicherheit) sind Folge staatlicher Deregulierungsmaßnahmen und des Versuchs, Kontrollfunktionen weg von den Behörden hin zum Unternehmen zu verlegen. Die Ziele sind fest vorgegeben (Einhaltung von Kundenanforderungen, Recht und Gesetz, kontinuierliche Verbesserung etc.), der Weg dahin wird unter Einhaltung einiger normdefinierter Prämissen selbst gestaltet. Dieses Prinzip findet sich auch in den Details.

### 6.1.2.2 Was ist ein Management-„System"?

In der alten Normenwelt brachten die „Grundlagen und Begriffe" der ISO 9000, die auch den anderen Normen und Standards Orientierung geben, die Ansätze zum systemischen Denken unter anderem in der Wortwahl zum Ausdruck. Das hat sich mit der Revision nicht geändert (Bild 6.1).

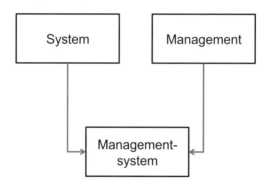

**Bild 6.1** Begriffe aus der Welt der Normen (DIN EN ISO 9000:2015)

*Management* besteht aus „aufeinander abgestimmten Tätigkeiten zum Führen und Steuern (in der ISO 9000:2005, 3.2.6, waren es noch ‚leiten und lenken') einer Organisation" und kann nach Anmerkung 1 „das Festlegen von Politik, Zielen und Prozessen zum Erreichen dieser Ziele" umfassen (ISO 9000:2015, 3.3.3). Ein *System* ist dabei ein „Satz zusammenhängender und sich gegenseitig beeinflussender Elemente" (ISO 9000:2015, 3.5.1). Ein *Managementsystem* ist demnach ein solcher Satz Elemente einer Organisation, um Ziele zu erreichen (ISO 9000:2015, 3.5.3; ISO 14001:2015, 3.1.1).

Demnach besteht das Managementsystem aus aufeinander abgestimmten Tätigkeiten und Elementen zum Führen und Steuern einer Organisation, die zusammenhängen und sich gegenseitig beeinflussen. Pragmatisch übersetzt ist es ein Instrumentarium der Unternehmensführung. Es bündelt Tätigkeiten und Methoden, das Unternehmen bezüglich konkreter Zielsetzungen eines spezifischen Arbeitsfelds (z. B. Qualität) zu führen und zu steuern.

Die angewandten Methoden und Instrumente sind dabei nicht extra für Managementsysteme erfunden, sondern allgemein in der Unternehmensführung etabliert. Insofern kann man davon ausgehen, das jedes Unternehmen – einerlei, ob zertifiziert oder nicht – die entsprechenden Führungstools auf die eine oder andere Weise einsetzt. Sie werden durch die verschiedenen Normen lediglich auf bestimmte Zielstellungen (z. B. Umweltschutz) übertragen.

### 6.1.2.3 Das Managementsystem als (Teil-)System

Im allgemeinen Vorspann zu den Grundsätzen und grundlegenden Konzepten erfahren wir etwas zum Umfeld heutiger Unternehmen: Die ISO 9001 konstatiert die Herausforderungen einer „zunehmend dynamischen und komplexen Umgebung" (0.1) und ihre Begleiterin führt dazu aus: „Der Kontext, in dem die Organisation des 21. Jahrhunderts arbeitet, ist von beschleunigtem Wandel, der Globalisierung der Märkte, begrenzten Ressourcen und dem Hervortreten des Wissens als wichtigster Ressource gekennzeichnet" (ISO 9000:2015, 2.1).

Als theoretische Grundlage wird ein QMS-Modell mit den Hauptaspekten „System", „Prozesse" und „Tätigkeit" entwickelt. Besonders die Einleitung ist interessant: Die Organisation wird als System gesehen und zum besseren Verständnis mit Menschen verglichen: „Organisationen haben viele Eigenschaften mit Menschen als einem lebendigen und lernenden sozialen Organismus gemeinsam. Beide sind anpassungsfähig und umfassen interaktive Systeme, Prozesse und Tätigkeiten." Dass diese Anpassungsfähigkeit und Flexibilität absolut notwendig ist, wird auch darin gesehen, dass in der Organisation „(...) nicht alle Systeme, Prozesse und Tätigkeiten vorherbestimmt werden können, deshalb muss sie in Anbetracht der Komplexität ihres organisatorischen Kontextes flexibel und anpassungsfähig sein." (ISO 9000:2015, 2.4.1.1)

Während im Folgenden unter „System" betont wird, dass jedes Unternehmenssystem „einzigartig" ist, wird unter „Prozesse" eingeräumt, dass diese zusammenhängen und interagieren und dass manche entscheidend (in der englischen Fassung: critical) sind und andere nicht. In ihnen spielen dann auch die „Tätigkeiten" eine wichtige Rolle, denen ein gesonderter Abschnitt gewidmet ist. Hier wird dann deutlich, dass in diesem Modellbild auch die Menschen (normdeutsch: Personen) ihren Stellenwert haben, denn sie „arbeiten innerhalb eines Prozesses" (ISO 9000:2015, 2.4.1.2-4).

## 6.1.3 Elemente und Wechselwirkungen aus Sicht der Normen

Bei der erläuternden Anmerkung 2 zur Begriffserklärung des „Managementsystems" werden - nicht ganz einheitlich - die Elemente konkretisiert (ISO 9000:2015, 3.5.3; ISO 14001:2015, 3.1.1). Wie in Tabelle 6.1 deutlich, lassen sich diese problemlos dem systemischen Unternehmensmodell aus dem vorangegangenen Kapitel mit seinen direkten und indirekten Führungskomponenten zuordnen.

**Tabelle 6.1** Gegenüberstellung der Elemente des Managementsystems und des Führungsmodells

| Elemente laut Norm ISO 9001 | Elemente laut Norm ISO 14001 | Zuordnung Unternehmenmodell |
|---|---|---|
| Struktur der Organisation | Struktur der Organisation | |
| Rollen und Verantwortlichkeiten | Rollen und Verantwortlichkeiten | (Aufbau-)Organisation |
| Planung | Planung | Organisation |
| Betrieb = verwirklichen, steuern (DIN EN ISO 9001:2015, 8.1) | Betrieb | Führungskräfte Mitarbeiter (Ablauf-)Organisation |
| Politiken | | Strategie |
| Praktiken, Regeln, Überzeugungen | | Kultur |
| Ziele | | Strategie |
| Prozesse zum Erreichen dieser Ziele | | (Ablauf-)Organisation (inklusive einmaliger Maßnahmen, Projekte sowie Improvisation, Disposition) |
| | Leistungsbewertung | (Ablauf-)Organisation |
| | Verbesserung | (Ablauf-)Organisation |

### 6.1.3.1 Kontext

Eine der gravierendsten Änderungen der aktuellen Revision ist die explizite Beachtung des Kontextes. Er ist kein Element, sondern wesentliche Einflussgröße des Managementsystems. Das soziale System Unternehmen muss sich diversen Einwirkungen stellen. Bisher wurden diese lediglich in der Einleitung als Umfeld der Organisation ohne weitere Konsequenzen erwähnt: „Gestaltung und Verwirklichung des Qualitätsmanagementsystems einer Organisation werden beeinflusst durch a) ihr Umfeld, Änderungen in diesem Umfeld und die mit diesem Umfeld verbundenen Risiken, b) sich verändernde Erfordernisse" (DIN EN ISO 9001:2008, Abschnitt 0.1). Nun ist der Kontext verpflichtend eingebaut und muss bekannt, „verstanden" und kontinuierlich beachtet sein (ISO 9001/ISO 14001:2015, 4.1).

Konkretisiert werden nicht nur externe, sondern auch interne Faktoren, die ergebniswirksam sein können:

- *externe Faktoren* wie z. B. gesetzliche, behördliche, Stakeholder- oder Kundenforderungen, Wirtschaft, Marktlage und -entwicklung, Technik oder für Umweltmanagementsysteme die „natürliche Umwelt" und „Umweltzustände" – auch über Landesgrenzen hinaus (Bild 6.2: externer Kontext),
- *interne Faktoren* wie Kultur und Werte (Bild 6.2: interner Kontext).

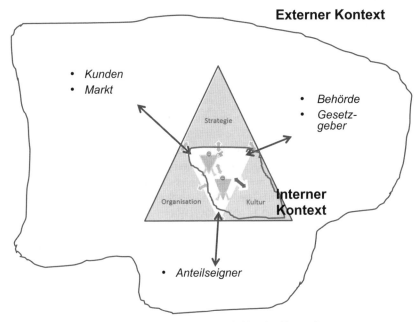

**Bild 6.2** Externer und interner Kontext (Kultur) wechselwirken ins Unternehmen

Relevant ist der Kontext (und seine Änderungen) im Qualitätsmanagement sowohl für den gegenwärtigen „Zweck" und die Fähigkeit, beabsichtigte Ergebnisse zu erreichen, wie auch für die „strategische Ausrichtung" in der Zukunft. Im Umweltmanagement wird auf die Umweltzustände und -risiken fokussiert. Dies bedeutet, den relevanten Kontext für jedes Arbeitsfeld gesondert zu betrachten, denn er muss im Zusammenhang mit den angestrebten Zielen und dem jeweiligen Wirkungszusammenhang beurteilt werden:

- Während der externe Kontext beim Kernziel des *Qualitätsmanagements* (Kundenzufriedenheit/Qualität) gegebenenfalls weltweit definiert werden muss (Krisengebiete, aus denen Rohstoffe geliefert werden, weltweite Kunden/Märkte),
- ist im *Umweltschutz* gegebenenfalls zunächst das direkte Umfeld der Unternehmenstätigkeit (das angrenzende Gewässer, die örtliche Luftqualität, die Deponie im Nachbarort, der heimatliche Energieversorger) interessanter.
Das bedeutet nicht, die weltweiten Zusammenhänge, z. B. auf das Klima oder die Ressourcenverfügbarkeit, aus dem Blick zu verlieren. Allerdings sind deren direkte und indirekte Wechselwirkungen, also die Einflüsse auf das Unternehmen und die Auswirkungen auf die Umwelt, zunehmend komplex und deshalb in Wirkung und Kraft schwer abschätzbar oder direkt beeinflussbar.

- Auch *Arbeits- und Gesundheitsschutz* der Arbeitnehmer werden das betrachtete Einfluss- und Umfeld eher nah am Menschen und seinem Arbeitsplatz definieren.

**Arbeitshilfe zu Kontextaspekten**

Detaillierte Listen als Arbeitshilfe zu Aspekten/Themen der internen und externen Einflussfaktoren und Wechselwirkungen findet sich – nicht nur für das Umweltmanagement – im Anhang der 14004:2015 (Entwurf), „Praktische Hilfen" S. 14–16.

### 6.1.3.2 Strategie

Strategie – der erste wesentliche Baustein indirekter Führung aus unserem systemischen Unternehmensmodell (Bild 6.3) – tauchte vor der Revision nur in der Einleitung unter „Allgemeines" auf: Die Einführung eines Qualitätsmanagementsystems sollte eine strategische Entscheidung einer Organisation sein (ISO 9001:2008, 0.1) und wird an keiner Stelle vertieft. Auch im Umwelt- und Arbeitsschutz finden sich nur Andeutungen, und zwar können diesbezügliche Themen in den Standards strategische (und wettbewerbliche) Bedeutung haben (ISO 14001:2009/OHSAS 18001:2007, Einleitung).

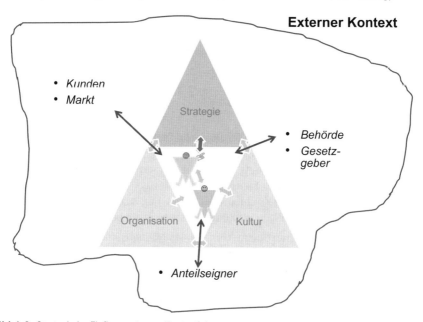

**Bild 6.3** Strategie im Einfluss externer Kontextfaktoren

In der neuen „Normen-Generation" wird Strategie jetzt „offiziell" und auch als Begriff erläutert als „Plan für das Erreichen eines langfristigen Ziels oder Gesamtziels" (ISO 9000:2015, 3.5.12). Es wird vorausgesetzt, das (Qualitäts-)System auf Basis einer „strategischen Entscheidung" einzuführen (ISO 9001:2015, 0.1). Auch die Abstimmung der

Politik und Ziele mit der strategischen Ausrichtung des Unternehmens wird nun formuliert (ISO 9001:2015, 5.1.1b; ISO 14001:2015, 5.1.b). Zudem ist die oberste Leitung gefragt, über Management-Reviews die Angleichung des Managementsystems an die strategische Ausrichtung sicherzustellen (ISO 9001:2015, 9.3.1; ISO 14001:2015, 9.3).

Wo bislang die Politik nicht selten nur „ein Stück Papier" war, das zur Zertifizierung gefordert wird, und Ziele und Maßnahmen keinen direkten Kontakt zur obersten Leitung hatten, wird hier jetzt eine Brücke gebaut. Diese verbindet die langfristige Ausrichtung unternehmenspolitischer Leitlinien über eine notwendige Rahmenplanung mit der Zielsetzung in den relevanten Funktionsbereichen und -ebenen.

### 6.1.3.3 Kultur

Dass so etwas wie Kultur existiert, wurde in den früheren Normenfassungen nur „zwischen den Zeilen" ausgeführt:

- Beispielsweise als *„Bedeutung"*, die von der obersten Leitung zu systemrelevanten Themen zu vermitteln ist, um Selbstverpflichtung nachzuweisen (ISO 9001:2008, 5.1). Der Begriff Bedeutung legt nahe, dass es hier um Haltungen und Werte geht, die sich als „ungeschriebene Gesetze" in der Kultur widerspiegeln, frei nach dem Motto „Wie wichtig ist es bei uns, Kundenanforderungen oder gesetzliche und behördliche Vorgaben zu kennen und einzuhalten?".

- Ähnliches fand sich im Umweltmanagementsystemleitfaden der DIN EN ISO 14004. Hier ist in der Einleitung eine Auflistung zu „wesentlichen Aufgaben von Führungskräften". Dort sind nicht nur konkrete Prozesse verlangt, sondern ebenfalls *Haltungen* angesprochen, die das Thema Umweltschutz „wichtig" machen: „die Anerkennung, dass dem Umweltmanagement innerhalb der Organisation eine besonders hohe Bedeutung zukommt" (ISO 14004:2010, Einleitung).

- Das *Bewusstsein*, das durch den Beauftragten der obersten Leitung sicherzustellen und durch Schulung zu schaffen ist, geht in die gleiche Richtung (ISO 9001:2008, 5.5.2 c., 6.2.2; ISO 14001:2009, 4.4.2).

- In der erläuternden Begleitnorm werden als „Kann"-Empfehlungen die generellen Managementgrundsätze für die oberste Leitung formuliert. Hier taucht unter der Überschrift „Führung" lediglich ein „internes Umfeld" auf, in dem sich alle „voll und ganz" für die Ziele der Organisation einsetzen können (ISO 9000:2005, 0.2). Auch die übrigen Grundsätze vermitteln Denkmodelle und Wertvorstellungen (Einbeziehung der Personen, prozessorientierter Ansatz, systemorientierter Managementansatz, ständige Verbesserung etc.), die bei konsequenter Anwendung durch das oberste Management auf die eine oder andere Weise in das kulturelle Wissen der Organisation diffundieren dürften.

Mit der Revision kommt diese strukturelle (indirekte) Führungskomponente der „ungeschriebenen Gesetze" offensiver ins Spiel. Hier findet Kultur über den internen Kontext Beachtung und kann über „Themen, die sich auf Werte, Kultur, Wissen und Leistung der Organisation beziehen" verstanden werden (ISO 9001:2015, 4.1 Anmerkung 3). Wo also früher lediglich das „Umfeld" thematisiert wurde, ist jetzt auch die Kultur als ein relevanter innerer Einflussfaktor auf Managementsysteme „offiziell" und soll beachtet werden (Bild 6.4).

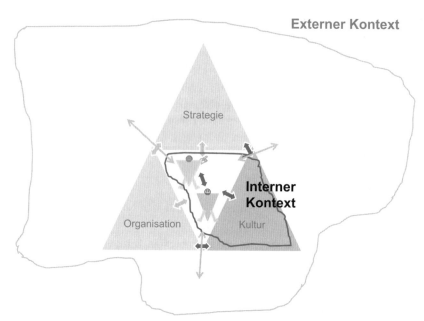

**Bild 6.4** Der Einfluss interner Kontextfaktoren – insbesondere Kultur

In der Begleitnorm unter „Grundlegende Konzepte" werden Wechselwirkungen konkretisiert: „Eine auf Qualität ausgerichtete Organisation fördert eine Kultur, die zu Verhaltensweisen, Einstellungen, Tätigkeiten und Prozessen führt, die Wert schaffen, (...)" (ISO 9000:2015, 2.2.1).

Auch der Zusammenhang mit *Führungspflichten* wird angesprochen (ISO 9001/ISO 14001:2015, 5.1): Die oberste Leitung muss in Bezug auf das jeweilige Managementsystem „Führung und Verpflichtung zeigen", nicht nur, indem sie grundlegende organisatorische Vorgaben (Politik, Ziele abgeglichen mit Kontext und strategischer Ausrichtung, Aufbau- und Ablauforganisation sowie Ressourcen- und Personalverfügbarkeit) und ihre Erreichung „sicherstellt", sondern auch dadurch, dass sie z. B.:

- die Rechenschaftspflicht (nicht delegierbare Verantwortung) für die Wirksamkeit des Managementsystems übernimmt,
- die Bedeutung des Managementsystems und der Umsetzung seiner Forderungen vermittelt,
- Verbesserung fördert oder
- Personal und andere Führungskräfte unterstützt.

Hieraus lässt sich ableiten, dass Kultur auch und insbesondere durch die oberste Leitung aktiv (mit)gestaltet wird.

Wie kann nun das geforderte „Führung und Verpflichtung zeigen" konkret aussehen? Auch hier gibt es ergänzende Informationen:

Dies kann für Umweltmanagement so aussehen, dass die betreffende Person bei entsprechend relevanten Ereignissen persönlich anwesend ist oder Regie führt (ISO 14001:2015,

A.5.1). Dies deckt sich mit unseren Erkenntnissen, wie Kultur entstehen kann: Nur da, wo die genannten Pflichten tatsächlich gelebt und für Mitarbeitende sichtbar sind, werden sie im Sinne von „So (wichtig) ist das bei uns!" auch im gemeinsamen Denken kulturwirksam. Auch die oberste Leitung muss also direkt führen, um wirklich überzeugend und wirksam zu sein. Wie oft lässt sich in der betrieblichen Praxis der Managementsysteme vernehmen, dass die Geschäftsführung keine Zeit bzw. Wichtigeres zu tun hat oder „doch nur das Zertifikat will"? Im nächsten Abschnitt folgt allerdings eine Relativierung: „Die oberste Leitung darf die Durchführungsverantwortung für diese Maßnahmen an andere delegieren, es verbleibt bei ihr aber die Rechenschaftspflicht dafür sicherzustellen, dass die Maßnahmen durchgeführt werden." (ISO 14001:2015, A.5.1)

Aber auch die Art und Weise der Delegation kann zeigen, wie wichtig der Leitung gewisse Aufgaben sind. Das kann sich z. B. im Unterschied ausdrücken, ob eine Pflichtenübertragung in Umweltschutz oder Arbeitssicherheit lediglich anhand einer knappen Unterschrift unter die entsprechende Erklärung oder in Verbindung mit einem ausführlichen Fachgespräch gegebenenfalls sogar unter Einbindung juristischer Experten geschieht, die bei Bedarf auch auf persönliche Fragen und Vorbehalte reagieren können.

Auch beim genannten Sicherstellen und Unterstützen lässt sich durch engagiertes und überzeugtes Tun deutlich machen, wie wichtig ein Thema von oben eingeschätzt wird. Beispielsweise, wenn das Interesse der Geschäftsführung sich nicht nur einmal im Jahr bei der Zertifizierung „zeigt" oder das Managementreview nicht in einen „heimlichen" Review-Bericht abtaucht, sondern erlebbar wird als lebendiger Austausch in einem kreativen Workshop mit und für wechselnde Teilnehmer, die dort die Unternehmensspitze überzeugend in Aktion erleben.

Vielfach begrenzt sich die direkte und sichtbare Zusammenarbeit mit der obersten Leitung auf wenige. Umso wichtiger ist es, den förderlichen Beitrag der Geschäftsführung im Unternehmen zu kommunizieren, um ihn sichtbar und bewusst werden zu lassen, z. B. auch über den entsprechenden Beauftragten.

In jedem Fall bleiben alle Ansätze zum „Sicherstellen, Fördern, Unterstützen etc." im Hinblick auf die ungeschriebenen Gesetze und Wertvorstellungen so lange wirkungslos, wie sie im Dunkeln passieren.

Der derzeit noch im Entwurf vorliegende Umweltmanagementleitfaden bringt die Zusammenhänge folgendermaßen auf den Punkt (ISO 14004:2015, 5.1): „Führungsverpflichtung bedeutet die Bereitstellung physischer und finanzieller Ressourcen sowie die Ausrichtung und die aktive personelle Beteiligung, die das effektive Umweltmanagement unterstützt und dessen Bedeutung kommuniziert."

Die noch gültige OHSAS 18002 als Leitfaden zum entsprechenden Arbeitsschutzmanagementsystemstandard ist etwas klarer und eindeutiger als ihre revidierten „Geschwister". Wie Verpflichtung oder Engagement gezeigt und Bedeutung vermittelt werden kann, wird hier folgendermaßen verdeutlicht: „Alle Führungskräfte sollten ihre Verpflichtung zur kontinuierlichen Verbesserung der A&G-Leistungen deutlich zeigen. Darstellungsmöglichkeiten dazu können Besuche und Inspektionen der Standorte, Teilnahme an Vorfalluntersuchungen, Mittelbereitstellung im Zusammenhang mit Korrekturmaßnahmen, Anwesenheit und aktive Beteiligung bei A&G-Besprechungen, Mitteilungen zum Stand der Aktivitäten in der Arbeitssicherheit und Anerkennung guter A&G-Leistungen sein." Im Jahr 1999 fand sich diese Passage als „Muss"-Formulierung noch direkt im 18001er-Text (OHSAS 18001:1999, 4.4.1).

Weitere Hinweise kommen im Zusammenhang mit der geforderten *Erfassung und dem Verständnis des Kontextes*. Dies dürfte für viele Unternehmen „Neuland" sein. Aus diesem Grund bietet der begleitende Leitfaden-Entwurf zum Umweltmanagementsystem eine „Praktische Hilfe – Interne Themen", die auch andere Managementsysteme unterstützt, weitere Aspekte der Kultur fassbar zu machen. Ermitteln lässt sich das unter anderem durch „Befragung" (ISO 14004:2015, S. 16). Einige relevante Aspekte sind in die Tabelle 6.2 extrahiert und mit entsprechenden Fragestellungen kommentiert.

**Tabelle 6.2** Kontextfragen zu Kulturmustern

| Kulturrelevante „interne Themen" zur Kontextüberprüfung (14004:2015, S. 16) | Mögliche führungs- und verhaltensrelevante Aspekte und Achtungspunkte, die beobachtet oder erfragt werden können: „Was ist typisch für uns?" |
|---|---|
| „Führung (…) innerhalb der Organisation – nationaler und vertraglich geregelter Führungsrahmen, einschließlich (…) Berichterstattung; Strukturtyp, einschließlich hierarchisch, matrixartig, flach, projektorientiert; (…) Beziehungen zur Mutterfirma, Rollen und Verantwortlichkeiten sowie Befugnisse | • Gestaltungsfreiräume<br>• Möglichkeiten und Chancen für Mitarbeiter, Verantwortung zu übernehmen |
| Einhaltung von Gesetzen – Feststellen und Einhalten von gesetzlichen Verpflichtungen | • Gesetzliche Vorgaben als Pflicht oder Kür?<br>• Wer achtet auf die Einhaltung (Stab, Linie etc.)?<br>• Wie „eng" werden Abweichungen gesehen, besonders wenn Vorgaben „unbequem" sind?<br>• Wie offen und vertrauensvoll ist die Zusammenarbeit mit den zuständigen Behörden?<br>• Klarheit und Konsequenz bei Beachtung und Verfolgung der Umsetzung |
| (…) Informationsfluss und Entscheidungsfindungsprozesse (formell und informell) und die Zeit für deren Durchführung | • Reden wir über Erfolge und Fortschritte?<br>• Oder nur über Probleme und Fehler?<br>• Offenheit und Transparenz bei kritischen Themen?<br>• Wie lang dauern Entscheidungen, die wie „vorgeschrieben" abgearbeitet werden?<br>• Wie lang dauern Entscheidungen auf informellem Weg?<br>• Wie oft „versanden" relevante Entscheidungen? |
| interne Beziehungen mit internen interessierten Parteien und deren Wahrnehmungen und Werte | • Wie werden Mitarbeiter – auch aus anderen/angrenzenden Bereichen – oder der Betriebsrat in Entscheidungs- und Veränderungsprozesse einbezogen?<br>• Wie gehen wir intern mit Fremdfirmen um? |

## 6.1 Wie „systemisch" denken und führen die Normen?

| Kulturrelevante „interne Themen" zur Kontextüberprüfung (14004:2015, S. 16) | Mögliche führungs- und verhaltensrelevante Aspekte und Achtungspunkte, die beobachtet oder erfragt werden können: „Was ist typisch für uns?" |
|---|---|
| (...) Stärken und Schwächen bestehender Managementsysteme der Organisation (...) | Image/Ansehen des Managementsystems, z. B.: <br> • hilfreich/nützlich, be„wirkt" etwas, deckt Schwachstellen auf oder <br> • Bürokratie, träge: spiegelt aktuelle Entwicklungen nicht wider, macht nur Arbeit, verkompliziert alles |
| Organisationsstil und -kultur – Familienunternehmen, privates oder börsennotiertes Unternehmen, Management- und Führungsstil, offene und freie sowie geheime und geschlossene Unternehmenskultur und Entscheidungsfindungsprozesse" | • Werte und Grundsätze im Unternehmen zu Führung und Zusammenarbeit <br> • Wie kooperativ und kollegial wird geführt? |

Auch an anderer Stelle lässt sich die *Führung* in die Pflicht nehmen. In den Managementgrundsätze des Qualitätsmanagements finden sich gute Beispiele kulturwirksamer Maßnahmen. Beispielsweise werden unter „Führung" Führungskräfte aller Ebenen aufgefordert, Bedingungen zu schaffen „unter denen Personen sich für die Erreichung der Qualitätsziele der Organisation engagieren". Hierzu gehören unter anderem (ISO 9000:2015, 2.3.2.1, 2.3.2.4):

- „das Schaffen und Aufrechterhalten gemeinsamer Werte, Fairness und Leitbilder ethischen Verhaltens auf allen Ebenen der Organisation",
- „das Einführen einer Kultur des Vertrauens und der Integrität" (= Rechtschaffenheit, Zuverlässigkeit),
- „sicherzustellen, dass Führungspersonen aller Ebenen den Personen in der Organisation ein positives Beispiel geben",
- „die Mitwirkung der Personen anzuregen, zu fördern und anzuerkennen".

**Kultur als „Verhaltensträger" in der Arbeitssicherheit**

Trends zeigen, dass sich in den Unternehmen (in der Regel mit Managementsystemen) Initiativen häufen, die (auch) einen Kulturwandel anstreben. Relevante Vorreiter finden sich in der Arbeitssicherheit. Gerade in diesem Bereich passieren trotz ausgereifter (sicherheits)technischer und organisatorischer Rahmenbedingungen immer noch Unfälle, die vielfach als „verhaltensbedingt" eingestuft werden.

Dabei ist die Bedeutung der Kultur mit ihren gemeinsamen Einstellungen und Haltungen als „Verhaltensträger" inzwischen erkannt und wird im Zusammenspiel mit dem „Faktor Mensch" z. B. als Behavior Based Safety verstärkt in den Blick genommen (vgl. Bördlein 2009).

## 6.1.3.4 Organisation

Organisation in unserem Sinne ist Organisieren. Es wird in Aufbau- und Ablaufstrukturen umgesetzt. Ersteres geschieht, um Aufgaben, Verantwortlichkeiten, Rollen sowie Befugnisse, und Letzteres, um Verfahren, also Tätigkeiten, Arbeitsabläufe oder Prozesse zu definieren (Bild 6.5). Auch einmalige Vorhaben (Projekte und Maßnahmen) sowie spontanes Reagieren auf Ungeregeltes und Unvorhergesehenes z. B. durch Improvisieren haben wir im Zuge betrieblicher Führungsaufgaben und -prozesse betrachtet.

Eine Erläuterung fand sich nur in der Entwurfsfassung der Begleitnorm (ISO 9000:2014, 3.2.3): Im Qualitätsmanagementsystem sind Organisationsstrukturen „Gefüge von Verantwortungen, Befugnissen und Beziehungen zwischen Personen". Als dokumentierte „formale Darstellung" (Organigramm) finden wir dieses Gefüge beispielsweise im Handbuch. Der Entwurf zum Umweltmanagementleitfaden bietet hier eine Arbeitshilfe an, in der beispielhaft Verantwortlichkeiten bzw. Rollen zugewiesen werden (14004:2015, 5.3: Praktische Hilfe – Struktur und Verantwortlichkeiten).

Zur Ablauforganisation der Managementsysteme finden wir tätigkeitsrelevante Verfahrensdokumentationen und Prozessspezifikationen (ISO 9000:2015, 3.8.7, Anmerkung 1). Dieses Instrumentarium hilft der obersten Leitung, sicherzustellen, dass Verantwortlichkeiten und Befugnisse für relevante Rollen klar und bekannt sind (ISO 9001/ISO 14001:2015, 5.3) und der laufende Betrieb, seine Prozesse und ihre Änderungen zielgerichtet und durchdacht gesteuert werden können (ISO 9001/ISO 14001:2015, 8.1).

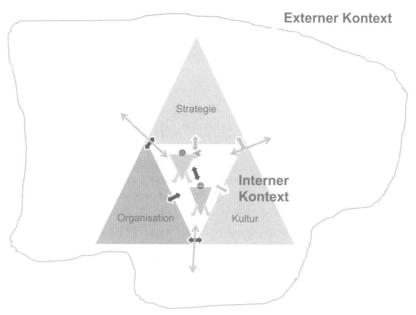

**Bild 6.5** Die Organisation „führt" mit

### 6.1.3.4.1 Prozesse

Kern der Managementsystemorganisation ist der Prozess, der über starre Abteilungsgrenzen hinausgeht und genau dieses „grenzüberschreitende" Denken inspirieren soll. Auch er hat eine Begriffsdefinition: „Satz zusammenhängender und sich gegenseitig beeinflussender Tätigkeiten, der Eingaben in Ergebnisse verwandelt" (ISO 14001:2015, 3.3.5).

Eingaben können dabei Informationen (Zahlen, Daten), Roh- oder Hilfsstoffe, Vorprodukte oder Unterstützungsleistungen sein. Ergebnisse können Aufträge, Zwischen- und Endprodukte, Dienstleistungen, Berechnungen/Kalkulationen und vieles andere sein. Beim Überschreiten von Team- oder Bereichsgrenzen werden die Ergebnisse des einen, z. B. Zwischenprodukte, die Eingaben des folgenden Prozesses. Insofern spricht man auch unternehmensintern von „Kunden" und „Lieferanten" (Koch 2015).

Begrifflich abgegrenzt finden wir im Qualitätsmanagement noch die *Projekte als einmaligen Prozess* bestehend aus abgestimmten und gesteuerten Tätigkeiten, der ein Ziel mit festen Anfangs- und Endtermin hat (ISO 9000:2015, 3.6.2).

Beim Festlegen der relevanten Prozesse gilt es, einige Aspekte zu berücksichtigen (ISO 9001:2015, 4.4):

- Ziel bzw. Ergebnis des Prozesses und die notwendigen Eingaben,
- Abfolge und Wechselwirkungen der Prozesse,
- Indikatoren und Kriterien zur wirksamen Durchführung, Lenkung und Überwachung,
- Ressourcen (und ihre Verfügbarkeit),
- Zuständigkeiten und Verantwortlichkeiten,
- Übereinstimmung mit den Anforderungen,
- Berücksichtigung von Risiken und Chancen.

In Managementsystemen sollen (auch ausgelagerte) Prozesse „üblicherweise" geplant und unter „beherrschten" Bedingungen durchgeführt werden. Nur so sind sie nützlich, arbeiten effizient – erbringen einen „Mehrwert" (ISO 9000:2015, 3.4.1 Anmerkung 4). Beherrschte Bedingungen definieren sich – je nach Bedingungen und Betriebsart – unter anderem über folgende Kriterien (ISO 9001:2015, 8.5.1):

- die Verfügbarkeit relevanter bzw. notwendiger dokumentierter Vorgaben zu Tätigkeit und Ergebnis,
- notwendige Mess- und Überwachungsaktivitäten und Ressourcen (Messgeräte etc.),
- die Nutzung und Steuerung geeigneter Infrastruktur und Umgebung,
- qualifiziertes, kompetentes Personal sowie
- die durchgängige Bestätigung der Prozess- oder Ergebnisqualität/-fähigkeit.

Die Aspekte werden zum Teil unter „Ressourcen" erläutert. Interessant ist dort der Hinweis zur Umgebung, die nicht nur Aspekte wie Temperatur, Luftfeuchte oder andere physikalische, umweltbezogene oder ergonomische Bedingungen, sondern auch soziale und psychologische Faktoren umfassen kann (ISO 9001:2015, 7.1.4). Dieser Zusammenhang ist in der Arbeitssicherheit längst erkannt und muss im Rahmen der Gefährdungsbeurteilung ermittelt werden. In jedem Fall liegen eindeutig Wechselwirkungen in Richtung Mitarbeiter vor, dem sein Einsatz durch entsprechende Prozessplanung und -gestaltung leicht oder schwer gemacht werden kann (→Kapitel 8).

Prozesse sind eine Art, das Geschehen im Unternehmen indirekt zu führen oder zu steuern.

### 6.1.3.4.2 Flexible Arten der Steuerung möglich

Nicht alles muss über Prozesse dezidiert vorgegeben und gesteuert werden. Hier finden wir insbesondere in den Abschnitten zum Betrieb, der eigentlichen Wertschöpfung, einiges an Hinweisen. Gelenkt bzw. gesteuert werden kann dabei flexibel und laut Leitfadenentwurf zum Umweltmanagementsystem auf unterschiedliche Arten, z. B. als

- Verfahren oder Arbeitsanleitungen,
- technische Überwachungen,
- Einsatz von kompetentem Personal oder
- eine Kombination dieser Formen.

Die Auswahl des jeweiligen Verfahrens zur betrieblichen Steuerung hängt dabei von einer Reihe von Faktoren ab, wie z. B. (14004:2015, 8.1.3)

- den Fertigkeiten und der Erfahrung der Personen, die die Arbeiten ausführen,
- die Möglichkeiten zum Einsatz (informations- und anderer) technischer Unterstützung sowie
- der Komplexität und
- der umweltbezogenen Bedeutung des Ablaufs selbst.

### 6.1.3.4.3 Nicht alles muss dokumentiert werden

Die frühen Managementsysteme wurden oft mit dem Begriff „verwaltungsnaher Bürokratie" in Verbindung gebracht. Handbücher waren nicht selten umfassende Kompendien, deren umständliche Darstellungsform und Sprache für die tägliche Praxis eine Zumutung waren. Viel zu viel wurde viel zu ausführlich auf- und vorgeschrieben. Das ändert sich mit der jüngsten Revision.

> **Auswüchse der „Bürokratie" in der betrieblichen Praxis**
>
> Gerade in Umweltschutz und Arbeitssicherheit basiert die Vielfalt an Dokumenten nicht nur auf Vorgaben von außen (Gesetze, Managementsystem-Normen). Umfang und Menge werden auch von innen gefördert:
>
> In manchen Fällen verringern sie die Reibungsfläche für arbeitsrechtliche Auseinandersetzungen oder Diskussionen mit Mitarbeitern und ggf. ihren innerbetrieblichen Vertretern zur konsequenten Umsetzung innerbetrieblicher Vorgaben. Hier sind nicht (mehr) der eigentliche Schutzgedanke und das sichere Handeln relevant, sondern nur die Frage „Wo steht das?". Nur was aufgeschrieben und beweisbar ist, kann als Verhalten eingefordert werden.

> Eine weitere Fehlentwicklung ist das Ansinnen, sowohl Kunden wie auch Zertifizierern mit umfangreichen und aufwendigen Dokumentationen (Vorgabedokumenten) darzustellen, wie gut man in dem betreffenden Arbeitsfeld aufgestellt ist. Die betriebliche Alltagspraxis spricht hier meist eine wesentlich authentischere Sprache.

In → Kapitel 3.2.1 haben wir die jüngsten Anforderungen an die Dokumentation angedeutet. Hier zeigen die Normen einen zunehmend praxisnahen Pragmatismus. Der Leitfadenentwurf zum Umweltmanagement bringt dies so zum Ausdruck: „Dokumentierte Informationen sollten auf eine Art und Weise zusammengestellt und aufrechterhalten werden, die die Kultur und Bedürfnisse der Organisation widerspiegelt (...)." (14004:2015, 7.5.1).

Unternehmen bestimmen weitestgehend selbst und nach eigenen Kriterien, was wie gesteuert werden muss. Dokumentierte Prozessbeschreibungen oder Grafiken sind lediglich eine Möglichkeit. Eine explizite Verpflichtung auf ein Handbuch oder bestimmte Verfahren entfällt (Hinsch 2014).

Wesentlich ist, dass die relevanten Prozesse wirksam gesteuert werden. Es muss funktionieren! „Das Hauptaugenmerk sollte auf der Verwirklichung des Umweltmanagementsystems und der Umweltleistung liegen, und nicht auf einem aufwändigen Lenkungssystem für dokumentierte Informationen." (ISO 14001:2015, A.7.5)

Als Einflussgrößen auf die Dokumentation merken die Normen an (ISO 9001:2015, 7.5 Anmerkung):

- Die Größe der Organisation,
- Art und Relevanz der Tätigkeiten, Prozesse usw.,
- Komplexität und Wechselwirkungen der Prozesse,
- Kompetenz der ausführenden Mitarbeiter.

Wird bei „relevanten" Tätigkeiten und/oder Prozessen auf vorgebende Dokumente verzichtet, muss allerdings anders sichergestellt sein, dass die entsprechende „Relevanz" beherrscht wird. Hilfreiche Hinweise – zumindest im Entwurf – kommen wieder aus dem Umweltmanagementleitfaden: Sind die betroffenen Beschäftigten nicht durch ihre Ausbildung und Einarbeitung vorbereitet, gilt es, dies per geeigneter Information oder Schulung nachzuholen (14004:2015, 7.5.1). Wird aber aufgeschrieben oder verbildlicht, so ist das Medium frei wählbar: z.B. Anweisungen, Schilder, Formblätter, Videoaufzeichnungen, Fotografien usw. (14004:2015, 8.1.3.d.). Einerlei, ob auf Papier, als Datei, Foto oder Plakat, es sollte für die entsprechende Zielgruppe in Inhalt und Form hilfreich und „zweckmäßig", also „deutlich lesbar, leicht verständlich und zugänglich" sein (14004:2015, 7.5.1).

In der betrieblichen Praxis hängt die Darstellungsform maßgeblich von den verfügbaren Tools oder Softwareprogrammen ab. Vielfach werden zur Prozessmodellierung einfache Flussdiagramme genutzt, die die Tätigkeiten oder Prozessschritte in einen zeitlichen Ablauf bringen und Zuständigkeiten zuweisen. Gegebenenfalls finden sich in textlichen Ergänzungen noch eingesetzte oder verarbeitete Materialien, notwendige Dokumente oder Formblätter und zu dokumentierende Nachweise der erfolgten Aktivitäten und Ergebnisse. Auch Matrixdarstellungen, Tabellen oder Swimlane-Grafiken sind gebräuchlich. Und nach wie vor finden sich grafikfreie Texte, die alles in Worte fassen.

Mit den dargestellten Bausteinen sind jetzt die Rahmenbedingungen für Führung und Zusammenarbeit komplettiert. Nun stellt sich die Frage, wie die Standards mit den Menschen umgehen, die hierin führen, arbeiten und zusammenarbeiten sollen.

### 6.1.3.5 Mitarbeiter sind Teil des Systems

In den zurückliegenden Normen-Versionen waren es lediglich die Managementgrundsätze, die den Stellenwert der Mitarbeiter ausdrücklich erwähnt haben, indem sie festgestellt haben, dass auf allen Ebenen die Personen „das Wesen der Organisation" ausmachen (Bild 6.6) und ihre vollständige Einbeziehung es ermöglicht, diese „Fähigkeiten zum Nutzen der Organisation einzusetzen" (ISO 9000:2005, 0.2.c: Einbeziehung der Personen).

Die modernisierte Fassung ist etwas weniger poetisch, sagt allerdings prinzipiell das Gleiche. Dass Einbeziehung (nach der Revision auch Engagement genannt) wichtig ist, wird auch an anderer Stelle deutlich, wo unter „Unterstützung" dargestellt wird, dass es – neben dem der obersten Leitung – gerade dieses Engagement ist, das den Betrieb des Managementsystem erst „ermöglicht" (ISO 9000:2015, 2.2.5.1).

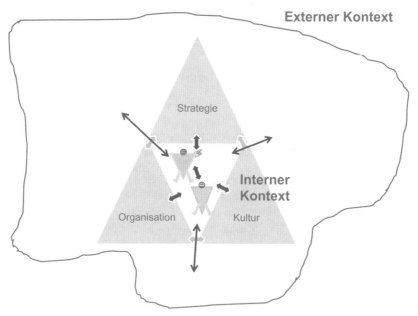

**Bild 6.6** Der Mensch wirkt sich in alle Richtungen aus

In den Begriffsklärungen wird dem „menschlichen Faktor" (zumindest in den Anmerkungen) zugebilligt, „signifikante Auswirkung auf ein Managementsystem" haben zu können (ISO 9000:2015, 3.10.3 Anmerkung 2). Dabei bezeichnet der „menschliche Faktor" das Merkmal bzw. die kennzeichnende Eigenschaft, das bzw. die wirkt. Dies kann sich sowohl im Denken wie auch im Verhalten ausdrücken: Pünktlichkeit, Ehrlichkeit oder Verlässlichkeit (ISO 9000:2015, 3.10.1/3).

Unter „Grundlegende Konzepte" werden wir darauf aufmerksam gemacht: „Personen sind wesentliche Ressourcen in einer Organisation. Die Leistung der Organisation ist abhängig davon, wie sich die Personen innerhalb des Systems, in dem sie arbeiten, verhalten." (ISO 9000:2015, 2.2.5.2).

Auch kommt im Zuge dieser Grundlagen (genauer des in dieser Begleitnorm ausgeführten QMS-Models) das Verhalten, durch das Menschen wirksam werden, als Tätigkeit zur Sprache: „Personen arbeiten innerhalb eines Prozesses zusammen, um ihre alltäglichen Tätigkeiten zu verrichten." Und offensichtlich tun sie das nicht nur nach Vorgabe: „Einige dieser Tätigkeiten sind vorgeschrieben und sind abhängig von einem Verständnis der Ziele der Organisation, andere hingegen nicht und finden als Reaktion auf äußere Reize statt, die ihre Art und Weise sowie die Durchführung bestimmen" (ISO 9000:2015, 2.4.1.4).

Hier war der Entwurf der Norm ein wenig ausführlicher und streift auch die ungeschriebene Welt der Kultur (Werte der Organisation): „Einige dieser Tätigkeiten sind vordefiniert, während andere lediglich als Ergebnis des Verständnisses einer Einzelperson von der Vision, den Werten und Zielen der Organisation oder als Reaktion auf äußere Reize stattfinden (ISO 9000:2014, 2.4.1.3).

Dieser Abschnitt bringt zum Ausdruck, dass der Mensch und Mitarbeiter als „Faktor" betrachtet wird, der nicht nur auf Knopfdruck im definierten Rahmen, sondern auch selbstbestimmt und selbständig handeln kann. Mitarbeitende sind nicht nur Zielgruppe des Managementsystems, sondern Teil davon. Sie führen nicht nur aus, sie wirken mit – zum Teil auch eigenwillig.

Ein wesentlicher Teil der Mitarbeitenden sind die Führungskräfte mit ihren besonderen Aufgaben und Pflichten.

### 6.1.3.6 Oberste Leitung und Führung

Inzwischen haben wir mehrfach Zusammenhänge und Wechselwirkungen zwischen Führungskräften und strukturellen Rahmenbedingungen (Strategie, Kultur und Organisation) aus den Normtexten extrahiert. Mehrfach war hier zur Führung die oberste Leitung angesprochen, die die Organisation auf oberster Ebene führt und steuert und dazu die notwendige Delegations-, Entscheidungs- wie Ressourcenmacht besitzt (ISO 9000:2015, 3.1.1). Auch haben wir im Rahmen der Kultur thematisiert, dass die Verpflichtung, die hier gezeigt werden soll (ISO 9001/ISO 14001:2015, 5.1), damit verbunden ist „Flagge zu zeigen" und nur durch aktives und sichtbares Führungsengagement funktioniert – auf allen Führungsebenen.

Die meisten übrigen Normforderungen wenden sich an die Organisation (also das Unternehmen). Sie müssen vor dem Hintergrund der verschiedenen Macht- und Umsetzungs-„Zentralen" im Unternehmen geprüft und auf entsprechend Befugte und Befähigte aufgeteilt werden. Neben der üblichen Delegation im Zuge der Aufbau- und Ablauforganisation geschieht dies auch durch Einbeziehung bzw. Engagement der Mitarbeitenden.

### 6.1.3.6.1 Engagement ermöglichen

Mit der Revision wurde hier eine Begriffsverwirrung geschaffen: Nunmehr agieren Mitarbeiter auf zwei Arten im Managementsystem: sie lassen sich „einbeziehen", was zunächst nur Teilnahme meint. Oder sie „engagieren" sich, so dass sie mitwirken und einen Beitrag leisten (ISO 9000:2015, 3.1.3/3.1.4).

Nahegelegt wird die Einbeziehung als Verpflichtung der Führung, die sich unter anderem darin zeigt, die mitarbeitenden Personen anzuleiten und zu unterstützen (Bild 6.7), „damit diese zur Wirksamkeit des Managementsystems beitragen können" (ISO 9001:2015, 5.1.1.h; ISO 14001:2015, 5.1.1.i). Vor dem Hintergrund der systemischen Grundkenntnisse kann das bedeuten, hier die „Selbstorganisation" des Gesamtsystems zu ermöglichen, um die Anpassungsfähigkeit und Überleben zu sichern.

Konkreter werden die Managementgrundsätze. Sie ermöglichen durch ihre Ausführlichkeit das eigene Denken, also persönliche Grundsätze und Einstellungen zu überprüfen, die sich maßgeblich auf das Führungsverhalten auswirken können. Hierzu lesen wir unter anderem: „Kompetente, befugte und engagierte Personen auf allen Ebenen in der gesamten Organisation sind wesentlich, um die Fähigkeit der Organisation zu verbessern, Werte zu schaffen und zu erbringen." (ISO 9000:2015, 2.3.3.1 Engagement von Personen)

Die zugehörige Begründung sowie die Ausführung der Hauptvorteile und Maßnahmen machen deutlich, dass es hier nicht nur um die Förderung und Nutzung von Personal-„Ressourcen" geht, sondern darum, Mitarbeitende „auf allen Ebenen zu respektieren und einzubeziehen." Außerdem wird verdeutlicht, dass nicht nur das Befähigen und Fördern, sondern auch das Anerkennen der Fähigkeiten und Kenntnissen Voraussetzung für die Einbeziehung von Personen ist (ISO 9000:2015, 2.3.3.2).

Als Vorteile führt die Begleitnorm aus, dass nicht nur Leistungen (Motivation, Initiative, Kreativität), sondern auch Zufriedenheit, Vertrauen und Zusammenarbeit gesteigert werden (ISO 9000:2015, 2.3.3.3). Dass hier Kultur gestaltet werden kann, machen dann auch die vorgeschlagenen Maßnahmen deutlich (ISO 9000:2015, 2.3.3.4):

- „mit den Personen kommunizieren, um das Verständnis für die Wichtigkeit ihrer individuellen Mitwirkung zu fördern;
- das Fördern der Zusammenarbeit in der gesamten Organisation;
- offene Diskussionen und das Teilen von Wissen und Erfahrung erleichtern;
- Personen befugen, Leistungsbeschränkungen zu ermitteln und ohne Furcht Initiativen zu ergreifen;
- Erkennen und Anerkennen der Mitwirkung, des Lernens und der Verbesserung von Personen;
- Ermöglichen von Selbstbeurteilung der Leistung gegenüber persönlichen Zielen;
- Durchführen von Umfragen zur Bewertung der Zufriedenheit der Personen, Kommunizieren der Ergebnisse und Ergreifen geeigneter Maßnahmen."

Dieser Maßnahmenkatalog, der sich primär auf die direkte, personale Führung bezieht, macht deutlich, dass Engagement unter Mitarbeitern mehr braucht als organisatorische Rahmenbedingungen.

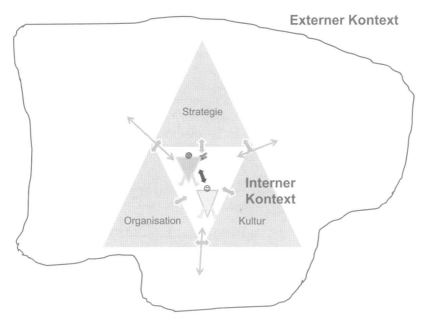

**Bild 6.7** Führung unterstützt und ermöglicht

### 6.1.3.6.2 Übereinstimmung schaffen

Das Unternehmen ist vergleichbar mit einem Orchester, in dem die unterschiedlichen Instrumente (oder Systemelemente) mehr oder weniger gut aufeinander abgestimmt sind. An der einen oder anderen Stelle ist diese Abgestimmtheit sogar explizit gefordert: Die Ziele müssen im Einklang mit der Politik stehen, Politik und Ziele müssen mit der strategischen Ausrichtung und dem Kontext vereinbar sein, Prozesse müssen die beabsichtigten Ergebnisse liefern, und dieser Einklang (die Integrität) muss auch nach Änderungen erhalten bleiben (ISO 9001:2015, 5.2.1, 6.2.1) und anderes mehr.

Als typisches System ist das Unternehmen permanent dabei, sich selbst zu organisieren. So werden Disharmonien erkannt und z. B. durch Mitarbeitende im Rahmen informeller Wege und Arbeitsweisen „ausgebügelt", um interne Ordnung und Balance im System zu ermöglichen. Dies scheinen auch die Autoren der Norm im Sinn zu haben, denn sie formulieren in den Managementgrundsätzen zur Führung, dass Führungskräfte bei diesem Ausgleichsmechanismus eine Rolle spielen (Bild 6.8): „Führungskräfte auf allen Ebenen schaffen die Übereinstimmung von Zweck und Ausrichtung sowie Bedingungen, unter denen Personen sich für die Erreichung der Qualitätsziele der Organisation engagieren." (ISO 9000:2015, 2.3.2.1)

Denn – so lautet die Begründung (die wir zum besseren Verständnis in Klammern „systemisch" kommentieren und ergänzen) - erst „Das *(angestrebte)* Schaffen einer Übereinstimmung *(innerhalb und zwischen den strukturellen Führungselementen sowie zwischen Theorie und Praxis oder Strukturen und Handeln, also)* von Zweck, Ausrichtung *(einerseits)* und Einbeziehung der Personen *(andererseits)* ermöglicht einer Organisation, *(Dis-*

*harmonien zu erkennen und*) ihre Strategien, Politik, Prozesse und Ressourcen zum Erreichen ihrer Ziele anzupassen" (ISO 9000:2015, 2.3.2.2).

Disharmonien, z. B. zwischen offiziell verkündeten Sicherheits-, Qualitäts- und Umweltschutzzielen und entsprechenden organisatorischen Vorgaben oder der akzeptierten überhasteten Arbeitspraxis, sollen nicht nur – in der Regel ja durch handelnde Mitarbeitende – erkannt und irgendwie in bester Absicht ausgebügelt werden. Sie sollen auch zu Anpassungs- und Lernschritten im übrigen Kanon der Instrumente führen. Das können strukturelle Anpassungen sein, die sich in einer Prozessbeschreibung wiederfinden, oder es kann sich auch um ein verändertes, klares, eindeutiges und stimmiges Führungsverhalten handeln.

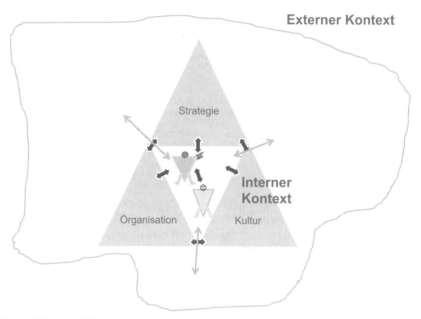

**Bild 6.8** Führungskräfte vermitteln und synchronisieren

Die in der Begleitnorm dargestellten Vorteile einer solchen Vorgehensweise (ISO 9000:2015, 2.3.2.3) argumentieren mit verbesserter
- Wirksamkeit und Effizienz beim Erreichen der Unternehmensziele,
- Koordination der Prozesse sowie
- Kommunikation zwischen Ebenen und Funktionen.
- Sowohl die Organisation wie auch die Personen lernen, entwickeln und verbessern sich dabei.

Direkt und personal aktiv werden können Führungskräfte hier laut Norm z. B. durch (ISO 9000:2015, 2.3.2.4):
- „das Kommunizieren der organisationseigenen Mission, Vision, Strategie, Politik und Prozesse in der gesamten Organisation;

- das Schaffen und Aufrechterhalten gemeinsamer Werte, Fairness und Leitbilder ethischen Verhaltens auf allen Ebenen der Organisation;
- Einführen einer Kultur des Vertrauens und der Integrität;
- das Fördern einer organisationsweiten Qualitätsverpflichtung;
- Sicherstellen, dass Führungspersonen aller Ebenen, den Personen in der Organisation ein positives Beispiel geben;
- Personen mit den Ressourcen, Schulungen und Befugnissen auszustatten, die zu verantwortlichem Handeln erforderlich sind;
- Mitwirkung der Personen anzuregen, zu fördern und anzuerkennen."

Da in der Regel immer nur die entsprechend „Ermächtigten" wirksam werden können, braucht es die Aufmerksamkeit und Hellhörigkeit aller und eine offene, vertrauensvolle Kommunikation. Schließlich kann die Führungskraft nicht überall sein! Nur wo die Missklänge wahrgenommen und erkannt sind, lässt sich die Instrumentierung anpassen. Dazu kommt die Bereitschaft der Führung, auch zu reagieren und aktiv zu werden.

Zusammenfassend ist es an den Führungskräften, den Boden zu bereiten und zu beackern, auf dem die Mitarbeitenden aktiv werden. Das bezieht sich nicht nur auf die strukturellen Rahmenbedingungen, sondern auch auf das gelebte Denken und Handeln – die Kultur.

### 6.1.4 Der Kern im Rückblick

*Managementsysteme sind auch Systeme.* Ihnen liegt nicht nur ein systematisches, sondern auch ein systemisches Denken und Handeln zugrunde. Die untersuchten Standards greifen sowohl die systemische Begriffswelt wie auch wichtige Eigenschaften der Systeme auf, und Darstellung und Wirkungsweisen der Elemente finden sich in unserem vereinfachten systemischen Unternehmensmodell wieder. Insbesondere die Berücksichtigung des Kontextes, die daraus resultierenden abgestimmten Änderungen und der notwendige Umgang mit möglichen Folgen (Risiken und Chancen) in der internen Weichenstellung zeigen, dass die Lernfähigkeit und Anpassungsfähigkeit dieses Systems inzwischen erkannt sind. Die konventionellen Managementsysteme sind mit ihrer Prozessorientierung und den darin betrachteten Wechselwirkungen wichtige Puzzleteile des Unternehmens.

Allerdings scheinen sie an manchen Stellen *die komplexe Unternehmenswelt auch stark zu vereinfachen*:

Zunächst basiert ihre Philosophie auf dem Grundgedanken, dass in der betrieblichen Welt (fast) alles *plan-, steuer- und beherrschbar* ist. Dieser Grundsatz ist vielleicht für „einfache" lineare Routineprozesse noch Realität. Allerdings wird die Prozesslandschaft mit steigernder Komplexität auch weniger durchschaubar und deshalb nicht mehr so leicht zentral zu planen und zu dirigieren, insbesondere wenn – wie hier üblich – viele Ziele im Spiel sind. Managementsysteme sind funktionelle Teilsysteme des Systems

Unternehmen, die sich über ihre Prozesse primär um die Planung und Steuerung (einfacher) wiederkehrender Routinen kümmern und viele andere produktive Teilsysteme der großen, bunten Unternehmenswelt und ihre reale Spontaneität, Selbststeuerung und Unberechenbarkeit ausblenden.

Prozesse zeigen in der Regel lediglich *lineare, zeitliche Abläufe* – also Tätigkeiten oder Prozessschritte, die nacheinander erfolgen. Die entsprechenden Flussdiagramme verlaufen in eine Richtung von oben nach unten oder von links nach rechts. Dies ist der betrieblichen „Anwendbarkeit" und der dazu notwendigen Übersichtlichkeit geschuldet. Allerdings wird kaum thematisiert, dass solche Abläufe oder Prozesse meist unter optimalen Voraussetzungen geplant sind und nicht alle Unwägbarkeiten der situativen Bedingungen und Verfügbarkeiten berücksichtigen können.

Auch verführt diese Einfachheit dazu, die vielfältigen *Wechselwirkungen auszublenden* – insbesondere im und „quer" zum Prozess. Thematisiert und gern in entsprechenden Formblättern dargestellt werden meist nur die Schnittstellen der Übergänge zum nächsten Prozess. Der Blick auf Anfang und Ende der Prozesse ist allerdings etwas „kurzsichtig". Schließlich können Wechselwirkungen in der betrieblichen Praxis nicht nur von standardisierten Routineabläufen und -prozessen ausgehen, sondern auch von der Planung und Umsetzung einmaliger Maßnahmen und Projekte oder spontaner Aktivitäten im Rahmen von Disposition oder Improvisation.

Hinzu kommt, dass Rollen und Wechselwirkungen der *Mitarbeitenden als wichtiger Gestaltungs- und Ausgleichsfaktor* im (Management-)System Unternehmen nur wenig Raum bekommen und hauptsächlich in den Begleitnormen thematisiert werden. So unterstützen die Standards bei organisatorischen Kernaufgaben zu ihren speziellen Zielstellungen. Allerdings können sie durch einen (oberflächlichen) Blick auf vermeintliche „Wechselwirkungen" – insbesondere in Richtung Führungskräfte und Mitarbeiter – die systemische Realität und Komplexität des Unternehmens nur in Teilen erhellen.

In den untersuchten Standards werden externe und interne Einflussfaktoren vermischt. Dabei liegt der Fokus auf Veränderungen im Außen, auf die das Unternehmen in seiner politischen und strategischen Ausrichtung mit weiteren organisatorischen und anderen Folgen reagieren muss, um in diesem wechselhaften Weltgeschehen zu überleben. Dies spiegeln auch aktuelle Normkommentare wider, aus deren Sicht die Bedeutung des *Kontextes primär in seiner strategischen* Wirkung auf langfristige Ziele des Unternehmens liegt (Hinsch 2014, Smida/Garscha 2015). Die externen Aspekte des Kontextes sind für Ausrichtung und Ausgestaltung des gesamten Unternehmens und damit auch des Managementsystems wichtig. Allerdings steht zu befürchten, dass die internen Aspekte, insbesondere der Kultur als direkt verhaltenswirksamer (struktureller/indirekter) Führungsbaustein, als normdefinierte Bestandteile der Kontextmischung im Hintergrund bleiben.

Bei aller Fortschrittlichkeit erwecken die jeweiligen Normentexte in der Regel den Eindruck, dass es nur die eine Aufgabe oder Ausrichtung – nämlich Qualität, Umweltschutz oder Arbeitssicherheit – im Unternehmen gibt. Hier haben sie einen *Tunnelblick*. Zwar wird zur jeweiligen Aufgabenstellung thematisiert, dass das jeweilige Managementsystem in die bestehenden Geschäftsprozesse zu integrieren ist (ISO 9001:2015, 5.1.1.c;

ISO 14001:2015, 5.1.c) und Elemente und Prozesse auch in ihren Wechselwirkungen betrachtet werden sollen. Der Blick heraus aus dem genormten Biotop wird allerdings kaum gewagt.

Die *Führung* soll sich laut Normen sichtbar für das jeweilige Managementsystemarbeitsfeld engagieren. Zudem besteht ihr Beitrag darin, die vorgegebenen Instrumente abzustimmen und sie in Einklang zu bringen – auch mit der Praxis. Verlangt wird zudem, die Mitarbeiter nicht nur über die vielfältigen Vorgaben zu fordern, sondern auch zu fördern. Über Anleitung und Unterstützung jeglicher Art soll Führung ihnen ermöglichen, ihren Beitrag zum erfolgreichen Umsetzen der Managementsystemziele und Regelungen zu leisten. Dass die Beteiligung der Mitarbeiter als eine notwendige Voraussetzung für ein erfolgreiches und wirkungsvolles Managementsystem gesehen wird, erschließt sich allerdings nur aus den Anhängen und Begleitnormen. Auch weitere konkrete Aufgaben sind nur in den Begleitnormen und Leitfäden konkretisiert, wo auch die Kultur zum Thema gemacht wird. Mit diesen offenen Formulierungen ermöglichen die Standards jedem Unternehmen, den Beitrag der direkten Führung auf eigene Weise zu definieren. In jedem Fall stehen sie ihrem wichtigen und wirkungsvollen Engagement im Managementsystem in keinster Weise im Weg.

## 6.2 Das System im System – Integration als Herausforderung

Nachdem wir das Unternehmen und sein internes Zusammenspiel in unserem Modell sowie Managementsysteme als Systeme charakterisiert haben, ist im Hinblick auf die Konsequenzen für Führung und Zusammenarbeit zu klären: Wie passt das eine zum bzw. ins andere?

Damit sind wir beim Thema „Integration" von Managementsystemen, die in unterschiedlichen Auspägungen erfolgen kann. Um diese zu unterscheiden, werfen wir – jetzt systemisch gewappnet – einen Blick in die betriebliche Praxis und auf einige Wechselwirkungen und Dynamiken, die hinderlich sein können.

### 6.2.1 Entwicklungsstufen

Mit den Managementsystemen gerieten bestimmte Arbeitsfelder – oder Sachthemen – in den Fokus. Diese Themen sollen im bestehenden System etabliert werden. Wo genau sind Managementsysteme im Unternehmen zu verorten? Im Laufe der Zeit haben sich verschiedene Entwicklungsstufen etabliert.

### 6.2.1.1 Integration ohne Managementsystem

In dem einen oder anderen Unternehmen kommt es vor, dass für ein Arbeitsfeld noch kein norm-kompatibles Managementsystem existiert. Insbesondere in der Arbeitssicherheit findet die Praxis derzeit oft noch ohne Zertifikat statt. Hier erfolgt die Integration der entsprechenden Aufgaben und Pflichten gegebenenfalls noch auf der Ebene der Aufbauorganisation (z. B. durch Ernennung der Fachkraft für Arbeitssicherheit und schriftliche Pflichtenübertragung in der Linie) – allerdings ohne den rechtssicheren und vor allem beweissichernden Kanal der schriftlichen Vorgabe- und Nachweisdokumente. Obwohl in diesen Unternehmen vielfach andere Managementsysteme (Umweltmanagementsystem oder Qualitätsmanagementsystem) existieren und damit auch die Erstellung und innerbetriebliche Verteilung der Anweisungen, Prozess- oder Verfahrensbeschreibungen geregelt sein sollte, bleiben diese installierten Instrumente für Arbeitssicherheit und Gesundheitsschutz ungenutzt. So hat die oberste Leitung mit ihrer Fachkraft auch keine verlässliche Methode, gesetzlich inspirierte Routinen nachweislich und verpflichtend in die Linie zu tragen, wo sie umgesetzt werden sollen.

Es liegt dann an der Fachkraft, die Umsetzung immer wieder anzustoßen und zeitaufwendig zu begleiten, gegebenenfalls auch mehr oder weniger wirksamen „Ersatz-Dienst" zu leisten. Diese Gepflogenheit ist z. B. bei Gefährdungs- oder Unfallanalysen nicht selten, die ohne Beteiligung der Vor-Ort-Aktivisten erfolgen, weil sie mangels klarer und eindeutiger Vorgaben für die Linie und einer knappen Einführung weder gewollt noch gekonnt wird.

Mit dem Blick auf Recht und Gesetz aus Kapitel 4 wird deutlich, dass hier die Gefahr des Organisationsmangels winkt. Durch die suboptimal angewiesene Linie sind in so einem Fall die Delegationsgrundsätze und insbesondere die Anweisungs- und Überwachungspflichten nicht wirksam umgesetzt. Die fachliche Stabsstelle muss die existierenden Lücken überbrücken und übernimmt so oft zu viel Aufgaben und Verantwortung.

### 6.2.1.2 Angebaute Managementsysteme

Früher verbreiteter als heute wurden Managementsysteme häufig als „Extra" betrachtet und neben den eigentlichen Strukturen und Instrumenten der Unternehmensführung zusätzlich errichtet. Es gab ein eigenes Handbuch unabhängig von anderen Unternehmensdokumenten. Für die Umsetzung wurde häufig eine „publikumswirksame Vorderbühne" errichtet, deren Vorhänge sich einmal jährlich zur externen Begutachtung (Zertifizierung) öffneten. Das eigentliche Leben auf der Hauptbühne spielte sich woanders ab (Deeg/Schimank/Weibler 2009, S. 246).

Vielfach wurden auf diese Art mehrere – thematisch unterschiedliche – Managementsysteme mit jeweils eigenen Strukturen, Prozessen und Darstellungsformen wie in Bild 6.9 nebeneinander errichtet (Umwelt-, Qualitäts-, Arbeitsschutzmanagementsystem).

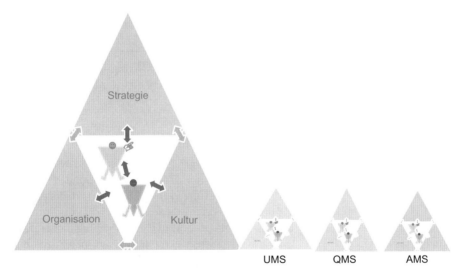

**Bild 6.9** Anbau immer neuer Managementsysteme

Da alle Managementsysteme mit den gleichen Grundstrukturen arbeiten – z. B. die Lenkung der Dokumente (jetzt „dokumentierte Informationen") oder Korrektur und Verbesserung –, wurden auf diese Weise massiv Synergien vernachlässigt und oft unnötig personelle Ressourcen verschwendet.

### 6.2.1.3 Zusammenwachsende Managementsysteme

Ein Fortschritt war, diese Strukturen gemeinsam zu nutzen und alle zertifizierungsrelevanten Systeme in ein gemeinsames Managementsystem zu konstruieren. Die Managementsysteme sind ineinander integriert, allerdings nicht wirklich in das Unternehmen. Trotzdem werden sie in der betrieblichen Praxis als „Integriertes Managementsystem" (IMS) bezeichnet. Dieses hat allerdings, wie in Bild 6.10 dargestellt, mit der eigentlichen und real praktizierten Unternehmensführung immer noch wenig gemeinsam (Schwendt/ Funck 2001). In der Regel liegt ein solches System in der Hand einer Fachabteilung, und der direkte Draht in die Linie ist unterschiedlich ausgeprägt.

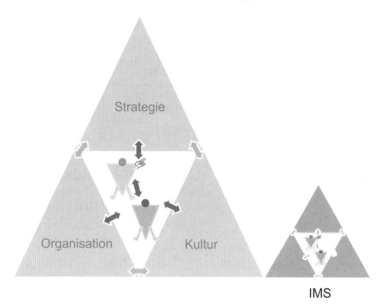

IMS

**Bild 6.10** Anbau „integrierter" Managementsysteme (IMS)

### 6.2.1.4 Zunehmende Integration im Unternehmen

Mit der Prozessorientierung war der Grundstein gelegt, die Arbeits- und Wertschöpfungsprozesse als Ganzes zu betrachten und die systemrelevanten Aufgaben, z. B. Sicherheitschecks oder qualitätsrelevante Messungen in die übrigen Arbeitsabläufe (Wertschöpfungs- und Unterstützungsprozess) einzubauen. Diese Form der Integration findet – wenn die oberste Leitung z. B. mit der Strategieentwicklung nicht eingebunden ist –, wie in Bild 6.11 dargestellt, nach wie vor primär auf der Ebene der Organisation statt.

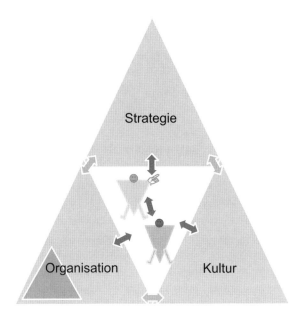

**Bild 6.11** Prozessorientierte Integration im Rahmen der Organisation

## 6.2.2 Integration à la Norm

Zunächst besteht die grundsätzliche Forderung an die oberste Leitung sicherzustellen, dass das jeweilige Managementsystem in die bestehenden Geschäftsprozesse integriert wird (ISO 9001:2015, 5.1.1.c; ISO 14001:2015, 5.1.c).

Hilfestellungen finden sich in den Standards hauptsächlich im Umweltmanagement. Dokumentierte Informationen können demnach in andere „Informationsmanagementsysteme" der Organisation integriert werden. „Dies braucht nicht in Form eines Handbuches zu erfolgen" (ISO 14001:2015, A. 7.5). Auch die Integration von Anforderungen in verschiedene geschäftliche Funktionsbereiche, wie z.B. Entwicklung, Beschaffung, Personalwesen, Verkauf und Vermarktung wird angesprochen (ISO 14001:2015, A.4.4.b).

Der Umweltmanagementleitfadenentwurf empfiehlt zudem die Integration von Tätigkeiten des Umweltmanagementsystems in die Geschäftsprozesse und konkretisiert weitere Managementsystemelemente, die um das Thema „Umweltschutz" bereichert werden können, z.B. (14004:2015, 4.4.3):

- Umweltziele in die Organisationsstrategie,
- Umweltverantwortungen in die Stellenbeschreibungen,
- Umweltleistungskennzahlen in bestehende Geschäftsprozesse oder Systeme zur Beurteilung von Abteilungen oder Mitarbeitern,
- Umweltleistung in die externe Berichterstattung,

- Planung finanzieller Mittel für umweltbezogene Leistungen und Verbesserungen nach der üblichen buchhalterischen Praxis,
- Einbindung der Umweltrisiken in das möglicherweise vorhandene Geschäftsrisikomanagement,
- Berücksichtigung von Umweltkriterien in Geschäftsplanung, Produkt- oder Dienstleistungsentwicklung, aber auch in
- Beschaffungs- oder Erwerbsprozesse,
- bestehende Konformitätsbewertungen (Audits oder Ähnliches zur Einhaltung interner und externer Vorgaben, Gesetze etc.),
- umweltbezogene Kommunikation in die üblichen Geschäftskommunikationskanäle und -prozesse (z. B. internes Unternehmensnetzwerk).
- Auch die Bindung interessierter Parteien ist angesprochen.

Hier werden fast alle Elemente aus unserem Unternehmensmodell direkt angesprochen (Bild 6.12) – bis auf die ungeschriebenen Gesetze der Kultur und ihre Gestaltung auch durch die direkte Führung. Allerdings könnte man das unter Kommunikation benannte „interne Unternehmensnetzwerk" auch als informelles Netz auffassen, das sich ja ebenfalls als Kulturbestandteil definieren lässt (Koubek/Pölz 2014).

Wenn es nach dem Umweltmanagementleitfaden geht, soll die Führungsverpflichtung sicherstellen, dass das Umweltmanagementsystem „nicht alleinstehend und von der zentralen Strategie des Unternehmens getrennt gesteuert wird und berücksichtigt wird, wenn strategische Unternehmensentscheidungen getroffen werden" (14004:2015, 5.1).

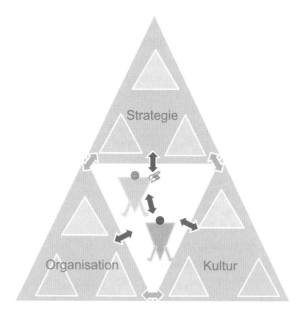

**Bild 6.12** Ergänzung eines bestehenden Unternehmenssystems

Insgesamt wird deutlich – und das ist insbesondere für die Einführung relevant –, dass hier keine Nebenbühnen errichtet werden sollen. Da das Unternehmen einige Zeit existiert, wird es auch seit einiger Zeit gemanagt – ob mit oder ohne System. Hier sind funktionierende – nicht immer bewusste („das machen wir schon immer so") – Abläufe, Prozesse und Methoden etabliert, die genutzt und sinnvoll ergänzt oder erneuert werden können durch die Managementsysteminhalte.

Um noch ein wenig konkreter zu werden, betrachten wir nun die betriebliche Praxis, die nach wie vor mit einigen verbreiteten, unerwünschten Dynamiken zu kämpfen hat. So lässt sich zumindest diagnostizieren, was nicht hilfreich ist.

### 6.2.3 Unerwünschte Dynamiken

Managementsysteme haben sich über die Jahre weiterentwickelt. Auch hier wurde aus Erfahrung gelernt. Viele Unternehmen kämpfen allerdings nach wie vor mit Akzeptanz- und Umsetzungsproblemen. Vor dem Hintergrund der systemischen Kenntnisse – insbesondere zu den Wechselwirkungen innerhalb des Unternehmens – zeigen wir jetzt einige Problemzonen auf, die für wirkliche, tiefenwirksame Integration im „großen Ganzen" relevant sein können.

#### 6.2.3.1 Wo ist der Dirigent?

Während generelle Entwicklungs-, Umstrukturierungs- oder Einsparziele strategisch über lang- bis kurzfristige Planungen und Erfolgsmessungen „von oben" fließen, bleiben Zielsetzungen wie z. B. Umweltschutz häufig im Stadium schriftlicher Erklärungen (Politiken) und kurzfristiger, spontaner Verbesserungsprojekte „von unten" stecken. Die strategische „Brücke" fehlt und damit auch der Nachdruck aus den höchsten Führungsetagen.

Erkennbar wird diese Lücke auch an Äußerungen der obersten Führungsliga, die die Notwendigkeit für ein Managementsystem kommentiert mit Aussagen wie: „Umweltschutz machen wir (nur), weil … Kunde X es fordert, … wir gezwungen sind, Gesetze einzuhalten, … wir das Zertifikat wollen."

So ist die strategische Ignoranz ein Indiz für das Engagement der obersten Leitung, die bei ihrem Management und in der generellen Ausrichtung des Unternehmens die Managementsystemzielsetzungen kaum mitdenkt. Verbundenheit und Verpflichtung bezüglich des Arbeitsfelds kommen so nicht wirksam zur Geltung.

#### 6.2.3.2 Solo oder Orchester?

Vielfach sind Projekte zur Einführung von Managementsystemen mit Blick auf eine schnelle, erfolgreiche Zertifizierung kurzfristig angelegt. Für entsprechende Vorhaben (zumindest in kleinen und mittleren Unternehmen) wird ein Jahr Laufzeit selten überschritten. So werden die strukturellen und personellen Rahmenbedingungen oft „mit heißer Nadel" und primär auf der Ebene der verschriftlichten Organisation gestaltet und finden sich dort in Dokumenten- oder Dateiform wieder.

Ein Instrument allein ist nicht vergleichbar mit der klangvollen und harmonischen Wirkung eines vielstimmigen Orchesters. Und nur wenn alle mitspielen, kann die volle Wirkung entfacht werden.

### 6.2.3.3 Noten sind nötig?

Ein Aspekt, der dem Image der Managementsysteme aus Sicht der Mitarbeiter massiv schadet, ist der „Papierkram" – anders ausgedrückt: die in der Regel umfangreiche, sorgfältig gestaltete Dokumentation. Damit sind sowohl die Vorgabe- (der Abläufe und Verfahren) wie auch die Nachweisdokumente (Aufzeichnungen) gemeint. Begriffe wie „Bürokratie" und „Kleinkariertheit" sind in diesem Zusammenhang nicht selten zu hören. Mit Einführung des Managementsystems wurde in der Vergangenheit oft eine Grundprämisse vermittelt: Alles Wichtige muss aufgeschrieben werden, sonst klappt es nicht!

Ein Qualitätsmanagementbeauftragter sagte mir im Beratungsprojekt: „Unsere Prozessbeschreibungen, Anweisungen usw. sind in der Regel so detailliert abgefasst, dass ‚selbst Idioten' die Arbeit tun können."

**Warum so viele Dokumente?**

Jim Collins, ein Managementvordenker und Berater, sieht die Ursachen für Bürokratie darin, dass Unternehmen versuchen, einen kleinen Anteil „falscher Leute an Bord" zu managen, was dazu führt, dass die Richtigen sich aus dem Staub machen (Collins 2003).

Viel zu selten ist den Autoren dieser Dokumente klar, dass diese Herangehensweise interne Denkweisen und Haltungen vermittelt, die eher unerwünscht sind:

- Mitarbeiter sind ohne detaillierte Vorgabedokumente nicht in der Lage, ihren Job gut zu machen.
- Je weniger sie selbst entscheiden müssen, umso weniger Fehler passieren.
- Den Worten der Mitarbeiter zu trauen, ist riskant – es braucht für alles einen schriftlichen Nachweis.

Auch wenn dies nicht explizit ausgesprochen wird, so ist doch wahrscheinlich, dass Mitarbeitende zwischen den Zeilen lesen und erkennen, dass ihnen die Führungsperson nicht vertraut. Misstrauen stellt die Kompetenz und den gesunden Menschenverstand der Beschäftigten infrage und erschwert engagiertes, einfallsreiches und eigenverantwortliches Handeln.

### 6.2.3.4 Gleich- oder Missklang?

Die Anwesenheit des Dirigenten und die damit signalisierte Verpflichtung und (Un-)Wichtigkeit des jeweiligen Themenfelds pflanzen sich gern fort. Sie können sich insbesondere auch in den ungeschriebenen Regeln und Gepflogenheiten der Kultur und im direkten Führungsverhalten der übrigen Führungsebenen widerspiegeln.

Entsprechende Störgeräusche werden allerdings eher den Mitarbeitern zugeschrieben. Die bewusste Berücksichtigung und Bereitung der Kultur als Boden und Substrat neuer Ausrichtungen und die prägende Rolle der direkten Führung dabei werden – nicht nur in Managementsystemen – gerne vernachlässigt (Behlert 2012). Die folgenden Beispiele aus der betrieblichen Praxis sollen das verdeutlichen:

### 6.2.3.4.1 Führungskultur

Innerbetriebliche Veränderungen gehören inzwischen zum Tagesgeschäft. Neue Produkte, Anlagen, Verfahrensweisen, neue Schwerpunkte, neue Projekte und Arbeitsformen prägen den Arbeitsalltag und seine Anforderungen. So ist es nur zu menschlich, nicht allen Wünschen, Anforderungen und Vorgaben des Alltags und der Vorgesetzten Beachtung zu schenken. Viele kommen und gehen und verlieren morgen sowieso wieder an Bedeutung.

> **Veränderungen und ihre Auswirkungen**
>
> „Wenn ein Unternehmen schon mehrere Umstrukturierungen hinter sich hat, behandeln die Leute sie wie Blähungen: Wenn man lange genug wartet, gehen sie von selbst wieder weg." So beschreibt Managementlegende Jack Welch die Reaktion von Mitarbeitern auf ständige Veränderungen (Hübner-Weinhold 2008).

Auch neue Regelungen in Managementsystem können sich dem nicht entziehen. Dieser „natürliche Selektionsprozess" wird besonders dadurch unterstützt, dass einerseits schriftliche Organisationsvorgaben als Prozess oder Verfahren festgelegt sind und so alle im Orchester die gleichen Noten haben. Andererseits bestärken Führungskräfte durch ihr Verhalten (kein Vorbild, permanent Ausnahmen definieren, Abweichungen nicht oder zumindest nicht konsequent ansprechen) eher die Ausnahme als die Regel. Sie spielen nach anderen Regeln (Noten). Entsprechend disharmonisch ist das Ergebnis – mit den geschilderten Selektionskonsequenzen.

Welche Regeln gelten, was wie wichtig und ernst zu nehmen ist, wird im täglichen Zusammenspiel abgeglichen am konkreten Verhalten der Vorgesetzten („Meinungsmacher").

Diese verstärkende Form von Führungsverhalten wird in der betrieblichen Praxis der Managementsysteme von den Linienführungskräften gern an die entsprechende Stabsstelle und an die Auditoren „delegiert".

> **Informelle Strukturen**
>
> Die informellen Strukturen und ungeschriebenen Regeln im Managementsystem (Kultur) sind meist unbewusst. Sie wirken als Stütz- oder Störfunktion der „offiziellen" organisatorischen Vorgaben.

Im Ergebnis schränkt eine solche Führungskultur, die sich in der direkten Führung und ihren Gewohnheiten (oder Mustern) zeigt, die Wirksamkeit definierter Regeln und Anweisungen stark ein. Maßgeblich ist für die Mitarbeitenden: Bleibt es bei der Ankündigung und Willensbekundung? Ist das Ganze wirklich ernst gemeint? Hier müssen dem Gesagten auch Taten folgen.

*6.2.3.4.2 Fehler-, Kommunikations- und Lernkultur*

Fehler bzw. ihre Vermeidung sind wichtige Zielsetzung unserer Normen. Dabei sollten nicht nur das Managementsystem mit seinen Strukturen, sondern auch die Menschen darin lernen. Doch das Erkennen der Fehler und das Sprechen darüber sind nicht immer einfach, denn das suboptimale Handeln knabbert am Selbstwertgefühl. Zudem braucht eine entsprechende Offenbarung dem Chef oder den Kollegen gegenüber die Gewissheit, im Zuge der Ermittlungen nicht gleich selbst auf der Anklagebank zu sitzen und als Schuldiger gebrandmarkt zu werden. Ein solches Vertrauen ist im betrieblichen Umfeld nicht immer gegeben. Lieber hält man dicht und vertuscht – so kann die kompetente Fassade aufrechterhalten werden. Eine solche Kommunikationskultur führt dazu, dass die verantwortliche Führung über kritische Vorfälle sehr selten oder überhaupt nicht informiert wird.

Auch beobachtete Fehler bei den entsprechenden Kollegen anzusprechen, ist häufig schwierig. Kritik wird vielfach als abwertend erfahren, und abwehrende und verteidigende Reaktionen sind an der Tagesordnung. Entsprechend hoch sind die Hürden, sie zum Thema zu machen.

Ist der Fehler offenbart, winkt ein weiteres Hemmnis: Der Vorgesetzte oder – in Managementsystemen häufig zu beobachten – der entsprechende Beauftragte bzw. die entsprechende Fachkraft naht als rettende Feuerwehr und löscht das Feuer so schnell wie möglich unter Ausschluss der Öffentlichkeit. Dass dabei die Expertise der eigentlichen

Beteiligten oft ignoriert wird, ist die eine Sache. Hinzu kommt allerdings auch, dass sie um die Chance gebracht werden, ihr Handeln zu reflektieren und daraus ihre eigenen Schlüsse zu ziehen. Aus Erfahrungen lernen wird so verhindert.

### 6.2.3.5 Was wird hier gespielt?

In der Regel hat ein Unternehmen – neben dem wirtschaftlichen Erfolg – viele weitere Zielsetzungen. Hinzu kommen weitere Veränderungsideen und -projekte, die für permanente Bewegung sorgen. Jede neue Zielsetzung soll im und durch das Unternehmen umgesetzt werden und hat infolgedessen strukturelle wie auch personelle (Begleit- und Umsetzungs-)Maßnahmen zur Folge. So kommt das eine zum anderen – Neues zu Altem – und ... überlagert sich (Spieß/Rosenstiel 2010). Bei einer solchen Vielzahl an Anforderungen, Zielen und Veränderungen, die ein Unternehmen verfolgen kann, sind es in der betrieblichen Praxis insbesondere zwei Aspekte, die die Umsetzung in regelkonformes und erwünschtes betriebliches Handeln wirksam behindern: Menge und Inhalt.

Menge ist deshalb ein Thema, weil immer nur Neues hinzukommt, in der Regel allerdings durch den fehlenden Rück- und Seitenblick selten „aufgeräumt" sprich aussortiert oder zugeordnet und zusammengelegt wird.

So passiert es immer wieder, dass bei der Definition und Konkretisierung der Arbeitspakete oder Tätigkeiten die Kapazitäten der ausführenden Mitarbeitenden wenig Berücksichtigung finden. Im Ergebnis kommt es dann am Ende der Kette nicht selten zu ungewollten Stauentwicklungen und Überlastungen. Wen wundert es da, dass in der betrieblichen Praxis immer mehr Prüf- und Dokumentationspflichten den Managementsystemen den Ruf verderben? Wie viel Aufgaben kann ein Produktionsmitarbeiter „nebenbei" erledigen, ohne die eigentliche Arbeit zu vernachlässigen. Und natürlich addiert sich im dynamischen Betriebsalltag auch immer wieder Neues dazu.

Hinzu kommt der Inhalt deshalb, weil die jeweiligen Ziele, Folgemaßnahmen und Organisationsstrukturen (auch und gerade im Managementsystem) von den jeweils unterstützenden Fachabteilungen angestoßen und oft auch konkretisiert werden. Diese sind primär ihrem Fachgebiet verpflichtet und bei der gegebenen Spezialisierung nicht immer in der Lage, über den fachlichen Tellerrand zu schauen. Die vielfältigen Unternehmensziele arbeiten daher oft in unterschiedliche Richtungen und widersprechen sich teilweise.

Im betrieblichen Alltag ist es keine Seltenheit, dass beispielsweise

- die Qualität top sein soll – allerdings sind Ausschuss und Verschnitt im Hinblick auf Material- und Entsorgungskosten zu minimieren.
- die Prämien, die gezahlt werden, an Outputmenge und Umsatzzahlen gemessen werden – aber zeitintensive Messungen und Prüfungen die Qualität sichern sollen und langsam und umsichtig gearbeitet werden soll, um Arbeitsunfälle zu vermeiden.
- Hygiene- und Reinheitsanforderungen den Einsatz von teuren und abfallintensiven Einmalmaterialien erfordern oder durch adäquaten Reinigungsaufwand reichlich Trinkwasser verbrauchen und Unmengen Abwasser produzieren – aber gleichzeitig soll ressourcensparend gearbeitet werden.

- strenge Umweltschutzvorgaben sich nur mit neuer und teurer Technologie umsetzen lassen, die wiederum im Gegensatz zu langfristigen und nachhaltigen Nutzungskonzepten stehen.

#### 6.2.3.6 Musikgenuss oder Lärm?

Häufig sind es die ausführenden und am Ende der Delegationskette befindlichen Mitarbeiter, bei denen sich alle Vorgaben summieren. An ihnen bleibt dann die Aufgabe hängen, mal eben und oft unter Zeitdruck unbefriedigende Kompromisse zu finden. Schließlich sollen alle zufrieden sein, und alles ist ja auch irgendwie wichtig. So wird aus dem ursprünglich geplanten harmonischen Musikgenuss letztendlich kraftraubender Lärm, und die wirkliche Integrationsarbeit findet genau hier statt. Mal mehr, mal weniger unter Druck werden dann riskante Prioritäten gesetzt, z. B. die eigene Sicherheit, die Qualität oder den Umweltschutz zugunsten von Quantität, Output und Umsatz auszublenden. Gerade Instandhaltungsmitarbeiter können davon ein Lied singen, denn sie sind z. B. bei Anlagenstillständen häufig mit dem Dilemma konfrontiert, Produktivität gegen Arbeits- oder Anlagensicherheit auszubalancieren.

#### 6.2.3.7 Programmänderung unerwünscht?

Die Informationen, die ein solcher „Praxistest" am Arbeitsplatz hervorbringt, werden im hektischen Alltag zu selten an die verantwortlichen Planer und Gestalter zurückgekoppelt und können so auch nicht genutzt werden, notwendige Prioritäten zu setzen oder

Strukturen und Entscheidungsspielräume anzupassen und zu verbessern. Sei es dahin gehend, Regelungen, Vereinbarungen und Ziele zu korrigieren oder bewusster mit den ungeschriebenen Regeln umzugehen und so auch die Kultur als Rahmenbedingung zu berücksichtigen.

Vielfach werden die Dilemmata und „Kompromisse" der Mitarbeiter so lange toleriert, bis etwas „passiert" – beispielsweise ein Un- oder Störfall oder eine kostspielige Reklamation. Erst dann wird das Problem offiziell registriert und die direkte Führung aktiv.

Die Reaktion ist dann oft kurzsichtig, wenn Zusammenhänge nicht erkannt, Ursachenverkettungen und Wechselwirkungen im Gesamtsystem ignoriert werden. Es ist nach wie vor gebräuchlich, einen „Fehler" als Unachtsamkeit oder Bequemlichkeit zu diagnostizieren, statt die innerbetriebliche Instrumentensammlung abzustimmen. Zum Teil werden bei den Analysen die dokumentierten Organisationsvorgaben auch ausgeblendet. Zum einen, weil sie sowieso nicht so ernst genommen werden („ist halt nur die Qualitätsmanagementanweisung – funktioniert sowieso nicht"), zum anderen allerdings auch, weil die ggf. notwendige Anpassung dieser Vorgabedokumente oder Prozesse in Änderung, Diskussion, Frei- und Bekanntgabe einen beschäftigungswirksamen Rattenschwanz nach sich zieht.

### 6.2.4 Der Kern im Rückblick

Das System im System lässt sich an den verschiedensten Stellen verorten. Über die Jahre haben die *Managementsysteme dazugelernt* und wurden mehr und mehr „einverleibt" (Bild 6.13). Auf dem Fundament moderner systemischer Unternehmensbetrachtungen und mit der Rückendeckung der revidierten Normen lässt sich hier allerdings noch weiter optimieren. Das Prozessdenken ist dabei ein Schritt in die richtige Richtung, denn es zwingt, Zusammenhänge und Zusammenarbeit herzustellen, wo sie gebraucht werden.

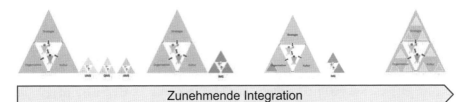

**Bild 6.13** Managementsystem auf dem Weg von der „Vorderbühne" zur „Hauptbühne"

Allerdings machen sich die in → Kapitel 6.1.4 festgestellten *„blinden Flecken" der Normen auch in der Praxis* bemerkbar.

Vielfach findet die Integration nur auf der Ebene der *verschriftlichten Organisation* statt, die sich primär auf die standardisierbaren Routinen konzentriert. Langfristige (strategische) Ausrichtung und Planung der Unternehmen, die primär „von oben" kommt, konzentriert sich nach wie vor auf unternehmerisch Wichtigeres.

So fehlt nicht nur das sichtbare Mitdenken der entsprechenden Themen im Management, sondern auch die erlebbare Unterstützung der *obersten Leitung* durch entsprechende Wichtigkeitssignale und die notwendige Rückendeckung der übrigen Führungskräfte, die so die Themen nach wie vor eher am Rand des Unternehmensgeschehens sehen.

Entsprechend gestalten diese ihre *direkte Führung* und die ungeschriebenen Regeln daraus und sind sich oft nicht im Klaren darüber, dass ihre „Vorbild"-Wirkung die entsprechende Sicherheits-, Umweltschutz- oder Qualitätskultur des Unternehmens prägt und sich dann eher als Stör- denn als Stützfunktion erweist.

Neben der geschilderten lückenhaften Berücksichtigung im Unternehmen finden auch die *Dynamiken zwischen den Managementsystemelementen* in der Praxis nur unzureichend Beachtung:

*Widersprüchliche Zielstellungen und Verfahrensvorgaben* unterschiedlicher Fach- und Unternehmensbereiche lösen Wechselwirkungen und Rückkopplungen aus, die sich in ihrer Wirkung gegenseitig beeinträchtigen oder sogar aufheben.

Das gilt insbesondere auch für unabhängig voneinander betriebene Aufgaben oder Rechtsgebiete, die unterschiedliche Ziele verfolgen (Brandschutz, Umgang mit Gefahrstoffen, Ex-Schutz etc.) – initiiert aus unterschiedlichen Abteilungen oder von verschiedenen Fachfunktionen, die sich mit der ihnen eigenen Fachbrille auf ihr Spezialgebiet konzentrieren und gegebenenfalls wenig miteinander zu tun haben –, wie es im Falle voneinander unabhängiger fachlicher Königreiche immer mal wieder vorkommt.

*Spürbar sind diese Defizite bei den Mitarbeitern* – den Adressaten der Vorgaben bei der konkreten Umsetzung –, denn hier müssen Widersprüche und Unklarheiten erkannt und „ausgebadet" werden. Erst hier findet die letzte Stufe der Integration statt, und hier zeigt sich, wie passend und überdauernd die Veränderungen aus dem Managementsystem im System aufgenommen sind.

Ist ein solches Ausbaden an der Tagesordnung und selbstverständlich, gilt es als ungeschriebene Regel und wird nicht mehr „bei jeder Kleinigkeit" thematisiert – oder nur bei teuren, riskanten Vorkommnissen und Fehlern. Auf diese Weise kann es für die letzte Integrationsstufe und die erforderliche Anpassung und Verbesserung des Systems nicht (rechtzeitig) genutzt werden.

Interessant ist hier also die Frage, ob, wann und durch wen solche Dilemmata aufgedeckt und gegebenenfalls aufgelöst werden. Geschieht das z. B. durch eine bewusste Klärung – beispielsweise Priorisierung – im Gespräch mit der jeweiligen Führungskraft oder ad hoc am Arbeitsplatz durch die Mitarbeiter?

## 6.3 Mögliche Konsequenzen für Führung und Zusammenarbeit

Ein Managementsystem lässt sich als Teil oder Teilsystem des Systems Unternehmen verstehen. Dem stehen auch die etablierten Standards nicht entgegen, wenngleich sie in ihren Betrachtungen nicht immer konsequent „systemisch" sind. Allerdings liefern sie bewährte Tools oder Elemente, die es wirksam zu integrieren gilt. Ein Blick auf die Höhen und Tiefen der betrieblichen Realität liefert Hinweise auf Aspekte, die dabei zu berücksichtigen sind:

- die Auswahl der Management- oder Führungstools bzw. -elemente,
- ihre Wechselwirkungen – und hier insbesondere die ungeschriebenen Haltungen und Einstellungen der Kultur – sowie die
- Mitarbeiter als wach- und wirksame Akteure, die es sinnvoll einzubinden gilt.

Bezogen auf die zentralen Führungsprozesse im Managementsystem ist dies insbesondere für die Einführung relevant, die ja immer auch mehr oder weniger Integration ist.

Dass hierzu ein entsprechendes Grundverständnis nötig ist, wird auch im Umweltmanagementleitfaden deutlich, der im Entwurf seiner „Praktischen Hilfe – Beispiele des Kompetenzbedarfs" zum Normabschnitt „5. Führung" nicht nur u. a. „Wissen und Verständnis des Führungsbegriff, wie z. B. Kommunikation, menschliches Verhalten und Organisationskultur" vorschlägt, sondern auch die „Fähigkeit zur Integration des Umweltmanagementsystems in das Managementsystem der Organisation" (ISO 14004:2015, 7.2).

### 6.3.1 Synergien nutzen und klar ausrichten

Wo und wie integriert wird – ob „im Alten" ein- oder als Neues angebaut wird –, kann nur im System (im Unternehmen) nach den vorhandenen Instrumenten, Regeln und Gepflogenheiten entschieden werden.

Bei den rechtlichen Gegebenheiten, Befugnissen und Verantwortlichkeiten bedeutet dies in letzter Konsequenz auch, vor der Einführung mit den obersten Verantwortlichen eine ausführliche Information und Auftragsklärung durchzuführen und Konsequenzen aufzuzeigen:

- Soll die betriebliche Praxis wirklich beeinflusst werden oder lediglich eine publikumswirksame Vorderbühne für ein Zertifikat errichtet werden – mit den entsprechenden Folgen für die Führungskultur (z. B. „Hier gibt es Vorgaben, die eingehalten werden sollten und andere nicht")?
- Auch lassen sich Chancen und Synergien nutzen. Beispielsweise macht es Sinn, die bewährte Dokumentenerstellung und -lenkung unternehmensübergreifend für alle relevanten Themen und Rechtsvorschriften einzusetzen oder bestehende übergreifende Systeme und Strukturen durch die Werkzeuge der Managementsysteme zu verbessern und zu ergänzen.

Wichtig ist grundsätzlich, auf das Vorhandene und Funktionierende an Führungsstrukturen und -gepflogenheiten aufzubauen – denn: Was schon gekonnt und akzeptiert ist, braucht nicht gelernt und geändert zu werden. Ist etwas allerdings nicht akzeptiert und macht immer wieder Probleme, ergibt sich daraus gegebenenfalls frischer Rückenwind für Veränderung.

### 6.3.2 Die Instrumente einsetzen

Ist der neue Kurs von oben vorgegeben, müssen die entsprechenden Weichen gestellt und die Führungs- oder auch Managementinstrumente festgelegt werden, die dann die Zielverfolgung und -erreichung sicherstellen. Ob die jeweilige Mischung weniger oder mehr Instrumente vereinigt und am Ende den Namen „Managementsystem" bekommt, sei dahingestellt. Die gängigen Normen haben einen Methodenmix entwickelt, der bei der konventionellen Unternehmensführung abgeschaut wurde und der der obersten Leitung nicht unbekannt sein dürfte.

Im Fokus steht an dieser Stelle, dass möglichst alle hilfreichen und wirksamen Führungsinstrumente zum Einsatz kommen. Dabei gilt es, in den konventionellen Managementsystemen insbesondere die vernachlässigten Kräfte der Strategie und Kultur sowie die direkte Führung als Be- und Verstärker aller Führungsstrukturen zu berücksichtigen.

#### 6.3.2.1 Strategie

Strategien im Managementsystem müssen im Orchester der Managementsysteme überhaupt erst einmal vorkommen und in entsprechend lang- bis kurzfristige Planungen, Zielsetzungen und -vereinbarungen münden. Wenn solche Planungen im Unternehmen existieren, bietet sich an dieser Stelle die Chance, die oberste Führung sichtbar einzubeziehen und systematisch vom Groben ins Detail zu denken.

*6.3.2.1.1 Strategische Ziele anschlussfähig machen*

Auch hier lohnt es sich, die Wechselwirkungen genauer zu betrachten, die zwischen Managementsystemzielsetzungen und den „eigentlichen" langfristigen Zielen des Unternehmens bestehen. Vielfach werden beispielsweise die langfristigen Einspareffekte umweltschonender (nachhaltiger!) Ressourcenminimierung verkannt. Warum sonst braucht es staatliche Entlastungspakete, um Unternehmensleitungen zum systematischen Energiemanagement via Energiemanagementsystem nach DIN EN ISO 50001 zu bewegen? Auch die kostenwirksame Reduktion der Abfallmengen und der übrigen Ressourcenverbräuche (Wasser, Gas, Roh-, Hilfs- und Betriebsstoffe) oder ihres Gefährdungspotenzials wird immer wieder unterschätzt. Die Ausfall- und Unfallzahlen sind finanziell höchst relevant. Lediglich die Qualität ist als kunden- und damit überlebenswirksame Bedingung ohne große Umwege in die langfristige Wettbewerbssicherung einzuplanen.

Die Herausforderung, diese Zusammenhänge an oberster Stelle zu platzieren, richtet sich insbesondere an die jeweilige Stabsstelle. Nur ihr ist es fachlich möglich, durch überzeugende Information und Kommunikation die richtigen Argumente anzubieten, die so nachvollziehbar und anschlussfähig sind, dass sie in die langfristige Planung des Unternehmens und die vorwiegend ökonomische, unternehmerische Denkwelt Eingang finden.

### 6.3.2.1.2 Einbeziehung ermöglichen

Die nun verpflichtende (insbesondere externe) Kontextbetrachtung hierzu ist ein weiterer Baustein, der es ermöglichen soll, Markt- und Wettbewerbsrisiken frühzeitig zu erfassen und zu berücksichtigen. Es bleibt abzuwarten, ob das hier zu entwickelnde zertifizierungsrelevante Instrumentarium über dokumentierte Auflistungen hinausgeht und es schafft, die entsprechenden Mitarbeiter und „Türsteher" an den relevanten Schnittstellen nach außen einzubeziehen (→ Kapitel 5.3.2).

### 6.3.2.1.3 Die „Leitfähigkeit" der Unternehmenspolitik erhöhen

Ein weiterer Aspekt dieses übergeordneten Instrumentariums ist bislang noch nicht beleuchtet: die motivierende Kraft, die von überzeugenden und sinnvollen langfristigen Ausrichtungen ausgeht. Leitlinien und Politik in Managementsystemen werden üblicherweise in gerahmten Textbausteinen umgesetzt. Diese wirken zwar nach außen akzeptabel, verschaffen dem Managementsystem nach innen allerdings kaum Rückenwind. In der Regel nehmen weder die Führungskräfte noch die Mitarbeiter die „blumigen" Inhalte ernst, die von der Stabsstelle getextet und vom oberen Management unterzeichnet wurden.

Es hat sich gezeigt, dass insbesondere solche Leitlinien und Ziele bewegende Kraft entwickeln, die selbst (mit)entwickelt oder weiterentwickelt wurden. Erst hier findet die Kopplung an die individuelle Denkwelt – die Identifikation – statt. Es ist nicht das Ergebnis, sondern der Weg dorthin, der Kräfte freisetzt (→ Kapitel 7.3.7).

Auch wird oft vergessen, dass Leitlinien gerade dann, wenn keine oder widersprüchliche Regeln existieren, Orientierung geben können. Sie klären, was im Unternehmen wirklich wichtig und wertvoll ist und richten so – im besten Falle auch ohne Unterstützung der direkten Führung – das Handeln der Mitarbeitenden aus.

Sowohl die Kontextbetrachtung wie auch die Leitlinien- und Zielentwicklung – einerlei, ob lang- oder kurzfristig – braucht aus diesem Grund beteiligungsorientierte Methoden (→ Kapitel 10). Sie erst stellen sicher, dass sowohl betriebsnahe Informationen wie auch die notwendige Umsetzungsenergie (Wollen) zustande kommen. Zudem werden über entsprechende Diskussionen eine Sensibilisierung und ein gemeinsamer Lernprozess (Können) angestoßen.

### 6.3.2.2 Organisationsstrukturen

Managementsysteme werden in der Regel mit umfassenden, verschriftlichten Vorgaben gleichgesetzt. Doch eine umfangreiche Dokumentation sagt nichts über die Qualität eines Systems aus.

Freiräume ergeben sich durch Umfang und Regelungstiefe – zumindest für die sich wiederholenden Routinen. Allerdings sind auch unvorhergesehene oder einmalige Vorgänge angemessen zu bewältigen – durch Mitarbeitende und die direkte Führung. Beides beinhaltet die Entscheidung über individuelle Freiheitsgrade (Selbstorganisation) in Abhängigkeit von der Mitarbeitererfahrung und -qualifikation.

Je mehr ich den handelnden Akteuren zumuten kann, umso weniger direkte und indirekte Führung ist notwendig. Hier gilt es, Kompetenzen und Spielräume für eigenverantwortliches Entscheiden und Handeln auszuloten und dabei insbesondere auch die ungeschriebenen Gesetze und Gepflogenheiten der Kultur zu beachten. Selbst wenn die schriftlichen Vorgaben und Regeln weniger werden, bleiben kulturelle Gepflogenheiten im Gedächtnis der Organisation erhalten. Eine bedrohliche Fehlerkultur kann Mut und Initiative eigenverantwortlichen Handelns allerdings erheblich einschränken.

Auch wenn die direkte Führung weniger steuert und sich aus der persönlichen Zusammenarbeit zurückzieht, um damit Gestaltungs- und Entwicklungsräume zu eröffnen, ist sie nach wie vor dafür zuständig, entsprechende Rahmenbedingungen für eigenverantwortliche Zusammenarbeit zu schaffen – auch kurzfristig. Ein solcher, auf diese Art systemisch geprägter Führungsstil wird auch als „Kontextsteuerung" bezeichnet.

### 6.3.2.3 Kultur und direkte Führung

Im Hintergrund wirken formelle wie informelle Führungspersönlichkeiten und Multiplikatoren (auch der Betriebsrat) und prägen die kulturelle Atmosphäre. Dabei spielt sichtbares Handeln eine große Rolle und formt die allgemein anerkannten ungeschriebenen Regeln und Haltungen.

Wichtig ist auch, wie erfolgtes Handeln gemeinhin besprochen, bewertet und weitererzählt wird. Sogenannte „Heldengeschichten" wirken zum Teil ebenso mächtig wie vorbildlich gelebtes Tun. Was spricht also dagegen, Erfolgsstorys auch aus der Arbeitssicherheit usw. in Umlauf zu bringen. Warum sollen sich nur negative Nachrichten wie ein Lauffeuer verbreiten?

Kultur ist meist unbewusst, wirkt aber trotzdem und nachdrücklich auf die betrieblichen Denk- und Entscheidungsprozesse. So kann sie das übrige Instrumentarium wirksam entlasten, z. B. die Ablauforganisation durch weniger schriftliche Regelungen und mehr klar definierte, erfolgreich gelebte Handlungsfreiheit. Sie kann allerdings bestehende Regelungen auch (ungewollt) aushebeln und unglaubwürdig machen. Derart unsichtbar muss sie deshalb beobachtet und erfragt werden. Erst dann ist sie besprechbar, lässt sich überprüfen und gegebenenfalls auch gezielt beeinflussen.

**Kultur muss beachtet werden**

Werden in einem Veränderungsprozess die ungeschriebenen Gesetze, Werte und Einstellungen der Kultur nicht hinterfragt, dann behalten sie ihre Wirkung auf das Handeln – auch die unerwünschte (Spieß/Rosenstiel 2010).

### 6.3.3 „Stimmige" Ausrichtung

Angenommen, ein Unternehmen will nicht nur Geld verdienen mit der generellen und übergeordneten Zielsetzung

1. Produktivität und Wirtschaftlichkeit.

Es verfolgt gleichzeitig auch weitere wichtige Zielsetzungen:

2. Qualität,
3. Arbeitssicherheit und Gesundheitsschutz,
4. Umweltschutz,
5. Informationssicherheit,
6. Familienfreundlichkeit usw.

Hier können Wechselwirkungen und Widersprüchlichkeiten zwischen den Bausteinen einer Zielrichtung (z. B. zwischen Ablauforganisation und Führungskultur im Umweltschutz) auftreten. Und auch die Managememensysteme untereinander können sich gegenseitig behindern oder fördern, wenn z. B. sorgfältige qualitäts- und sicherheitsbewusste Arbeit durch den erhöhten Zeitaufwand auf Kosten der Produktivität geht oder eine vorbildliche und wirksame Fehlerkultur in der Arbeitssicherheit z. B. bei der Unfallanalyse auch dem Qualitätsmanagement zugutekommt. Eine frühzeitige Synchronisierung im Sinne des in Tabelle 6.3 aufgezeigten Grundschemas kann vermeiden helfen, dass Dopplungen, Widersprüche und „Altlasten" den betrieblichen Alltag zusätzlich belasten.

**Tabelle 6.3** Abgleich der Instrumente und Inhalte gleich bei der Einführung

|  | Strategie 1 | Organisation 1 | Kultur 1 | Strategie 2 | Organisation 2 | Kultur 2 |
|---|---|---|---|---|---|---|
| Strategie 1 | ■ |  |  |  |  |  |
| Organisation 1 |  | ■ |  |  |  |  |
| Kultur 1 |  |  | ■ |  |  |  |
| Strategie 2 |  |  |  | ■ |  |  |
| Organisation 2 |  |  |  |  | ■ |  |
| Kultur 2 |  |  |  |  |  | ■ |

#### 6.3.3.1 Neue Ziele prüfen und abgleichen

Gerade zu Beginn der Einführung gilt es, die für neue Managementziele (Qualität, Arbeitssicherheit, Umweltschutz) ausgewählten indirekten Führungsinstrumente (Strukturen) frühzeitig auch im Kontext der übrigen zu betrachten.

Als Orientierung kann gelten, z. B. die langfristige Zielsetzung aus der Arbeitssicherheitsstrategie (Strategie 1) „gegen" andere strategische Peilungen z. B. aus Produktivität und Wirtschaftlichkeit (Strategie 2) zu prüfen:

- Treten hier Widersprüche auf?
- Wenn ja, wo werden sie wirksam? – Zumeist beim Mitarbeiter, der sich an seinem Arbeitsplatz allen Zielsetzungen ausgesetzt sieht und dann mit den existierenden Widersprüchen umgehen muss
- Wie lassen sich die unterschiedlichen Richtungen zusammenbringen, Kompromisse finden? Müssen Prioritäten festgelegt oder bestehende Ziele und Strukturen angepasst werden? Wer entscheidet darüber?

Hier ist nicht nur das Spezialwissen der Kern- und Unterstützungsbereiche (z. B. zu relevanten Zielsetzungen und deren Umsetzungsbedingungen), sondern auch der Unternehmensführung (zu „ihrem" Führungssystem) gefragt. Sinnvoll ist auch hier, die Adressaten neuer Umsetzungsvorgaben von vornherein mit einzubeziehen und gegebenenfalls konkret nach Problemen, Hemmnissen und Erfordernissen zu fragen, denn hier konzentrieren sich die Zielsetzungen und Anforderungen, und nur hier kann bewertet werden, was machbar ist.

#### 6.3.3.2 Reibungen in der Umsetzung als Rückmeldung nutzen

Vielfach werden Lücken, Konflikte und Widersprüche im eingeführten Instrumentarium erst durch Disharmonien im reichhaltigen und manchmal überraschenden Alltag deutlich. Beispielsweise, wenn qualitätssichernde Wartungsmaßnahmen während des Produktionsgeschehens nur unter extrem gefährlichen Bedingungen möglich sind oder sicherheitsrelevante Absperrungen plötzlich auf höchst unerwartete Art die übrigen Arbeitsabläufe erschweren. Treten solche Erkenntnisse am Arbeitsplatz auf, so ist der entsprechende Informationsfluss wichtig.

Neben der erforderlichen Offenheit der direkten Führung kostet es sie gegebenenfalls auch Überwindung, umgesetzte Maßnahmen und gefällte Entscheidungen – besonders wenn sie kostspielig waren – wieder rückgängig zu machen. So werden Wechselwirkungen und Widersprüche schnell einmal „übersehen" (→ Kapitel 8.3).

Allerdings gilt auch hier, möglichst reibungsfreie Bedingungen für Betrieb und Mitarbeitende zu schaffen und besser spät als nie durch direktes Führen Orientierung zu geben. Dabei lässt sich insbesondere klären:

- Wer entscheidet wie? (Dies kann bei Wiederholung zukünftig durch kompetente Mitarbeiter erfolgen.)
- Welche Prioritäten, Kompromisse und Entscheidungen sind notwendig und mit wem abzustimmen?
- Wie werden gegebene Führungsstrukturen (Routinen) und laufende Projekte und Maßnahmen anzupassen sein?

### 6.3.4 Kulturmuster erkennen

Die Kultur stellt mit ihren ungeschriebenen Gesetzen und Haltungen eine wichtige Rahmenbedingung für ein funktionierendes Managementsystem dar. Für Akzeptanz und Umsetzung relevante kulturelle Merkmale oder Muster beziehen sich dabei insbesondere auf die generelle Einstellung/Haltung

- zum Arbeitsfeld (z. B. Umweltschutz),
- zum Stellenwert indirekter Führungsinstrumente, insbesondere der Vorgabedokumenten – also standardisierte Arbeitsabläufe, Verfahrensweisen, Prozesse,
- zur Art und Weise der direkten Führung (Führungskultur), beispielsweise der Handhabung der Kontrolle im Sinne der Beachtung von definierten Regeln und der Art und Weise, wie mit Fehlern umgegangen wird.

Die folgenden Fragenkataloge können helfen, den Mustern auf die Spur zu kommen. Da die entsprechenden Denk- und Verhaltensgewohnheiten oft so selbstverständlich wie unbewusst sind, besteht der wesentliche Gewinn dieser Ermittlung darin, sie zum Thema zu machen, zur Diskussion zu stellen und so gemeinsames Lernen zu ermöglichen.

Beim Versuch, Kultur zu erfassen – z. B. durch Befragung –, braucht es nicht immer das ganze Unternehmen. Oft haben Bereiche und Teams auch ihre eigenen (Sub-)Kulturen. Eigenarten und Attitüden und sogar das Vokabular ist je nach Aufgaben, Arbeitskontext, Mitarbeiterart und -anzahl oft unterschiedlich – entsprechend auch die Ausprägung ungeschriebener Haltungen und Gesetze.

## 6.3.4.1 Arbeitsfeldkultur

Für vermeintlich neue langfristige Zielsetzungen (Umweltschutz, Energieeffizienz) hilft es, bei der Einführung den kulturellen Boden zu bereiten. Hierzu braucht es das sichtbare, zustimmende und unterstützende Verhalten der obersten Führung (und auch aller anderen wichtigen Multiplikatoren/Führungskräfte):

- Wie genau stellt sich z. B. die Geschäftsführung zum Leitthema des neuen Managementsystems (Umweltschutz, Qualität)?
- Woran ist dies zu erkennen? Ist eine tatsächlich gelebte, unterstützende Position für alle Führungskräfte und Mitarbeitenden erkennbar? Tritt sie beispielsweise im Zusammenhang mit dem Thema öfter in Erscheinung (als nur bei der Zertifizierung) oder kommt lediglich eine Vertretung?
- Ist die Darstellung und Diskussion um das jeweilige Arbeitsfeld engagiert und überzeugend?
- Kommt das Thema öfter zur Sprache? Wenn ja, auf welche Weise und mit welchem Ergebnis?
- Welche dauerhaften Rahmenbedingungen werden genutzt/geschaffen, das Thema und seine Wichtigkeit auch in den Köpfen am Leben zu erhalten?
- Hat es einen nachvollziehbar wichtigen Stellenwert, der sich auch in den gängigen Informations- und Kommunikationskanälen und -runden widerspiegelt?

Schriftliche Leitlinien oder Politikdokumente allein sind hier kaum glaubwürdig. Bemerkungen wie „Wir brauchen das Zertifikat!", „Das machen wir nur, weil der Kunde/der Zertifizierer das fordert" sind Bremsverstärker.

Etablierte Einstellungen und Haltungen zum Arbeitsfeld lassen sich allerdings nicht „mal eben" von heute auf morgen ändern. Hier braucht es auch aufmerksame direkte Durchführung, die beobachtet, Fragen stellt und zuhören kann, um nachträglich Ausrichtung und Bedingungen aufeinander ab- oder – wie erwähnt von den Normen gefordert – „übereinzustimmen".

## 6.3.4.2 Dokumentenkultur

Bei der Errichtung und Änderung von Vorgabedokumenten oder -dateien (z. B. Arbeitsanweisungen) sind beispielsweise folgende Fragen interessant, um kulturelle Widersacher auszumachen:

- Welchen Stellenwert und welche Akzeptanz haben bei uns geschriebene Anweisungen (im Vergleich zu mündlichen Absprachen, An- und Unterweisungen)? Gibt es Unterschiede in der Bewertung? Haben beispielsweise Betriebsanweisungen aus der Arbeitssicherheit einen anderen Stellenwert als Qualitätsmanagementanweisungen?
- Werden sie als praxisnah und umsetzbar erlebt oder als praxisfern und produktivitätsgefährdend? Werden sie als Einarbeitungshilfe, Gedächtnisstütze, nützlicher Wissensspeicher oder als „Bürokratie" gesehen? Werden sie in der Praxis ignoriert, „angepasst" bzw. ergänzt durch informelle Regelungen, die allseits toleriert werden und als „nützliche Illegalität" geduldet sind?

- Werden sie als einengende Handlungsanweisung oder grober Kompass gesehen, der Freiraum für Kompetenz und Engagement lässt?
- Wie verbindlich werden sie üblicherweise gehandhabt? Gelten sie immer und durchgehend oder nur in bestimmten Situationen (z. B. wenn genug Zeit ist oder Zertifizierer, Auditor, Vorgesetzte oder Kunden in der Nähe sind)?

Mangelt es hier an hilfreichen Haltungen, besteht die Gefahr, dass ein wichtiges indirektes Führungsinstrument wirkungslos bleibt – mit entsprechenden Folgen für die direkte Führung vor Ort.

### 6.3.4.3 Kontrollkultur

Organisationsstrukturen sollen nicht nur errichtet, sondern auch aufrechterhalten werden. Hier gilt es, dem Mechanismus des Vergessens entgegenzuwirken, um das Fortbestehen im wechselhaften Alltag zu sichern, z. B. durch direkte Führung in einer Kultur, die zur Nutzung dieser Strukturen motiviert. Dazu sind wahrnehmbare Signale notwendig. Sind diese Signale nicht vorhanden, sind das Thema und auch die damit zusammenhängenden Vorgabedokumente augenscheinlich nicht wichtig.

**Wichtig im Unternehmen ist ...**
Wichtig ist das, was „TATsächlich" wichtig genommen wird.

„Wichtigkeit" kann sich dabei auf unterschiedliche Weise vermitteln:
- Wie wird bei Ihnen deutlich gemacht, dass Vorgaben und Vereinbarungen zu dem erwünschten Verhalten verbindlich einzuhalten sind?
- Gibt es Hintergrundinformationen und nachvollziehbare Begründungen, die dem Mitarbeiter ermöglichen Sinn und Nutzen zu erkennen?
- Ist Führung beim Beobachten, Nachhalten, Korrigieren, Unterstützen und Verfolgen von Nachbesserungen durchgehend klar und konsequent (was auch auf Augenhöhe praktiziert werden kann)?
- Werden Wert und Wichtigkeit der Regelbefolgung auf positive Weise „verstärkt", z. B. durch Sehen/Beachten, Wertschätzen/Lob von Verhalten, Leistungen, Ergebnisse etc. (→ Kapitel 7)? Unterstützend ist hier auch das Vorbildverhalten der Führung.

### 6.3.4.4 Fehlerkultur

Im Zusammenhang mit Managementsystemen finden insbesondere die Fehlervermeidung, -bearbeitung sowie die kontinuierliche Verbesserung erhebliche Aufmerksamkeit. Unabhängig von den Normanforderungen sind diese Vorgaben notwendige Voraussetzung für ein Unternehmen, (aus Fehlern) lernen zu lassen und sich weiterzuentwickeln. Infolgedessen spielen Einstellungs- und Verhaltensmuster z. B. zu folgenden Themen eine nicht unerhebliche Rolle (Fahlbruch/Schöbel/Marold 2012):

- Wie offen und respektvoll wird untereinander und von „oben" über abweichendes Verhalten, Fehlhandlungen und Ähnliches gesprochen? Werden dabei auch die Motive und Absichten des Mitarbeiters erfragt, der ggf. lediglich versucht hat, im Sinne des Unternehmens mangelhafte oder unklare Rahmenbedingungen „auszubaden"?
- Wo und wie werden die Ursachen für unerwünschte Vor-, Stör- und Unfälle gesucht? Werden die Verkettungen und Zusammenhänge mit ungenügenden Rahmenbedingungen mit betrachtet (→ Kapitel 9) oder wird die Ursache schnell im Mitarbeiter vermutet?
- Was haben entsprechende „Tatverdächtige" zu erwarten (Konsequenzen, Strafen, Gesichtsverlust, Vor- und Verurteilung)?
- Wird dem Mitarbeiter die Möglichkeit eröffnet, die Kohlen selbst oder zumindest mit aus dem Feuer zu holen und dabei zu lernen? Oder werden entsprechende Maßnahmen über seinen Kopf hinweg definiert?
- Wie „produktiv" wird mit potenziellem Vorbeuge- und Verbesserungspotenzial (z. B. auch aus dem Vorschlagswesen) umgegangen?

Die Haltung zu Fehlern und ihren Ursprüngen hat viel mit dem Wissen um ihre Wurzeln und Entstehungsgeschichte zu tun. Vieles daraus beruht auf typisch menschlichen Eigenarten (→ Kapitel 7 und 8).

### 6.3.5 Lernen braucht Impulse

Managementsysteme im System Unternehmen können – einerlei, wie gut und ganzheitlich sie integriert sind – nie perfekt sein. Alles Neue ist im Hinblick auf die Weiterentwicklung des Systems immer nur vorläufig passend und muss bei entsprechenden „Störungen" wandelbar und anpassungsfähig sein. Diese Störungen können von außen und innen kommen und müssen rechtzeitig wahrgenommen werden:

- Von außen ist es die veränderliche Umwelt, die immer wieder neue Umstände, Anforderungen und Ansprüche entwickelt, die wahrgenommen und weitergegeben werden müssen.
- Intern sind es die Schwingungen und Missstimmungen in den Tiefen des Systems, die erst wirkliche Integration ermöglichen und insbesondere über die Mitarbeitenden Ausdruck finden.

**Der PDCA-Kreislauf als Lernwerkzeug**

In einer Welt, in der nicht alles durchschaut, geplant und gesteuert werden kann, sind Punktladungen schwierig. Zudem können veränderliche Umfeldbedingungen dazu führen, dass Einflussfaktoren erst später erkannt oder neu hinzu kommen. Damit Planung in Systemen nicht ins Leere laufen, müssen sie rollierend sein und sich immer wieder selbst überprüfen.

> Mit dem PDCA-Zyklus (ISO 9001:2015, 0.3.2) liefern die Normen hierzu ein wirkungsvolles Werkzeug: Dieser einfache Regelkreis dient als permanente Feedbackschleife. Ein wiederholter Soll-Ist-Abgleich liefert in eigenwilligen und unkalkulierbaren Systemen Informationen zu „ungeplanten" Rückkopplungen und Neben- und Wechselwirkungen, die dann in Planung und Zielsetzung berücksichtigt werden können.

Managementsysteme sind ohne ihre Mitarbeitenden als Kernelemente und deren Mitwirkung nicht überlebensfähig. Eine Herausforderung für Führung und insbesondere ihre Kommunikation und Zusammenarbeit, der wir uns im letzten Kapitel stellen (→ Kapitel 10).

# ■ 6.4 Literatur

Behlert, Carsten (2012): *Auswirkungen von Umweltmanagementsystemen auf die Unternehmenskultur (Fallstudien im Rahmen einer Dissertation)*. Rhombos, Berlin

Bördlein, Christoph (2009): *Faktor Mensch in der Arbeitssicherheit – BBS*. Erich Schmidt, Berlin

Collins, Jim (2003): *Der Weg zu den Besten: Die sieben Management-Prinzipien für dauerhaften Unternehmenserfolg*. Deutscher Taschenbuch Verlag, München

Deeg, Jürgen; Schimank, Uwe; Weibler, Jürgen (2009): „Verhalten im Stillstand – Stillstand als Verhalten". In: Schreyögg, Georg; Sydow, Jörg (Hrsg.): *Verhalten in Organisationen*. Gabler, Wiesbaden

DIN EN ISO 9000:2005: *Qualitätsmanagementsysteme – Grundlagen und Begriffe; Dreisprachige Fassung*. Beuth, Berlin

DIN EN ISO 9000:2014: *Qualitätsmanagementsysteme – Grundlagen und Begriffe (ISO/DIS 9000:2014); Deutsche und Englische Fassung prEN ISO 9000:2014*. Beuth, Berlin

DIN EN ISO 9000:2015: *Qualitätsmanagementsysteme – Grundlagen und Begriffe (ISO 9000:2015); Deutsche und Englische Fassung EN ISO 9000:2015*. Beuth, Berlin

DIN EN ISO 9001:2008: *Qualitätsmanagementsysteme – Anforderungen (ISO 9001:2008); Dreisprachige Fassung EN ISO 9001:2008*. Beuth, Berlin

DIN EN ISO 9001:2015: *Qualitätsmanagementsysteme – Anforderungen (ISO 9001:2015); Deutsche und Englische Fassung EN ISO 9001:2015*. Beuth, Berlin

DIN EN ISO 9004:2000: *Qualitätsmanagementsysteme – Leitfaden zur Leistungsverbesserung (ISO 9004:2000); Dreisprachige Fassung EN ISO 9004:2000*. Beuth, Berlin

DIN EN ISO 9004:2009: *Leiten und Lenken für den nachhaltigen Erfolg einer Organisation – Ein Qualitätsmanagementansatz (ISO 9004:2009); Dreisprachige Fassung EN ISO 9004:2009*. Beuth, Berlin

DIN EN ISO 14001:2009: *Anforderungen mit Anleitung zur Anwendung (ISO 14001:2004 + Cor 1:2009). Deutsche und Englische Fassung*. Beuth, Berlin

DIN EN ISO 14001:2015: *Umweltmanagementsysteme – Anforderungen mit Anleitung zur Anwendung (ISO 14001:2015); Deutsche und Englische Fassung EN ISO 14001:2015*. Beuth, Berlin

DIN EN ISO 14004:2010: Umweltmanagementsysteme – Allgemeiner Leitfaden über Grundsätze, Systeme und unterstützende Methoden (ISO14004:2004); Deutsche Fassung EN ISO 14004:2010. Beuth, Berlin

DIN EN ISO 14004:2015: *Umweltmanagementsysteme – Allgemeiner Leitfaden über Grundsätze, Systeme und unterstützende Methoden (ISO/DIS 14004:2015); Deutsche Fassung prEN ISO 14004:2015.* Beuth, Berlin

Fahlbruch, Babette; Schöbel, Markus; Marold, Juliane (2012): „Sicherheit". In: Badke-Schaub, Petra; Hofinger, Gesine; Lauche, Kristina: *Human Factors. Psychologie sicheren Handelns in Risikobranchen.* 2. Auflage, Springer, Berlin/Heidelberg, S. 21–38

Hinsch, Martin (2014): *Die neue ISO 9001:2015 – Status, Neuerungen und Perspektiven.* Springer Vieweg, Berlin/Heidelberg

Hübner-Weinhold, Mark (2008): „Veränderungen: Der Wandel muss gelebt werden. Warum so viele Change-Projekte scheitern". In: *Hamburger Abendblatt* vom 15.03.2008. URL: http://www.abendblatt.de/wirtschaft/karriere/article107385006/Der-Wandel-muss-gelebt-werden.html, Abruf: 10.09.2015

Koch, Susanne (2015): *Einführung in das Management von Geschäftsprozessen. Six Sigma, Kaizen und TQM.* 2. Auflage, Springer, Berlin/Heidelberg

Koubek, Anni; Pölz, Wolfgang (2014): *Integrierte Managementsysteme. Von komplexen Anforderungen zu zielgerichteten Lösungen.* Hanser, München

OHSAS 18001:1999: „Forderungen und Hinweise 08810". In: Ecker, Frieder; Kohstall, Thomas: *Arbeitsschutz besser managen.* TÜV Verlag, Stand Mai 2005

OHSAS 18001:2007: *Arbeits- und Gesundheitsschutz-Managementsysteme – Anforderungen. BS OHSAS 18001:2007. Deutsche Übersetzung. Reihe zur Beurteilung des Arbeits- und Gesundheitsschutzes.* Beuth, TÜV Media, Köln

OHSAS 18002:2008: *Arbeits- und Gesundheitsschutz-Managementsysteme – Leitfaden für die Implementierung von OHSAS 18001.* TÜV Media, Köln (Enthält die Normtexte der 18001:2007, die allerdings in Deutschland nicht zur nationalen Norm erhoben wurde – lediglich in Großbritannien.)

Pfitzinger, Elmar (2011): *Qualitätsmanagement nach DIN EN 9000 ff. im Gesundheitswesen.* Beuth, Berlin

Schreyögg, Georg (2008): *Organisation. Grundlagen moderner Organisationsgestaltung. Mit Fallstudien.* 5. Auflage. Gabler, Wiesbaden

Schwendt, Stefanie; Funck, Dirk (Hrsg.) (2001): *Integrierte Managementsysteme. Konzepte, Werkzeuge, Erfahrungen.* Physika, Heidelberg

Smida, Friedrich; Garscha, Joseph: „Kontext der Organisation". In: Koubek, Anni (Hrsg.): *Praxisbuch ISO 9001:2015. Die neuen Anforderungen verstehen und umsetzen.* Hanser, München, S. 29–56

Spieß, Erika; Rosenstiel, Lutz von (2010): *Organisationspsychologie. Basiswissen, Konzepte und Anwendungsfelder.* Oldenbourg, München

Zollondz, Hans-Dieter (2011): *Grundlagen Qualitätsmanagement: Einführung in Geschichte, Begriffe, Systeme und Konzepte.* 3. Auflage. Oldenbourg, München

# 7 Vorstufen des Handelns kennen

Im Eingangskapitel haben wir uns mit Einflussgrößen („Schrauben") auf menschliches Handeln beschäftigt und erkannt, dass diese sowohl im Menschen selbst (wollen, können) wie auch in seinem Umfeld (Sollen/Dürfen, situative Ermöglichung) liegen. Doch wie wirken äußere Einflüsse, wie werden sie be- und verarbeitet? Und warum setzen sie sich nicht immer durch bzw. warum handelt der Mitarbeiter nicht wie gewünscht? Um dem gewünschten Engagement auf die Spur zu kommen, betrachten wir zunächst die Vorstufen, die vor der eigentlichen Handlung aktiv werden. Sie finden hauptsächlich im menschlichen Denken statt, dessen Hauptakteur unser Gehirn ist. Dabei streifen wir unter anderem das Thema „Motivation" als Führungszutat und diskutieren die grundlegende Frage an, ob und wie diese „gemacht" werden kann.

## ■ 7.1 Einleitung und Überblick

Menschliches Verhalten zu begründen und die Vorstufen dahin verständlich zu machen, ist zentrales Thema der Sozialwissenschaften. Unterschiedliche Fachdisziplinen, wie z. B. Kognitions- (= Erkenntnis-) und Verhaltenspsychologie, Soziologie und Gehirnforschung, versuchen zu erklären, warum und wie Menschen funktionieren. Um in der Fülle der Erkenntnisse nicht den Überblick zu verlieren, greifen wir wieder auf ein vereinfachendes Modell zurück und konstruieren einen Prozess, den wir etappenweise durchlaufen.

Außerdem bedienen wir uns wieder der Methode des *Perspektivenwechsels* und versetzen uns von Zeit zu Zeit in die Lage und in die Gedankenwelt des bereits bekannten Herrn Straub, Teamleiter in der Logistik bei Schubs & Co.

Herr Straub hatte den heutigen Tag damit begonnen, die jährliche Urlaubsplanung mit seiner Vorgesetzten, Frau Wächter, durchzugehen. Als sie dies durchgesprochen hatten und er bereits in der Bürotür stand, ergriff sie die Gelegenheit und fragte – zum dritten Mal – nach, wie es um die neue Arbeitsbeschreibung zur Bestandsprüfung stünde. Es sei jetzt immerhin schon über zwei Wochen her, seit sie ihn gebeten hatte, die neuen Abläufe zu unterweisen, und schließlich wolle man als Logistik bei der nächsten Zertifizierung „nicht dumm dastehen". Ihr Telefon klingelte und er verabschiedete sich schnell mit den Worten „Ich kümmere mich ...". Auf dem Rückweg in sein Büro begegnete ihm die Fachkraft für Arbeitssicherheit und kündigte eine Begehung des Bereichs mit dem Kollegen von der Berufsgenossenschaft für den Vormittag an. Eigentlich hatte Herr Straub geplant, für die Bereichsbesprechung am Nachmittag ein paar Kennzahlen vorzubereiten. Und gefrühstückt hatte er auch noch nicht.

In dem Unternehmen der Schubs & Co. ist Herr Straub (und nicht nur er) den unterschiedlichsten Zielen, Vorgaben, Forderungen und Wünschen ausgesetzt. Auch an diesem Morgen muss sortiert und ausgewählt werden, denn wie alle Menschen verfügt auch Herr Straub nur über begrenzte Kapazitäten.

Da diese Problematik nicht neu ist, haben wir Menschen wirkungsvolle Mechanismen entwickelt, damit umzugehen: Die „Flut" wird eingedämmt in einem mehrstufigen Filterprozess, der Antworten gibt auf die Fragen, die wir aus dem Schraubenmodell kennen:

- Wie will ich handeln?
- Wie darf oder soll ich handeln?
- Kann ich so handeln? Habe ich generell die notwendigen Kenntnisse und Erfahrungen?
- Ist es mir in der aktuellen Situation möglich, zu handeln? Schaffe ich das unter den gegebenen Umständen mit den verfügbaren Ressourcen?

Diese Fragen nutzen wir, um unseren Vorstufenprozess in Bild 7.1 zeitlich zu sortieren – allerdings in dem Wissen, dass dieser vereinfacht ist und je nach Situation und Handlungsanstoß variieren kann.

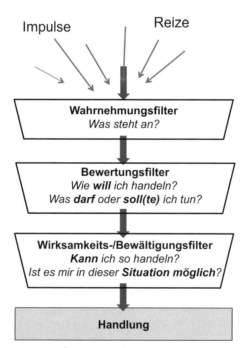

**Bild 7.1** Vorstufen des Handelns – Überblick

Zunächst wird auch Herr Straub aus den vielen Impulsen und Reizen von innen (Hunger) oder außen (Fachkraft, Frau Wächter) die Wahrnehmungen aufnehmen, die seinen persönlichen Filter passieren. Die anschließende „Verarbeitung" ergibt das Bild der aktuellen Situation mit ihren jeweiligen Anforderungen und Zielen.

Die folgende Bewertung entscheidet darüber, ob und wie gehandelt werden könnte. Da es hier in der Regel konkurrierende Ziele und Anliegen gibt, stellt sich die Frage nach den Prioritäten. Hier entscheidet Herr Straub, was für ihn wirklich wichtig („wertvoll") ist. Dabei kommt er nicht umhin, die betrieblichen Vorgaben (Sollen/Dürfen) zu berücksichtigen.

Da niemand gern scheitert, schließen sich immer auch Fragen der eigenen Wirksamkeit des Handelns, der Bewältigbarkeit mit an. Diese wird dem Frühstück nicht entgegenstehen, könnte allerdings bezogen auf die für die Nachmittagsbesprechung geforderten Kennzahlen Probleme aufwerfen. Insbesondere dann, wenn Herr Straub mit statistischen Auswertungen auf Kriegsfuß steht (Können) oder ihm bislang die notwendigen Ausgangsdaten nicht zur Verfügung stehen (situative Ermöglichung). Wie er am Ende tatsächlich handelt, lässt sich allerdings noch nicht sagen.

Wir werden die Antwort schrittweise erarbeiten, indem wir im Folgenden (→ Kapitel 7.2 bis 7.4) die einzelnen Stufen und ihre Einflussgrößen genauer betrachten und abschließend auch auf das Lernen als übergreifenden Aspekt zu sprechen kommen (→ Kapitel 7.5).

## ■ 7.2 Gefilterte Wahrnehmung

Mehrere Blinde ertasten gemeinsam einen Elefanten, und für jeden gestaltet sich die Wahrnehmung anders: Derjenige am Schwanz meint, er habe einen Pinsel in der Hand, der Blinde an einem Bein interpretiert den Elefanten als Baum, derjenige am Bauch ertastet den Elefanten als Höhle, der am Rüssel tippt auf eine Schlange usw. Jeder Einzelne nimmt ein anderes Stück der Wirklichkeit bzw. des Elefanten wahr (Wikipedia 2015).

Fundament menschlichen Handelns ist unsere Wahrnehmung. Ihr Ziel als Vorstufe des Handelns ist es, sich ein möglichst realitätsnahes Bild der aktuellen Wirklichkeit oder Situation zu machen:

- Dabei gilt es zum einen, alle notwendigen Informationen zu erfassen, die im nächsten Schritt eine angemessene Bewertung ermöglichen. Zum anderen müssen allerdings auch überflüssige Informationen ausgeblendet werden, um sich nicht in der Flut an Informationen zu verirren und den Überblick zu verlieren.
- Dieser Extrakt (Auszug) an Informationen wird in unserem Denkapparat verarbeitet, d. h. mit Bekanntem abgeglichen und

- bei ähnlich gelagerten Erfahrungen gedeutet bzw. erkannt. Andernfalls wird gelernt.
- Heraus kommt die individuelle Wahrnehmung.

Wahrnehmung ist also niemals ein exaktes Abbild der Wirklichkeit, denn diese produziert in der Regel mehr Reize und Impulse, als wir aufnehmen können. Hier muss eine Art Auswahl getroffen werden, was wir in Bild 7.2 als Filter zusammenfassen.

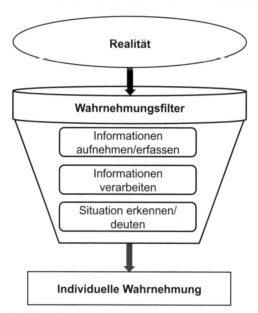

**Bild 7.2** Die Schritte der Wahrnehmung

## 7.2.1 Aufmerksamkeit und Konzentration

Auf diesen Filter wirken einige Selektions- und Bearbeitungsfunktionen (Blessin/Wick 2014). Sie sind in Bild 7.3 im Pfeil dargestellt.

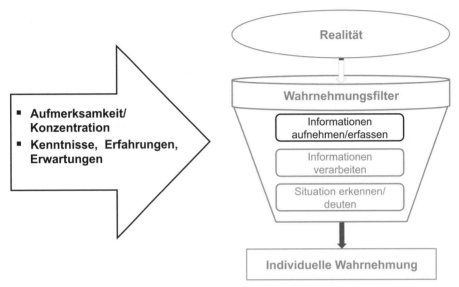

**Bild 7.3** Was beeinflusst den Wahrnehmungsfilter?

Bereits die Aufnahme oder Erfassung von Informationen ist durch die Konstruktion unserer Sinnesorgane (Augen, Ohren, Nase, Mund, Tastsinn) begrenzt. Aber es gibt noch weitere Faktoren, die verhindern, das weiterverarbeitende Gehirn mit Sinnesreizen zu überfluten. Wir kanalisieren durch unsere *Aufmerksamkeit* und richten unser Bewusstsein nach dem momentanen Interesse aus.

> **Ein Experiment**
>
> In einem Experiment von Christopher Chabris und Daniel Simons wurde Versuchspersonen die Aufgabe gestellt, bei einem Basketballspiel die Pässe einer Mannschaft zu zählen. Die meisten Versuchspersonen sind so konzentriert auf das Zählen der Pässe, dass nur wenige bemerken, dass ein Gorilla über das Spielfeld trottet (Ein Video dazu findet sich unter http://www.theinvisiblegorilla.com/videos.html).

Aufmerksamkeit ist weder beliebig groß noch beliebig aufteilbar. Unser Denkapparat – genauer gesagt, der Teil des Gehirns, der *Arbeitsgedächtnis* genannt wird – muss als bewusste Wahrnehmungs-, Erkennungs- und Weiterverarbeitungsinstanz mit dieser Begrenzung umgehen. Wie das Experiment zeigt, können dabei auch Fehler passieren.

Man kann beispielsweise nur ungefähr fünf einfache Dinge im Kopf haben, die auf einmal erfasst, kurzzeitig behalten und weiterverarbeitet werden können. Aus diesem

Grund ist es z. B. einfacher, eine lange Zahlenreihe oder Telefonnummer in Einheiten aufzuteilen: 010274563 wird zu 010 274 563. Auch die Befüllung von Präsentationscharts für einen Vortrag orientiert sich an diesen Kenntnissen: nicht zu viele Worte in der Zeile und möglichst nicht mehr als sieben Zeilen.

### Aufmerksamkeit

Aufmerksamkeit ist ein Zustand psychischer Wachheit und Aufnahmebereitschaft. Das Bewusstsein ist auf bestimmte Dinge, Vorgänge oder Gedanken ausgerichtet. Wir sind „bei der Sache". Aufmerksamkeit kann z. B. durch Interesse gezielt auf etwas gerichtet werden – allerdings auch durch Reize von außen angezogen und abgelenkt werden (Schaub 2012). Im Zusammenhang mit Wahrnehmung hat sie primär eine „Selektionsfunktion" – d. h., sie filtert Reize und Informationen aus der Umwelt (Wentura/Frings 2013).

Bewusst reagieren können wir nur auf Dinge oder Ereignisse, die unsere Aufmerksamkeit haben. Worauf sie sich richtet, bestimmen wir nur zum Teil selbst (aktive Steuerung): durch aktives, willentliches Konzentrieren. Hier werden die aufgenommenen Reize ausgewählt und herausgefiltert durch die aktuelle Erwartung oder Zielsetzung, das jeweilige persönliche Interesse.

Wir lenken bewusst Aufmerksamkeit und konzentrieren uns auf die gewählte Sache. Wenn ich z. B. ein Päckchen erwarte und auf der Straße gezielt nach dem Lieferwagen des Paketdienstleisters Ausschau halte oder mich an meinem Schreibtisch auf die Zeilen konzentriere, die ich gerade lese. So wird, wie mit dem Objektiv einer Kamera, das Gewünschte fokussiert und ist dann gestochen scharf – alles Übrige verschwimmt, wird als „unwichtig" ausgeblendet.

Nicht erfassen und kontrollieren können wir passiv gesteuerte Situationen, in denen unsere Aufmerksamkeit unbewusst (ab)gelenkt wird. In solch reizgesteuerten Fällen reagieren wir, sehen oder hören wir das, was uns bedeutsam erscheint und unsere Aufmerksamkeit auf sich zieht. Gut gestaltete technische Anlagen gehen auf diesen Umstand ein: Um die beschränkte Kapazität der Wahrnehmung hier zu unterstützen, priorisieren technische Hilfssysteme zwischen wichtigen und weniger wichtigen Faktoren – beispielsweise durch die Kennzeichnung der Notschalter in der Farbe Rot – und führen so eine Entlastung und Steuerung der Aufmerksamkeit durch.

### Cocktailparty-Phänomen

Sie sind auf einer Party, auf der um Sie herum viele verschiedene Gespräche geführt werden. Deshalb konzentrieren Sie sich auf Ihre nächsten Gesprächspartner und blenden alles andere aus. Wird allerdings auf der anderen Seite des Raumes Ihr Name genannt, ist dies ein „bedeutendes" Ereignis und Sie richten Ihre Aufmerksamkeit in die entsprechende Richtung des Raumes.

> Offensichtlich werden auch vordergründig ausgeblendete Reize unbewusst wahrgenommen und verarbeitet. Bei Erkennen von „Bedeutsamkeit" (z. B. eigener Name) wird der Reiz bewusst und lenkt die Aufmerksamkeit um (Schaub 2012).

Besonders aufmerksam sind wir für Reize, die uns helfen, uns zu orientieren, zu lernen oder zu „überleben", beispielsweise solche, die (Schaub 2012)

- völlig unbekannt (neu), unüberschaubar (komplex) oder widersprüchlich (inkongruent) sind,
- für die noch keine Erfahrungen abgespeichert sind, wie darauf reagiert werden kann,
- als starke Veränderung der Situation und ihrer Merkmale wahrgenommen werden (Helligkeit, Bewegung, Intensität etc.) oder
- Gefahr signalisieren.

Im morgendlichen Gespräch mit Frau Wächter jedenfalls hat Herr Straub einen Unterton herausgehört, der eine gewisse Ungeduld und Verärgerung zum Ausdruck brachte.

### 7.2.2 Kenntnisse, Erfahrungen

Nun müssen die aufgenommenen Sinnesreize noch zu einem Gesamtbild kombiniert und interpretiert, also mit Sinn gefüllt werden. Dieses Verarbeiten und Erkennen geschieht im Arbeitsgedächtnis durch Abgleich mit den schon vorhandenen „Speicherinhalten", die sich im Laufe der Jahre und Erfahrungen durch Lernprozesse (→ Kapitel 7.5) im Langzeitgedächtnis niedergelassen haben. Bekanntes wird also schneller erkannt als Unbekanntes (Bild 7.4).

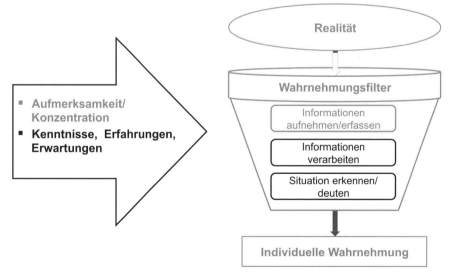

**Bild 7.4** Informationsverarbeitung: Erkennen und Deuten der Informationen im Abgleich mit den gespeicherten Erfahrungen

So kann Herr Straub den Unterton seiner Vorgesetzten als „Warnhinweis" deuten. Schließlich ist es nicht das erste Mal, dass ihm jemand ungeduldig oder verärgert gegenübertritt.

Aus den bisherigen Erfahrungen in ähnlichen Situationen leiten sich also gegebenenfalls auch Erwartungen ab: Herr Straub vermutete schon, dass seine Vorgesetzte – nicht unberechtigt – auf seinen Einsatz wartet, und hatte bei dem Thema „alle Antennen ausgefahren".

### 7.2.3 Ergebnis: Ein persönlicher Ausschnitt der Wirklichkeit

Für Herrn Straub ist das Ergebnis seiner subjektiven Wahrnehmung: Frau Wächter wird ungeduldig. Er hat den aufgenommenen, herausgefilterten Reizen (hier insbesondere die Stimmfärbung) eine Bedeutung gegeben, die auf dem basiert, was er schon kannte (Bild 7.5).

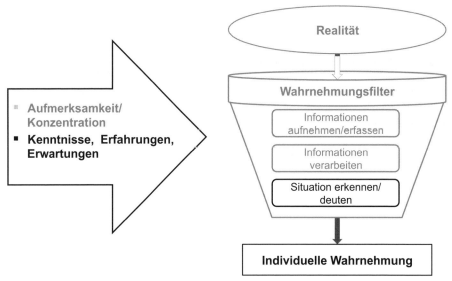

**Bild 7.5**  Die Situation ist erkannt

## ■ 7.3 Gefilterte Bewertung

In der nächsten Filterstufe geht es darum, die aus der Wahrnehmung erhaltenden Informationen zu bewerten. Diese Bewertung soll ermöglichen, die erkannte Situation dahin gehend zu analysieren, ob und wie wir uns jetzt verhalten.

Herr Straub muss jetzt – angesichts der vermuteten Ungeduld und Verärgerung seiner Vorgesetzten – überlegen, ob er aktiv werden will und, wenn ja, wie?

Die Bewertung erfolgt in den drei wesentlichen Schritten, die im Filter Bild 7.6 abgebildet sind. Hierbei klären sich insbesondere folgende Fragen:

- Wie beurteile ich die Situation („Diagnose")? Im Fall von Herrn Straub stellt sich insbesondere die Frage, ob er angesichts der Ungeduld seiner Vorgesetzten zur Unterweisung der neuen Arbeitsbeschreibung Handlungsbedarf für sich ableitet?
- Ist das nicht der Fall, hat sich die Sache erledigt. Herr Straub bezieht diesen Impuls in seine Überlegungen mit ein, denn er ist immer noch verärgert darüber, wie die neue Arbeitsbeschreibung entstanden ist (→ Kapitel 2). Allerdings nimmt er sich doch die Zeit, über weitere Möglichkeiten nachzudenken. Ansonsten müssen nun bei Bedarf die verschiedenen Handlungsmöglichkeiten ermittelt werden. Diese werden in Gedanken durchgespielt, und dabei werden meist auch die einzelnen Tätigkeiten oder Schritte konkreter.
- Neben dem oder den erwünschten Ergebnissen (oder Zielen) kann es auch unerwünschte Effekte geben. Auch sie werden in Gedanken vorweggenommen mit der Frage: Welche erwünschten und unerwünschten Folgen oder Konsequenzen könnte die jeweilige Handlung haben und wie bewerte ich diese? Je nachdem, wie viele Informationen zur Verfügung stehen und wie viele Unbekannte zufällig einwirken, erfolgt diese Einschätzung mehr oder weniger „sicher" oder wahrscheinlich. Am Ende lassen sich Nutzen und Kosten, Chancen und auch Risiken erfassen. In diesem Entscheidungsstadium braucht es ein wenig Fantasie, Abstand und Umsicht, um auch Neben-, Rück- und Wechselwirkungen zu berücksichtigen, die nicht gleich auf der Hand liegen, weil sie unbekannt oder ungewohnt sind.

Aus dieser Abwägung heraus resultiert dann die Handlungsbereitschaft.

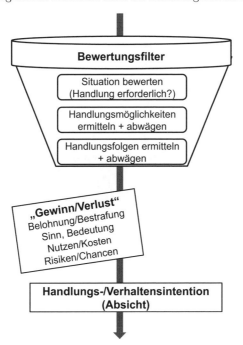

**Bild 7.6** Bewertung im Detail

Schauen wir jetzt genauer auf die Aspekte im Pfeil (Bild 7.7), die auf diese Schritte Einfluss nehmen.

### 7.3.1 Ziele

Wie ein Mensch bewusst in einer bestimmten betrieblichen Situation handelt, orientiert er normalerweise daran, was er erreichen oder vermeiden will. Hier ist die Frage: „Was ist das erwünschte Ergebnis, wo genau will ich ankommen?"

*Ziele* nehmen also die „Endstation" des Handelns vorweg, denn da wir sie noch nicht erreicht haben, müssen wir sie uns im Geiste vorstellen. So richten Ziele das Verhalten aus und bündeln die Kräfte für das angestrebte Resultat, eben das Ziel.

Während Ziele dabei meist realen und greifbaren Charakter haben, sind *Wünsche* oft diffuser und werden häufig als reine Wunschvorstellung, unrealistisch oder fantastisch deklariert, obwohl sie einen entscheidenden Beitrag zur Lebensqualität leisten könnten.

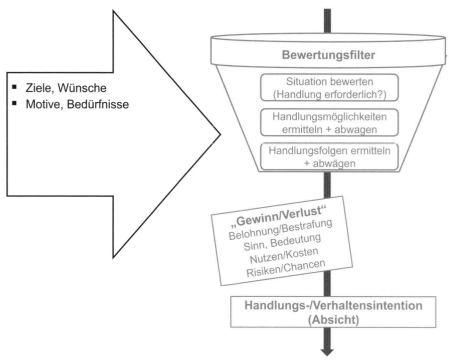

**Bild 7.7** Aspekte, die die Bewertung beeinflussen

 **Ziele**

Ziele sind gedanklich vorweggenommene, „kognitive Repräsentationen wünschenswerter Zustände" (Brandstätter et al. 2013, S. 104).

Im Unternehmen hat oft jede Interessengruppe (Bereich, Abteilung, Team etc.) eigene Ziele, die nicht immer mit den übrigen harmonieren. Einerlei, ob langfristig als strategische Planung oder kurzfristiger als Mittel zum Zweck, sie dienen in unseren betrachteten Managementsystemen dazu, Umweltschutz, Qualität oder Arbeitssicherheit konsequent weiterzuentwickeln und zu verbessern. Dies geschieht über Ziele wie z. B. im kommenden Monat eine definierte Produktqualität, null Fehler oder/und null Unfälle zu erreichen. Auch Zielvereinbarungen im Mitarbeitergespräch sind ein Instrument, Mitarbeiteraktivitäten im Sinne des Unternehmens zu fokussieren.

Wo aber spielen Ziele im persönlichen Handeln eine Rolle? Unser gesamtes Leben und die zugehörige Lebensplanung sind strukturiert durch Wünsche und Ziele, die groß oder klein sind und zeitlich begrenzt oder lebenslang wirken. Nichts zu wollen, ziellos zu sein, ist für die meisten Menschen ein belastender Zustand. Generell geben Ziele – auch als Absichten oder Anliegen – unserem Handeln eine Richtung (Brandstätter et al. 2013). Je konkreter und fassbarer sie für uns sind – umso besser.

**SMARTE Ziele**

Eine gute Methode, Ziele zu konkretisieren, ist die sogenannte SMART-Formel. SMARTe Ziele sind:

- S – spezifisch
- M – messbar
- A – attraktiv (akzeptiert)
- R – realistisch
- T – terminiert

Mit dieser Formel lässt sich genau erkennen, woran man merkt,

- wann das Ziel erreicht und das Engagement zu Ende ist (S),
- gegebenenfalls auch anhand konkreter (Kenn-)Zahlen (M).
- Auch sollte es immer eine gewisse Anziehungskraft haben (A),
- womit die Schraube des Wollens angesprochen ist.
- Gut ist es auch, sich nicht zu übernehmen, schließlich möchte man am Ende erfolgreich sein können (R), was die zweite persönliche Schraube betrifft, und
- ein Termin in Sichtweite hilft, die Zeit sinnvoll einzuteilen und Prioritäten zu setzen (T).

Beispiele für persönliche Ziele sind, beim nächsten Urlaub endlich eine Karibik-Kreuzfahrt zu machen, einen bestimmten Berufs- oder Studienabschluss zu schaffen oder zu einem bestimmten Thema eine Weiterbildung machen zu wollen, um beruflich weiterzukommen.

Solange ein Ziel nicht erreicht ist, ergibt sich aus dem persönlichen Kilometerstand im Soll-Ist-Abgleich ein Handlungsbedarf, frei nach dem Motto „Welches Engagement ist gefordert, um den nächsten Streckenabschnitt zu schaffen?". Wirksam ist ein Ziel allerdings immer nur so lange, wie es im Kopf ist. Gerät es in Vergessenheit oder wird durch neue Zielsetzungen „überschrieben", verfolgen wir neue Wege.

Ziele oder Wünsche nützen allerdings wenig, wenn ich nicht bereit bin, sie zu verfolgen. Neben der Ausrichtung durch das gewünschte Ergebnis brauchen wir auch den Antrieb oder „Treibstoff".

### 7.3.2 Motive und Bedürfnisse

Anstrengung oder Energie wenden wir in der Regel nur für die Dinge oder Ziele auf, die für uns eine Bedeutung, einen Wert haben. Ohne diese *persönliche Bedeutsamkeit* hätten wir diese Ziele gar nicht – sie wären uns nicht wichtig. Erst diese „Grundzutat" weckt in uns die Bereitschaft, Zeit und Mühe aufzuwenden und Schwierigkeiten zu überwinden. Sie „lädt" das Ziel mit Energie, Antrieb oder Entschlossenheit auf, und ohne diese Ladung wären wir nicht gewillt, auch nur einen Schritt zu machen (Brandstätter et al. 2013; Bild 7.8).

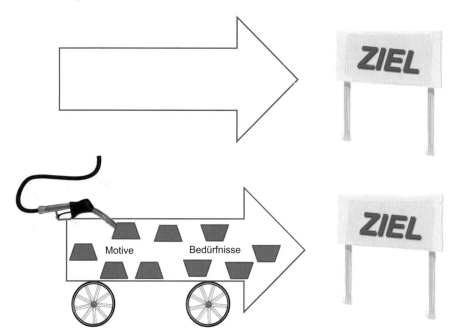

**Bild 7.8** Die Betankung persönlicher Ziele

Um die Wirkung der persönlichen Aufladung besser zu verstehen, richten wir jetzt unsere Aufmerksamkeit auf die Einflussfaktoren, die für uns Bedeutung „machen" und damit helfen, persönliche oder betriebliche Ziele zu „betanken". In diesem Zusammenhang spielen zwei Begriffe eine Rolle: Bedürfnisse und Motive.

### 7.3.2.1 Bedürfnisse als psychologische Grundnahrungsmittel

Menschen haben Grundbedürfnisse. Sie zeigen sich durch innere Mangelzustände, die wir deutlich wahrnehmen und die uns zum Handeln antreiben, sodass wir z. B. bei Hunger essen. Aber hier geht es nicht nur um reine Lebenserhaltung und das Stillen rein biologischer Anliegen. Wir streben ebenso nach einer psychischen oder geistigen Bedürfnisbefriedigung. Sind die biologischen Grundanforderungen gedeckt, streben wir nach „Höherem".

Auch hier zeigen sich innere Ungleichgewichte oder „Hunger", sobald ein gewisses Niveau unterschritten ist. Langfristige Ungleichgewichte dieser *psychologischen Grundnahrungsmittel* führen dazu, dass unsere Gesundheit bedroht ist. Nur wenn der Pegel ausgeglichen ist, sind wir „satt" und zufrieden.

> **Intrinsische und extrinsische Motivation**
>
> Die Bedürfnisse, von denen wir hier sprechen, werden als angeboren betrachtet und sind damit ein „natürlicher" Antrieb, der von innen heraus wirkt – auch *intrinsische Motivation* genannt. Hier tut man etwas, ohne von außen angetrieben oder belohnt zu werden.
>
> Im Gegensatz dazu stehen Tätigkeiten, die von außen kontrolliert, belohnt (oder bestraft) werden. Sie sind *extrinsisch* „motiviert" und kommen zum Stillstand, sobald der äußere Einfluss wegfällt (Brandstätter et al. 2013).

Zu den psychologischen Grund- oder auch Basisbedürfnissen gehören ein stabiler Selbstwert, Autonomieerleben, Orientierung und Kontrolle (Grawe 2004; Deci/Ryan 1991 in Krapp 2005; Rheinberg 2006; Dörner 2012).

Ein *stabiler Selbstwert* steht dafür, sich selbst als wertvoll zu empfinden. Man hat ein „gutes Gefühl" zu sich selbst und kann sich sagen: „Ich bin okay!" Diesen Zustand aufrechtzuerhalten und zu verbessern, lernen wir seit frühester Kindheit. Neben den Selbstwertsignalen von innen, z. B. Scham, sind auch die Beachtung, Wertschätzung und Anerkennung von außen wichtig. Dieses kann auf die unterschiedlichsten Arten gegeben werden. Lob im Sinne eines ehrlich gemeinten, positiven Feedbacks ist lediglich eine davon. Herr Straub fragt sich an dieser Stelle, warum seine Vorgesetzte ihn als Chef und Experten in seinem Bereich bei der Erarbeitung des neuen Dokuments, das er jetzt unterweisen soll, übergangen hat.

**„Okay?"**
Welches Verhalten von anderen bewirkt bei Ihnen, dass Sie sich okey fühlen? Was tun diese, Ihr „Okay-Gefühl" zu befördern?
Wie drücken Sie Ihren Kollegen und Mitarbeitern gegenüber Wertschätzung, Respekt und Anerkennung aus? Was tun Sie dafür, dass diese sich „okay" fühlen?

*Autonomieerleben* als das Bedürfnis, selbstbestimmt zu leben (und zu arbeiten), sich selbst – in Übereinstimmung mit eigenen Werten und Zielen – als Auslöser und Bestimmer über das eigene Handeln zu erleben.

*Orientierung und Kontrolle* dienen dazu, das eigene Leben selbst zu gestalten. Hierzu gehört, Ereignisse zu erklären, zu bewerten, vorherzusagen. Man „kennt sich aus" (Orientierung). Ein anderer Begriff hierfür ist „Bestimmtheit". Hinzu kommt, Umstände auch beeinflussen zu können, etwas zu bewirken (Kontrolle). Ein Fehlen schränkt die empfundene Selbstwirksamkeit ein. Man hat die Dinge oder das eigene Leben nicht mehr „im Griff", „ist „ausgeliefert". Dies wird als Hilflosigkeit erlebt. Während Information hier lediglich der Erklärung und Orientierung dient, kann Kommunikation und Diskussion auf mitsteuernde Kontrolle und Beteiligung hinauslaufen.

Die letztgenannten Aspekte lassen sich auch als *Kompetenzerleben* zusammenfassen. Gemeint ist das Bedürfnis, sich als kompetent und wirkungsvoll bei der Verfolgung von Zielen zu erleben. Wer ein Kind beim Lernen beobachtet, weiß, wie wichtig es ist, Dinge ohne Hilfe bewältigen zu können („Das kann ich allein!").

Unter diesen Wohlfühlzutaten sind nicht nur ichbezogene Aspekte am Wirken. Es scheint Gehirnregionen zu geben, die über rein egoistische Motive hinaus auch sozial denken und die sich um die Fragestellung kümmern: Ist mein direktes Umfeld (Ehefrau, Familie, Arbeitskollegen etc.) betroffen und wie denken die jeweiligen Personen darüber? Hier bin ich sozial verankert und *zugehörig* und möchte es auch bleiben (Cummins 2015).

Zwischen diesen psychologischen Grund- oder Basisbedürfnissen lassen sich folgende Zusammenhänge erkennen (Bild 7.9):

- Autonomie (Selbstbestimmtheit), Orientierung, Kontrolle sowie Kompetenz gehören zusammen und ergänzen sich. Sie sind auf die eigene Wirksamkeit und das erfolgreiche Handeln ausgerichtet (auch Selbstwirksamkeit genannt). Schreibe ich entsprechende Erfolge mir selbst zu und nicht dem Zufall oder den günstigen Umständen, hat dies einen positiven Einfluss auf den Selbstwert (und das Selbstbewusstsein).
- Das soziale Zugehören oder Eingebundensein, das sich in Akzeptanz und Anerkennung innerhalb der jeweiligen Gruppe spiegelt, wirkt ähnlich auf das Selbstwertgefühl. Nicht umsonst ist eines der wirksamsten „Erziehungsmuster" bei Kindern und Erwachsenen das Zeigen der „kalten Schulter" als „Nicht-okay-Signal".

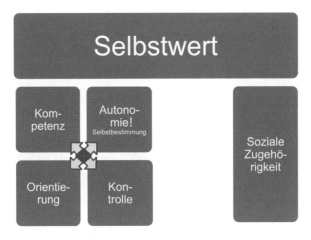

**Bild 7.9** Übersicht und Zusammenhänge der psychologischen Grundbedürfnisse

### 7.3.2.2 Motive – Was uns wichtig und wertvoll ist

Jede kriminalistische Aufklärung beginnt mit der Frage „Was war das Motiv?". Ohne einen plausiblen Beweggrund lässt sich kein Täter überführen. Beweggründe braucht es allerdings nicht nur für Straftaten, sondern auch für jedes andere menschliche Handeln. Allein das Ziel reicht nicht aus. Das wirklich Interessante – im Krimi wie auch im betrieblichen Alltag – ist nicht nur das Ergebnis (z. B. der tote Vermieter bzw. der neue Schichtplan). Es sind die Hintergründe, die den Täter zur Tat geführt bzw. angetrieben haben. Diese Beweggründe liefern dann die Antwort auf die Fragen:

- Warum wurde gerade dieses Ziel ausgesucht (Ausrichtung des Verhaltens)?
- Woher kommen die kriminalistische Energie, die Entschlossenheit und Kraft zum Handeln (Antrieb/Anreiz)?

Hier gibt das Motiv also die Richtung vor (das Ziel) und liefert den Antrieb – es ist Kompass und Tankstelle zugleich (Brandstätter et al. 2013).

 **Motive**

„Allgemein ausgedrückt sind Motive in der Psychologie richtunggebende, leitende und antreibende psychische Ursachen des Handelns" (Stangl 2015).

Im Zusammenhang mit den Grundbedürfnissen lassen sich Motive auch als Mittel zum Zweck charakterisieren. Sie sind – ebenso wie Ziele – konkret und auf bestimmte, wünschenswerte Ergebnisse ausgerichtet. So helfen sie auf unterschiedliche Weise, diese Grundbedürfnisse zu befriedigen. Beispielsweise kann ich das Grundbedürfnis nach sozialer Zugehörigkeit damit zufriedenstellen, dass ich Mannschaftssport betreibe oder bei der Arbeit und im Team hilfsbereit bin.

Je nach Erfolgserfahrung sind die Motive dann an bestimmte Handlungspläne (in Bild 7.10 als Flussdiagramm dargestellt) gebunden. Während der eine sportlich die Zugehörigkeit verfolgt, ist der andere immer gern hilfsbereit. So kommen beide auf unterschiedlichen Wegen zur Bedürfnisbefriedigung.

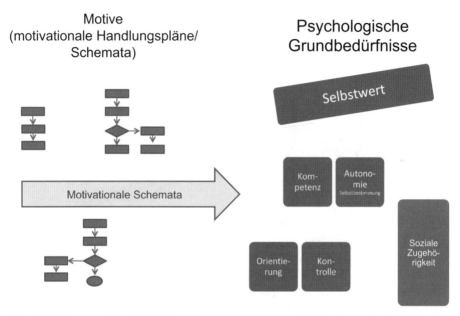

**Bild 7.10** Um unsere Grundbedürfnisse zu befriedigen, nutzen wir Motive oder motivationale Handlungspläne

Diese Handlungspläne werden auch „motivationale Schemata" genannt (Grawe 2004). Beispiele für Motive gibt es viele – je nach Autor in unterschiedlichster Ausführung und Anzahl. Einige Beispiele für betriebsnahe Motive finden sich in Tabelle 7.1. Hier wird auch deutlich, dass sich viele Motive im beruflichen Kontext dem Grundbedürfnis nach Kompetenz zuordnen lassen, z. B. „selbständig und autonom handeln" oder „es beruflich noch weiterbringen".

Lassen sich mit dem Handeln keine eigenen Motive umsetzen – und somit keines der psychologischen Grundbedürfnisse befriedigen –, macht es auch aus persönlicher Sicht keinen Sinn.

Für Herrn Straub ist die Arbeitsbeschreibung in der jetzigen Fassung sinn- und wertlos. Sie ist fehlerhaft und wird nach seiner Überzeugung bei seinen Mitarbeitern eher zu Verwirrung und Frust führen, als dass sie die Arbeit vor Ort anleitet und unterstützt. Und Wertschätzung als gute und kollegiale Führungskraft wird er so auch nicht ernten.

**Tabelle 7.1** Eine beispielhafte Checkliste zur Erfassung von Motiven im Betrieb (vgl. in Anlehnung an Rosenstiel 2015)

| Motiv | 1 sehr wichtig | 2 wichtig | 3 unwichtig |
|---|---|---|---|
| Karriere machen | | | |
| Innovativ sein | | | |
| Selbständig und autonom handeln | | | |
| Ständig lernen | | | |
| Bleibendes schaffen | | | |
| Stolz auf die eigene Leistung sein | | | |
| Abwechslung bei der Arbeit erleben | | | |
| Andere übertreffen | | | |
| Ansehen und Geltung gewinnen | | | |
| Anderen demonstrieren, was man geleistet hat | | | |
| Einfluss auf andere Menschen ausüben | | | |
| Wissen, dass man seine Pflicht tut | | | |
| Der Familie und Freunden etwas bieten | | | |
| Positive Kontakte zu anderen haben | | | |
| Viele Menschen kennenlernen | | | |
| Beliebt sein | | | |
| Die berufliche Position gesichert wissen | | | |
| Auch in Zukunft materiell gesichert sein | | | |
| Ein Vermögen aufbauen | | | |
| Im Wohlstand leben | | | |
| Nicht mehr tun müssen als andere | | | |
| Viel verdienen | | | |

**Motive ermitteln**

Die Tabelle 7.1 können Sie dazu nutzen, einen Mitarbeiter oder sich selbst einzuschätzen.

### 7.3.2.3 Macht, Leistung, Anschluss

Die Vielfalt individueller Motive lässt sich insbesondere drei Motivgruppen oder Anreizklassen zuordnen: Sie werden auch die „Big Three" der Motivationsforschung oder Basismotive nach McClelland genannt: Macht-, Leistungs- und Anschlussmotiv (Scheffer 2009; Brandstätter et al. 2013; Tabelle 7.2).

Das *Machtmotiv* steht für den Wunsch nach Einfluss auf und Kontrolle über andere, nach Autonomie und Entscheidungsspielraum. Einfluss und Kontrolle können dabei auf die unterschiedlichsten Arten ausgeübt werden. Sie reichen von körperlichem oder verbalem Bedrängen bis hin zu gewandtem Argumentieren und Überzeugen. Auch die Tendenz, andere beeindrucken zu wollen, ist diesem Motiv zugeordnet. Sei es durch sichtbares Handeln oder Statussymbole. Es geht hierbei nicht nur darum, Kontrolle zu erlangen, sondern auch darum, diese nicht zu verlieren. Im betrieblichen Miteinander kommt Letzteres z. B. dadurch zum Ausdruck, dass jemand Informationen zurückhält.

Das *Leistungsmotiv* ist bislang am intensivsten beforscht – schließlich hat es einen entscheidenden Einfluss auf Arbeitswelt und Volkswirtschaft. Es ist gekennzeichnet durch den Wunsch, etwas besonders gut zu machen, sich selbst zu übertreffen. Auch sich im Wettbewerb mit anderen zu messen und zu beweisen, gehört dazu. Es gilt, Erfolg zu haben, gern durch anregende und auch schwierige Aufgaben. Erst die Lösung herausfordernder Aufgaben ermöglicht es, stolz zu sein, ein „Erfolgserlebnis" zu haben.

Das *Anschlussmotiv* lenkt die Aufmerksamkeit auf zwischenmenschliche Beziehungen. Hier geht es um Zugehörigkeit, Gemeinschaft, Geselligkeit oder beruflich gesprochen um ein gutes Team oder gute Zusammenarbeit. Kommt es dabei zu Frustration beispielsweise durch Zurückweisung oder Ausgeschlossenwerden, dann hat dies gravierende Auswirkungen auf den Gefühlshaushalt und das innere Gleichgewicht.

**Tabelle 7.2** Macht-, Leistungs- und Anschlussmotiv: Was sie anzieht und meiden (in Anlehnung an McClelland in Pelz 2013)

| Motivgruppe | Antrieb, Anziehungskraft durch (+) | Vermeiden von (-) |
|---|---|---|
| Macht | - Einfluss<br>- Kontrolle<br>- Status<br>- Autorität, Ansehen<br>- Bedeutung<br>- Autonomie<br>- Entscheidungsspielraum | - Unterliegen, verlieren<br>- Erniedrigung<br>- Schwach sein |
| Leistung | - Erfolg<br>- Fortschritt/Entwicklung | - Unfähig<br>- Nutzlos<br>- Dumm<br>- Versagen |
| Anschluss | - Zugehörigkeit<br>- Zusammenhalt<br>- Zuwendung<br>- Freundschaft | - Isoliert<br>- Ausgeschlossen, allein gelassen<br>- Unbeliebt sein |

Auch diese Gruppierung täuscht nicht darüber hinweg, dass sich Motive als Antriebskraft nur begrenzt verallgemeinern lassen. Will man diese verstehen, muss neben der jeweiligen Situation immer die einzigartige Persönlichkeit mit ihren speziellen Beweggründen oder „Handlungsplänen" im Vordergrund stehen.

### 7.3.2.4 Implizite und explizite Motive

Viele Motive und Bedürfnisse wirken unbewusst und lösen quasiautomatisch spontane und freiwillige Handlungen aus. Leistungsorientierte Menschen geben beispielsweise an, dass sie hohe Maßstäbe an sich selbst legen und hart daran arbeiten, ihre Leistungen permanent zu verbessern. Werden die Antriebskräfte dann allerdings indirekt erforscht, z. B. darüber, mehrdeutige Bildvorlagen zu interpretieren, kommen völlig andere Antriebskräfte zutage, die z. B. auf Bindungsorientierung und den Wunsch nach sozialer Anerkennung ausgerichtet sind.

Solche unbewussten Motive werden *implizit* genannt. Sie lassen sich nur über Umwege erfassen, z. B. die Art der Wahrnehmung, des Denkens oder Handelns. Ihnen wird nachgesagt, im Zuge der frühen, gegebenenfalls vorsprachlichen Kindheit erlernt und mit angenehmen Gefühlen gekoppelt zu sein (auch Affekte genannt). Beispielsweise erzeugen sie Stolz als Reaktion auf eine erfolgreich gemeisterte Herausforderung (implizites Leistungsmotiv) oder Freude als Ergebnis von Situationen sozialer Harmonie, in denen man von anderen geschätzt, gemocht oder geliebt wird (implizites Anschlussmotiv). Diese Erlebnisse und die daran gekoppelten Empfindungen wollen gern wiederholt werden – insofern schreibt man diesen Motiven „affektive Qualitäten" zu. Implizite Motive lassen sich gleichsetzen mit den psychologischen Grundbedürfnissen.

Im Gegensatz dazu stehen die *expliziten Motive*, die direkt erfragt werden können. Sie sind bewusst und entsprechen dem Selbstbild, das allerdings manchmal auch die Erwartungen oder Zuschreibungen des sozialen Umfelds (z. B. der Eltern) beinhalten kann, die unreflektiert angenommen wurden.

Das führt dazu, dass Mitarbeiter ihre Motive nicht immer benennen können oder die Motive, die sie benennen, vielleicht gar nicht die wichtigsten und antriebsstärksten sind.

Der wirksamste Antrieb lässt sich aus dem ableiten, was sich im konkreten Verhalten der Kollegen zeigt: Womit begründet er Verhalten und Einsatz? Was erfreut ihn daran? Welche Merkmale zeigt eine Situation, in der er sich engagiert?

**Implizite und explizite Motive**

„Implizite Motive sind früh in der Kindheit erlernte Präferenzen für bestimmte Anreize. Sie sind affektbasiert und unbewusst.

Explizite Motive werden etwas später in der Kindheit in der Auseinandersetzung mit der sozialen Umwelt erlernt. Sie sind auf Kognitionen basierende motivationale Selbstbilder und können über Fragebogen erfasst werden" (Brandstätter et al. 2013, S. 68).

## 7.3.3 Werte, Normen, Regeln

Nachdem wir mit den Motiven und Bedürfnissen persönliche, innere Bedeutsamkeiten oder Werte kennengelernt haben, aus denen sich Ziele und Vorgehensweisen entwickeln, kommen auch noch solche aus der sozialen Umwelt dazu (Bild 7.11).

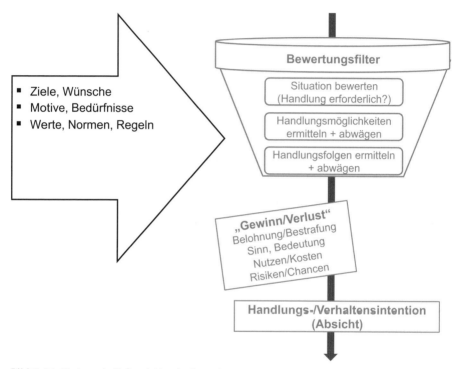

**Bild 7.11** Werte – ein Einflussfaktor der Bewertung

Als *soziale*, also z.B. ländertypische oder auch *betriebliche Kultur* sind insbesondere Werte die lenkende Instanz, die verhindert, dass Menschen nur „ihr eigenes Ding" verfolgen und nur das tun, wonach ihnen gerade ist.

Solche Werthaltungen können sich im Laufe der Zeit (und des gesellschaftlichen Wandels) ändern. Selbstentfaltungswerte werden auf individueller oder gesellschaftlicher Ebene heute positiver gesehen als beispielsweise in den 60er-Jahren, wo noch Pflichterfüllung, Gehorsamkeit, Disziplin und Treue als sogenannte Pflichtwerte hoch im Kurs standen. Hier war man – auch privat – pünktlich, selbstbeherrscht und fügsam. Heute emanzipiert man sich von Autoritäten, legt Wert auf Gleichbehandlung, Partizipation/Beteiligung und Autonomie – lebt seine Emotionen auch mal aus, pflegt Eigenständigkeit und Selbstverwirklichung und traut sich, das Leben zu genießen (Kühn/Platte/Wottawa 2006).

Auf diesem Hintergrund ist auch die Generationenforschung entstanden, die den Einfluss von Alter bzw. Geburtsjahr untersucht hat. Dabei hat sie verschiedene Altersgruppen definiert (68er-Generation, Babyboomer, Generation Y etc.) und unter verschiedenen Fragestellungen untersucht. Beispielsweise dazu, wie diese Generation vom Zeitgeschehen geprägt ist oder wichtige Fragen der Arbeits- und Lebensgestaltung sieht, z. B. die Bewertung elektronischer Medien, der Work-Life-Balance oder den Willen zur Mitgestaltung am Arbeitsplatz. Wie erwartet fanden sich innerhalb der jeweiligen Gruppierungen viele Gemeinsamkeiten (Pament 2009). Generationsbedingte Unterschiede gab es unter anderem auch zu führungsrelevanten Fragen, z. B. dazu, was gute Führung ausmacht und was ein Arbeitgeber bieten muss. So beeinflusst der „Zeitgeist" mit seinen sozialen Werten auch die betrieblichen und individuellen Werte (Bild 7.12).

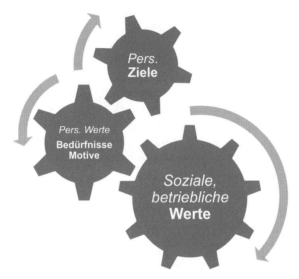

**Bild 7.12** Der Zusammenhang von sozialen Werten, persönlichen Werten oder Motiven und persönlichen Zielen

Werte – auch solche in Unternehmen – sind üblicherweise allgemein, und es ist nicht immer klar, auf welchem Wege sie erreicht werden können. Hier braucht es Konkretisierung. Solche findet sich in sozialen Normen und Regeln – als „Handlungsanleitung". So prägen sie unser Denken und Verhalten von außen und vermitteln, was wünschenswert, was richtig und falsch, was normal ist und was wir sollen und dürfen. Sie sind allgemeingültig, werden von vielen geteilt und machen für die jeweilige Gruppe (Familie, Betrieb, Land) Sinn. Dass Menschen, die aus China kommen, laut schmatzen beim Essen, ohne dass jemand Anstoß nimmt – um z. B. zu zeigen, dass es schmeckt –, wird bei uns niemand nachvollziehen können.

Betrieblich relevant sind insbesondere (in der Regel schriftlich dokumentierte) Regelungen der Aufbau- und Ablauforganisation (Organigramm, Funktions- und Stellenbeschreibungen, Arbeits-/Betriebs-/Prozessanweisungen etc.). Hinzu kommen kulturelle Gepflogenheiten, die als ungeschriebene „Gesetze" für das gesamte Unternehmen, den Bereich, die Abteilung oder auch das Team gelten. Dazu gehört auch das „so funktioniert das bei uns" der praktizierten Führungskultur. Ein streng hierarchisch strukturiertes Unternehmen mit klarem Abteilungsdenken hat hier sicher eine andere Herangehensweise als beispielsweise ein Unternehmen, das in erster Linie projektorientiert strukturiert ist.

Herr Straub wird jetzt vielleicht darüber nachdenken, wie seine Kollegen unter den Führungskräften bei Schubs & Co. üblicherweise Qualitätsmanagementanweisungen oder Arbeitsbeschreibungen erarbeiten, wie sie damit umgehen und wie konsequent die Umsetzung erfolgen soll.

### 7.3.4 Kenntnisse, Erfahrungen

Vieles erleben wir nicht zum ersten Mal – auch im betrieblichen Alltag. Nur Neues muss neu bearbeitet, geordnet und bei entsprechender Relevanz „eingelagert" werden. Insofern erfolgt bei der Bewertung in der Regel ein Abgleich mit den bisherigen Erfahrungen und Kenntnissen (Bild 7.13). Ist eine Erfahrung bezogen auf eine aktuelle Situation vorhanden, hilft dieser Abgleich zu entscheiden, ob ich die Erfahrung wiederholen will oder es besser lasse. Entsprechende Speicherinhalte werden bei Bedarf aus diversen Regionen des Gehirns in das Arbeitsgedächtnis, in dem wir bewusst „denken", abgerufen – also aktiv erinnert – und wirken so auf den weiteren Verlauf der Dinge. Sie helfen uns, sowohl die Situation und den Handlungsbedarf einzuschätzen wie auch Handlungsoptionen zu entwerfen und die entsprechenden Ergebnisse und Folgen vorwegzunehmen.

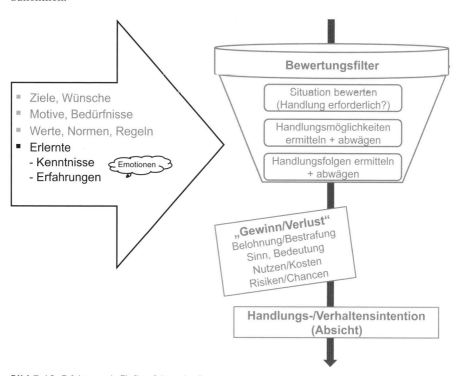

**Bild 7.13** Erfahrung als Einflussfaktor der Bewertung

Die Speicherinhalte bestehen allerdings nicht nur aus rein rationalen Erfahrungsdaten, Wissen, Eindrücken und inneren Bildern etc. Hier liegen ebenfalls die mit den bisherigen Erfahrungen abgespeicherten *Gefühle oder Emotionen*. Diese entstehen dann, wenn die jeweiligen Erfahrungen für unsere persönlichen Belange (Ziele, Bedürfnisse, Motive) von Bedeutung waren. Nur diese Ereignisse erhalten bei der Speicherung ihren spezifischen emotionalen „Geschmack". Hat ein Erlebnis mein Leistungsmotiv „bedient", fühle ich z. B. Stolz, beim Machtmotiv fühle ich Stärke und beim Anschlussmotiv zwischenmenschliche Wärme (Brandstätter et al. 2013).

**Kennzeichen von Emotionen**

Emotion ist

- eine objektgerichtete (z. B. Person, Situation), unwillkürliche, zeitlich befristete Reaktion auf etwas Erlebtes,
- eine Form der Bewertung des Erlebten,
- für andere erkennbar, denn sie spiegelt sich, z. B. als Freude, in Stimme und Körperausdruck wider,
- manchmal über unser Nervensystem sogar Auslöser charakteristischer körperlicher Zustände, z. B. Herzklopfen (Rothermund/Eder 2009).

Werden solche Erfahrungen wieder abgerufen, lösen sie im Zusammenhang mit der Erinnerung blitzschnell innere Reaktionen aus, denn auch die damaligen Gefühle „kommen wieder hoch", z. B. die stolze Erinnerung an den perfekt organisierten Betriebsausflug oder die angstvolle Erfahrung einer verpatzten mündlichen Prüfung. Entsprechend „starke" Erlebnisse können beim Erinnern daran ein daran gekoppeltes, damals erlebtes Körpergefühl wieder hervorrufen: Etwas oder jemand bringt uns „zum Schwitzen", erzeugt einen „Kloß im Hals" oder „Drücken oder Kribbeln im Bauch".

Erfahrungen sind also gekoppelt an Empfindungen, die nicht nur im Kopf, sondern auch im Körper erinnert werden. Der Entdecker dieses Umstands – ein portugiesischer Neurowissenschaftler namens Antonio Damasio – hat sich dafür den Fachausdruck „somatisch markiert" ausgedacht (Soma – griechisch: Körper, den Körper betreffend) (Damasio 2004).

**Gefühle und Emotionen**

Gefühle oder Emotionen sind Kurzbotschaften unserer Lebenserfahrung (Roth 2011). Auf diese Weise fungieren sie – je nach Qualität – als „Starter" oder „Bremser" für unser Handeln.

Erfahrungen, die von starken Emotionen begleitet sind, werden nachhaltig abgespeichert und sind schnell greifbar. Das funktioniert beim ersten Kuss ebenso wie beim Flugzeugabsturz in der Nachbarschaft. Hier haben die begleitenden Gefühle also eine Leuchtturmfunktion für die gespeicherten Inhalte: Diese werden sofort als wichtig erkannt.

Bei der Suche nach Handlungsmöglichkeiten helfen diese emotionalen Markierungen also, sich nicht in den unendlichen Weiten unseres Erfahrungsgedächtnisses zu verirren, sondern schnell und effizient Erfolg versprechende Optionen auszuwählen und riskante möglichst zu vermeiden (Heckhausen/Heckhausen 2006).

### 7.3.5 Die mentale Gewinn-und-Verlust-Rechnung

Persönliche und betriebliche Ziele, individuelle Bedürfnisse und Motive, betriebliche Werte, Standards und Regeln sowie emotional markierte Erfahrungen stellen die Weichen bei der Frage, ob und wie gehandelt wird. Dazu müssen die verfügbaren Informationen allerdings in unserem Arbeitsgedächtnis, das in Bild 7.14 als Filter dargestellt ist, sortiert, strukturiert und abgewogen werden. Hier ist das erforderlich, was gemeinhin als „Denken" bezeichnet wird.

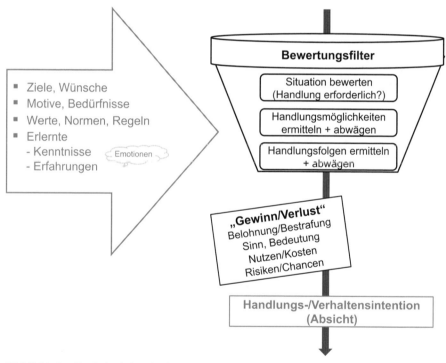

**Bild 7.14** Das Ergebnis wird ermittelt

Wie alles, was wir bewusst und gezielt denken oder tun (auch in den anderen „Vorstufen"), braucht auch dieser Vorgang *Aufmerksamkeit*. Und diese Aufmerksamkeit ist, wie schon erwähnt, rationiert. Bewusstes Denken funktioniert nur häppchenweise: immer nur ein Gedanke zur gleichen Zeit, der analysiert und ausgewertet werden kann. Dies geschieht vornehmlich in den Verarbeitungs- und Erinnerungszentren unseres Gehirns:

dem bewussten Arbeitsgedächtnis und mit der Zuarbeit der unbewussten Gehirnanteile (Roth 2007).

Dabei ist zum einen unser Vorstellungsvermögen gefragt, das uns hilft, die Konsequenzen einer Handlung in der Zukunft auszumalen. Zum andern besitzen wir ein effizientes Bewertungsverfahren, das uns hilft, beim Abwägen der Handlungsmöglichkeiten uns und unseren Bedeutsamkeiten treu zu bleiben. Gleichzeitig wird über die ermittelten Prioritäten die Antriebsenergie gesichert, die es braucht, eine Handlung zielgerichtet und konsequent zum Erfolg zu führen.

### 7.3.5.1 Der Blick in die Zukunft

Nachdem wir die Situation mithilfe unserer Erfahrungen eingeordnet haben, erfolgt oft schon der erste Blick in die Zukunft mit den Fragen „Wie entwickelt sich die Situation weiter?", „Was geschieht, wenn nichts geschieht?" und „Kann ich damit leben, nicht eingegriffen bzw. gehandelt zu haben?". Anschließend nutzen wir unser gespeichertes Wissen, die Handlungsmöglichkeiten und -folgen zu entwerfen. Zielzustände und Effekte werden eingebaut in ein Zukunftsszenario, das uns wie ein innerer „Film" die verschiedenen Optionen vorspielt. So lassen sich die erwünschten (+) von den unerwünschten Folgen (−) und mögliche Risiken von Chancen unterscheiden. Dabei stellt sich auch immer die Frage, mit welcher Wahrscheinlichkeit diese fantasierten Folgen auftreten. Nebenbei entwickelt sich – zumindest bei kleinen „Projekten" – gleichzeitig der Weg dorthin: die Planung der einzelnen Schritte. Am Ende muss abgewogen und eingeschätzt werden, welcher Film der beste ist und welches Szenario am ehesten geeignet ist, das zu tun, was getan werden muss (Bild 7.15).

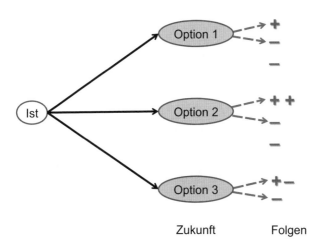

**Bild 7.15** Handlungsmöglichkeiten (Optionen) und ihre verschiedenen Folgen

### 7.3.5.2 Abwägen

Alle Bedeutsamkeiten oder Kriterien bezogen auf die Folgen kommen in die Waagschale und müssen abgewogen werden. Je nachdem, was wir wie gut, wichtig und richtig finden, bekommen die einzelnen Folgen in Bild 7.16 große und kleine positive und negative Ladungen und ermöglichen am Ende eine Entscheidung für die eine oder andere Option.

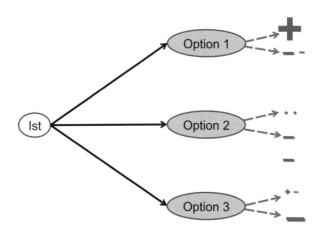

**Bild 7.16** Risiken und Chancen, Nutzen und Kosten müssen in ihrem Wert/ihrer Wichtigkeit beurteilt werden. Die Gewichtung entspricht der Größe der + und –.

Im Ergebnis verhalten wir uns so, dass ein größtmöglicher Gewinn oder Nutzen entsteht. Einerlei, wie wir diesen rational und emotional abwägen und wie groß er rein theoretisch für das Unternehmen wäre – im Vordergrund steht die persönliche Belohnung, die sich in der Regel rücksichtslos an den persönlichen Motiven und „psychologischen Grundnahrungsmitteln" orientiert. Diese Werte haben für die mentale Gewinn-und-Verlust-Rechnung besonderes Gewicht, wenn auch oft nicht bewusst.

### 7.3.5.3 „Qualitätskriterien" für unser Handeln

Für jedes Abwägen oder Bewerten braucht es Kriterien. Auch gängige Entscheidungsfindungsmethoden, wie z. B. die Nutzwertanalyse, arbeiten danach. Diese Kriterien spiegeln das wider, was uns so wichtig ist, dass wir es in die Entscheidung einbeziehen, sie daran messen wollen. Im Fall der Nutzwertanalyse für den Autokauf sind es beispielsweise Preis und Leistung.

**Nutzwertanalyse**

In unserem Beispiel geht es um die Entscheidung, ein Auto zu kaufen. Die Bewertung und Rechnung ist in dargestellt.

1. Zunächst müssen in der Nutzwertanalyse die wesentlichen Kriterien (die sich an den Wünschen, Zielen und Bedürfnissen orientieren) gefunden werden: Preis, Leistung, Aussehen/Design etc.
2. Da für den Entscheidenden die Kriterien gegebenenfalls unterschiedlich wichtig sind, bekommen sie unterschiedliche Gewichtungsfaktoren, die ihre Wichtigkeit deutlich machen. Der Preis beim Autokauf ist zentral und bekommt deshalb den Faktor 5. Dieser Faktor sagt aus, wie viel Einfluss das Kriterium auf die Entscheidung haben soll.
3. Nun erfolgt die individuelle Bewertung der Alternativen zunächst anhand des jeweiligen Erfüllungsgrades (von 0 bis 10, 0 = nicht erfüllt, 10 = gänzlich erfüllt). Das Auto 1 erfüllt das Kriterium „Preis" nur um den Grad 2, denn es ist verhältnismäßig teuer.
4. Anschließend wird für jedes Kriterium der ermittelte Erfüllungsgrad mit der Gewichtung multipliziert (x G) und
5. abschließend werden die errechneten Produkte aller Kriterien für jede Alternative (Auto 1 bis Auto 3) aufsummiert. Die höchste Summe „gewinnt".

**Tabelle 7.1** Nutzwertanalyse eines Autokaufs

| Kriterium | Gewichtung (G) | Auto 1 | Auto 2 | Auto 3 |
|---|---|---|---|---|
| Preis | 5 | 2 (xG) → 10 | 5 → 25 | 10 → 50 |
| Leistung | 1 | 3 → 3 | 2 → 2 | 3 → 3 |
| Design | 3 | 9 → 27 | 7 → 21 | 2 → 6 |
| Wirtschaftlichkeit | 1 | 5 → 5 | 3 → 3 | 5 → 5 |
| **Summe** | 10 | 45 | 51 | 64 |

In dem Beispiel würde die Entscheidung auf Auto 3 fallen, denn es hat mit 64 die höchste Bewertung. ∎

Übertragen wir diese Logik auf unseren Bewertungsfilter, mit dem wir am Ende die Handlungsbereitschaft ermitteln wollen, sind die Kriterien die erläuterten persönlichen Bedeutsamkeiten, gegen die wir unser Handeln abwägen. Diese Bedeutsamkeiten sind also die Qualitätskriterien für unser Verhalten.

Für Herrn Straub sind einige Dinge bedeutsam, die auf die Entscheidung Einfluss nehmen könnten, unter anderem:

- Ihm ist ein gutes Arbeitsklima wichtig. Er möchte die Dinge gern im Guten regeln und hasst es, sich zu streiten (Anschlussmotiv → soziale Zugehörigkeit, Selbstwert).

- Er möchte seine Arbeit gut machen und gute Ergebnisse bringen (Leistungsmotiv → Kompetenz, Kontrolle, Selbstwert).
- Auch hier ist ausschlaggebend, wie er seine Führungsrolle definiert und was ihm daran wichtig und wertvoll ist.
- Mit 15 Jahren im Beruf möchte er auch seine Aufstiegspläne weiterverfolgen. Teamleiter soll nicht die letzte Stufe seiner Karriereleiter bleiben (persönliches Ziel, in das gegebenenfalls mehrere Motive einfließen, z. B. Macht- und Leistungsmotiv → Autonomie, Kontrolle, Kompetenz, Selbstwert).

Kriterien allein reichen allerdings nicht aus, um zu entscheiden. Wie in unserer Nutzwertanalyse sind sie auch zu bewerten. In dem Rechenbeispiel dazu erreichen wir dies über den Erfüllungsgrad und die Gewichtung. Am Ende spiegeln die Summen den erzielten Nutzen wider. Im betrieblichen Leben fehlt uns allerdings meist die Zeit für aufwendige mathematische Analysen. Hier kommen wir in der Regel auch ohne rechnerische Hilfen aus.

### 7.3.5.4 Die emotionale Währung

Einerlei, was unter dem Strich herauskommt, es muss den optimalen Wert haben für uns (Bild 7.17). Nur so sind Betankung und (intrinsischer) Antrieb gewährleistet. Es wird also grundsätzlich so gehandelt, dass in der Summe der subjektiv erfahrene Wert (Nutzen und prognostizierte Chancen) optimal ist. Dies empfinden wir als Belohnung für die aufgewendete Mühe. Belohnung kann auch sein, etwas Unliebsames, eine Belastung zu reduzieren oder einer Bestrafung zu entgehen.

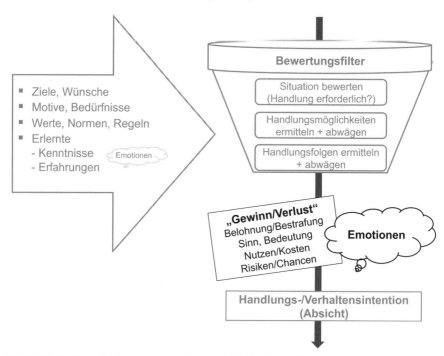

**Bild 7.17** Das Ergebnis der Bewertung: Gewinn und Verlust in Emotionen gemessen

Um als treibende Kraft wirksam zu werden, darf eine Belohnung allerdings nicht allzu lang auf sich warten lassen, denn zeitlich stark verzögert entkoppelt sie sich vom auslösenden Ereignis und hat so nicht mehr den erhofften Effekt. Bei entsprechenden Vergleichen ist dann „der Spatz in der Hand" meist besser ist als „die Taube auf dem Dach". Die sichere kleine Belohnung hat oft mehr Anziehungskraft als die größere, auf die lang gewartet werden muss (Roth 2007; Beck 2014).

Im betrieblichen Rechnungswesen spricht man hier zusammenfassend von Gewinn und Verlust. Hören wir Gewinn oder Belohnung, assoziieren wir dies in der Regel mit Geld. Viele unserer Werte, Motive, Ziele und Bedürfnisse lassen sich mit Geld (leichter) erreichen. Für viele steht Geld als Symbol für Selbstwert, Sicherheit und anderes.

> **Der Wert des Geldes**
>
> Geld ist als betriebliche Motivationsquelle von außen (auch extrinsisch genannt) umstritten. Grundsätzlich wird dem „finanziellen Ausgleich" im Unternehmensumfeld eine gewisse Antriebswirkung zugebilligt. Allerdings wird diese mit der Zeit weniger, insbesondere, wenn sie als Überstundenkompensierung wichtigen intrinsischen Lebensqualitäten (Zeit für Familie, Selbstverwirklichung/Kompetenz) zu sehr in die Quere kommt.
>
> So kann es sein, dass man zu Beginn einer vereinbarten Ausgleichszahlung für Überstunden noch gut damit leben kann, diese als Dauerzustand allerdings anders bewertet wird (Kühn/Platte/Wottawa 2006).

Für Entscheidungsprozesse reicht Geld als Erklärung nicht aus. Hier nutzen wir *Emotionen*. Emotionen treten dann auf, wenn etwas für uns bedeutsam oder wichtig ist. Solche Ereignisse machen uns dann „betroffen", berühren uns positiv oder negativ. Damit bewerten sie und drücken aus, ob die Vorkommnisse unseren inneren Kriterien, Präferenzen und Prioritäten entsprechen oder nicht. Emotionen oder Gefühle in diesem Sinne sind z. B. Furcht/Angst, Verachtung, Enttäuschung, Freude/Stolz, Neugierde, Hoffnung. Auch das sogenannte schlechte Gewissen oder Reue können als Bewerter stark ins Gewicht fallen.

Emotionale Regungen treten willkürlich auf und lassen sich nur schwer kontrollieren. Einerseits sind es Reaktion auf eine äußere Situation (z. B. wenn ich einem zähnefletschenden Wachhund begegne). Sie zeigen beispielsweise als Angst einen vordringlichen Handlungsbedarf und eine Handlungstendenz an, z. B.: „Weg hier!" Sind solche Situationen gemeistert, signalisieren uns Emotionen, ob wir bei der Zielerreichung erfolgreich waren, z. B. durch Erleichterung, Stolz oder Freude, und belohnen uns damit. Diese Erlebnisse werden entsprechend „markiert" im Gedächtnis gespeichert und erinnert.

**Emotionen**

Emotionen „bewerten" Erlebtes. Besonders hoch im Kurs stehen essenzielle psychologische Bedürfnisse als „psychologische Grundnahrungsmittel":

- Selbstwert,
- Autonomie/Selbstbestimmtheit,
- Orientierung/Kontrolle und Kompetenz,
- soziale Zugehörigkeit.

So helfen sie uns, den persönlichen Nutzen und die Wirksamkeit unseres Verhaltens einzuschätzen.

Emotionen können allerdings auch als Blick in die Zukunft durch eine innere Vorstellung hervorgerufen werden, die ich mir mithilfe von Wissen und Erfahrungen ausmale, z. B. eine Rede zu halten. So wie Druck und/oder Temperatur im Produktionsprozess haben Emotionen eine Indikator- oder Steuerungsfunktion beim Vorbereiten menschlichen Handelns. Herr Straub könnte sich beispielsweise ausmalen, wie seine Vorgesetzte reagiert, wenn er beim nächsten Zusammentreffen immer noch nicht aktiv geworden ist.

Muss ich zwischen Handlungsmöglichkeiten wählen, fließt die emotionale Würze neben den übrigen Informationen als Entscheidungshilfe in die Bewertung ein und verhilft auf kurzem Wege dazu, „unterm Strich" mit der optimalen Gefühlsbilanz das Richtige zu tun. Auch eine ausführliche Nutzwertanalyse zum Autokauf wird auf diese Weise „korrigiert", beispielsweise dann, wenn der befreundete Nachbar plötzlich ein sportliches Cabriolet vor der Tür stehen hat.

Wir streben nach einem ausgeglichenen Gefühlshaushalt. Wir wollen uns wohlfühlen und zufrieden sein. Erlebnisse, die mit negativen Emotionen verbunden sind, wollen wir vermeiden und positive wiederholen. Emotionen sind also die „Währung" der Handlungsvorbereitung und dienen als Anzeiger und Gewichtungsfaktoren für unsere persönlichen Qualitätskriterien, die Motive und Bedürfnisse. Sie geben dem Handeln die *Richtung* (unter anderem Weibler/Küppers 2008; Schützeichel 2012):

- Positive Gefühle sind erwünscht und wirken anziehend.
- Negative Gefühle wollen vermieden werden und wirken abstoßend.

### 7.3.6 Emotion und Motivation

Beim Bewertungsprozess erfüllen Emotionen noch eine zweite wichtige Funktion: Sie liefern neben der Richtung auch den *Antrieb* – auch als Motivation bekannt (Brandstätter et al. 2013). Durch Art und Intensität bestimmen Emotionen den Grad der Aktivierung und damit die zur Verfügung gestellte Energie (Bild 7.18):

- Manche Gefühle wirken lähmend oder unterbrechend, wie z. B. Frust, wenn der ersehnte Effekt nicht eintritt. Zu dieser Gefühlsgruppe gehören auch solche, die beruhigen, wie z. B. Zufriedenheit oder Erleichterung, wenn eine Entscheidung gefallen oder ein Ziel erreicht ist.
- Bewegende Gefühle wiederum treiben an: Wut treibt zur Vergeltung und Angst treibt zur Abkehr und Flucht. (Vor-)Freude und Begeisterung drängen zum Handeln.

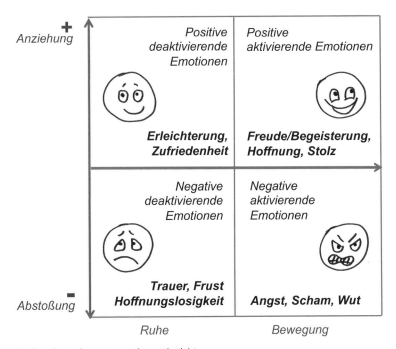

**Bild 7.18** Emotionen bewegen – oder auch nicht

Starke – uns wirklich wichtige – Motive, die uns z. B. helfen, Selbstwert, Kompetenz, sozialen Anschluss zu finden, gehen oft mit starken Gefühlen einher. Dies sind primär die psychologischen Grundbedürfnisse oder auch impliziten Motive. Diese fungieren im Zusammenspiel mit körpereigenen Hormonen als Energizer für das Verhalten. Sie bringen uns dazu, „für ein Ziel zu brennen". Denn was uns kalt lässt, verfolgen wir nicht weiter.

> **Motivation per Boten(stoff) – Hormone, ein neues Kapitel der Führung?**
>
> Glückshormone fungieren als körpereigener Energizer. Sie lassen uns das fühlen, was wir brauchen, um etwas anzupacken: Kraft, Freude, Neugier und Lust, etwas zu tun, zu leisten – „Motivation" (Vorwerk 2013; Kuhl 2006). Zudem dämpfen sie die emotionalen und körperlichen Anspannungen bei Stress, frei nach dem Motto „Alles was Spaß macht, stresst weniger und ist gesünder".
>
> Das Glückshormon *Dopamin* wird beispielsweise ausgeschüttet, wenn wir etwas Schönes, für uns Bedeutsames erleben, das uns Spaß oder Freude bereitet. Es erzeugt gemeinsam mit den sogenannten Endorphinen in uns das Wohlgefühl, das wir als „Belohnung" erfahren. Ausgelöst werden kann die Ausschüttung z. B. durch eine wunderschöne Musik, ein ernst gemeintes Lob oder auch dadurch, jemand Nahestehendem eine Freude bereitet zu haben. Forschungen haben gezeigt, dass gerade bei Menschen mit hohem Anschlussmotiv, die sozial entsprechend aktiv sind, das Dopamin sehr aktiv ist. Aber auch die Vorfreude auf eine Belohnung, z. B. nach einer Entscheidung, wirkt auf die Dopaminaktivitäten. Unser Gehirn unterscheidet also nicht zwischen erfahrenem und erwartetem Nutzen (Sokolowski/Heckhausen 2006; Cummins 2015)

Funktioniert dieses Zusammenspiel, passen also unsere Ziele und Wege mit unseren Motiven und Bedürfnissen zusammen, verläuft das Handeln mehr oder weniger anstrengungsfrei. „Es geht wie von selbst!" und ohne große Anstrengung. Handeln wir allerdings im Widerspruch zu unseren inneren Bedeutsamkeiten, verbrauchen wir zusätzlich Energie, um am Ball zu bleiben und Ablenkungen abzuwehren. Selbstkontrolle braucht Willenskraft (Baumeister et al. in Brandstätter et al. 2013). Im Ergebnis ergibt die innere Aufrechnung der Gefühle also neben der Richtung auch die treibende Kraft (Mees 2006; Rothermund/Eder 2009; Rothermund/Eder 2011; Schützeichel 2012; Reisenzein 2006).

Die resultierende Handlungsbereitschaft setzt sich also zusammen aus:
- Art und Ausrichtung (Weg und Ziel) und auch aus
- Antrieb und Entschlossenheit (Kraft, Energie), die dahinter stehen.

Herr Straub aus unserem Beispiel ist unter dem Strich vorwiegend frustriert über den Lauf der Dinge. Hier hat seine Emotion noch eine wichtige weitere Funktion: Sie informiert ihn darüber, dass er dem Auftrag innerlich nicht zustimmen kann (Reisenzein 2006). Er verspürt keinen Antrieb, den Auftrag seiner Vorgesetzten so umzusetzen, wie sie es wünscht. Die Vorgabe von Frau Wächter, bei der Zertifizierung „nicht dumm dazustehen" (die in diesem Fall auch für die betriebliche Zielsetzung steht), schafft es bislang jedenfalls noch nicht, bei ihm Bewegungsenergien freizusetzen. Um noch einmal in Ruhe darüber nachzudenken, vereinbart er mit Frau Wächter einen Termin.

### 7.3.7 Antriebsquellen erschließen

Persönliche Ziele sind in der Regel automatisch „aufgeladen" oder mit Antrieb betankt. Schließlich entspringen und entsprechen sie dem, was uns wichtig und wertvoll, allerdings nicht immer gegenwärtig ist: den expliziten und impliziten Motiven. Im betrieblichen Alltag sind die Ziele, Werte und ihre konkrete Regelung nicht (immer) mit dem abgestimmt, was für den Mitarbeitenden von Bedeutung ist. Wirtschaftsunternehmen haben ihre eigenen Wertvorstellungen. Auch die Zielsetzungen unserer konventionellen Managementsysteme, also Qualität, Umweltschutz oder Arbeitssicherheit, sind nicht für jeden Mitarbeiter auf den ersten Blick bedeutsam. Woher also können hier Antrieb und Einsatzbereitschaft gespeist werden?

#### 7.3.7.1 Der persönliche Sinn und Nutzen

Antworten fanden sich u. a. in der Schule.

> **Ein Experiment**
> Bei einer Befragung von Schülern nach den Gründen, warum sie Hausaufgaben machen, ließen sich fünf Antwortgruppen zusammenfassen (Deci/Ryan 1993; Deci/Ryan in Brandstätter et al. 2013; Baumann 2009):
> - „Ich bekomme Ärger, wenn ich keine Hausaufgaben mache."
> - „Ich möchte, dass der Lehrer mich für einen guten Schüler hält."
> - „Ich möchte guten Noten, damit ich später studieren kann."
> - „Ich möchte die Inhalte verstehen."
> - „Es macht mir Spaß."
>
> Anschließend wurde die Qualität der Ergebnisse untersucht.

Die Schüler, die der Gruppe 5 angehören, lieferten die besten Ergebnisse. Die Befragten aus Gruppe 1 zeigten die schlechteste Leistung. Hier zeigte sich deutlich: Dinge, die Spaß machen, werden gern und motiviert getan. Dinge, zu denen ich gedrängt oder gezwungen bin, erledige ich, um keinen Ärger zu bekommen. Gerade das Von-außen-gedrängt-Werden macht den Unterschied.

*Autonomie oder Selbstbestimmtheit* ist ein wichtiges psychologisches Grundbedürfnis und damit ein zentraler Antriebsgrund. Ohne äußeren Druck wirken ein solch autonomes „freies" Handeln und die daraus möglichen Erfolgserlebnisse (bei angemessenem Anforderungsgrad) besonders stark auf die eigene Wirksamkeit/das Kompetenzgefühl.

Diese Grundbedürfnisse haben den direkten Draht zum emotional-hormonalen Bewertungs- und Antriebssystem.

Innerer Antrieb und Engagement ergeben sich insbesondere dann, wenn unsere psychologischen Grundbedürfnisse (implizite Motive) mitmischen, deren Erreichen oder Befriedigen uns mit positiven Gefühlen oder Wohlbefinden und damit auch mit Energie versorgen. Das ist auch der Grund dafür, dass uns bei Zielen, denen lediglich explizite Motive zugrunde liegen, schnell die Luft ausgeht.

Das genannte Experiment hat allerdings noch weitere Erkenntnisse hervorgebracht, die für die betriebliche Zusammenarbeit wichtig sind.

Während die Gruppe 1 unter Zwang von außen agiert und überhaupt keinen eigenen Antrieb hat, gelingt es den Gruppen 2 bis 4 auf unterschiedliche Weise, das „Steuer" zu übernehmen und die Selbstbestimmtheit zu verstärken. Bild 7.19 zeigt ihre Anordnung auf einer Selbstbestimmungsskala. Indem sie den persönlichen Nutzen oder Sinn entlarven, geben sie ihnen Bedeutung und Antrieb.

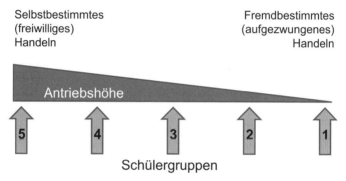

**Bild 7.19** Handeln zwischen Selbst- und Fremdbestimmung

*Identifikation* gelingt also über das Erkennen von Aspekten oder Teilzielen einer Aufgabe, die helfen,

- von außen definierten Idealen, die ich gegebenenfalls auch zähneknirschend akzeptiere, gerecht zu werden (der gute Schüler, der gute Mitarbeiter, man tut etwas, weil es sich gehört oder es als Pflicht begreift),
- persönliche Ziele zu erreichen (Frau Wächter, unsere Logistikleiterin, konnte sich beispielsweise gut mit dem Ziel einer erfolgreichen Zertifizierung identifizieren. Sie ist erst ein knappes halbes Jahr im Unternehmen und will es auch über die Probezeit hinaus gern bleiben. Die nächste Zertifizierung ist deshalb ein wichtiger und außenwirksamer Meilenstein, der ihr hilft, mit ihrem Verantwortungsbereich zu glänzen),
- den eigenen Wertvorstellungen oder Selbstbildern zu entsprechen (definiere ich mich als Umweltschützerin, werde ich eher bereit sein, auch so zu handeln).

Wenn die betrieblichen Ziele also nicht ausreichen, den Antrieb zu liefern, lässt sich dieser gegebenenfalls im persönlichen Bereich erschließen. Auf diese Weise bekommt das betriebliche Ziel einen persönlichen Sinn oder Nutzen. Es wird mit persönlichen Motiven „aufgeladen".

**Implizite Motive aufdecken**

Wie kommt man den eigenen impliziten Motiven auf die Spur, wenn sie doch unbewusst sind? Hier ist z. B. der Blick in die Zukunft hilfreich. Stellen Sie sich vor, wie sich die Zielverfolgung und -erreichung anfühlt. Auch das Hinterfragen der eigenen Tätigkeitsvorlieben ist eine Methode, den unbewussten Antrieben und Energielieferanten näher zu kommen. Folgende Fragen können hier hilfreich sein (Brandstätter et al. 2013, S. 75):

- Welche Aktivitäten mache ich gern und ohne Belohnung immer wieder und ziehe sie auch gern vor?
- Über welche Erfolge und Ergebnisse habe ich mich besonders gefreut?
- Wann konnte ich mich trotz eines Erfolgs gar nicht freuen?

### 7.3.7.2 Der Einfluss „der anderen"

Die Identifikation mit fremden Zielen und Handlungen „betankt" neben Selbstbestimmung und Kompetenz noch ein weiteres Grundbedürfnis, nämlich das nach sozialer Zugehörigkeit oder Verbundenheit. Der Mensch hat diese Orientierung „in den Genen" und ist in der Regel bereit, sich anzupassen und Motive, Einstellungen und Verhaltensmuster seiner Mitmenschen zu übernehmen und in sein Selbstbild zu integrieren. Ohne ein solches Zusammenspiel wäre auf lange Sicht kein Zusammenleben und Zusammenarbeiten möglich. Dies führt auch im betrieblichen Miteinander dazu, dass Mitarbeitende sich entsprechende Vorgaben und Ziele zu eigen machen, sich damit identifizieren. „Mitmachen" wird dabei mit Zustimmung und Gemeinschaftsgefühl belohnt. Abweichendes Denken und Verhalten allerdings kann zu Spott, Verachtung und Ausgrenzung führen.

„Dazugehören" braucht allerdings den Spiegel von außen. So wie der Lehrer dem „guten Schüler" entsprechend wohlwollende Signale gibt, so sind auch im Betrieb Rückmeldungen vonnöten. Sie werden auf unterschiedlichste Arten vermittelt (Aufmerksamkeit und Interesse, ehrliches Lob, klares, wertschätzendes Feedback) und dienen so als Antriebs-„Verstärker" für das gewünschte Verhalten. Entsprechende Mechanismen stehen auch als Bremsverstärker zur Verfügung. Im Kern geht es darum, im sozialen Vergleich oder Wettbewerb zu bestehen und die Anerkennung anderer zu erlangen (Esser 2002; Brandstätter et al. 2013; Krapp 2005; Deci/Ryan 1993). Identifikation führt nicht nur dazu, freiwillig, eigenverantwortlich und ohne Druck den Antrieb zu steigern. Sie bietet auch im betrieblichen Umfeld noch den Zusatznutzen, dazuzugehören.

Herr Straub ist nach reiflicher Überlegung zu folgenden Schlüssen gekommen: Für ihn ist zwar das Ziel seiner Vorgesetzten (in der Zertifizierung gut dazustehen) nachvollziehbar. Auch kann er sich damit identifizieren, weil es ihm bei der eigenen Karriereplanung hilft. Allerdings behagt ihm der von ihr vorgegebene Weg (die kurzfristige Unterweisung der Arbeitsbeschreibung) als Handlungsoption überhaupt nicht. Hier gibt es einige ihm wichtige und wertvolle Kriterien, die aus seiner Sicht nicht erfüllt sind:

- Herr Straub findet es bedeutsam, dass seine Vorgaben und Arbeitsbeschreibungen für ihn und vor allem für seine Mitarbeiter Sinn machen und die Arbeit unterstützen. Dazu ist er Führungskraft (Leistungsmotiv →Kompetenz, Selbstwert)! Auch hier ist ausschlaggebend, wie er seine Führungsrolle definiert und was ihm daran wichtig und wertvoll ist. Er hat sich mit seinem Team angewöhnt, Abläufe vor der endgültigen Inkraftsetzung zu besprechen, und ist mit diesem kollegialen Führungsstil bislang gut gefahren.
- Schon beim Überfliegen des Dokuments hat er einige gravierende Fehler in der Abfolge der Arbeitsschritte entdeckt. Außerdem gibt es keinerlei Hinweise zu den betriebstypischen Ausnahmesituationen. Falls er nun wirklich täte, was seine Vorgesetzte von ihm erwartet, würden die zwei betroffenen Kollegen vor Ort diese Punkte sofort zur Sprache bringen und nachfragen, wieso er als Chef etwas anweist, das so offensichtliche Lücken und Fehler enthält (Leistungsmotiv → Kompetenz, Selbstwert).

Was ihn allerdings regelrecht ärgert und ausbremst, sind die Aspekte, die das Verhalten seiner Vorgesetzten betreffen:

- Er fühlt sich nach immerhin 15 Jahren Betriebszugehörigkeit durch das Nicht-gefragt-Werden als langjähriger Mitarbeiter und Teamleiter in seinem Expertentum in keinster Weise gewürdigt (Leistungsmotiv → Kompetenz, Selbstwert).
- Zudem wurmt ihn, dass seine Vorgesetzte das neue Dokument über seinen Kopf hinweg und ohne seine Beteiligung entschieden hat (Anschlussmotiv → soziale Zugehörigkeit, Selbstwert).
- Und als letzten Punkt hat er es zu schätzen gelernt, in seinem Bereich Entscheidungen zu treffen und Dinge ins Rollen zu bringen. Diesen Gestaltungsraum will er sich nicht nehmen lassen (Macht- und Leistungsmotiv → Autonomie, Kontrolle, Kompetenz, Selbstwert).

### 7.3.7.3 Motivationsbremsen

So wie es in Führung und/oder Zusammenarbeit gelingt, Motivation und Antrieb zu ermöglichen oder zu fördern, lassen sich diese also auch nachhaltig ausbremsen. Das geschieht insbesondere durch Verhaltensweisen, die Misstrauen signalisieren, insbesondere *als Kontrolle wahrgenommene Umstände* (z. B. Drohungen, Deadlines, Selbst- oder Fremdbeobachtung oder -beurteilung, Überwachung sowie bestimmte Formen von Belohnungen oder Rückmeldungen, z. B. wenn diese „von oben herab" erfolgen). Diese Maßnahmen schwächen Kompetenz und Selbstwertgefühl und wirken gleichzeitig auf Anschluss und Klima. Neben neuen Antriebsquellen gilt ebenso, offensichtliche Bremsen zu betrachten. Auch sie beeinflussen das Geschehen nachhaltig.

Herr Straub hat sich am Ende auf Basis seiner Motive und seines Rollenverständnisses mehrere Alternativen und ihre Folgen überlegt:

- Allein eine neue und bessere Anweisung entwerfen:
    - (+) schnell erledigt,
    - (-) allerdings ohne den Input und die Überprüfung der Teamkollegen,
    - (-) könnte die Stimmung im Team beeinträchtigen und
    - (-) praxisrelevante Fehler enthalten.

- Die Teamkollegen beauftragen, die Anweisung zu überarbeiten:
  - (–) Hier kann er sich nicht einbringen und
  - (–) hat auch das Zeitmanagement nicht allzu gut im Griff.
- Er könnte die bestehende Anweisung mit seinen Teamkollegen besprechen und Frau Wächter bei dem geplanten Gespräch die Überarbeitung mit guten, betrieblichen Begründungen vorlegen:
  - (+) Hier besteht die Chance, dass die Umsetzung später ohne Reibung erfolgt.
  - (+) Zudem hat er das Team hinter sich und
  - (+) kann die bislang gute Zusammenarbeit der Kollegen fortsetzen.

Bei alledem muss er mit dem Risiko leben, dass seine Vorgesetzte auf die Missachtung ihrer Anweisung und Autorität unwirsch reagiert. Gegebenenfalls könnte sie auch in ihrer Kompetenz gekränkt sein oder wütend reagieren, wenn er ihr sachliche Fehler und Lücken darlegt.

### 7.3.8 Verhaltens- oder Handlungsintention

Oft ist eine Entscheidung – insbesondere unter Zeitdruck – nicht einfach zu treffen. Die vielfach zitierten „zwei (wenn nicht mehr) Seelen in meiner Brust" lassen sich nicht versöhnen – die Richtung bleibt unklar. Vielfach liegt dies daran, dass zu viele Ziele oder Motive zusammenkommen und um Aufmerksamkeit buhlen.

**Methodische Entscheidungshilfen**

Hier gibt es – wenn die Zeit gegeben ist – vielerlei methodische Hilfen, die auch im individuellen Coaching angewandt werden:

- *Pro-und-kontra-Tabellen*, mit deren Hilfe je nach Listenlänge entschieden werden kann.
- Die *Nutzwertanalyse*, die einzelne Argumente bzw. Kriterien nach dem Nutzen gewichtet.
- *Tetralemma*, eine erweiterte Fassung des Dilemmas, wo nicht nur die Positionen „das eine" und „das andere", sondern auch „beide" und „keines von beiden" betrachtet werden. Zudem wird – für die fortgeschrittenen „Querdenker" – noch eine weitere Sichtweise hinzugefügt, die von einer höheren Ebene aus über dies hinausdenkt und etwas „völlig anderes" in den Fokus nimmt (Sparrer/Varga von Kibéd 2005).
- Das *Innere Team* gibt den Seelen – wie zum Beispiel einem „inneren Perfektionisten" und der „gemütlichen Couch-Potato" – einen Namen und eine Stimme und lässt sie auch miteinander verhandeln (Schulz von Thun).

### 7.3.8.1 Intuition

Bei Problemen oder Entscheidungssituationen, die etwas komplexer sind, braucht es gegebenenfalls die Unterstützung weiterer Gehirnregionen. Eine solche Unterstützung erfordert allerdings auch Zeit, denn sie greift auf einen Datenspeicher in unserem Kopf zu, der unser un- und vorbewusstes Wissen enthält. Nicht umsonst besteht bei wichtigen Entscheidungen häufig das dringende Bedürfnis, „dies zu überschlafen".

**Intuition**

„Intuition ist die Summe der Lernerfahrungen am Rande der Überforderung" (Kruse 2004).

In den Tiefen der unwegsameren Gehirnareale lagern unendlich viele, mehr oder weniger verknüpfte Einheiten an angeborenem und erlerntem Wissen und Erfahrungen inklusive der daran geknüpften Emotionen. Hinzu kommen nicht nur unbewusste Erfahrungen, auch Beobachtungen oder Wahrnehmungen können unbewusst sein. Nach Expertenschätzungen nehmen wir unbewusst circa 220.000-mal mehr Informationseinheiten auf als bewusst (St. Pierre/Hofinger/Buerschaper 2011). Statt also mit begrenzten Ressourcen im bewussten Arbeitsgehirn linear und häppchenweise zu arbeiten, erfolgt die weitere Verarbeitung unbewusst (im Schlaf oder während wir uns anderen Themen zuwenden) und hochgradig parallel vernetzt und rekursiv (Roth 2010).

Nicht nur nach dem Schlafen, sondern auch im Alltag „kommt uns plötzlich die Idee" oder ein Urteil, eine Entscheidung ist klar und eindeutig. Sie taucht einfach in unserem Bewusstsein auf. Allerdings können wir sie nicht ohne Weiteres rational begründen. Durch dieses „Bauchgefühl" sprechen uns die Erfahrungen und Gedächtnisinhalte an, die „im Dunkeln" liegen – unsere „unbewusste Intelligenz". Es ist eine intuitive Eingebung, die uns die Sicherheit geben kann, richtig zu handeln, auch wenn wir nicht immer verstehen, warum (Gigerenzer 2013).

Gerade in kritischen Situationen gilt es hier, entsprechende „Rauchzeichen unseres Gehirns" zu beachten, die vielfach als „ungutes Gefühl" erkennbar sind. So lässt sich der Bauch – wie in Bild 7.20 dargestellt – auch als letzte Instanz nutzen, um dem bewusst Durchdachten das unbewusste Qualitätssiegel mitzugeben.

**Bild 7.20** Unbewusste Gehirnressourcen „im Schlaf" nutzen

### 7.3.8.2 Handlungsimpulse

Inzwischen sind auf der Basis der persönlichen Wahrnehmung und Bewertung individueller Nutzen, Sinn und Belohnung erkannt. Die auftretenden Emotionen geben – wenn sie wahrgenommen und beachtet werden – eine Richtung und Handlungsintention vor. Absicht und Plan, zu handeln, sind gefasst und im besten Fall in der Lage, mehrere Motive, Ziele oder Bedürfnisse auf einmal abzudecken.

Auch wenn wir an dieser Stelle einen deutlichen Impuls verspüren – z. B. bei dem langweiligen, eintönigen Vortrag eines Kollegen in der gemeinsamen Besprechung einfach genervt das Weite zu suchen –, folgen wir diesem nicht immer. Wir sind in der Lage, kurzfristige Handlungsimpulse zu kontrollieren und gegebenenfalls zu unterdrücken, um langfristigen Ziele, grundlegenden Werthaltungen (wie Höflichkeit) oder Normen und Vorschriften von außen (Anwesenheitspflicht!) gerecht zu werden.

Herr Straub ist inzwischen froh, dass er seiner Vorgesetzten weder „die Meinung gesagt" noch einfach die Umsetzung des Auftrags verweigert hat. Vielmehr hat er die Idee, seinen Teamkollegen die Anweisung in die Hand zu drücken mit der Bitte, sie zu überfliegen. Für den nächsten Vormittag könnte er dann eine Teambesprechung ansetzen. So wäre er in der Lage, Frau Wächter konkrete Verbesserungsvorschläge zu unterbreiten und aufzeigen, dass er „dran" ist.

## 7.4 Gefilterte Bewältigung

Nachdem der vorangegangene Filterschritt in einem kognitiven/denkintensiven Kraftakt zu einer Bewertung und zu einer (oder wenigen) Handlungsoptionen geführt hat, könnte eigentlich alles klar sein. Aber auch hier filtern wir wieder (Bild 7.21), sodass aus der theoretisch kraftvoll motivierten Absicht eine praktische Handlung entsteht – oder auch nicht. Im Vordergrund steht die Frage nach der Machbarkeit.

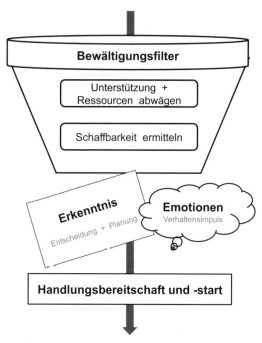

**Bild 7.21** Bewältigung im Detail

Wie die Bezeichnung unseres Filters verdeutlicht, geht es um die Frage der Bewältigung oder die Einschätzung der eigenen *Wirksamkeit*. Im Mittelpunkt steht die pragmatische, situative Einschätzung der Frage, ob ein korrigierendes Handeln für uns machbar und zu bewältigen ist. Automatisch stellen wir uns die Frage „Schaffe ich das?". Hintergrund ist – hier wirken die Grundbedürfnisse nach Kontrollierbarkeit und Kompetenz mit –, dass jeder gern Erfolg und Erfolgserlebnisse hat und ein Scheitern, mit den entsprechenden Auswirkungen auf den Selbstwert, verhindern möchte. Dabei wird insbesondere nach folgenden Aspekten gefahndet und gefiltert:

- die situative Bereitstellung bzw. Verfügbarkeit von Mitteln und Ressourcen, also Menschen, Objekten (Arbeitsmittel und Anlagen) und Umgebungsfaktoren, die zur Tätigkeit oder Handlung notwendig sind,
- die subjektive Einschätzung der Schaffbarkeit und Selbstwirksamkeit (Fähigkeit zur und Kontrolle über die Umsetzung).

## 7.4.1 Die äußeren Rahmen- und Ausführungsbedingungen

Die Einflussgrößen, die wir in diesem Filterabschnitt betrachten, sind situativ. Sie betreffen sowohl die Person (innerer Kontext) wie auch die aktuellen Rahmenbedingungen (äußerer Kontext) und finden sich in Bild 7.22 im Pfeil.

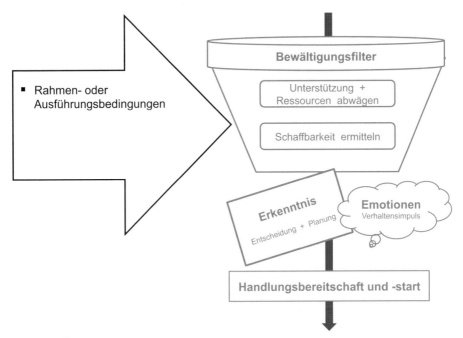

**Bild 7.22** Äußere Rahmenbedingungen beeinflussen die Bewältigung

Die hier dargestellten Umstände sind nicht nur als Vorbereitung der Handlungsbereitschaft aktiv. Sie mischen ebenfalls daran mit, diese Bereitschaft im Verlauf der Handlung gegenüber äußeren und inneren Hemmnissen und Widerständen aufrechtzuerhalten und „am Ball zu bleiben".

Von außen kommen zunächst die *Arbeitsbedingungen*. Sie werden u. a. in den strukturellen Rahmenbedingungen (Organisationsstruktur und Kultur oder auch vorgeschriebene und ungeschriebene Standards) definiert. Sie bestimmen darüber, ob und wie viel Freiraum für Selbstbestimmtheit vorhanden ist, was z. B. die Menge und die zeitliche Taktung der Arbeit betrifft. Ein wichtiger Faktor sind auch die allgemeinen Umgebungsbedingungen, wie Umgebungsklima, also physisches und meteorologisches Klima (z. B. Arbeits-/Raumtemperatur, Luftfeuchte, Regen) oder sonstige Arbeits-/Umgebungsbedingungen (Luft-/Staubbelastungen, Gerüche, Erschütterungen). Werden solche Faktoren als Risiko für Gesundheit und Sicherheit wahrgenommen, können sie die Handlungsbereitschaft stark beeinflussen. Aber auch eine angemessene Schutzausrüstung hat gegebenenfalls „Nebenwirkungen", die einschränkend wirken können (Beispiel: Sicht durch ein verstaubtes Visier).

Auch wichtig sind die generell verfügbaren *Ressourcen*. Besitze ich kein Auto, nehme ich generell Straßenbahn oder Fahrrad. Für betriebliche Belange sind an dieser Stelle neben der ausreichenden Fahrzeug- bzw. Treibstoffversorgung auch alle anderen materiellen und personalen Unterstützungsmittel gemeint, die zu der gewünschten Handlung erforderlich sind (Zeit, Personal, Material-, Werkzeug- und Anlagenverfügbarkeit, Geld oder Ähnliches). Hinzu kommen auch das soziale (betriebliche) Umfeld, also Kollegen, Vorgesetzte etc., und ihre Bereitschaft, zu ermutigen und zu unterstützen. Neben der kritischen Selbsteinschätzung zur Frage „Schaff ich das?" ist es also auch das soziale Umfeld, das eingeschätzt wird („Bekomme ich Hilfe und Unterstützung, wenn ich sie brauche?") (Dost 2014). Ob als geplante Zusammenarbeit oder lediglich als fallbezogene Rückendeckung, – in vielen Situationen sind hilfreiche Teamkollegen und Vorgesetzte eine echte Stütze.

Insbesondere der Faktor *Zeit* kann die aktuelle Situation mit ihren Umständen oder Rahmenbedingungen auf entscheidende Weise prägen, und dies nicht nur im betrieblichen Kontext. Stress und Zeitdruck gelten allerorts als akzeptierte Ausnahmebegründung für eigentlich angestrebtes Verhalten, wie ein Experiment mit Theologiestudenten deutlich macht (Gladwell 2002): Ein Teil der Studenten wurde gebeten, einen Kurzvortrag über das Gleichnis vom guten Samariter vorzubereiten. Dies sollte helfe, die Gruppe auf das Thema „Hilfsbereitschaft" einzustimmen. Der andere Teil bekam ein anderes Thema ohne Bezug zur Hilfsbereitschaft. Auf dem Weg zum Vortragsraum trafen die Studenten dann auf einen Mann, der zusammengebrochen am Boden lag. Wie die Studenten reagierten, war nun allerdings nicht – wie erwartet – vom Vortragsthema abhängig. Wirksam wurde hier der beiläufige Hinweis des Professors, der einem Teil der Gruppe angewiesen hatte, sich zu beeilen. Diese Studenten gingen fast durchgängig an dem Notfall vorbei. Bei dem anderen Teil der Gruppe hatte der Professor angedeutet, dass genügend Zeit sei, und hier war dann auch die Hilfsbereitschaft entsprechend groß.

Herr Straub, unser Teamleiter, hat einen vollen Tag und muss insbesondere die nachmittägliche Besprechung und seine Kennzahlen vorbereiten. Er ist nicht sicher, ob er seinem Team die Angelegenheit in Ruhe nahebringen kann.

## 7.4.2 Körperliche und mentale Befindlichkeit

Ein weiterer situationsbezogener Einflussfaktor ist die aktuelle *Befindlichkeit* der jeweiligen Person, die sich sowohl aus körperlichen wie mentalen („mens" – lateinisch für „Geist; geistig, das Denken betreffend") Wurzeln speist: Nach einem langen Arbeitstag erschöpft und „verstimmt" durch reihenweise unvorhergesehene Vorfälle und einem Streit mit einem geschätzten Kollegen werden Sie Ihrem Chef mit dem „Angebot" eines neuen, herausfordernden Projekts weniger wohlwollend gegenüberstehen als ausgeruht und frisch belobigt für gute Ergebnisse (Bild 7.23).

## 7.4 Gefilterte Bewältigung

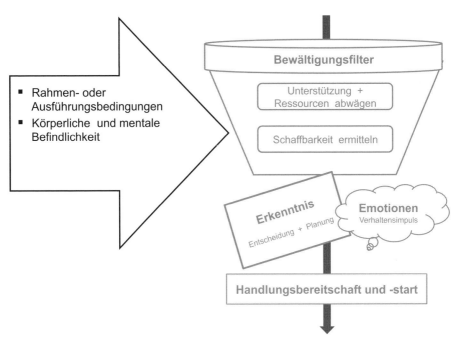

**Bild 7.23** Die Befindlichkeit als Einschätzfaktor

Vereinfachend ergibt sich die Befindlichkeit als situatives Sprungbrett in die Aktivität aus den in Bild 7.24 dargestellten Aspekten und ihrem Zusammenspiel:

- *Körperliche Gesundheit/Konstitution* (Muskelkraft, Koordinations-/Reaktionsfähigkeit, Herz-/Kreislauffitness): Wie fit und gesund sind Sie?
- *Energie, Kraft, „Power", Wachheit* (Ressourcen): Wie ausgeruht oder „frisch" sind Sie?
- *Stimmung*: In welcher (grundsätzlichen) Stimmung sind Sie? Wie „ausgeglichen" ist der emotionale Boden, auf den die Handlungsimpulse fallen?

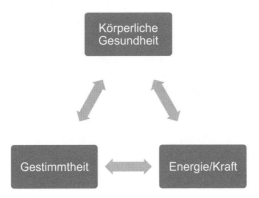

**Bild 7.24** Aspekte der Befindlichkeit und ihr Zusammenspiel

*Körperliche Gesundheit/Konstitution* meint rein physisch den gesamten Bewegungsapparat, der sich bezogen auf Beweglichkeit, Fitness und Kraft mit zunehmendem Alter verändert und dann oder auch durch Krankheit gewissen Einschränkungen unterliegt. Rein physische Fitness oder Gesundheit à la „Ich bin fit" bedeutet allerdings noch lange nicht, sich in dem entscheidenden Moment auch frisch und leistungsfähig zu fühlen.

Hier kommt das *persönliche Energiemanagement* dazu. Einerlei, wie gut Kreislauf und Bewegungsapparat trainiert sind – bin ich müde und abgespannt, werde ich freiwillig keine Bäume mehr ausreißen (→ Abschnitt 8.1).

Ein Faktor, der wieder zurückgreift auf die Welt der Gefühle, ist hier zusammenfassend als *Gestimmtheit* oder *Stimmung* dargestellt.

**Stimmung**

Stimmung (im Unterschied zur Emotion) ist

- nicht objektbezogen – also nicht einem bestimmten Ereignis/Erlebnis zuordenbar,
- eine Gemengelage aus aktuell erlebten Emotionen,
- als Verstärker oder Puffer situativer Emotionen wirksam.

Im Unterschied zu Emotionen, die kurzlebig sind (Sekunden bis Minuten), wird Stimmungen eine Lebensdauer von bis zu Tagen nachgesagt. Auch sind Stimmungen im Unterschied zu Emotionen oder Gefühlen konkret nicht zuordenbar. Oft genug können wir nicht genau sagen, warum wir heute mit dem falschen Fuß aufgestanden oder gerade „gut drauf" oder „ausgeglichen" sind. Dies liegt z. B. daran, dass ich ihrer Ursache keine Aufmerksamkeit schenke oder diese mir nicht bewusst ist. Auch kann eine Stimmung das Ergebnis mehrerer, im Laufe des Tages ausgelöster Emotionen sein – quasi ein zusammengekochtes Gemenge, in dem die einzelnen Zutaten nicht mehr zu identifizieren sind (Reisenzein 2009). An solch einem Gemenge hat das körpereigene Belohnungssystem mitgekocht, das beispielsweise bei erfahrendem „Nutzen" Glückshormone wie Dopamin ins Spiel bringt.

Auch wenn die Ursachen nicht immer klar sind, die Folgen auf Denken und Tun sind es in jedem Fall: Zum einen dämpfen oder verstärken Stimmungen aktuelle Emotionen: Bin ich in Hochstimmung, weil ich gerade ein Superfeedback im Mitarbeitergespräch bekommen habe, ärgert mich so leicht nichts und ich bin gelassener. Bin ich allerdings gereizt/genervt, weil ich mit der Arbeit nicht vorankomme, kann eine flapsige Bemerkung des Kollegen schnell explosiv wirken. Auch dies ist ein Grund, warum das „Rabattmarkensammeln" (→ Abschnitt 2.5.2) auf Dauer ungesund ist. Zum anderen können Stimmungen oder die aktuelle Gestimmtheit darüber entscheiden, ob aus einem Handlungsimpuls mehr wird (Lischetzke/Eid 2005; Hänze 2009b; Mees 2006; Klauer/Hecker 2009; Riesenhuber 2006):

- Gut gelaunte Personen lösen Probleme anders als schlecht gelaunte: Sie sind kreativer – aber auch gutgläubiger und oberflächlicher. Auch sind sie geselliger, suchen mehr Kontakt und zeigen mehr Hilfsbereitschaft. Sogar eine bessere Konzentrationsfähigkeit wird der guten Stimmung nachgesagt. Grundsätzlich wirkt die gute Stimmung förderlich auf die Urteilsfindung und die Einschätzung von Schwierigkeiten. Sie verdrängt Unsicherheit, fördert die Zuversicht.

- Negative Stimmung (Niedergeschlagenheit bis hin zu depressiven Zügen) wirkt offensichtlich beeinträchtigend auf die Gedächtnisleistung und die Fähigkeit, komplexe Probleme anzugehen, was insbesondere bei mental aufwendigen und anstrengenden Denkprozessen nachgewiesen wurde. Unser Arbeitsspeicher wird durch Nebenschauplätze „abgelenkt" und hat nicht genug Kapazität für die eigentliche Aufgabe. Eine negative Stimmung kann auch dazu führen, die aktuelle Situation fehlzudeuten – sie schwärzer zu sehen, als sie ist. Die Stimmung wird auf die Situation übertragen, mit der sie gar nichts zu tun hat. Erinnerung wird ebenfalls geleitet durch Stimmung, und zwar auf die Art, dass schneller auf solche Gedächtnisinhalte zurückgegriffen wird, die der aktuellen Stimmung entsprechen.

> **Die eigene Stimmung beeinflussen**
>
> So, wie wir in der Lage sind, unsere Emotionen zu „machen", sind wir ebenso in der Lage, unsere Stimmungen zu beeinflussen – auch „Stimmungs-Regulation" genannt. Insbesondere Entspannungsmethoden, soziale Aktivitäten oder Sport kommen hier gerne zum Einsatz. Sie verhindern Anspannung und Müdigkeit, steigern die Energie und sind insbesondere in Belastungssituationen wichtig (Thayer in Lischetzke/Eid 2005).

Die Befindlichkeit hat als Zusammenspiel zwischen Stimmung, körperlicher Gesundheit und persönlichem Energie-„Füllstand" einen wichtigen Einfluss auf menschliches Handeln und Leistungsfähigkeit. Warum das auch im Betrieb wichtig ist, verdeutlicht Bild 7.25. Gute Stimmung/Befindlichkeit führt zu mehr Zuversicht – also das Vertrauen in die eigene Kompetenz und Fähigkeit, Herausforderungen meistern zu können (Selbstwirksamkeit). Dies führt zu mehr Anstrengung und Ausdauer beim Umsetzen der Handlung, womit auch die Wahrscheinlichkeit für Erfolg steigt. Mehr Erfolgserlebnisse verbessern die erlebte Selbstwirksamkeit. Hier werden die erwähnten Grundbedürfnisse nach Orientierung bzw. Kontrolle/Kompetenz erfüllt, was sich wiederum auf die Emotionsbilanz auswirkt (Jerusalem 2009; Grawe 2004).

Die zunehmende Durchdringung dieser Wechselwirkungen hat auch zu einem Umdenken in der Arbeitswelt geführt: Gesundheit ist nicht mehr nur die Abwesenheit von Krankheit, sondern umfasst das körperliche, psychische und soziale Wohlbefinden (Dost 2014). Es geht nicht mehr allein um Arbeitsfähigkeit, sondern um das sogenannte Arbeitswohlbefinden. Diese Erkenntnis hat in Finnland zu einem landesweiten Entwicklungsprogramm geführt, in dem das *Arbeitswohlbefinden* im Mittelpunkt steht (Ilmarinen in Schreiter 2011).

**Bild 7.25** Erfolg bewusst und wirklich erleben

In diesem Zusammenhang ist unsere Befindlichkeit als Folge der zunehmend populären psychischen Arbeitsbelastungen zu sehen, die als Stressauslöser gelten (→ Kapitel 8) und im Rahmen der gesetzlich geforderten Gefährdungsbeurteilung am Arbeitsplatz (unter anderem nach §§ 5, 6 ArbSchG) zu ermitteln sind. Arbeitswohlbefinden und psychische Arbeitsbelastungen sind also zwei Kehrseiten einer Medaille, die nicht nur betriebliches Verhalten, sondern ebenso Gesundheit und Fehlzeiten beeinflussen (Badura et al. 2010).

Nicht umsonst hat die *Mitarbeiterzufriedenheit* (zumindest am Rande) auch Eingang in die Welt der Managementsysteme gefunden (z. B. ISO 9004:2009, 6.3.3; ISO 9001:2015, 2.3.4). Der grundsätzlich positive Einfluss auf die körperliche Gesundheit und damit auf die Fitness und Leistungsfähigkeit ist unbestritten und findet zunehmend und psychologisch fundiert Eingang in das betriebliche Gesundheitsmanagement.

### 7.4.3 Kenntnisse und Erfahrungen

Zu den äußeren und inneren Rahmenbedingungen kommen auch in diesem Filterschritt Kenntnisse und Erfahrungen. Bezogen auf die Schaffbarkeit orientiert sich der Einfluss insbesondere an der Tatsache, ob eine Herausforderung völlig neu und unbekannt ist (Brandstätter et al. 2013). Auf Basis der Vergangenheit entscheidet sich, wie wirksam und erfolgreich Sie sich selbst erlebt haben und erleben (Selbstwirksamkeit) und wie mutig und risikobereit Sie an die aktuelle Situation herantreten. In manchen Fällen können erinnerter Stolz und Freude über einen möglichen beruflichen Erfolg und der damit verknüpfte Selbstwert oder auch Frust und Reue nach einem Scheitern und damit verbunden die Angst vor einem erneuten Reinfall in der „mentalen Buchführung" so hoch bewertet sein, dass alle übrigen Kriterien überstrahlt werden (Bild 7.26).

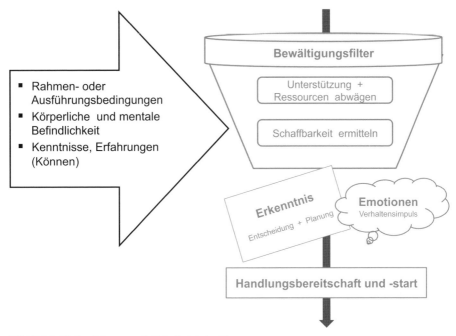

**Bild 7.26** Einflussfaktoren auf „Schaffe ich das?"

## 7.4.4 Das Ergebnis: Handlungsstart = Erkenntnis + Emotion

Mit der Frage nach der Bewältigung haben wir unsere Grundbedürfnisse nach Kompetenz, Orientierung und Kontrolle beruhigt und versucht sicherzustellen, dass der beabsichtigte Plan auch erfolgreich umgesetzt werden kann. Mithilfe der jetzt vorliegenden Informationen steht der Entscheidung nichts mehr im Weg. Auf welchem Wege sie gefällt wird, hängt insbesondere von der verfügbaren Zeit und der zu durchdringenden Komplexität ab (→ Kapitel 8). Auch hier kann wieder Intuition gefragt sein, die zwischen Kopf und Bauch mit den unbewussten Erfahrungen vermittelt.

Am Ende unserer Vorstufenkette steht fast immer die Frage „Kann ich mit dieser Entscheidung leben?". Es gilt, eine „stimmige" Lösung zu finden, mit sich im „Reinen" zu sein – hier ist ein „gutes Gefühl" oder zumindest kein schlechtes gefragt. Dabei ist es wieder der Blick in die Zukunft, der Antworten gibt. Indem wir uns das, was wir vorhaben, genau vorstellen, aktivieren wir unsere Motive – insbesondere die unbewussten (impliziten) und ihre emotionalen Anhängsel. Im besten Fall ist das emotionale „Gesamtbild" positiv, und unsere inneren Sensoren zeigen auf „los". Neben dieser inneren Prüfung liefert der innere Film auch den notwendigen Antrieb – wir sind emotional mobilisiert (Brandstätter et al. 2013). Emotionen haben in unserem dargestellten Prozess also nicht nur oft das erste Wort, sondern auch das letzte (Roth 2003).

Die abschließende Handlung ist dann das Ergebnis aller erwähnten Einflüsse und Vorgänge. Sie soll dazu verhelfen, was gewollt und machbar ist, auch zu erreichen. Dass nicht zu handeln auch eine sinnvolle Entscheidung sein kann, macht das folgende „Gelassenheitsgebet" deutlich.

> **Gelassenheitsgebet**
>
> Gott, gib mir die Gelassenheit, Dinge hinzunehmen, die ich nicht ändern kann, den Mut, Dinge zu ändern, die ich ändern kann, und die Weisheit, das eine vom anderen zu unterscheiden.
>
> *wahrscheinlich: Reinhold Niebuhr (1892–1971)*

Sind wir allerdings erst einmal „dabei", gilt es, durchzuhalten und keine Ablenkung zuzulassen. Hierzu haben wir Menschen offensichtlich unterschiedliche „Bewusstseinslagen" entwickelt: Während des Abwägungsprozesses (Bewerten und Bewältigen) können wir uns kritisch und differenziert mit Optionen, Hürden und Hindernissen auseinandersetzen. Haben wir allerdings den Beschluss zum Handeln gefasst, verengt sich unser Denken. Schwierigkeiten und mögliche Hindernisse werden großzügig ausgeblendet oder eher optimistisch bedacht, um nicht vom Weg abzukommen geschweige denn umkehren zu müssen (Gollwitzer in Brandstätter et al. 2013).

Herr Straub jedenfalls sieht dem Gespräch mit seiner Vorgesetzten inzwischen entspannt entgegen, denn beide haben doch ein gemeinsames Ziel, oder? Aber jetzt geht er erst zu seinem Team, damit auch die Vorbereitung stimmt.

## ■ 7.5 Lernen – Voraussetzung jeder Änderung

In dem dargestellten Prozess wurden an mehreren Stellen erinnerte Informationen eingespeist (Bild 7.27). Zum einen wurden Daten abgerufen, um Reize aus der Umwelt zu deuten und zu interpretieren. Zum anderen brauchte es Erfahrungen zur Bewertung der Wahrnehmung und zur Handlungsvorbereitung. Alles, was auf diese Art im Gedächtnis „ausgegraben" wird, muss allerdings irgendwann abgelegt bzw. gespeichert worden sein.

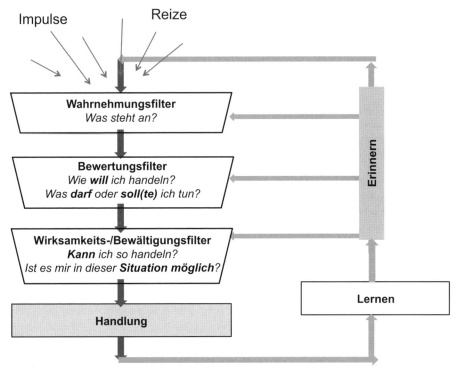

**Bild 7.27** Erfahrungen werden in jeder Vorstufe wirksam

## 7.5.1 Wann lernen wir?

Lernen wird vielfach mit bestimmten Situationen verknüpft, die wir ausschließlich dem Kompetenzgewinn widmen: die Schule oder Universität, die Weiterbildung in einem Seminarraum fernab des betrieblichen Alltags oder die Unterweisung im Besprechungsraum. Darüber hinaus findet Lernen immer und überall statt, und das lebenslang. Schätzungen einer UNESCO-Kommission aus den 70er-Jahren sprechen sogar davon, dass etwa 70 % der menschlichen Lernprozesse auf diese Weise stattfinden (Overwen 2005). Entsprechende Möglichkeiten werden nicht mehr nur von außen vorgegeben und per Stundenplan strukturiert, sondern ergeben sich informell und nicht formal durch den betrieblichen Alltag und können mehr oder weniger gut (selbstgesteuert!) genutzt werden. Hier lernen wir neu und um und verlernen auch Ungenutztes.

### 7.5.1.1 Aus Erfahrungen lernen

Lernen beginnt bereits im frühkindlichen Alter – manche Autoren behaupten sogar, schon vor der Geburt. Alles, was ab Lebensbeginn erstmalig erlebt wird, kann Konsequenzen haben, die persönlich relevant sind. Ob das Berühren einer heißen Herdplatte oder das Überschwemmen des elterlichen Badezimmers: entweder direkt („aua") oder indirekt über die Reaktion der Außenwelt – spürbar durch Emotion (Schmerz, Wut, Stolz, Freude etc.). Werde ich als Kind vom Hund gebissen, geht meine zukünftige Begegnung mit einem (ähnlichen) Hund in der Regel nicht ohne Angst. Sind bestimmte Ergebnisse und Folgen der eigenen Handlung erst als Erfahrung gespeichert, können wir sie vergleichen und zuordnen. So leiten wir daraus für ähnliche Situationen und Begegnungen Erwartungen ab, um uns angemessen verhalten zu können.

Erfolgen nach dem erwarteten Hundebiss auch freundliche und verspielte Hundebegegnungen, sind wir überrascht, woraus unser Gehirn erkennt, dass es nicht nur die aktuelle Handlung anpassen, z. B. den Hund streicheln, sondern auch den aktuellen Datenbestand aktualisieren und ergänzen muss.

So lernen wir aus den Konsequenzen: Sind diese positiv und mit angenehmen Gefühlen verbunden, wollen wir sie gern wiederholen. Im negativen Fall vermeiden wir sie zukünftig. So lassen sich kommende Situationen besser einschätzen und wir passen unser Verhalten im Sinne unseres Wohlergehens an. Diese Anpassung nennen wir Erfahrungslernen (Schützwohl 2009; Hänze 2009a).

Herr Straub hatte mit seiner Vorgesetzten noch nicht allzu viel Erfahrungen. Die wenigen Diskussionen mit ihr, in denen sie unterschiedliche Anschauungen hatten, haben in ihm die Erwartung geweckt, dass sie auch bei dem aktuellen Problem nicht auf ihren Standpunkt beharrt und seinen fachlichen Beitrag und seine Erfahrungen offen zur Kenntnis nimmt.

Unser Beispiel mit Herrn Straub verdeutlicht noch einen anderen Aspekt: Die Abweichung von Erwartungen wird nicht nur durch Nachdenken im stillen Kämmerlein festgestellt, sondern auch von außen „zurückgemeldet". Lernen – in diesem Fall ggf. bei Frau Wächter – entsteht also nicht nur durch persönliche Wahrnehmung und Reflexion, sondern kann auch durch Feedback von außen angeregt werden (St. Pierre/Hofinger/Buerschaper 2011).

### 7.5.1.2 Aus Beobachtungen lernen

Wir müssen nicht alle Erfahrungen selbst machen. Wenn ich etwas theoretisch durchspiele und abwäge, kann ich schlicht durch *Einsicht* lernen (oft verbunden mit einem inneren Aha-Erlebnis). Wir lernen ebenfalls *am „Modell"*. Gerade Kinder lernen viel durch das sogenannte Beobachtungslernen, das uns auch im Erwachsenenalter nicht verloren geht. Zeigt also unser „Modell" – im besten Fall auch Vorbild – ein bestimmtes Verhalten und ist damit aus unserer Sicht erfolgreich bzw. wird belohnt, so übernehmen wir das Gesehene. Das Gleiche funktioniert auch bei Misserfolgen, die wir dann meiden (Franken 2007; Kiesel/Koch 2012). Gerade im Bereich der Führungsfähigkeiten profitieren viele angehende Führungskräfte von ihren eigenen Vorgesetzten – in kleinen und mittleren Betrieben sind sie womöglich die einzige Möglichkeit, Führen zu lernen.

Menschen lernen also von- und miteinander. Im beruflichen Kontext, wo für viele regelmäßige Weiterbildungs- und Trainingsmaßnahmen eher die Ausnahme sind, findet Lernen vielfach situativ und anhand konkreter Erfahrungen und Probleme statt (informelles Lernen). Dabei geschieht es zum einen eigenständig und selbstorganisiert, z. B.

wenn wir recherchieren oder Bücher und Fachartikel erarbeiten. Oder wir lernen kooperativ mit anderen, z. B. beim Austausch mit Kollegen und in fachbezogenen Netzwerken und Internetforen.

### 7.5.2 Wie lernen wir?

#### 7.5.2.1 Wiederholungen bahnen Erinnerungen

Der Vorgang des Lernens ist vergleichbar mit einem Trampelpfad durch eine Wiese. Je öfter ich diesen Trampelpfad nutze, umso breiter wird er. Nutze ich ihn nicht mehr, wächst Gras drüber – die Erinnerung verblasst. Diesen Effekt kennt jeder, der eine Fremdsprache gelernt und nicht mehr gesprochen hat. Nutze ich den Pfad oft, entsteht über kurz oder lang eine „Autobahn", die es ermöglicht, schnell auf die Erinnerung zurückzugreifen. Entscheidend für diese Art des Lernens – also die Informationen dauerhaft und abrufbar zu speichern – ist daher die Wiederholung. Je öfter etwas aufgerufen wird, umso leichter ist der Zugriff (Hofinger 2012).

So entwickelt sich nicht nur schnell abrufbares Wissen, sondern auch Verhaltensroutinen, die dann schnell und automatisch verlaufen (→ Kapitel 8.1.1), z. B. Autofahren: Bin ich mir zunächst meines Unwissens nicht bewusst (z. B. Kleinkind und Autofahren), gelangt diese Unfähigkeit im Schulalter und als Mitfahrer mit dem Vorsatz, Fahren zu lernen, in das Bewusstsein (bewusste Inkompetenz). In den ersten Fahrstunden wird jede einzelne Bewegung und Reaktion dann bewusst und konzentriert (aus)geübt (bewusste Kompetenz), bis das Kuppeln, Schalten, Bremsen und Gasgeben irgendwann in Fleisch und Blut übergeht (unbewusste Kompetenz) (Bild 7.28). Aus Sicht der Neurobiologie handelt es sich hier um „neuronale Netzwerke". Lernen ist also eine Form, im Gedächtnis „Spuren zu hinterlassen". Dabei werden im Gehirn Nervenzellen aktiviert und miteinander verknüpft. Neue Informationen werden dabei in bereits bestehende eingeknüpft.

**Bild 7.28** Schritte zur Routine

#### 7.5.2.2 Emotionen als Verstärker

Gutes Erinnern wird nicht nur durch Wiederholung gefördert. Auch Emotionen sorgen dafür, dass sich in unserem Gehirn schnell und nachhaltig „Autobahnen" bilden. Erfahrungen, die uns innerlich bewegen, sind oft mit starken Emotionen verknüpft – werden durch sie „verstärkt" und lassen sich genau deshalb wesentlich besser erinnern.

> **Was passiert im Gehirn bei emotionalen „Stürmen"?**
>
> Angst und auch positive Emotionen wie die Begeisterung führen in der Regel zur Aktivierung der sogenannten emotionalen Zentren im Gehirn – auch limbisches System genannt. Das führt zu einer vermehrten Produktion von Botenstoffen oder Hormonen, z. B. Dopamin, Neuropeptide. Diese Botenstoffe unterstützen die Bildung neuer „Vernetzungen" im Gehirn – unsere Gehirnzellen bilden vermehrt Fortsätze aus, stellen so neue Verbindungen her oder verstärken alte.
>
> Taucht das Problem wieder auf, lässt sich das erlernte Handlungsmuster schnell abrufen und verhindert weitere schmerzliche Erfahrungen oder ermöglicht einen weiteren Begeisterungssturm oder Erfolgs-„Rausch" (Hüther 2014a).

Aus diesem Grund lernen Kinder immer dann besonders viel und nachhaltig, wenn sie es mit Begeisterung tun. Auch wenn dieser emotionale Cocktail im Erwachsenenleben oft etwas „verdünnt" ist, so bleibt die Wirkung die gleiche: Bei allem, was wir mit Freude machen, werden wir schnell besser (Hüther 2014b). Mit „Feuer und Flamme" funktioniert die Erinnerung also wesentlich besser als im „lauwarmen" Bereich.

Positiv Erlebtes, „Wohlschmeckendes" wird gerne wiederholt, denn es hatte angenehme Nebenwirkungen. Unangenehmes hingegen wird gemieden. So verhindert dieser Mechanismus, dass Menschen sich unnötig oft in Gefahr bringen, denn das Erlebte ist beispielsweise mit Angst verknüpft (St. Pierre/Hofinger/Buerschaper 2011; Konrad 2014).

Erfahrungen haben also ihren eigenen „Geschmack", der uns angenehm ist oder nicht (Stolz, Freude, Ärger, Reue). Wie ein inneres Navigationssystem zeigen uns daran gekoppelte Emotionen, ob wir Erlebtes wiederholen wollen oder nicht. Dabei kann der emotionale Beigeschmack von innen, also selbst gemacht, und von außen als positives Feedback oder Lob inspiriert sein.

Von innen wirkt dabei insbesondere folgende Eigenheit: Je nachdem, ob ich gute Ergebnisse oder ein gelungenes Projekt mir selbst, der guten Teamarbeit oder den zufällig günstigen betrieblichen Umständen zuschreibe, bin ich entweder stolz, dankbar oder erleichtert. Hier hängt es also von der persönlichen Einschätzung und Bewertung ab, ob ein Erlebnis als Erfolg markiert wird oder nicht. Entsprechend kraftvoll wirkt das spätere Erinnern (Rothermund/Eder 2011). Von außen wirken Rückmeldungen, Kommentare oder Feedback der Kollegen oder des Vorgesetzten. Sie machen die eigene Leistung im hektischen Arbeitsalltag oft erst bewusst. Zudem ermöglichen sie es, durch den erweiterten Horizont Erwartungen an den eigenen Erfolg zu relativieren. Dieses Prinzip wird als operantes Konditionieren oder Lernen am Erfolg/Misserfolg bezeichnet (siehe Kasten).

Ein „Daumen hoch" oder Schulterklopfen bei der Übergabe eines mustergültigen Arbeitsplatzes bringt emotionale Saiten zum Klingen, die die Grundbedürfnisse nach Selbstwert, Kompetenz (Orientierung und Kontrolle) und gegebenenfalls auch Zugehörigkeit bedienen. Ein bisschen Stolz auf die eigene Leistung hat noch niemandem geschadet. Belohnungen sind das geeignetste Mittel zur Unterstützung von Verhaltensänderungen sind. Diese Erkenntnisse spiegeln sich auch in verhaltensorientierten Arbeitssicherheitsinitiativen (Behavior Based Safety) wider, die das positive Feedback (Loben) gezielt zur Verstärkung des gewünschten Verhaltens einsetzen (Bördlein 2009). Im Zusammenhang mit der Veränderung von Arbeitsverhalten wird auch von *Konditionierung* gesprochen.

**Operante Konditionierung**

Die operante Konditionierung beruht auf der Wirkung von positiven oder negativen Folgen eines Verhaltens. Positive Konsequenzen eines Verhaltens erhöhen (oder verstärken), negative verringern die Wahrscheinlichkeit, dass das Verhalten wiederholt wird (Skinner in Schaper 2014).

### 7.5.2.3 Schemata - Wissen gut sortiert

Daten werden in unserem Gehirn nicht eins zu eins abgelegt, sondern sortiert und zu sinnvollen Einheiten geordnet bzw. verknüpft – also als sogenanntes Schema organisiert. Vielfach wird in diesem Zusammenhang auch der Begriff „Muster" verwendet (St. Pierre/Hofinger/Buerschaper 2011). Schemata enthalten Zusammenfassungen oder „Wissenspakete" über Dinge, Situationen und Handlungen in einem abruffreundlichen Format. Die Organisation von Wissen und Erfahrung in Schemata hilft uns, Dinge ohne großen Aufwand wiederzuerkennen, zu erklären und auch vorherzusagen (St. Pierre/Hofinger/Buerschaper 2011).

**Schemata**

Schemata sind Datenstrukturen im Gehirn, in denen Regelmäßigkeiten und allgemeines Erfahrungswissen verknüpft und festgehalten werden (St. Pierre/Hofinger/Buerschaper 2011).

Solche Schemata sparen nicht nur Speicherplatz. Als Denk-, Deutungs- und Verhaltensschemata (oder -muster) stehen sie zur Wiederverwendung zur Verfügung und ermöglichen schnelle Reaktionen (→ Kapitel 8.1.1). Begegnet Ihnen morgens um neun Uhr beispielsweise der hilfsbereite Kollege Herr Schulze auf dem Flur, könnte dies bei Ihnen folgende Verknüpfungen auslösen: „Ach, der Herr Schulze ist mal wieder auf dem Weg zur Kaffeeküche. Dann dürfte es gleich frischen Kaffee geben."

Erinnern ist allerdings nie ein Eins-zu-eins-Abruf unveränderter Rohdaten, wie sie ein Foto oder eine Filmaufnahme darstellen. Unser Gedächtnis besteht nicht aus lückenlosen Aufzeichnungen. Vielmehr werden gespeicherte Erfahrungseinheiten bei jedem neuen Abruf aus dem neuronalen Netz herausgelöst und gegebenenfalls auch frisch komponiert. Auf diese Weise kann ein Erlebnis in der Nacherzählung anders klingen als kurz nach dem Erleben: Gestern noch Drama, beispielsweise der anspruchsvolle Mathematiklehrer kurz vor dem Abitur, kann das Erinnerte heute zum Schmunzeln ermutigen. Auch Umgebung, Stimmung, Geruch etc. können den Zugriff auf die Erinnerungsdatenbank beeinflussen und die Erfahrungen bevorzugen, die unter ähnlichen Umständen gespeichert wurden. Befinden Sie sich z. B. grade im Betrieb, werden Beispiele und Analogien für dieses Umfeld gesucht und nicht beispielsweise aus dem letzten Campingurlaub (Beck 2014).

### 7.5.3 Rückschläge und Scheitern

Nicht immer ist man erfolgreich. Die Folgen für Selbstwert, Risikobereitschaft und Resilienz können dabei unterschiedlich sein. Resilienz bedeutet in diesem Zusammenhang insbesonders, wie gut ich mit Rückschlägen umgehen kann.

**Resilienz**

„Unter Resilienz (lateinisch resilire = ‚zurückspringen, abprallen', deutsch etwa ‚Widerstandsfähigkeit') wird die Fähigkeit verstanden, auf die Anforderungen wechselnder Situationen flexibel zu reagieren und auch stressreiche, frustrierende oder anderweitig schwierige Lebenssituationen zu meistern" (Deutsche Gesetzliche Unfallversicherung [DGUV] 2010).

Die Art und Weise, wie Erfahrungen, Erlebnisse und insbesondere vermeintliche Misserfolge bewertet und verarbeitet werden und auf Selbstwert/-wirksamkeit wirken, hat entscheidenden Einfluss auf die persönliche Weiterentwicklung und zukünftiges Handeln. Resilienz wird immer mehr als Schlüsselfaktor für beruflichen Erfolg gesehen und steht zunehmend im Fokus bei Personalauswahl und -entwicklung. Auch bei der betrieblichen Gesundheitsförderung spielt Resilienz eine zentrale Rolle (Wellensiek 2011).

**Kleine „Tankstelle": Wo liegen Ihre Stärken?**

Wann haben Sie zuletzt in Ruhe darüber nachgedacht, was Sie richtig gut können, was Ihnen gut gelingt, wo Ihre Stärken liegen?

Wenn Ihnen das nicht auf Anhieb gelingt, stellen Sie sich vor, was ein guter Freund oder eine geschätzte Arbeitskollegin dazu sagen würde?

## ■ 7.6 Der Kern im Rückblick

Die Wirklichkeit hat viele Facetten. Als Beobachter erfasse ich nur *meine „Landkarte" der Wirklichkeit*. Diese Landkarte ist geprägt durch mehrere „Filtermechanismen": die (Sinnes-)Kanäle, die zur Aufnahme bereit sind, den individuellen Fokus, der meine Aufmerksamkeit lenkt (oder ablenkt) und so den Ausschnitt meiner Beobachtung festlegt.

Hier sind auch der Kontext und meine Erwartungen wichtig. Hinzu kommt die ebenso individuelle Art, wie ich die aufgenommenen Signale erkenne und deute. Ein auf diese Art entstandenes Bild der Wirklichkeit kann also nur individuell sein und in jedem Fall nicht alle Aspekte berücksichtigen – einerlei, ob bei einem Mitarbeitenden oder einer Führungskraft. Die Kernaussage der dargestellten Zusammenhänge, die viele unter dem Stichwort „Konstruktivismus" kennen, lautet: „Die Landkarte ist nicht die Landschaft." Was bedeutet das? Dahinter steht die Feststellung, dass jeder Mensch eine eigene Wahrnehmung der Wirklichkeit hat bzw. „konstruiert".

Bei der *Bewertung* beurteilen wir nicht nur die Situation im Hinblick auf den potenziellen Handlungsbedarf, sondern auch die möglichen Handlungsweisen und ihre potenziellen Folgen. Im persönlichen Bereich hilft Bewertung nicht nur, uns und unseren *Bedeutsamkeiten*, also unseren Motiven oder Wertvorstellungen und den daraus resultierenden persönlichen Zielen, treu zu bleiben, sondern sichert im Zusammenspiel mit *Emotionen* eine angemessene Priorisierung und die notwendige Antriebsenergie, die es braucht, eine Handlung zielgerichtet und konsequent zum Erfolg zu führen. Wirkungsvoll getrieben ist Verhalten dort, wo die markierten Bedeutsamkeiten uns als emotionale Betroffenheit den Anschub garantieren. Im betrieblichen Bereich funktioniert dieses körpereigene Antriebsaggregat allerdings nicht ohne Weiteres, denn hier gilt es – wie in der Tabelle 7.4 dargestellt –, zwei Welten zusammenzubringen.

**Tabelle 7.4** Die zwei „Welten" im Unternehmen

| | Welt 1 Unternehmen | ⟵⟶ | Welt 2 Mitarbeiter |
|---|---|---|---|
| **Werte:** Was ist wichtig? | Unternehmenswerte | | Psychologische Bedürfnisse und Werte (Motive) |
| **Ziele:** Wohin soll es gehen? | Betriebliche Ziele | | Persönliche Ziele |
| **Umsetzungsplanung/ Standards (Weg):** In welchen Schritten/mit welchen Maßnahmen wird es vollbracht? | Standards/Normen/ Regeln | | Motivationale Schemata |

Während persönliche Ziele in der Regel von innen angetrieben sind („intrinsische Motivation") und „um ihrer selbst willen" ohne Druck und mit Wohlgefühl, z. B. Spaß, Freude, verfolgt werden, sind betriebliche Ziele, Werte und Regelungen zunächst nichts mehr als kraftlose Ergebnisforderungen. Wirksam werden externe Vorgaben erst, wenn wir uns mit ihnen „arrangieren", sie uns zu eigen machen. Erst wenn diese Ergebnisse oder der konkrete Weg dahin über die Identifikation mit persönlichen Bedeutsamkeiten (Bedürfnissen, Motiven und Werten) erfüllt oder betankt sind, setzen sie Antriebskräfte frei.

Bei dieser Betankung spielen die *psychologischen Grundbedürfnisse* eine besondere Rolle, denn sie ermöglichen es auch ohne persönlich wertvolle und emotional wirksame Zielsetzung, erwünschtes Handeln und Verhalten zu „motivieren":

- Sich selbst als wissend, wirksam und kompetent zu erleben.
- Der Entscheidungs- und Handlungsspielraum – also was und wie viel autonom (selbst) bestimmt werden kann.
- Auch in Unternehmen gibt es ein Miteinander, also Teams, Bereiche, Abteilungen etc., zu denen wir dazugehören wollen.

Diese Aspekte lassen sich insbesondere beim selbstbestimmten, autonomen Handeln anzapfen und bilden damit gehaltvolle „Zuflüsse" in Richtung Selbstwert, der eine zentrale/übergeordnete Position hat („intrinsische Motivation").

Neben der Betankung ist es auch wichtig, bremsende Einflüsse zu berücksichtigen, die z. B. generell vom Führungsverhalten ausgehen können, z. B. das Nichtberücksichtigen und Nichteinbeziehen vorhandener Expertise oder übertriebene Kontrollmaßnahmen (Misstrauenskultur).

Rechnet sich die *mentale Gewinn-und-Verlust-Rechnung* am Ende nicht in den „grünen" Bereich, bleiben nur externe Überwachung und Steuerung, die Zwang ausüben über disziplinarische oder soziale Sanktionen und Belohnungen. Hier kommen Antrieb und Steuerung also nicht von innen, sondern müssen von außen geleistet werden. Das Verhalten ist fremdbestimmt und bricht zwangsläufig ab, sobald die Steuerung von außen aufhört („extrinsische Motivation").

Voraussetzung jeder Handlung ist der Weg von der Theorie in die Praxis. Dabei spielt die Frage nach der *Bewältigung* die Hauptrolle. Diese basiert auf der aktuellen Einschätzung der verfügbaren Ressourcen. Ist die generelle Frage der Ausstattung (Infrastruktur, Arbeitsmittel) und der notwendigen Kompetenz und körperlichen Befähigung geklärt, sind es in der Regel die situationsbezogenen Einflüsse, die die Weichen stellen zwischen An- und Überforderung. Diese situative Einschätzung der Selbstwirksamkeit ergibt sich aus den Wechselwirkungen der physischen und psychischen Befindlichkeiten, insbesondere:

- Die guten und schlechten Erfahrungen, die bislang bei ähnlichen Herausforderungen gemacht und gelernt wurden und die durch ihre emotionale Markierung deutlich signalisieren, ob eine Wiederholung meinem Wohlbefinden zu- oder abträglich ist.
- Auch sie finden Eingang in die aktuelle Stimmung, die im positiven Fall zum „Bäumeausreißen" verführt. Diese Stimmung unterliegt weiteren internen und externen „Zulieferern". Im Hinblick auf Arbeitswohlbefinden ist es nicht nur die Zufriedenheit mit den eigenen Leistungen und Ergebnissen, sondern auch mit dem mehr oder weniger (grund)bedürfnisgerechten Verhalten der Kollegen und Vorgesetzten. Nicht umsonst ist Mobbing eine der schlimmsten Erfahrungen am Arbeitsplatz.
- Hinzu kommt auch immer die Einschätzung der sozialen Unterstützung, die gewährt wird.

Sind gewisse Handlungsvoraussetzungen nicht gegeben, werden wir vorsichtig – denn Misserfolge und Scheitern führen meist zu „Minuspunkten", die einerseits unsere aktuelle Wohlfühlskala beeinflussen, andererseits auf das jeweilige Selbstwirksamkeitskonto zukünftigen Engagements eingezahlt werden. Zeit als Engpass zwingt nicht nur, Prioritäten zu setzen, sondern auch die eigenen Ressourcen wie Kraft und Energie gesund einzuteilen. Gelingt dies nicht, sind sowohl Gesundheit wie Wohlbefinden betroffen.

Vor dem eigentlichen Handeln werden immer wieder *Erfahrungen* eingespeist, die unser Gedächtnis zur Verfügung stellt. Sortiert in gut und schlecht, hilfreich oder hemmend, Erfolg oder nicht – letztlich als wohl oder übel „schmeckend" – werden diese Daten im Falle der erkannten Wiederholung abgerufen. Je stärker der emotionale „Beigeschmack", umso besser und dauerhafter klappt der Zugriff über die jeweilige „Autobahn" im Kopf. Der jeweilige Geschmack der abgelegten und abgerufenen Daten ist nicht nur individuell geprägt, sondern auch durch das Umfeld – also Kollegen und Führungskräfte. Sie haben durch Unterstützung und Rückmeldung erheblichen Einfluss auf die Frage der erlebten *Selbstwirksamkeit* (Erfolgserlebnis) und der daraus resultierenden Selbstbewertung.

Dieser Lernprozess beeinflusst nicht nur unser zukünftiges Verhaltensrepertoire, sondern auch den Mut und die Bereitschaft, sich neuen Herausforderungen zu stellen. Aus diesem Grund wird *Resilienz* als Kompetenz, mit Rückschlägen umzugehen, bei der Personalauswahl und im dynamischen und unübersichtlichen betrieblichen Geschehen immer wichtiger. Denn hier liegt der Grundstein für die Fähigkeit, sich selbst zu hinterfragen, zu stärken und so immer wieder und weiter zu lernen – für sich und das Unternehmen. Lernen geschieht durchgehend und ist letztlich das, was wir aus den Einflüssen unserer Umwelt machen.

## 7.7 Mögliche Konsequenzen für Führung und Zusammenarbeit

### 7.7.1 Unterschiedliche Perspektiven nutzen

Die betriebliche Realität gibt es nicht. Sie ist immer ein Ausschnitt im Auge eines jeden Einzelnen und gefiltert durch die persönliche und erfahrungsbedingte Wahrnehmung. Umfassende realitätsnahe Bilder können also erst entstehen, wenn viele Ausschnitte zusammengefügt werden. Gerade vor dem Hintergrund der in Kapitel 5 und 6 dargestellten komplexen betrieblichen Realität gilt es also, möglichst viele Ausschnitte und Blickwinkel, sprich Mitarbeiter, einzubeziehen, wenn entwickelt, gestaltet und verbessert wird. Dies gilt in Managementsystemen insbesondere für die strukturellen Rahmenbedingungen, die Rollen darin und die Zusammenarbeit auf der gemeinsamen Bühne.

Für Führung und Zusammenarbeit bedeutet dies ebenfalls, nicht nur ausreichend zu kommunizieren und zu informieren, sondern schon früh und immer wieder den Blick über den eigenen Tellerrand zu ermöglichen und Mitarbeitende zu inspirieren, auch in die Haut anderer zu schlüpfen. So fällt es später nicht nur leichter, den eigenen Wahrnehmungshorizont zu erweitern, sondern auch, die Dinge von anderen Standpunkten aus zu betrachten:

- Ein Beispiel für eine solche Öffnung sind interne Audits, in denen bereichsfremde Kollegen mit ihrem unvoreingenommenen „fremden Blick" helfen, die bereichsspezifische Betriebsblindheit zu überwinden.
- Die gegebenenfalls rotierende Teilnahme der Mitarbeitenden an „entscheidenden" Veranstaltungen liefert nicht nur zusätzliche Detail- oder Basisinformationen, sondern übt den Blick durch die „Führungsbrille" auf das große Ganze und macht Führung und ihre Entscheidungen nachvollziehbarer.
- Auch die Anwesenheit auf „fremden Planeten" interner oder externer Kunden (oder zumindest die direkte Kommunikation mit diesen) kann helfen, deren Interessen und Anliegen nicht nur angeordnet zu bekommen, sondern zu verstehen und sich zu eigen zu machen.

### 7.7.2 Antrieb ermöglichen durch Identifikation

Als Vorstufe erwünschten Verhaltens hat der Bewertungsfilter einen besonderen Stellenwert. Seine Einflussfaktoren und Filterschritte sowie ihre Verarbeitung in Kopf und Körper sind ursächlich für die treibenden Kräfte betrieblichen Verhaltens. Das Wollen als zustimmende Willenserklärung ist dabei nicht nur geprägt durch das persönliche Einverständnis, sondern auch durch die verfügbaren Kräfte und Konzentrationsressourcen (Energie). Führung und Zusammenarbeit können maßgeblich dazu beitragen, beides freizusetzen und es Mitarbeitern zu ermöglichen, die Aufgabenerledigung in der mentalen Gewinn-und-Verlust-Rechnung so zu bewerten, dass unter dem Strich eine Belohnung herauskommt.

### 7.7.2.1 Motive und Co. kennen

„Wert" macht, was als wertvoll erkannt wird. Und das ist nicht nur je nach Motiv- und Bedürfnislage individuell unterschiedlich, sondern auch von Generation zu Generation. Um hier das persönliche Matching zu ermöglichen, müssen die inneren Präferenzen und Bedeutsamkeiten bekannt sein. Entsprechende Tests, Gespräche, Selbstreflexionen oder Feedbacks ermöglichen sowohl den Mitarbeitern selbst wie auch den Führungskräften wertvolle Einblicke.

**Die Persönlichkeit kennenlernen**

Um sowohl sich selbst wie auch den Mitarbeitenden und Kollegen auf die Spur zu kommen, gibt es zum Thema „Werte, Haltungen und Motive" eine Reihe sogenannter Persönlichkeitstests wie beispielsweise Reiss Profile, MTB (Myers-Briggs-Typenindikator) oder DISG (Dominant/Initiativ/Stetig/Gewissenhaft).

Im Team durchgeführt und (auszugsweise) besprochen, liefern sie nicht nur Input zur Selbstverortung, sondern helfen auch, die Kollegen besser kennen und verstehen zu lernen und damit Probleme und Widerstände in der Zusammenarbeit abzubauen.

(Mehr dazu: Simon 2006)

### 7.7.2.2 Motive und Co. erkennen (lassen) und nutzen

Sind die Tätigkeitsvorlieben bewusst, braucht es allerdings auch den Anstoß und die Fähigkeit, diese in den Arbeitsaufgaben und -zielen zu erkennen und anzuzapfen – die Identifikation. Hier ist motivationale Kompetenz gefragt. Kern ist die Frage nach dem persönlichen Nutzen oder Sinn der Handlung. Dieser wird nicht nur rational, sondern auch emotional bewertet und als „Belohnung" (oder reduzierte Bestrafung) erfahren. Wie in Bild 7.29 dargestellt, kann ein solches Erkennen auf unterschiedlichen Ebenen geschehen (Kleinbeck 2009; Kühn/Platte/Wottawa 2006; Brandstätter et al. 2013):

- Auf der Ebene der Ziele können persönliche berufliche Ziele definiert werden, die z. B. der eigenen Entwicklung oder den Tätigkeitsvorlieben dienen (z. B. interne Auditoren- oder Multiplikatorenausbildung für kommunikative und kontaktfreudige Kollegen, die gern zusammenarbeiten und entsprechende, auch soziale Kompetenzen besitzen).
- Auch die sorgfältige Abfalltrennung als betriebliches Ziel kann mit dem persönlichen Anliegen in Verbindung gebracht werden (Identifikation). Schließlich möchte man den eigenen Kindern einen möglichst sauberen und gesunden Lebensraum hinterlassen. Gegebenenfalls hilft es auch, die durch das ermöglichte Recycling geringeren

Entsorgungskosten als Folge und sinn- und wertvolles arbeitsplatzerhaltendes Teilziel darzustellen – insbesondere wenn über die Einspareffekte z. B. der gemeinsame Pausenraum attraktiver gestaltet wird.

- Auf der Ebene des Weges können Freiraum, Befugnisse und Eigenverantwortlichkeit „befeuern". Diese lassen sich nicht nur in standardisierte Abläufe oder Prozesse einbauen, sondern auch in Sonderaufgaben/Projekte, die lediglich als Ziel mit offenem Weg vorgegeben werden, z. b. beim Umsetzen eigener KVP-Ideen. Wertschätzende und konstruktive Feedbackgespräche oder Coachings, z. B. im Zuge eines besonders herausfordernden Projekts, können ebenfalls als Lern- und Entwicklungschance hoch (intrinsisch) bewertet werden.
- Auch ein gemeinsames Teamprojekt mit einer außenwirksamen Darstellung der Leistung trifft vielleicht den richtigen Nerv bzw. das richtige Motiv (extrinsische Motivation).

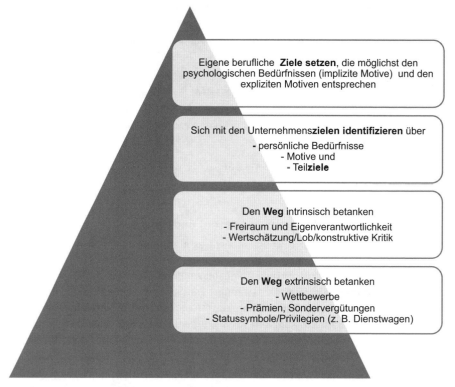

**Bild 7.29** Die Motivationspyramide mit verschiedenen Identifikationsebenen zur Erschließung von Antriebsquellen (die Reihenfolge sagt nichts über die Ergiebigkeit der jeweiligen Quelle aus)

Für die (Ein-)Führung (Neues und Veränderung/Change) bedeutet dies, Identifikation zu ermöglichen, indem sie

- bei der betrieblichen Arbeitsauf- und Aufgabenzuteilung eine „passige" Vorauswahl trifft – dies kann auch gemeinsam geschehen – und

- bei der Aufgabenübertragung/Delegation den Mitarbeitenden so viel Informationen (und Zeit) gibt, dass diese die persönlichen Antriebsquellen für sich erschließen können:
  - die persönliche Bedeutsamkeit erkennen und damit
  - den emotional gestützten Anschub auslösen, hier spricht man auch davon, Motive „anzuregen".

Dass dies unter bestimmten Rahmenbedingungen nicht immer möglich ist, verdeutlicht nachfolgender Kasten.

---

**Unterweisungen**

Der betriebliche Alltag in Managementsystemen wird vielfach gestützt durch das Instrumentarium der Unterweisung. Auch wenn so – gerade bei jährlicher Wiederholung – viel Zeit investiert wird, gerät das Ganze oft zur gesetzlich „aufgedrückten" Routineveranstaltung, in der ein Standardprogramm zelebriert wird, das zunehmend langweilt, geschweige denn zum Nachdenken, Lernen und Identifizieren anregt.

Ein wesentlicher Grund dafür besteht darin, dass diese Veranstaltungen die Gelegenheit versäumen, die Identifikation mit den jeweiligen Zielen und Wegen/Regelungen zu ermöglichen.

Sinn und Nutzen für die Teilnehmer und damit die Anzahlung auf eine innere Belohnung bleiben hier vielfach und oft aus Zeitgründen ungenutzt.

---

### 7.7.3 Selbstwirksamkeit stärken

Führung und Zusammenarbeit sollten sich neben dem prinzipiellen Können nicht nur um das im Zuge der Bewertung aktivierte Wollen kümmern („eigentlich will ich ja ..."). Sie müssen vielmehr auch die aktuelle, aufgaben- und situationsbezogene Einschätzung im Blick haben, die sich insbesondere in der Frage „Schaff ich das?" äußert (Diese Frage stellt sich nicht nur vor Beginn, sondern oft auch im Verlauf der Handlung.). Ein „Ja" macht in der Regel alle Beteiligten froh. Ein „Nein" oder ein „Ja, aber" bedeutet, zunächst die Ursachen und den Unterstützungsbedarf zu erfragen: „Was brauchen Sie noch?", und dann gezielt nachzulegen.

Die Einschätzung der eigenen Selbstwirksamkeit entwickelt sich aus entsprechenden Lernerfahrungen (Bild 7.30). Diese werden als Erfolg oder Misserfolg bewertet und gespeichert. Je nach emotionaler Markierung wirken sie bei der Frage nach der Bewältigung zukünftigen Handelns antreibend oder bremsend.

- Gerade weil den Managementsystemen der Blick auf Fehler und Abweichungen von Prozessen, Anweisungen, Normen oder Rechtsvorschriften „in den Genen liegt", sollte Wert auf eine lernfreundliche Fehlerkultur gelegt werden, die es ermöglicht, sich ohne Gesichts- und Selbstwertverlust über Erfahrungen weiterzuentwickeln.

- Lernen soll sich „lohnen". Hierzu gehört auch eine entsprechende Feedbackkultur, die eher informativ als (ver)urteilend und kontrollierend wirkt und immer neben den vermeintlichen Defiziten auch Positives anmerkt (siehe Kasten). Dabei werden durch eine fragende Haltung abwertende Vermutungen und Unterstellungen vermieden – schließlich kann jedes Verhalten gute Gründe haben.
- Der persönliche Umgang mit Fehlern und Scheitern (Resilienz) leitet sich allerdings nicht nur vom betrieblichen Einfluss ab. Hier sind es die persönlichen Motive, Einstellungen und Haltungen, die hinterfragt werden können. Wer immer alles „perfekt" und richtig machen „muss", hat es schwer, zu lernen.

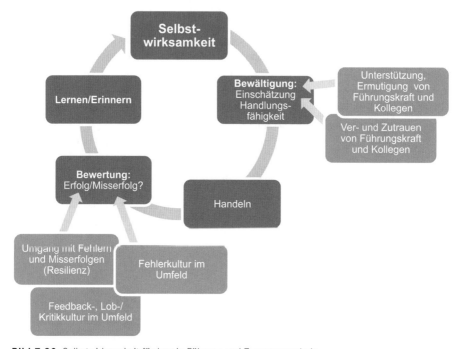

**Bild 7.30** Selbstwirksamkeit fördern in Führung und Zusammenarbeit

**Feedback geben**

**Positives Feedback** stärkt die wahrgenommene Kompetenz und den Selbstwert – allerdings nur, wenn das Feedback auf autonomiefördernde Art gegeben wird:

- Es bezieht sich auf den konkreten Sachverhalt und die konkrete Situation (im Gegensatz zu: „Ich muss dich heute mal loben"),
- wird authentisch und in eigenen Worten gegeben,
- nicht aus einer kontrollierenden, „besserwissenden" Haltung und „von oben herab", sondern auf Augenhöhe.

> **(Negatives) kritisches Feedback** bietet Information an und versucht durch Fragen, das Geschehen zu verstehen und nachzuvollziehen. Im besten Fall gelingt es dann gemeinsam, die Ursachen der vermeintlichen Probleme zu erforschen und Lösungsansätze hervorzubringen.
>
> Voraussetzung ist immer, dass die Erwartungen vorher geklärt wurden, z. B. in einer klaren Zieldefinition (SMART), und auch die Bewertungskriterien auf beiden Seiten bekannt waren.

Spürbarer Rückenwind für das überzeugte „Ich kann!" ergibt sich in der Regel auch aus dem offensichtlichen Ver- und Zutrauen der Führungskraft und der Kollegen, das auch ausgesprochen werden darf. Ähnlich anspornend wirkt die hohe Erwartung der Führungskraft in die Leistung der Mitarbeitenden. Wie beim Feedback hilft es auch hier, konkret zu sein und gegebenenfalls an gemeisterte Herausforderungen und die so bewährten persönlichen Ressourcen zu erinnern, die in kritischen Situationen allzu oft in Vergessenheit geraten. Persönliche Ressourcen in diesem Zusammenhang meinen die geistige und körperliche „Ausstattung" und können intellektueller, physischer, sozialer oder psychischer Natur sein. Ein profanes „Du machst das schon!" dagegen kann auch als „Abspeisetaktik" verstanden werden. Möglicher Druck bei einer neuen Herausforderung reduziert sich, wenn man einen Vorgesetzten oder ein Team im Rücken hat, das bei Bedarf einspringt und unterstützt (Kleinbeck 2009; Kühn/Platte/Wottawa 2006; Rohde/Vincent/Janneck 2012).

### 7.7.4 Stimmungs-/Zufriedenheitskiller als Bremsen abschalten

„Nur 15 Prozent der deutschen Arbeitnehmer empfinden – erstens – eine Bindung an ihr Unternehmen und sind – zweitens – bereit, sich freiwillig für dessen Ziele einzusetzen" (Tödtmann 2013). So oder so ähnlich lauten diverse Schlagzeilen aktueller Management- und Wirtschaftsmagazine – unter anderem auf Basis der jährlichen Gallup-Studien, die seit 2001 einen jährlichen „Engagement-Index" ermitteln.

Der Hauptgrund sind die direkten Vorgesetzten, die ihre Mitarbeitenden beispielsweise nicht akzeptieren und wertschätzen und sie so häufiger zur Kündigung treiben, als zu wenig Geld auf dem Konto. Das erstaunt nicht weiter – den Stellenwert der psychologischen Grundbedürfnisse für Stimmung und Arbeitszufriedenheit haben wir ausführlich erläutert. Wertschätzung und Beachtung sowie Respekt vor anderen sind nachweislich das Schmiermittel im menschlichen Miteinander – nicht nur im Privaten (Wann haben Sie zum letzten Mal eine köstliche Mahlzeit gelobt?), auch im „Getriebe Unternehmen" und insbesondere bei Veränderungen. Jeder von uns wird gern gemocht und geschätzt, denn dies stärkt nicht nur das Selbstbewusstsein, sondern wirkt über die Ausschüttung von sogenannten Glückshormonen als „Kraftstoff" (Matyssek 2010).

> **Der Einfluss von Führungsverhalten auf die Arbeitsfähigkeit**
> „Gutes Führungsverhalten und gute Arbeit von Vorgesetzten ist der einzige hoch signifikante Faktor, für den eine Verbesserung der Arbeitsfähigkeit zwischen dem 51. und 62. Lebensjahr nachgewiesen wurde. (...)
> Erhöhte Zufriedenheit mit dem Verhalten des Vorgesetzten/Vorarbeiters hat die Arbeitsfähigkeit im Vergleich mit denjenigen, die damit unzufrieden waren, um das 3,6-Fache verbessert" (Ilmarinen/Tempel 2001, S. 245).

Welche Stolperfallen im Managementsystem ergeben sich daraus?

### 7.7.4.1 Kontrolle kontrolliert einsetzen

Hier ist es insbesondere ein Aspekt, der in Managementsystemen Beachtung finden sollte: die Kontrolle. Auf der Grundlage, dass der persönliche Antrieb immer dann am größten ist, wenn man das Steuer selbst in der Hand hat, ist Kontrolle der Bremsverstärker schlechthin. Zudem engen Kontrolle und die oft daraus resultierende Einmischung die Handlungsfreiheit ein und begrenzen den Spielraum. Je weniger eine Situation selbst gesteuert und kontrolliert werden kann, umso unkalkulierbarer und verunsichernder ist sie. Das Resultat ist Stress mit den entsprechenden Gefahren für die Gesundheit. Zudem wird Kontrolle schnell als Misstrauensvotum verstanden: „Ich traue dir nicht zu, die Aufgabe zu erledigen, deshalb kontrolliere ich den Fortschritt, um gegebenenfalls eingreifen zu können."

Allerdings kommt es immer auf den Mitarbeiter und seine Situation an, wie das Verhalten des Vorgesetzten wahrgenommen und bewertet wird. Hier kann Kontrollverhalten bei unterschiedlichen Personen unterschiedlich interpretiert werden:

- Eine lebens- und berufserfahrene Kollegin wird dezidiertes Nachfragen ihres neuen Vorgesetzten gegebenenfalls dahin gehend interpretieren, dass dieser unsicher ist und erst schauen muss, wie der Laden läuft.
- Ein junger und eher unsicherer Kollege könnte dagegen solch ein Verhalten darauf zurückführen, dass ihm nicht vertraut wird und der Vorgesetzte ihn deshalb beobachtet, um eingreifen zu können.

Hier kann es sinnvoll sein, deutlich zu machen, warum und mit welchem Ziel kontrolliert werden soll. So lassen sich gegebenenfalls gemeinsam Alternativen finden. Die Kontrolle lässt sich auch in Eigenregie oder mithilfe von Kollegen durchführen, wobei zugleich die Fähigkeiten zur Reflexion und zum selbständigen Lernen gefördert werden. Da Kontrollen nichts bewegen, wenn sie nicht zurückgemeldet werden, sind auch hier die Feedbackgespräche wichtiger Dreh- und Angelpunkt.

### 7.7.4.2 Kommunikation auf Augenhöhe

Dabei ist die Art und Weise der Kommunikation (inklusive Stimmlage und Körpersprache) grundlegend. Vielfach signalisiert sie ungewollt einen höheren Status der kontrollierenden Person („Ich bin besser, mächtiger, klüger als du!") und kann – zwischen den

Zeilen gelesen – abwertend interpretiert werden (vgl. → Kapitel 10). Auch das gern genutzte, oft spontan bewertete „Das ist falsch" zeugt von einer solchen Haltung, die sich unhinterfragt das Zensieren anmaßt, ohne sich für die Hintergründe zu interessieren. Mit dem Hintergrundwissen zur individuell „konstruierten" Landkarte aus Wahrnehmung und Bewertung liegt es nahe, hier etwas langsamer vorzugehen und z. B. ein „aus meiner Sicht (könnte dies problematisch sein)" einzufügen und über Nachfragen die Hintergründe und Beweggründe des Gegenübers zu erkunden: „Aus welchem Grund hast du diesen Weg bevorzugt?" Erst dann macht eine Bewertung und gegebenenfalls Maßnahmenplanung wirklich Sinn. Hinzu kommen Feinheiten in der Wortwahl, die ebenfalls von „oben herab" Entscheidungsfreiheiten und -spielräume deutlich einschränken, z. B. „Du sollst" statt „Du kannst".

Vor dem Hintergrund der vielen großen und kleinen Stimmungskiller, die im Arbeitsleben wirksam sind, sind es oft Kleinigkeiten, die als Zeichen von Wertschätzung und Achtung eine große Wirkung entfalten können. Das Maß der Wertschätzung und Anerkennung kommt nicht nur im personalen Miteinander zur Geltung, das als kollegiale und unterstützende Teamkultur entwickelt, gefördert und vorgelebt werden muss. Es kann sich auch in der Aufmerksamkeit und Sorgfalt ausdrücken, mit der auf die Gestaltung der Arbeitsmittel und Räumlichkeiten geachtet wird (Helligkeit/Tageslicht, Größe und Ruhe der Räumlichkeit, Pflanzen etc.).

### 7.7.5 Lernen zulassen

Da betriebliches Lernen vorwiegend in der Praxis stattfindet, braucht es entsprechende Situationen. Neben einer generell beteiligungsfreundlichen und kooperativen Unternehmens- und Führungskultur sind es die Freiräume, Befugnisse und Eigenverantwortlichkeiten in den Strukturen, die zum Selbstdenken und -lernen auffordern. Führung hat dabei primär die Funktion, diese Freiräume zu liefern, bei Bedarf Anstöße und Impulse zu geben und dann „loszulassen".

Gerade in Managementsystemen ist das für die beratenden Stabsstellen und Beauftragten nicht immer einfach. Vielfach scheint es fast der Auftrag der unterstützenden Bereiche, in der Linie das Lernen zu verhindern, z. B. im Qualitätsmanagement manch großer Unternehmung mit eigener Qualitätsmanagementabteilung, zu deren Aufgaben auch die Reklamationsbearbeitung gehört. Die Fachkräfte dieser Abteilungen sind oft genötigt, als „Feuerwehr" zu agieren, weil vor Ort die notwendigen Ressourcen fehlen. So wird auch die Chance zunichtegemacht, im betrieblichen Ablauf Selbstreflexion und -erkenntnis, nachhaltiges Lernen und Weiterentwicklungen zu ermöglichen. Und viel zu oft lässt die nächste Reklamation nicht lange auf sich warten. Auch wenn dem potenziellen Retter durch ein lernförderliches Vorgehen zunächst die Anerkennung seines Rettungseinsatzes fehlt: Wesentlich ist es, den Kollegen zu zeigen, wo die Zange und die Handschuhe hängen – die Kohlen sollten sie selbst aus dem Feuer holen (Metapher von Sprenger 2013, S. 119).

Hinzu kommen viele weitere Situationen im Managementsystem, z. B.:

- wenn durch Einführung Prozesse und Arbeitsabläufe geplant, beurteilt und abgeschätzt (z. B. Risiken) werden oder

- mittels Durchführung Probleme und Ungereimtheiten reflektiert und korrigiert oder Potenziale und Verbesserungen ausgetüftelt werden.

Dies läuft oft aus Effizienz- und Zeitgründen ohne die eigentlich Betroffenen ab. Beteiligung ermöglicht nicht nur, mehr Informationen und Wirklichkeiten einzubeziehen, sondern auch, dies zu lernen. Nur so sind langfristig mehr Engagement und Eigenverantwortung möglich.

**Gute Führung**

Gute Führung – auch in Managementsystemen – schafft Lernräume, in denen sich die Mitarbeiter selbst in ihrer Wirksamkeit erfahren – sowohl mit ihren Fehlern wie auch mit ihrem Erfolg.

## ■ 7.8 Literatur

Badura, Bernhard et al. (2010): *Fehlzeiten-Report 2009. Arbeit und Psyche: Belastungen reduzieren – Wohlbefinden fördern.* Springer, Berlin/Heidelberg

Baumann, Nicola (2009): „Selbstbestimmungstheorie und kognitive Bewertungstheorie". In: Brandstätter, Veronika; Otto, Jürgen H. (Hrsg.): *Handbuch der Allgemeinen Psychologie – Motivation und Emotion.* Hogrefe, Göttingen, S. 142–149

Beck, Hanno (2014): *Behavioral Economics. Eine Einführung.* Springer, Wiesbaden

Blessin, Bernd; Wick, Alexander (2014): *Führen und Führen lassen.* 7. Auflage, UVK Verlagsgesellschaft, Konstanz, München

Bördlein, Christoph (2009): *Faktor Mensch in der Arbeitssicherheit – BBS.* Erich Schmidt, Berlin

Brandstätter, Veronika et al. (2013): *Motivation und Emotion. Allgemeine Psychologie für Bachelor.* Springer, Berlin/Heidelberg

Cummins, Denise D. (2015): *Gutes Denken. Wie Experten Entscheidungen fällen.* Springer, Berlin/Heidelberg

Damasio, Antonio (2004): *Descartes' Irrtum. Fühlen, Denken und das menschliche Gehirn.* Ullstein, Berlin 2004

Deci, Edward L.; Ryan, Richard M. (1993): „Die Selbstbestimmungstheorie der Motivation und ihre Bedeutung in der Pädagogik". In: *Zeitschrift für Pädagogik* ZfPäd 1993, Nr. 2. URL: https://www.phil-fak.uni-duesseldorf.de/fileadmin/Redaktion/Institute/Allgemeine_Sprachwissenschaft/Dokumente/Bilder/1993_DeciRyan_DieSelbstbestimmungstheoriederMotivation-German.pdf, Abruf: 06.06.2015

Deutsche Gesetzliche Unfallversicherung (DGUV) (2010): *Leitfaden für Betriebsärzte zu psychischen Belastungen und den Folgen in der Arbeitswelt.* Berlin

DIN EN ISO 9001:2015: *Qualitätsmanagementsysteme – Anforderungen (ISO 9001:2015); Deutsche und Englische Fassung EN ISO 9001:2015.* Beuth, Berlin

DIN EN ISO 9004:2009: *Leiten und Lenken für den nachhaltigen Erfolg einer Organisation – Ein Qualitätsmanagementansatz (ISO 9004:2009); Dreisprachige Fassung EN ISO 9004:2009.* Beuth, Berlin

Dörner, Dietrich (2012): „Emotion und Handeln". In: Badke-Schaub, Petra; Hofinger, Gesine; Lauche, Kristina (Hrsg.): *Human Faktors. Psychologie sicheren Handelns in Risikobranchen.* 2. Auflage. Springer, Wiesbaden, S. 101–119

Dost, Jürgen (2014): *Arbeit, Führung und Gesundheit: Entwicklung, Überprüfung und Anwendung eines Acht-Faktoren-Modells gesunder Führung.* Dissertation an der TU Dortmund. Joseph Eul, Lohmar/Köln

Esser, Hartmut (2002): *Soziologie. Spezielle Grundlagen, Band 1: Situationslogik und Handeln.* 3. Auflage, Campus, Frankfurt am Main

Franken, Swetlana (2007): *Verhaltensorientierte Führung. Handeln, Lernen und Ethik in Unternehmen.* 2., überarbeitete Auflage. Gabler, Wiesbaden

Gigerenzer, Gerd (2013): *Risiko. Wie man die richtigen Entscheidungen trifft.* Bertelsmann. München

Gladwell, Malcolm (2002): *Der Tipping Point. Wie kleine Dinge Großes bewirken können.* Goldmann, München

Grawe, Klaus (2004): *Neuropsychotherapie.* Hogrefe, Göttingen

Hänze, Martin (2009a): „Schulisches Lernen und Emotionen". In: Brandstätter, Otto (Hrsg.): *Handbuch der Allgemeinen Psychologie – Motivation und Emotion.* Hogrefe, Göttingen, S. 748–755

Hänze, Martin (2009b): *Denken und Gefühl. Wechselwirkung zwischen Emotion und Kognition im Unterricht.* Beltz, Weinheim

Heckhausen, Jutta; Heckhausen, Heinz (2006): *Motivation und Handeln.* Springer, Heidelberg

Hofinger, Gesine (2012): „Fehler und Unfälle". In: Badke-Schaub, Petra; Hofinger, Gesine; Lauche, Kristina: *Human Factors. Psychologie sicheren Handelns in Risikobranchen.* 2. Auflage, Springer, Berlin/Heidelberg, S. 39–59

Hüther, Gerald (2014a): „Sich bewegen ... Sich zu bewegen lernen heißt fürs Leben lernen! Die erfahrungsabhängige Verankerung sensomotorischer Repräsentanzen und Metakompetenzen während der Hirnentwicklung". URL: http://www.gerald-huether.de/populaer/veroeffentlichungen-von-gerald-huether/texte/sich-bewegen-gerald-huether/index.php, Abruf: 27.11.2014

Hüther, Gerald (2014b): „Begeisterung ... Begeisterung ist Doping für Geist und Hirn. Neue Erkenntnisse der Hirnforschung – Wie Eltern lernen können, sich selbst und ihre Kinder zu begeistern". URL: http://www.gerald-huether.de/populaer/veroeffentlichungen-von-gerald-huether/texte/sich-bewegen-gerald-huether/index.php

Ilmarinen, Juhani; Tempel, Jürgen (2001): „Arbeitsfähigkeit 2010. Was können wir tun, damit Sie gesund bleiben?" URL: http://www.neue-wege-im-bem.de/sites/neue-wege-im-bem.de/dateien/download/arbeitsfaehigkeit_2010_buch.pdf

Jerusalem, Matthias (2009): „Emotion und Gesundheit". In: Brandstätter, Otto (Hrsg.): *Handbuch der Allgemeinen Psychologie – Motivation und Emotion.* Hogrefe, Göttingen, S. 741–747

Kiesel, Andrea; Koch, Iring (2012): Lernen. Grundlagen der Lernpsychologie. Springer, Wiesbaden

Klauer, Karl Christoph; Hecker, Ulrich von (2009): „Gedächtnis und Emotion". In: Brandstätter, Otto (Hrsg.): *Handbuch der Allgemeinen Psychologie – Motivation und Emotion.* Hogrefe, Göttingen, S. 661–667

Kleinbeck, Uwe (2009): „Motivation in Arbeit und Beruf". In: Brandstätter, Otto (Hrsg.): *Handbuch der Allgemeinen Psychologie – Motivation und Emotion.* Hogrefe, Göttingen, S. 347–359

Konrad, Klaus (2014): *Lernen lernen – allein und mit anderen. Konzepte, Lösungen, Beispiele.* Springer, Wiesbaden

Krapp, Andreas (2005): „Das Konzept der grundlegenden psychologischen Bedürfnisse. Ein Erklärungsansatz für die positiven Effekte von Wohlbefinden und intrinsischer Motivation im Lehr-Lerngeschehen". In: *Zeitschrift für Pädagogik* 51 (2005) 5, S. 626-641

Kruse, Peter (2004): „Unternehmen im Aufbruch. Navigation in der Unsicherheit". In: *Wirtschaftspsychologie aktuell* 1/2004, S. 42-46

Kuhl, Julius (2006): „Individuelle Unterschiede in der Selbststeuerung". In: Heckhausen, Jutta; Heckhausen, Heinz (Hrsg.): *Motivation und Handeln.* Springer, Heidelberg, S. 303-325

Kühn, Stefan; Platte, Iris; Wottawa, Heinrich (2006): *Psychologische Theorien für Unternehmen.* Vandenhoeck & Ruprecht, Göttingen

Lischetzke, Tanja; Eid, Michael (2005): „Wohlbefinden". In: Weber, Hannelore; Rammsayer, Thomas (Hrsg.): *Handbuch der Persönlichkeitspsychologie und Differentiellen Psychologie.* Hogrefe, Göttingen

Matyssek, Anne Katrin (2010): *Gesund führen. Das Handbuch für schwierige Situationen.* Books on demand, Norderstedt

Mees, Ulrich (2006): „Zum Forschungsstand der Emotionspsychologie – eine Skizze". In: Schützeichel, Rainer (Hrsg.): *Emotionen und Sozialtheorie. Disziplinäre Ansätze.* Campus, Frankfurt am Main, S. 104-124

Overwien, Bernd (2005): Stichwort: *Informelles Lernen.* In: Zeitschrift für Erziehungswissenschaften. 8. Jahrgang, Heft 3/2005, S. 337-353

Pament, Anders (2009): *Die Generation Y – Mitarbeiter der Zukunft. Herausforderung und Erfolgsfaktor für das Personalmanagement.* Gabler, Wiesbaden

Pelz, Waldemar (2013): „Von der Motivation zur Volition". *Veröffentlichung der Technischen Hochschule Mittelhessen in Gießen* vom Januar 2013. URL: https://homepages.thm.de/~hg10086/diskussionspapiere/volition_motivation.pdf, Abruf: 30.03.2015

Reisenzein, Rainer (2009): „Einschätzung". In: Brandstätter, Otto (Hrsg.): *Handbuch der Allgemeinen Psychologie Motivation und Emotion.* Hogrefe, Göttingen, S. 435 445

Reisenzein, Reiner (2006): „Denken und Emotionen". In: Funke, Frensch (Hrsg.): *Handbuch der Allgemeinen Psychologie – Kognition.* Hogrefe, Göttingen, S. 475-484

Rheinberg, Falko (2006): „Intrinsische Motivation und Flow-Erleben". In: Heckhausen, Jutta; Heckhausen, Heinz (Hrsg.): *Motivation und Handeln.* Springer, Heidelberg, S. 331-351

Riesenhuber, Maximilian (2006): „Die Fehlentscheidung: Ursache und Eskalation, Dissertation der Wissenschaftlichen Hochschule Valendar". In: Becker, Wolfgang; Weber, Jürgen: *Unternehmensführung und Controlling.* Gabler/DUV, Wiesbaden

Rohde, Jenny; Vincent, Sylvie; Janneck, Monique (2012): „Kompetenz- und karriereförderliches Führungsverhalten: Zum Stand der Forschung". In: *Gruppendynamik & Organisationsberatung,* online publiziert am 11.01.2012

Rosenstiel, Lutz von (2015): *Motivation im Betrieb. Mit Fallstudien aus der Praxis.* 11., überarbeitete und erweiterte Auflage. Springer, Wiesbaden

Roth, Gerhard (2003): „Wie unser Gehirn Entscheidungen trifft". *Veröffentlichung als Fachartikel der ZfU International Business School,* Schweiz. URL: http://www.zfu.ch/service/fartikel/fartikel_03_jub.htm, Abruf: 11.11.2014

Roth, Gerhard (2007): *Fühlen, Denken, Handeln.* Suhrkamp, Frankfurt am Main

Roth, Gerhard (2010): „Verstand oder Gefühl – wem sollen wir folgen?". In: Roth, Gerhard; Friedman, Michel; Grün, Klaus-Jürgen (Hrsg.): *Kopf oder Bauch? Zur Biologie der Entscheidung.* Vandenhoeck & Ruprecht, Göttingen, S. 15-27

Roth, Gerhard (2011): *Persönlichkeit, Entscheidung und Verhalten. Warum es so schwierig ist, sich und andere zu ändern.* Klett-Cotta. Stuttgart

Rothermund, Klaus; Eder, Andreas B. (2009): „Emotion und Handeln". In: Brandstätter, Otto (Hrsg.): *Handbuch der Allgemeinen Psychologie – Motivation und Emotion.* Hogrefe, Göttingen, S. 675–685

Rothermund, Klaus; Eder, Andreas B. (2011): Allgemeine Psychologie. Motivation und Emotion. Springer, Wiesbaden

Schaper, Niclas (2014): „Theoretische Modelle des Arbeitshandelns". In: Nerdinger, Friedemann W.; Blickle, Gerhard; Schaper, Niclas: *Arbeits- und Organisationspsychologie.* 3., vollständig überarbeitete Auflage. Springer, Berlin/Heidelberg, S. 321–356

Schaub, Harald (2012): „Wahrnehmung, Aufmerksamkeit und ‚Situation Awareness' (SA)". In: Badke-Schaub, Petra; Hofinger, Gesine; Lauche, Kristina: *Human Factors. Psychologie sicheren Handelns in Risikobranchen.* 2. Auflage, Springer, Berlin/Heidelberg, S. 63–78

Scheffer, David (2009): „Implizite und explizite Motive". In: Brandstätter, Veronika; Otto, Jürgen H. (Hrsg.): *Handbuch der Allgemeinen Psychologie. Motivation und Emotion.* Hogrefe, Göttingen, S. 29–36

Schreiter, Itke (2011): „Das Haus der Arbeitsfähigkeit – eine praktische Handlungshilfe für Betriebe". In: *IGA (Initiative Gesundheit & Arbeit) aktuell* Ausgabe 01.2011. URL: http://www.neue-wege-im-bem.de/sites/neue-wege-im-bem.de/dateien/iga_aktuell_01_2011.pdf, Abruf: 17.02.2015

Schützeichel, Rainer (2012): „Emotionen in Handlungen. Skizzen zu einer soziologischen Integration von Emotions- und Handlungstheorie". In: Schnabel, Annette; Schützeichel, Rainer (Hrsg.): *Emotionen, Sozialstruktur und Moderne.* Springer, Wiesbaden, S. 227–255

Schützwohl, Achim (2009): „Überraschung". In: Brandstätter, Veronika; Otto, Jürgen H. (Hrsg.): *Handbuch der Allgemeinen Psychologie – Motivation und Emotion.* Hogrefe, Göttingen, S. 577–584

Simon, Walter (Hrsg.) (2006): *Persönlichkeiten und Persönlichkeitstests.* Gabal, Offenbach

Sokolowski, Kurt; Heckhausen, Heinz (2006): „Soziale Bindung: Anschlussmotivation und Intimitätsmotivation – Physiologische und neuroimmunologische Korrelate". In: Heckhausen, Jutta; Heckhausen, Heinz (Hrsg.): *Motivation und Handeln.* Springer, Heidelberg, S. 207–210

Sparrer, Insa; Varga von Kibéd, Matthias (2005): *Ganz im Gegenteil.* Carl Auer, Heidelberg

Sprenger, Reinhard K. (2013): *An der Freiheit des anderen kommt keiner vorbei.* Campus, Frankfurt am Main

St. Pierre, Michael; Hofinger, Gesine; Buerschaper, Cornelius (2011): *Notfallmanagement. Human Factors und Patientensicherheit in der Akutmedizin.* Springer, Berlin/Heidelberg

Stangl, Werner (2015a): [werner.stangl]s arbeitsblätter: „Was Sie schon immer über Psychologie wissen wollten". URL: http://arbeitsblaetter.stangl-taller.at/MOTIVATION/MotivationModelle.shtml, Abruf 12.06.2015

Tödtmann, Claudia (2013): „Gallup-Studie: Nur 15 Prozent der Mitarbeiter in Deutschland lieben ihre Company – die Hauptschuldigen daran sind die Mittelmanager". In: *Manager-Blog der WirtschaftsWoche* 3.2013. URL: http://blog.wiwo.de/management/2013/03/06/gallup-studie-nur-15-prozent-der-mitarbeiter-in-deutschland-lieben-ihre-company-die-hauptschuldigen-daran-sind-die-mittelmanager/#more-648074, Abruf: 30.09.2015

Vorwerk, Nicolaus (2013): „Wie entsteht Glück und was macht es mit uns?". In: Johann, Thomas; Möller, Tobias (Hrsg.): *Positive Psychologie im Beruf. Freude an Leistung entwickeln, fördern und umsetzen.* Springer Gabler, Wiesbaden S. 11–18

Weibler, Jürgen; Küpers, Wendelin (2008): „Intelligente Entscheidungen in Organisationen – Zum Verhältnis von Kognition, Emotion und Intuition". In: Bortfeldt, Andreas et al. (Hrsg.): *Intelligent Decision Support. Current Challenges and Approaches.* Springer, Wiesbaden, S. 457–478

Wellensiek, Sylvia Kéré: Handbuch Resilienz-Training. Widerstandskraft und Flexibilität für Unternehmen und Mitarbeiter. Beltz, Weinheim/Basel 2011

Wentura, Dirk; Frings, Christian (2013): Kognitive Psychologie. Lehrbuch Basiswissen Psychologie. Springer, Wiesbaden

Wikipedia (2015): „Die blinden Männer und der Elefant". URL: http://de.wikipedia.org/wiki/Die_blinden_M%C3%A4nner_und_der_Elefant, Abruf: 18.02.2015

# 8 Denken und Handeln im Unternehmen verstehen

Mit den Vorstufen des Handelns haben wir wichtige Einflussgrößen auf das Verhalten und seine Antriebskräfte kennen gelernt. Allerdings können wir nicht immer und ununterbrochen „alles geben". Auch unser Denkapparat unterliegt „außergewöhnlichen Betriebszuständen", die einen „bestimmungsgemäßen Betrieb" erschweren – ähnlich wie Anlagen im Unternehmen (ISO 14001:2015, 6.1.2).

Schon im Normalbetrieb sind unsere Kapazitäten, z. B. durch die begrenzte Aufmerksamkeit eingeschränkt. Auch Müdigkeit und Erschöpfung hinterlassen ihre Spuren. Hinzu kommen Not- und Störungssituationen, die unerwartet und überraschend auftauchen, uns besonders herausfordern und in Alarm versetzten. Die resultierenden Einschränkungen im Denken und Handeln erfolgen in der Regel unbewusst und automatisch und sind in vielen Fällen hilfreich und notwendig, um unsere Arbeits- und Leistungsfähigkeit zu erhalten. Nicht jede Situation muss neu und „in Zeitlupe" interpretiert und bewertet werden. Sie können allerdings auch zu Fehlschlüssen führen – zum Teil mit fatalen Folgen.

Nachdem wir zunächst darstellen, was diese menschlichen Betriebszustände kennzeichnet (→ Kapitel 8.1), interessiert uns die Frage, welche besonderen Herausforderungen und Belastungen in Managementsystemen vorkommen, die diese Zustände hervorrufen und damit den „bestimmungsmäßigen Betrieb" der Mitarbeiter erschweren (→ Kapitel 8.2). Abschließend konkretisieren wir die typischen Engpässe und Abkürzungen in den denkenden Vorstufen mithilfe von Beispielen (→ Kapitel 8.3).

## ■ 8.1 Menschliche Betriebszustände und ihre Auswirkungen

Schauen wir uns zunächst den menschlichen Normalbetrieb und seine Besonderheiten an, bevor wir uns den außergewöhnlichen Zuständen zuwenden, die bei Be- und Überlastung entstehen. Die Übergänge sind je nach Persönlichkeit und Situation (situativer Ermöglichung) mehr oder weniger fließend.

## 8.1.1 Normalbetrieb

Von den Kapazitätsengpässen im menschlichen Denken haben wir schon gehört. Insbesondere die bewusste Steuerung und Kontrolle braucht Aufmerksamkeit. Dass es sich hier um eine knappe Ressource handelt, kennt jeder, der sich über mehrere Stunden voll konzentrieren muss. Um dieser Knappheit zu begegnen, hat sich unser Denkapparat wirksame und energieeffiziente Arbeitsweisen angeeignet, die ein amerikanischer Psychologe „schnelles Denken" und „langsames Denken" genannt hat. Er unterscheidet im menschlichen Gehirn hierzu zwei kognitive „Systeme" – man könnte auch „Dual-Core-Prozessor" sagen, die zusammenarbeiten (Kahneman 2012).

### 8.1.1.1 Langsames und schnelles Denken

*8.1.1.1.1 Langsames Denken (System 2) – Mit Aufmerksamkeit bei der Sache*

Im System 2 wird bewusst gedacht, gedeutet, beurteilt, entschieden, aber auch wahrgenommen, genossen und (wert)geschätzt (Bild 8.1), und das mit vielen, zum Teil wechselwirkenden Einflussfaktoren.

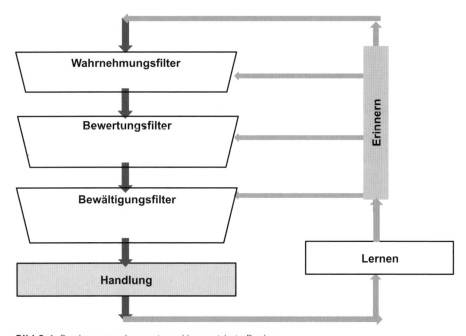

**Bild 8.1** Das langsame, bewusste und konzentrierte Denken

Hier ist viel Arbeit zu tun, die einen hohen Grad an Aufmerksamkeit erfordert. Dies erleben wir als Konzentration, Bewusstsein, (Entscheidungs-)Freiheit und Handlungsmacht. Beispiele für den Einsatz dieses Systems sind eine Steuererklärung anfertigen, in eine schmale Lücke einparken oder ein Sudoku lösen. Hier müssen wir uns voll konzentrieren. Diese Tätigkeiten beanspruchen unsere volle, ungeteilte Aufmerksamkeit.

Auch wenn wir mit voller Konzentration bei einer Sache sind, gibt es offensichtlich in uns eine Instanz, die immer mal wieder ein Auge auf die Umgebung und gegebenenfalls relevante Veränderungen hat. Die Aufmerksamkeit schweift in regelmäßigen Intervallen für eine kurze *Hintergrundkontrolle* umher und kehrt dann zum Eigentlichen zurück. Oft ist uns dieser Scan gar nicht bewusst.

Auf diese Weise stellen wir sicher, dass wir weder neue Risiken oder Gefahren noch Chancen und Gelegenheit verpassen – wir sind immer ein bisschen „auf Empfang". Diese Form von „Wachsamkeit" ist insbesondere in Bereichen lebensnotwendig, in denen das Leben „tobt" und sich kontinuierlich Veränderungen einstellen, beispielsweise auf der Skipiste, auf der Autobahn oder einem stark frequentierten Fahr-/Gehweg in der Produktionshalle (St. Pierre/Hofinger 2014).

### 8.1.1.1.2 Schnelles Denken (System 1) – Schnelligkeit und „sparsamer Verbrauch" durch Routinen

Obwohl die Aufmerksamkeit begrenzt ist – nur eine anspruchsvolle Aufgabe zur gleichen Zeit –, schaffen wir es aber, Auto zu fahren, dazu einen Kaffee zu trinken, nebenbei Radio zu hören und uns gegebenenfalls mit dem Beifahrer über das Wetter am nächsten Wochenende zu unterhalten. Wie kann das sein? Hier kommt das System 1 zum Einsatz (Bild 8.2).

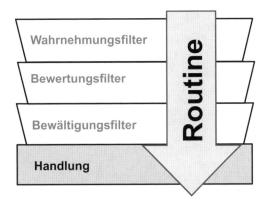

**Bild 8.2** Die schnelle, automatische und in der Regel unbewusste Routine

Vieles, was wir tun, tun wir oft und immer wieder. Mithilfe der erwähnten Schemata und Muster, der „Autobahnen" im Gehirn (→ Kapitel 7.5.2), sind wir in der Lage, Routinen zu entwickeln und Handlungen „automatisch" ablaufen zu lassen. Ähnlich, wie dokumentierte Anweisungen für sich wiederholende Standardtätigkeiten im Managementsystem die aufwendige direkte Führung ersetzen, kommt unser System 1 ohne bewusste (direkte) Steuerung aus (Roth 2011). Es arbeitet dabei automatisch, schnell und effizient – und ohne willentliche Steuerung, d. h. unbewusst. In einer bekannten Situation mit einem erkannten Situationsmuster mit bekannten Auslösern (auch Reize genannt) wird ein automatisch ablaufendes Verhalten – ein Handlungsschema ausgelöst. Unser Alltagshandeln ist gespickt mit Beispielen für schnelles Denken, die sich auf alle (Vor-)Stufen des Handelns beziehen: erkennen, dass ein Mensch näher bei Ihnen steht als ein anderer, unvollständige oder lückenhafte Texte trotzdem verstehen oder lesen können, Fahrradfahren oder Autofahren auf leerer Straßen oder einfache Rechenaufgaben ohne Nachdenken lösen: „2 + 2 = ?".

Genau dasselbe gilt für Arbeitstätigkeiten. Auch hier werden durch Wiederholung interne Steuerungsroutinen erworben – und dies nicht nur bei simplen, sondern auch bei anspruchsvollen, allerdings zeitlich eng begrenzten Tätigkeiten, z. B. dem „Eingangsritual" beim Arzt, also dem Erfragen der Symptome, der Krankheits- und Krankengeschichte etc. (Hacker/Weth 2012).

### 8.1.1.1.3 Das Zusammenspiel von System 1 und System 2

Energieeffizientes Denken bedeutet, wo immer es geht, Nummer 1, also das schnelle und sparsame System, zum Einsatz zu bringen. Hier liegt das Standardrezept – die Anweisung, die Mini-App –, wie zu verfahren ist, ohne dass zusätzliche Gehirnressourcen und eine bewusste Steuerung erforderlich sind. Hier ist der Regel- bzw. Routinebetrieb festgelegt und hält den „Kopf frei" für anderes.

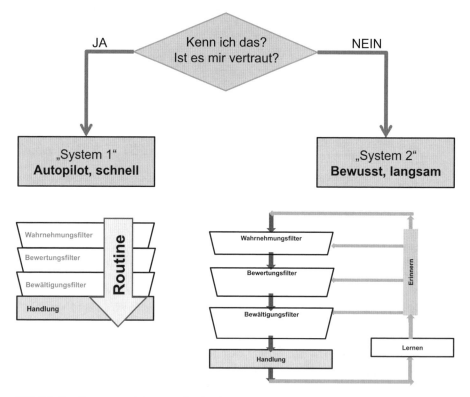

**Bild 8.3** Das Zusammenspiel unserer Denksysteme

Nur, wenn System 1 nicht mehr weiterweiß und überfordert ist, also z. B. bei der Aufgabe „13 x 67 = ?", schaltet sich Nummer 2 ein. Auch wenn es überrascht wird – etwas nicht in sein Weltbild passt (wie ein Hupsignal auf der Autobahn oder ein Hindernis auf dem Gehweg) –, fährt die Aufmerksamkeit hoch und das System 2 springt an. System 1 ist allerdings nicht „faul". Während System 2 mit uns schläft, macht System 1 die Nacht durch, sortiert und speichert Eindrücke, Erkenntnisse und ermöglicht so, dass wir uns erinnern und lernen.

Welcher Hirnteil also die Steuerung übernimmt, entscheidet sich primär an der Frage „Kenn ich das, ist mir das vertraut und kenn ich das nicht?" (Bild 8.3).

„Kenn ich das?" öffnet die entsprechende Vorstufenschublade im System 1: Nach diesem „Knopfdruck" liefert es dem System 2 sofort und automatisch Eindrücke, Intuitionen, Interpretationen, Handlungsvorschläge/Absichten und Gefühle. Je nach Schublade läuft das Wahrnehmen, Bewerten und Bewältigen bis hin zum eigentlichen Handeln einzeln und in Kombination automatisch – quasi „auf Autopilot".

#### 8.1.1.2 Handlungssteuerung im Betrieb

Überträgt man das Bild der zwei Denksysteme auf das betriebliche Handeln, so lassen sich zwei Steuerungsmechanismen erkennen. Unterschieden werden sie durch den Einsatz des Bewusstseins. Je nach Aufgabenart und -niveau unterscheiden wir bewusstseinspflichtige, bewusstseinsfähige und bewusstseinsfreie (nicht bewusstseinsfähige) Handlungen. Die Bezeichnungen in Bild 8.4 machen auch deutlich, welche Gehirnregionen zur Handlungssteuerung genutzt werden (Hacker 2009; Rasmussen in St. Pierre/Hofinger/Buerschaper 2011; Schaper 2014a).

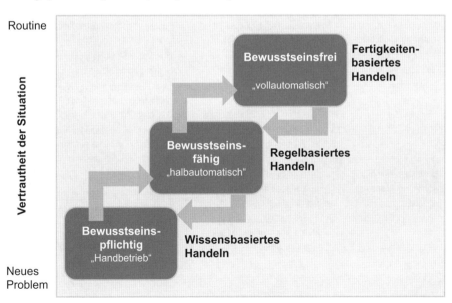

**Bild 8.4** Betriebliche Handlungssteuerung: je nach Vertrautheit mal mehr und mal weniger automatisch

Bekannte Aufgaben und Handgriffe werden ohne bewusste Steuerung mithilfe von Routinen bzw. eingeschliffenen *Fertigkeiten* erledigt. Gibt es unterschiedliche Handlungsalternativen, werden *Regeln* verwendet. Nur neue oder komplexe Aufgaben und Probleme erfordern *Wissen*, das bewusst durchdacht wird. Die meisten betrieblichen Tätigkeiten fallen in die mittlere, halbautomatische Kategorie.

Vorstellen lässt sich das Ganze wie eine Art Automatikgetriebe. Dieses reagiert auf Reize oder Signale, die unbekannte, unerwartet, widersprüchlich sind und damit mögliche Gefahren signalisieren, und schaltet in den Handbetrieb. Hier wird mithilfe von aufmerksamem, bewusstem Denken die Programmlücke (das ungeübte Handeln oder die Regelungslücke in unerwarteten Situationen) überbrückt. Heraus kommt eine Art halbautomatischer Betrieb, bei dem das Denken auf den vorgestellten Ebenen je nach Anforderung und Komplexität hin und her springt. Tabelle 8.1 fasst die Stufen zusammen.

**Tabelle 8.1** Wie steuern wir unsere (betrieblichen) Handlungen?

| Steuerungsprogramm | Genutzte Ressourcen | Beispiele |
| --- | --- | --- |
| Bewusstseinspflichtige Handlung | wissensbasiertes (geistig, verstandesmäßig, auf Einsicht basierend) durchdachtes, neues/erstmaliges Handeln | Unbekannte, unvertraute, schwierige Handlungen<br>Handlungspläne oder -abläufe entwickeln, die später bewusst gesteuert oder auch als Routine trainiert werden können z. B. die Planung eines Projekttreffens durch einen unerfahrenen Projektleiter |
| Bewusstseinsfähige (nicht bewusstseinspflichtige) Handlung | regelbasiertes, flexibles Handeln (teilweise Autopilot) | Flexibler, regelgeleiteter Bewusstseinseinsatz<br>• die Wahrnehmung bestimmter Warnsignale an Maschinen<br>• bewusste Zuordnung/Bewertung mithilfe entsprechender Regeln (welche Störung?)<br>• dadurch ausgelöste Handlungsketten (Schemata) zur Bewältigung eines möglichen Störereignisses |
| Bewusstseinsfreie Handlung (Routine) | • fertigkeitenbasiertes, vollautomatisches Handeln (durchgängig Autopilot)<br>• ausgelöst und gesteuert durch bestimmte (unbewusste) Reize | Vertraute Routinen<br>• Gänge schalten beim Autofahren<br>• ein immer gleicher Arbeitsablauf – z. B. bei der Montage<br>• Standardtanz |

### 8.1.1.2.1 Bewusstseinspflichtiges, wissensbasiertes Handeln

Beim wissensbasierten Handeln arbeitet unser Bewusstsein – analog dem System 2 – mit vollem Einsatz. Hier arbeiten Intellekt oder Verstand an Neuem und Unbekanntem, für das keine/kaum Erfahrungen vorliegen. Hier wird ermittelt, durchdacht, analysiert. Hier werden Alternativen und Optionen durchdacht und verglichen, Entscheidungen getroffen, Probleme gelöst, Pläne oder Strategien entworfen, die anschließend in Handlungen umgesetzt werden. So würde z. B. ein unerfahrener Projektleiter sein Projektteamtreffen vorbereiten und durchführen. Sind die Tätigkeiten später eingeübt, können sie zu Regeln und Routinen werden. Alles in allem wird hier Schritt für Schritt das langsame Denken praktiziert.

### 8.1.1.2.2 Bewusstseinsfreies, fertigkeitenbasiertes Handeln (Autopilot)

Auf der anderen Seite wird unbewusst agiert, d. h., sowohl Anstoß wie auch Steuerung der Handlung verlaufen unbewusst im System 1. Hier geschehen die Dinge ohne Anstrengung und ohne dass Aufmerksamkeit erforderlich ist – also ressourceneffizient. Durch Erfahrung und Wiederholung eingeübte Bewegungs- oder Handlungsabläufe sind als Schema gespeichert und werden über interne und externe Feedbacksignale koordiniert, ohne dass wir dies aktiv verfolgen müssen. Typisches Beispiel auf motorischer Ebene (auf Bewegungsabläufe des Körpers bezogen) ist das Kuppeln bzw. Schalten beim Autofahren. Auch bestimmte intellektuelle Fähigkeiten, wie das korrekte grammatikalische Aneinanderreihen von Wörtern beim Sprechen, laufen vollautomatisch.

Die entsprechende App kann allerdings bewusst gestartet oder unterbrochen werden. Soll der Routineablauf aber geändert werden, kann es schwierig werden. Diese Erfahrung kennt jeder, der schon versucht hat, sich mitten im Standardtanz auf seine Schritte zu konzentrieren, und dabei aus dem Takt kam.

### 8.1.1.2.3 Bewusstseinsfähiges, regelbasiertes Handeln (Halbautomatik)

Hier arbeiten beide Systeme auf unterschiedliche Weisen zusammen. Insbesondere die auslösenden Wahrnehmungs- und Bewertungsvorgänge werden mit Unterstützung vorhandener Erfahrungsautobahnen im Gehirn (Schemata) abgekürzt. Bekannte Signale (Reize) werden wahrgenommen und nach bestimmten Einheitsverfahren (Wenn-dann-Regeln) verarbeitet. Die erhaltenen Informationen werden, wie in Bild 8.5 dargestellt, entweder langsam verarbeitet oder über verknüpfte Schemata oder Muster im System 1 weitergeleitet. Hier kann sowohl die Wahrnehmung und Deutung der Situation wie auch die Bewertung und Bewältigung dem standardisierten Denken in Schemata folgen und im Ergebnis zu einem mehr oder weniger automatisierten, spontanen Handeln führen. Teile dieses Prozesses können also Aufmerksamkeit erfordern, wie beispielsweise die Deutung und Bewertung eines Warnsignals, das auf verschiedene Störungsursachen zurückzuführen ist und je nach Beurteilung verschiedene Handlungsketten – gegebenenfalls Routinen – auslöst.

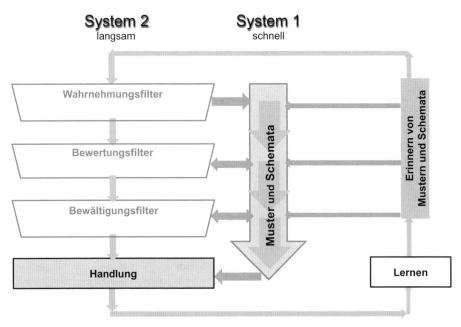

**Bild 8.5** Abkürzung der Analyse und Bewertung durch Schemata

Die einzelnen Steuerungsprogramme sind hierarchisch geordnet, und genau so arbeiten sie auch zusammen. Übergeordnete Ebenen, beispielsweise das vollbewusste, intellektuelle Handeln, können an die darunter liegenden Ebenen delegieren und werden so entlastet. Je neuartiger und unbekannter die Handlung ist, umso bewusster muss sie vorbereitet und gesteuert werden.

Auch wenn wir uns und unser bewusstes Denken auf diese Weise entlasten und so den Kopf frei für anderes haben, so ergeben sich aus dieser effizienten Schaltung einige Fallstricke (→ Kapitel 8.3.1).

## 8.1.2 Müdigkeit und Erschöpfung

Menschen kommen ohne Schlaf und Erholungspausen nicht aus. Auch wenn die Wissenschaftler sich hier nicht einig sind, so scheint es kaum ein Lebewesen auf diesem Planeten zu geben, das ununterbrochen aktiv sein kann (Grim 2008).

### 8.1.2.1 Ermüdung als Schutzfunktion

Ermüdung ist also etwas ziemlich Normales und beschreibt die nachlassende Konzentrations- und Leistungsfähigkeit bei körperlicher oder geistiger Arbeit. Beim konzentrierten Zuhören beispielsweise lässt die Aufmerksamkeit nach etwa 30 Minuten nach. Hier finden sich auch Zeitspannen bis zu einer Stunde, was allerdings auch in kulturellen Gepflogenheiten begründet wird (siehe Kasten). Auch Monotonie ermüdet – einerlei, ob bei immer demselben Tätigkeitsablauf oder einem „farblos" vorgetragenen, stimmlich eintönigen Vortrag, in dem eine Folie der anderen folgt.

 **Aufmerksamkeitsspannen sind unterschiedlich**

Die Konzentrationsspannen während betrieblicher Präsentationen ist auch von der Kultur des jeweiligen Landes abhängig (Kumbruck/Derboven 2009): Während die Deutschen auch bei einer Dauer über einer Stunde noch dranbleiben, Japaner zumindest bis zu einer Stunde, sind US-Amerikaner oder Franzosen eher auf die Hälfte der Zeit eingestellt (30 Minuten) – ebenso die Australier, Publikum aus Finnland oder Schweden orientiert sich dazwischen (45 Minuten).

Gefühle wie z. B. Erschöpfung, Schlappheit oder Müdigkeit dienen uns als „Warnleuchten". Dies ist eine Schutzfunktion des Körpers und soll uns davor bewahren, uns zu überfordern, „den Motor zu überhitzen", denn auch wir bestehen aus „Kleinteilen", denen Leistungsgrenzen gesetzt sind und die mit neuem Kraftstoff versorgt werden müssen. Müde wird man auch, wenn die Arbeit monoton und ohne Abwechslung ist. Hier hilft allerdings schon eine Unterbrechung, um wieder frisch zu werden.

Unsere innere Tankanzeige neigt dazu, den kritischen Bereich erst spät anzuzeigen. Zwischen der gefühlten und der tatsächlichen – in einer Versuchsanordnung gemessenen – physiologischen Verfassung eines Menschen bestehen große Unterschiede. Die eigene Wahrnehmung ist hier offensichtlich kein guter Indikator. Erschöpfung oder Ermüdung merken wir erst, wenn die Leistung nachlässt – eine Fehleinschätzung, die bei schwierigen oder risikoreichen Tätigkeiten unerwünschte Folgen haben kann.

Beseitigen können wir diesen unangenehmen Zustand, indem wir eine Pause machen und uns erholen. Während allerdings Ermüdung langsam beginnt und dann exponentiell schneller wird, funktioniert Erholung genau andersherum: Sie startet schnell, braucht dann aber bis zur vollständigen Wiederherstellung mehr Zeit.

### Pausen richtig machen
Lieber öfter kurze Pausen machen als am Ende der Aufgabe eine lange! Auch Studien der psychologischen Ermüdungs- und Pausenforschung haben gezeigt, dass Kurzpausen (fünf Minuten pro Stunde) sowohl bei geistiger als auch bei körperlicher Arbeit zu einer Leistungssteigerung führen (Blickle 2014; DIN EN ISO 10075_2:2000, 4.2.3.5).

Trotzdem arbeiten nach wie vor viele Kollegen „durch". Nach den Ergebnissen einer Erwerbstätigenbefragung aus den Jahren 2011/2012, die als *Stressreport Deutschland 2012* (Lohmann-Haislah 2012) veröffentlicht wurde, lässt jeder Vierte der Befragten (26 %) die Pause ausfallen. Als Grund gaben 47 % der Beschäftigten an, die Ruhepausen würden nicht in den Arbeitsablauf passen, 38 % hatten nach eigenem Bekunden zu viel Arbeit. Wenn Pausenfreiheit und/oder Schlafmangel zur Gewohnheit werden, kann Erschöpfung auch zum Dauerzustand werden und führt dann schneller zu Be- und Überlastung.

### 8.1.2.2 Schlaf ist wichtig

Nicht nur die normale Ermüdung, auch die nächtlichen Erholungspausen und damit die individuellen Schlafgewohnheiten beeinflussen die Leistungsfähigkeit enorm. Gerade ein kontinuierliches Schlafdefizit kann hier stark einbremsen.

In den USA sank die durchschnittliche Schlafenszeit innerhalb von 40 Jahren von 8,5 auf 6,5 Stunden. Ähnliches wird auch für Europa diagnostiziert und mit vielen aufregenden Aspekten des modernen Lebens begründet. Das individuelle Schlafbedürfnis schwankt üblicherweise etwa zwischen sechs und neun Stunden für Erwachsene. Ausgeschlafen hat man, wenn mit dem spontanen Erwachen (ohne Wecker) am Morgen ein entsprechendes Ausgeruhtsein empfunden wird. Gegebenenfalls wird das zuletzt Geträumte erinnert, denn dieses spielt sich in der relativ oberflächlichen Schlafphase vor dem Aufwachen ab. Viele kennen dieses Erleben nur noch aus den Ferien (Keel 2015).

Ausreichend Schlaf und der damit verbundene Erholungseffekt sind in der betrieblichen Praxis und auch besonders in Risikobranchen zentral. Unfallanalysen z. B. aus der Luftfahrt, wo Schlafdauer und -qualität durch Schichtwechsel, überlange Dienstzeiten und verschobene Tag-Nacht-Rhythmen durch Mittel- und Langstreckenflüge zum Alltag gehören, haben ergeben, dass viele Vor- und Unfälle insbesondere durch Ermüdung entstehen. „Müdigkeit" wird hier als eine Hauptursache für Fehler und Unfälle gesehen und infolgedessen seit 1994 systematisch bei Ursachenanalysen mit abgefragt (Ebermann/Murtha 2011; Hofinger 2012; Wiedemann/Badke-Schaub 2012; Horn/Lauche 2012).

Schlaf hilft, unsere körperlichen Grundfunktionen wiederherzustellen. Allerdings reicht dies nicht immer.

### 8.1.2.3 Andere Ausgleichsmechanismen

Rein körperlich ausgeschlafen, fühlen wir uns trotzdem nicht immer „ausgeruht" und entspannt. Denn unser mentales Gewinn-und-Verlust-Konto und das daraus resultierende „innere Gleichgewicht" oder Wohlbefinden können im betrieblichen Alltag nicht immer ausgeglichen sein. Oft sind wir gezwungen, entgegen unseren psychologischen Grundbedürfnissen zu handeln, denn die generellen Ziele kommen von außen oder oben und sind nicht immer mit den eigenen Motiven und Ausrichtungen zu vereinbaren.

Hier braucht es auch emotional einen Ausgleich, der uns schwungvoll und handlungswillig hält. Einen solchen Kontenausgleich erreichen wir durch Tätigkeiten und Dinge, die uns Spaß und Freude bereiten – ob im betrieblichen Alltag, nach Feierabend oder im Urlaub. Je nach Persönlichkeit, Motivlage und körperlicher Gesundheit sind hier die Bedürfnisse unterschiedlich. Ob durch Sport, Kino oder soziales Engagement – diese Zeit muss sein, im besten Fall nicht nur im Urlaub.

Während jüngere Menschen Schlafdefizite durch Schichtarbeit und ein ausgedehntes Partyleben noch gut kompensieren können, führt es etwa im Alter ab 40 zunehmend zu chronischer Übermüdung mit entsprechenden Folgeerscheinungen, z. B. Schläfrigkeit, Beeinträchtigung der Konzentrations- und Reaktionsfähigkeit oder des kurzfristigen Erinnerungsvermögens (Keel 2015).

Insgesamt lässt sich die Wirkung von Schlafmangel auf Gedächtnis und Wachheit mit den Auswirkungen von Alkoholkonsum gleichsetzen: Entsprechende Versuche haben gezeigt, dass eine Nacht ohne Schlaf (acht Stunden Schlafentzug) etwa dem Genuss von 1,2 Liter Bier entsprechen (St. Pierre/Hofinger/Buerschaper 2011). Ignorieren wir Anzeichen der Er- und Übermüdung und erholen uns nicht, kann es zu unangenehmen Einsparfunktionen, insbesondere zu Verlangsamung, kommen. (→ Kapitel 8.3.2).

### 8.1.3 Notfallbetrieb

In grauer Vorzeit bestand ein wesentliches Ziel der Menschen darin, zu überleben. Dort wo Mammut oder Säbelzahntiger ihr Unwesen trieben, Naturkatastrophen wie Feuer und Erdbeben den Alltag bedrohten, galt es, Instinkte und Reflexe auszubilden, die den Fortbestand der Menschheit sichern konnten: Kämpfen, flüchten oder tot stellen (*fight, flight, freeze*) waren damals die pragmatischen Alternativen (St. Pierre/Hofinger/ Buerschaper 2011):

- *Kämpfen*, wenn die bestehende Gefahr als schwächer eingestuft wird.
- *Weglaufen* oder Flucht, wenn ein Angriff aussichtslos scheint.
- Nichtstun bis hin zu völligem *Erstarren*, wenn keins von den oberen beiden Sinn macht.

Dieses Notfallprogramm hat sich bis heute gehalten. Solche Reaktionen sind für neuzeitliche Krisensituationen und ihre Auslöser nicht angemessen, denn hier sind nicht mehr wilde Tiere, Feuer oder feindliche Überfälle das Problem. Aber auch das moderne Leben bietet vielfältige Krisen und Herausforderungen, die uns verletzen, schädigen oder herausfordern können und in denen wir schnell und ohne langes Nachdenken reagieren müssen. Salopp zusammenfassend werden sie „Stress" genannt.

**Stress**

Stress ist ein unangenehmer „Zustand" – vielfach mit innerer Erregung und Anspannung verbunden. Er entsteht, wenn wir uns überfordert fühlen, d. h., wenn wir das Gefühl haben, dass die äußeren Anforderungen die eigenen Ressourcen übersteigen (Lazarus und Folkmann in Fischer/Asal/Krueger 2013).

### 8.1.3.1 Stressauslöser

„Das macht mir Stress!" Diese Aussage ist aus unserer Arbeitswelt inzwischen nicht mehr wegzudenken. Was ursprünglich als lebensrettende körperliche und psychische Bereitschaft im Alarmzustand gemeint war, der im Körper durch die Botenstoffe Cortisol, Adrenalin und Noradrenalin – sogenannte *Stresshormone* – ausgelöst wird, wirkt auf Dauer beispielsweise als Bluthochdruck, Herzinfarkt oder Burn-out, eine chronische Form depressiver Erschöpfung. Warum sonst „schlagen uns Dinge auf den Magen", „gehen an die Nieren" oder „machen Kopfzerbrechen" (Gasche 2015)?

Laut *Stressreport Deutschland 2012* (Lohmann-Haislah 2012) scheint Stress immer „normaler" zu werden (siehe Kasten). Auslöser im betrieblichen Alltag gibt es genug.

**Beunruhigende Zahlen**

Laut Stressreport Deutschland 2012 (branchenübergreifende Befragung von Teilzeit- und Vollzeiterwerbstätigen; Lohmann-Haislah 2012) arbeitet jeder zweite Befragte (52 % von mehr als 17.000 befragten Arbeitnehmern) unter starkem Termin- und Leistungsdruck. Knapp 60 % der Befragten gaben an, verschiedene Aufgaben gleichzeitig betreuen zu müssen. Fast jeder Zweite (44 %) wird bei der Arbeit durch Störungen wie Telefonate und E-Mails unterbrochen. Insgesamt 64 % der Beschäftigten arbeiten demnach auch am Samstag, 38 % an Sonn- und Feiertagen. Rund ein Sechstel der Befragten arbeitet mehr als 48 Stunden pro Woche, was dazu führt, dass 40 % der Befragten arbeitsbedingt nur selten oder nie Rücksicht auf familiäre oder private Interessen nehmen können.

In der Folgen führen diese Arbeitsbelastungen oft zu Krankheiten. Klagten 2006 noch 43 % über Rückenschmerzen, waren es 2012 bereits 47 %. Stressbedingte Kopfschmerzen nahmen von 30 auf 35 % zu, die Anzahl der von nächtlichen Schlafstörungen Geplagten stieg von 20 auf 27 %.

### 8.1.3.1.1 Alarm am Arbeitsplatz

Schauen wir uns den normalen Arbeitsplatz an: Viele Zustände oder Situationen können hier Auslöser bzw. Risikofaktoren für Stress (sogenannte *Stressoren*) sein, wie Tabelle 8.2 belegt. Kurzfristig erschöpfen und ermüden sie uns gegebenenfalls nur. Können wir nicht mit ausreichend Pausen, Schlaf, Abwechslung und arbeits- und arbeitsplatzgestaltende Maßnahmen ausgleichen, werden sie irgendwann zur „Bedrohung", führen zu Druck und Stress und lösen typische Notfallreaktionen aus.

Am Arbeitsplatz sind es vor allem Leistungs- und Zeitdruck oder soziale Spannungen und Konflikte, die uns in Alarmbereitschaft versetzen. Aber auch anstrengende Umfeldbedingungen wie Lärm, Hitze, Kälte oder Unterbrechungen und ungewohnte und unvorhersehbare Abläufe etc. tragen ihr Scherflein bei (Kaluza 2012).

**Tabelle 8.2** Belastungs- und Stressfaktoren in der Arbeitswelt (Zusammenstellung auf Basis von Allenspach/Brechbühler 2005 in Litzcke/Schuh/Pletke 2013 und Richter/Hacker 1998 in Schaper 2014c)

| | |
|---|---|
| **Aufgaben- und arbeitsbezogene Stressoren (Organisation und Führung)** | • Zeitdruck (Tempo)<br>• Arbeitsüberlastung (Umfang der Arbeit)<br>• Aufgabenkomplexität (Schwierigkeit)<br>• monotone Arbeit, ständige Unterbrechungen<br>• unvollständige Information<br>• Informationsüberlastung<br>• unklare Aufgabenübertragung<br>• widersprüchliche Arbeitsanweisungen<br>• Schichtdienst<br>• lange Arbeitszeiten<br>• Überstunden<br>• ständige Reisetätigkeit<br>• Flüge mit Zeitzonenwechsel<br>• Daueraufmerksamkeit<br>• Nichtvorhersehbarkeit von Abläufen |
| **Soziale Stressoren** | • Isolation<br>• Zusammengedrängtheit („Pferchung")<br>• (Betriebs-/Team-)Klima, Konflikte<br>• unfaire Behandlung, Mobbing<br>• Kooperationszwang<br>• sexuelle Belästigung<br>• Umgang mit schwierigen Kunden<br>• Informationsmangel |

| | |
|---|---|
| **Physische Stressoren** | - Lärm<br>- Hitze<br>- Kälte<br>- Beleuchtung<br>- Schmutz<br>- Nässe<br>- Zugluft<br>- Vibrationen<br>- Schadstoffe/toxische Stoffe<br>- Hunger<br>- Infektionen, Verletzungen, Entzündungen (Schmerzen)<br>- Strahlung<br>- schwere körperliche Arbeit<br>- Passivrauchen<br>- nicht ergonomische Arbeitsplatzgestaltung |
| **Rollenstressoren** | - Rollenunklarheit<br>- Rollenkonflikte, Konkurrenz<br>- Rollenüberforderung, Verantwortungsdruck<br>- fehlende Unterstützung und Hilfeleistung<br>- fehlende Anerkennung/Wertschätzung |
| **Veränderungsbezogene Stressoren** | - Fusionen<br>- Übernahmen durch andere Unternehmen<br>- Stellenabbau<br>- Einführung neuer Technologien<br>und damit verbunden der Wechsel von<br>- Aufgabenfeldern und Aufgaben<br>- Kollegen<br>- Umgebung |
| **Individuelle Stressoren** | - Angst vor Misserfolg, Tadel und Sanktionen<br>- Ineffiziente Handlungsstile<br>- fehlende Eignung und Erfahrung<br>- familiäre Konflikte |

Tabelle 8.2 zeigt, dass die Mehrzahl der Faktoren von außen kommen – also im Unternehmen „gemacht" sind –, und zwar durch direkte und indirekte Rahmenbedingungen der Organisation und Führung (→ Kapitel 1). Dieser Zusammenhang ist auch in der Arbeitssicherheit erkannt und seit Ende Juni 2013 als Ermittlung der psychischen Belastungen verpflichtender Bestandteil der Gefährdungsbeurteilung am Arbeitsplatz (§ 5 ArbSchG). Sie soll verhindern, dass Belastungen die Mitarbeiter gefährden und krank machen, und verpflichtet den Arbeitgeber, sie möglichst zu reduzieren.

*8.1.3.1.2 „Selbst gemachte Auslöser"*

Allerdings – und das zeigt die letzte Zeile der Tabelle – kommen die Auslöser nicht nur von außen. Ob ich eine Situation als Bedrohung erlebe, hängt nicht nur von äußeren „Anforderungen" ab, sondern auch von Einstellungen/Haltungen und Motiven, die individuell definiert sind. Gemeint sind motivationale Schemata, die wir als „innere Gebrauchsanweisungen" in der Regel schon in der Kindheit vermittelt bekommen haben, um Anerkennung oder Wertschätzung zu bekommen, z. B.: „Du wirst nur akzeptiert, wenn du der Beste bist."

Diese sogenannten *inneren Antreiber* (die Begrifflichkeit stammt auch aus der Transaktionsanalyse, → Kapitel 2.3.2) wirken im Erwachsenenleben oft ungefragt weiter. So kommt es, dass die fünf Vertreter: „Sei perfekt!", „Sei stark!", „Mach's allen recht!", „Beeil dich!", „Streng dich an!", uns nach wie vor antreiben und Druck machen, ohne dass uns das bewusst wird – und dies besonders gern in Stresssituationen. „Sei perfekt!" ist einer derjenigen, der im Arbeitsleben den meisten Druck ausübt. Hier lohnt es sich, die vermeintlichen An- oder Herausforderung zu hinterfragen: Ist die Situation so herausfordernd und bedrohlich oder sind es meine eigenen Ansprüche und Antreiber, die hier das Ganze zur Bedrohung potenzieren? Entsprechende „Antreiber-Tests" finden sich im Internet.

### 8.1.3.2 Erfolg versprechende Herausforderung oder Alarm?

Wie wird aus einem Stressor Stress und warum ist des einen Stress des anderen Leidenschaft? Hier erfolgt meist in Sekunden und schneller eine spontane und unbewusste Grobeinschätzung, die sich auf die Situation und Bewältigung konzentrieren (St. Pierre/Hofinger/Buerschaper 2011). Dabei spielen jeweils folgende Fragen die Hauptrolle:

- *Situation:* „Kann sie (für mich, meine Ziele und Bedürfnisse) bedrohlich oder gefährlich werden?"
- *Bewältigungsmöglichkeiten*: „Schaff ich das?" „Werde ich mit dieser Herausforderung klarkommen?"

Nicht selten sind wir gefangen in dem ersten Eindruck und dem „Das schaff ich nicht!", statt darüber nachzudenken, welche Ressourcen oder Kräfte zur Verfügung stehen, die vermeintliche Überforderung aufzufangen und die Frage „Wie?" zu klären.

Bei der Bearbeitung von Projekten ist es normal, mit Ressourcen zu jonglieren. Im Projektmanagement besteht die Hauptaufgabe des Projektleiters darin, Sachressourcen- (Material, Personal, Kosten) und Zeitplanung als wesentliche Stellgrößen und Qualitätsmerkmale auszubalancieren (das sogenannte „magische Dreieck") oder gegebenenfalls auch Ziel und Teilaufgaben anzupassen.

Auf die persönliche Herausforderung übertragen ersetzen wir die Bezeichnungen des Dreiecks durch unsere eigenen Variablen. So ergibt sich ein *Selbstmanagementdreieck* (Bild 8.6), das ähnlich funktioniert. Stellgrößen, die sich hier gegebenenfalls verändern lassen, sind:

- Ziel, also Umfang, Qualität und damit Schwierigkeitsgrad der Aufgabe/bevorstehenden Handlung,
- verfügbare Zeit (inklusive Erholungszeit/Pausen),
- verfügbare (weitere) Ressourcen.

**Bild 8.6** Selbstmanagementdreieck

Verfügbare Ressourcen sind nicht nur der eigene Kenntnisstand (Können), sondern je nach Aufgabe entlastende Arbeitsmittel (z. B. ein leistungsfähiger PC) oder auch Kollegen. Laut *Stressreport Deutschland 2012* können gerade Letztere den empfundenen Stresslevel entscheidend beeinflussen. Gute Zusammenarbeit mit Unterstützung durch Kollegen und Vorgesetzte sowie sich am Arbeitsplatz als Teil einer Gemeinschaft zu fühlen, sind wirkungsvolle Entlastungsfaktoren. Hinzu kommen die Freiheitsgrade bei der Aufgabenbewältigung: Können Arbeit und Arbeitszeit, Umfang und Vorgehen selbst eingeteilt werden, ist der empfundene Druck ebenfalls geringer (Lohmann-Haislah 2012). Diese Faktoren tragen dazu bei, die psychologischen Grundbedürfnisse zu befriedigen und Selbstwertempfinden sowie Antriebskraft über die soziale Zugehörigkeit, Kontrolle und Selbstwirksamkeit zu erhöhen.

Je nachdem, was wie in die Waagschale fällt, kann am Ende die Aufgabe als Herausforderung, Abenteuer oder Ähnliches bewertet werden, oder aber die „Bedrohung" wird essenziell, weil ich mich hilflos und handlungsunfähig fühle (Kontrollverlust). Der Alarm wird ernst, und die sogenannte Notfallreaktion wird eingeleitet (St. Pierre/Hofinger/Buerschaper 2011; Kaluza 2012).

### 8.1.3.3 Das menschliche „Alarmprogramm"(Notfallreaktion)

Eine Situation, ein Objekt oder ein Mensch sind als bedrohlich erkannt und der Alarm ist ausgelöst – mit ihm gegebenenfalls auch entsprechende Gefühle wie Angst oder Wut. Diese Gefühle setzen nun in bestimmten Hirnregionen Botenstoffe frei, die wiederum andere Körperregionen, z. B. die Nebennieren, um Verstärkung bitten und dort die Hormonproduktion antreiben. Der Kreislauf wird überschüttet mit sogenannten *Stresshormonen* (z. B. Noradrenalin und Adrenalin), die unseren gesamten Körper in Einsatzbereitschaft versetzen.

Herz und Kreislauf werden schneller – gegebenenfalls auch spürbarer („Herzklopfen"). Der Blutdruck und die Durchblutung im Kopf werden gesteigert, der in solchen Situationen auch einmal rot werden kann. Schnelleres und flacheres Atmen liefern allerorts mehr Sauerstoff, und die Leber stellt mehr Zuckerreserven zur Verfügung. Die Muskulatur reagiert mit erhöhter Körperspannung – spürbar als Anspannung der Muskeln insbesondere im Rücken-, Schulter- und Nackenbereich. Die verstärkte Energieproduktion erhöht die Betriebstemperatur, sodass wir zum Ausgleich auch ins Schwitzen geraten können. Nicht nutzbare Aktivitäten, wie Verdauung und ihre Säfte, werden runtergefahren, sodass z. B. der Mund trocken werden kann. Hinzu kommt ein flaues Gefühl in der Magengegend, gegebenenfalls auch weiche Knie, zitternde Hände verbunden mit innerer Unruhe und Nervosität. Diese physischen Reaktionen haben es schon unseren Vorfahren ermöglicht, in Bedrohungssituationen schnell und möglichst ohne langes Nachdenken zu reagieren.

Das geschilderte Alarmprogramm verändert allerdings nicht nur Herzrhythmus und Anspannung, sondern auch unser Denken und Handeln. Auch hier ist alles aufs „Überleben" ausgerichtet: Alle Aufmerksamkeit ist bei der vermeintlichen Bedrohung und auch das bewusste Nachdenken, Bewerten und Entscheiden ist merklich gedrosselt.

Die erhöhte Körperspannung ist primär aufs Überleben ausgerichtet. Hier waren kraftvolle und grobmotorische Einsätze gefordert. Heutzutage kann das anspannungsbedingte Zittern beispielsweise der Hände allerdings notwendige feinmotorische Handgriffe behindern und den Stress noch verstärken (St. Pierre/Hofinger/Buerschaper 2011).

Vielfach reagiert unser Körper schneller als unser Kopf. Bevor wir merken, was los ist, haben wir schon gehandelt. Dieses stammesgeschichtlich erprobte Alarmprogramm kann auch heute noch lebensrettend sein. In der modernen Arbeits- und Lebenswelt führen die klassischen „fight, flight, freeze"-Reflexe allerdings manchmal zu Kurzschlussreaktionen, die sich bei nachträglicher Betrachtung als „suboptimal" herausstellen (Kaluza 2012). (→ Kapitel 8.3)

Diese Reaktionen müssen nicht per se schlecht sein. Nur so konnten die Urmenschen sich weiterentwickeln, und auch uns hilft diese Schaltung nach wie vor, der jeweiligen Herausforderung schnell und leistungsstark zu begegnen und zu lernen (Kaluza 2012). Stress in kleinen Dosen und nicht dauerhaft hat seine Berechtigung. Er rüttelt uns aus dem Routinebetrieb und hilft, uns körperlich und geistig zu aktivieren. Er macht wach, mobilisiert und fokussiert die Kräfte. Viele sprechen hier auch von *Eustress*, der – im Gegensatz zum „Disstress" – lediglich die Aktivität erhöht, aber nicht als Bedrohung empfunden wird.

Wichtig ist allerdings, dass wir nach einer solchen Mobilisierung immer wieder Zeit und Gelegenheit haben, herunterzufahren, zu entspannen und die Stresshormone abzubauen. Geschieht dies nicht, wird eine Stressspirale in Gang gesetzt, der Alarmmodus wird zum Dauerbrenner: „kreisende" Gedanken, ungute Gefühle, Anspannung und Erschöpfung – abgesehen von mangelnder Leistungsfähigkeit und fehlendem Erfolgserleben – potenzieren sich gegenseitig, machen krank und „brennen aus" (burn out) (Litzcke/Schuh/Pletke 2012). Dauerstress lässt jede kleine Herausforderung schnell zur Überforderung werden. Nicht nur die körperliche Gesundheit ist gefährdet. Spätwirkungen im Alter betreffen ebenso die Denk- und Gedächtnisleistungen (Jahn 2015).

 **Wie „funktioniert" Stress bei mir?**

Ergänzen Sie die Sätze und überlegen Sie dabei, wie verschiedene Auslöser im (betrieblichen) Alltag auf Sie wirken. Tabelle 8.2 lässt sich als Inspiration nutzen.

1. Ich reagiere gestresst, wenn ... (Auslöser im außen)

- mehrere Dinge gleichzeitig zu erledigen sind
- unterschiedliche Menschen Unterschiedliches von mir wollen und das möglichst auch noch gleichzeitig
- ich kritisiert werde
- durch Störungen und Unterbrechungen mein Zeitplan durcheinandergerät
- mein E-Mail-Postfach überquillt
- der Tag schon morgens mit Hektik beginnt
- ich mit anderen streite
- ...

2. Ich setze mich selbst unter Stress, indem ... (Auslöser von innen/individuelle Antreiber)

- ich alles 150%ig machen will
- ich mir zu viel vornehme
- ich Tagespläne aufstelle, die nicht zu schaffen sind
- ich es immer allen recht machen möchte
- ich mir selbst keine Pausen gönne
- es mir zu wichtig ist, was andere über mich denken
- ich mich um alles selbst kümmern will
- ...

3. Wenn ich gestresst bin, dann … (Reaktionen)
- bekomme ich feuchte Hände, einen trockenen Mund, Herzklopfen
- bekomme ich einen Kloß im Hals, Magenschmerzen und Nackenverspannungen
- kann ich schlecht einschlafen
- werde ich innerlich hektisch und nervös
- kann ich mich schlecht konzentrieren
- verliere ich leicht den Überblick
- fahre ich leicht aus der Haut und werde laut
- rauche ich mehr als normal
- …

(In Anlehnung an Kaluza 2012)

## 8.1.4 Der Kern im Rückblick

Die „Vorstufen des Handelns" machen deutlich, welche einzelnen Schritte notwendig sind, durchdachtes und sinnvolles Handeln zu ermöglichen. Laufen diese Schritte in Zeitlupe – also bewusst – ab, kosten sie viel Zeit und *Aufmerksamkeit*, eine Ressource, die nur im begrenzten Maße verfügbar ist und über die Zeit ermüdet. Aus diesem Grund arbeitet unser Gehirn auf besondere Weise.

Bewusstes Denken (*System 2/langsames Denken*) im *Normalbetrieb* – also das Konzentrieren auf ein Thema – beansprucht alle verfügbaren Kapazitäten in unserem Gehirn. Die Steuerungszentrale (unser Arbeitsgedächtnis) ist also schnell ausgelastet und zumindest bei komplexen Gedanken oder Handlungen auf „Einkanalbetrieb" ausgelegt.

Im Zusammenhang mit normalem betrieblichem Handeln existiert in unserem Kopf ein weiteres Energiesparprogramm mit fertigen Vorlagen und Handlungsschemata – Mini-Apps, die uns automatisch steuern und uns ermöglichen, unsere Aufmerksamkeit für andere, wichtigere Dinge zu nutzen. Alltägliche Handlungsabläufe wie Zähneputzen oder routinemäßige Abfolgen immer gleicher Arbeitsschritte und Handgriffe laufen unbewusst und als Routine im Autopiloten (*System 1/schnelles Denken*) ab. Die Aufmerksamkeit ist woanders im Einsatz – die Routine verläuft „mit geschlossenen Augen". Sie entzieht sich unserer Aufmerksamkeit, und damit entfällt auch die Möglichkeit, zu steuern, also einzugreifen und den Verlauf zu variieren.

Wo immer es geht, wird – auch in der *betrieblichen Handlungssteuerung* – versucht, energiesparende Abkürzungen zu nutzen. Wenn machbar, wird auf „Altbewährtes", auf standardisierte Muster oder Schemata in der Wahrnehmung und Bewertung wie auch in den Folgeschritten zurückgegriffen. Abhängig davon, wie vertraut die jeweilige Herausforderung ist und ob entsprechende Autobahnen im Gehirn „gebaut" sind, erfolgt die Handlungsvorbereitung durch bewusstes Denken, aber auch halb- oder vollautomatisch.

*Müdigkeit* gehört zum Leben wie die Nacht zum Tag. Wer wach und leistungsfähig sein will, braucht Pausen und genug Schlaf, um Körper und Geist zu entspannen und wieder aufzutanken. Ermüdung führt – wie Alkoholkonsum – zu Einschränkung und Verlangsamung im Denken und Tun.

Auch Unausgeglichenheit oder permanente Anspannung wirken in diese Richtung. Wer hier den Bogen dauerhaft überspannt, begibt sich unweigerlich in den *Alarmmodus (auch Notfallbetrieb)*.

Herausfordernde Situationen setzen beim Menschen ungeahnte Kräfte frei, können im schlimmsten Fall aber auch zu Flucht und Erstarren führen. Wo in grauer Vorzeit Leib und Leben bedroht waren, kommt der Alarmmodus in der neuzeitlichen Lebens- und Arbeitswelt auch in weniger dramatischen Situationen zum Tragen, z. B. wenn Neues, Ungewohntes und „zu viel auf einmal" auf uns einstürmen. Diese Situationen erleben wir häufig als *Stress*.

Im gesunden Maß wird die Bedrohung als Herausforderung erlebt, die schon einmal „weiche Knie" macht, dann allerdings oft auch Erfolge feiern lässt. Die hormonell ausgelösten körperlichen Nebenreaktionen befähigen uns, schnell und zielorientiert zu handeln. Hier ermöglicht die ausgelöste Anspannung persönliches Lernen und Weiterentwickeln. Im Übermaß kann ein solcher Überfall – wie in Bild 8.7 gezeigt – allerdings auch überfordern und Alarm auslösen. Solch eine Belastung ermüdet und erschöpft nicht nur. Sie „verengt" auch Denken und Handeln und macht auf Dauer krank.

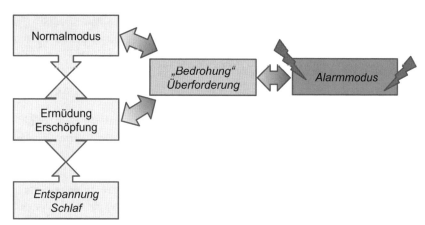

**Bild 8.7** Werden Erschöpfung und Überforderung zu groß, ruft der Körper Alarm aus.

**Unfallauslöser Arbeitsstress**

Bei den gewerblichen Berufsgenossenschaften machen Wegeunfälle zwar nur 15 % der meldepflichtigen Unfälle aus (die überwiegenden Unfälle sind Arbeitsunfälle anderer Art), aber sie sind deutlich folgenschwerer als andere Arbeitsunfälle. Beinahe zwei Drittel aller Arbeitsunfälle mit tödlichem Ausgang sind Straßenunfälle. Als Hauptgrund dieser Unfälle wird *erlebter Arbeitsstress* gesehen (Gericke/Rabe/Trimpop 2008).

# 8.2 Herausforderungen im Managementsystem

Wodurch können die unerwünschten menschlichen Betriebszustände im Managementsystem ausgelöst werden und unangenehm zur Wirkung kommen, so dass sie effizientes und umsichtiges Denken und Handeln einschränken?

Hilfreiche Hinweise, was solche kritischen Situationen kennzeichnet, finden wir in solchen Branchen und Bereichen, wo „menschenbedingte" Fehler zu dramatischen und auch tödlichen Folgen führen können: z. B. Flugverkehr, Raumfahrt, Notfallmedizin oder Atomkraftwerke. Sie werden auch Risikobranchen oder HRO = High Reliability Organisation (übersetzt: Organisationen mit hoher Zuverlässigkeit) genannt. Für die entsprechenden Überlegungen wurde ebenfalls und wieder das systemische Denken beliehen.

## 8.2.1 Kennzeichen kritischer Situationen im Betrieb

### 8.2.1.1 Komplexität

Die typischen „alarmierenden" Arbeitssituationen zeichnen sich durch Eigenschaften aus, die auch komplexe Probleme charakterisieren. Situationen oder Probleme können menschliches Denken und Handeln schnell überfordern und damit individuellen Alarm auslösen (Tabelle 8.3).

**Tabelle 8.3** Kennzeichen kritischer Situationen (Strohschneider 2003; Hofinger 2003)

| Kriterium | Offenen Fragen |
|---|---|
| **Viele Einflussgrößen – viele Informationen:** Große Zahl zu berücksichtigender Einflussgrößen (z. B. Personen, Bereiche/Abteilungen, Teams, Schichten, weitere Unternehmen, Kunden, Lieferanten). | • Wer oder was ist beteiligt und betroffen?<br>• Worauf kommt es an?<br>• Was muss unbedingt beachtet werden? |
| **Vernetzung:** Alle beteiligten Personen und/oder sonstige betroffenen Elemente beeinflussen sich gegenseitig in kaum prognostizierbarer Weise, wechselwirken und verfolgen dabei gegebenenfalls auch eigene Ziele. Hinzu kommen vielfach Schnittstellen mit technischen Systemen und organisatorischen Rahmenbedingungen, die gegebenenfalls auch Wechselwirkungen haben und besondere Handlungsformen verlangen. | Wie sind die Wechselwirkungen und Rückkopplungen zwischen den wesentlichen Elementen, Anlagen, Abläufen, Effekten und Ergebnissen? |
| Die damit verbundene (teilweise) Unklarheit bzw. **Undurchschaubarkeit/Intransparenz** der „Lage". | • Habe ich ein „Bild" von der Gesamtsituation?<br>• Welche Folgen sind absehbar?<br>• Wie riskant/gefährlich ist es für wen oder was? |

| Kriterium | Offenen Fragen |
|---|---|
| **Zeitverzögerungen:**<br>Effekte einzelner Handlungen sind nicht (sofort) erkennbar. Dies führt dazu, dass die weitere Entwicklung schlecht prognostizierbar ist. Nebenwirkungen können mit Verzögerung auftreten. | Kann ich die – gegebenenfalls auch zeitlich versetzten – Aus- und Nebenwirkungen des Handelns einschätzen (Risiken und Chancen)? |
| **Eigendynamik und Zeitdruck:**<br>Dieses Zusammenspiel ist nicht statisch, sondern dynamisch und kann sich – auch ohne Zutun eines Akteurs – schnell verändern. Während noch über die Problemlösungen nachgedacht wird, entwickelt sich das Problem munter weiter. Das setzt Handelnde unter Zeitdruck. | „Lebt" das System? Verändert sich das Gesamtbild über die Zeit auch ohne Zutun von außen? |
| **Einzigartigkeit:**<br>Jede kritische Situation ist aufgrund ihrer Konstellation von Einflussgrößen und Wechselwirkungen einmalig – Standards und gemachte Erfahrungen lassen sich hier nicht schablonenartig übertragen. Häufig gibt es viele Handlungsmöglichkeiten, deren aktuelle Machbarkeit und Auswirkungen aber nicht vollständig bekannt sind. Deshalb muss situations- und fallbezogen geplant und entschieden werden. | Wie gehe ich mit dieser – mir unbekannten und unerwarteten Situation um? |
| **Viele unklare oder widersprüchliche Zielsetzungen:**<br>Die Existenz verschiedener, oft einander widersprechender Ziele (z. B. „Ausbreitung des Feuers um jeden Preis verhindern!" versus „Mitarbeiter sofort evakuieren!"). | • Worauf müssen sich die nächsten Schritte konzentrieren?<br>• Was hat Priorität? |
| **Irreversibilität:**<br>Entwicklungen und Ergebnisse des Handelns sind zuweilen nicht rückgängig zu machen. „Versuch und Irrtum" ist daher mit großer Unsicherheit und hohem Risiko verbunden. | • Bin ich in der Lage, unter solch unsicheren Bedingungen (unter Risiko) zu entscheiden und zu handeln?<br>• Kann ich mit den Konsequenzen leben? |

Weil Unternehmen aus einer Vielzahl verschiedener Elemente (z. B. Strategie, Aufbau- und Ablauforganisation, Kultur, Technik, Mitarbeitende) bestehen, werden sie kontinuierlich von ungeheuren Mengen an *Informationen „durchflossen"*.

Anlagen produzieren. Rohstoffe werden herangeschafft. Menschen bedienen Anlagen, arbeiten nach Anweisung, treffen Entscheidungen etc. Das eine steht mit dem anderen in Verbindung und beeinflusst – in welcher Weise auch immer. Zupfe ich auf der einen Seite des Netzes, gerät auf der anderen Seite gegebenenfalls etwas aus den Fugen. Nicht umsonst wird in modernen Unternehmen vielfach das Problem der *Intransparenz* ausgerufen.

Nicht alles ist plan- und steuerbar, vieles unterliegt der *Eigendynamik*. Hier sind es Prozesse, die nicht bis ins letzte Detail durchschaut und geregelt sind. Dort ist es die Zusammenarbeit, die permanenten Wandlungen unterliegt. Der Mensch mit seinen eigenen Zielen, Motiven, Fähigkeiten und Erfahrungen ist in jedem Fall ein „dynamisches" Element, das immer wieder für Überraschungen sorgen kann.

Das Fenster zum Reagieren ist im täglichen Betrieb oft eng. Manchmal gibt es nur eine Chance, das Richtige zu tun. Einige Effekte sind am Ende *nicht mehr umkehrbar*, was den Druck entscheidend erhöht.

All dies kennzeichnet Situationen, die nicht ohne Weiteres im Routinemodus zu bewältigen sind und unser bewusstes Denken und Handeln fordern. Mit einer Fülle an Informationen, fehlenden Standards, mangelnder Klarheit und Eindeutigkeit bezogen auf Einflüsse und Konsequenzen wird es schwierig, die „richtige" Entscheidung zu treffen. Dazu kommen großer Zeit-, Handlungs- und Erfolgsdruck, um „das Schlimmste" zu verhindern, und immer „ohne Gewähr" für den Ausgang. Gegebenenfalls gibt es nur einen „Versuch", und der „Irrtum" hätte dramatische, wenn nicht tödliche Folgen.

**Kritische Situationen**

Kritische Situationen *beinhalten* und *erzeugen* Unsicherheit, weil sie

- ungewohnt oder neu sind,
- unerwartet und überraschend eintreten,
- komplex (viele, wechselwirkende Informationen) und deshalb
- undurchschaubar in Einschätzung und Entwicklung sind.

In so einem Zusammenhang können *Entscheidungen nur unter Risiko* gefällt werden und brauchen die Fähigkeit, mit dieser Unsicherheit umzugehen (St. Pierre/Hofinger/Buerschaper 2011), wie die offenen Fragen in der zweiten Spalte von Tabelle 8.3 veranschaulichen. Weiteren Input zum Thema finden wir in den Normen, die sich dem Thema „Risiko und Unsicherheit" auf ähnliche Art nähern.

### 8.2.1.2 Risiko und Ungewissheit in der Normenwelt

Auch unsere Normen haben diese Zusammenhänge erkannt und sehen in der vorausschauenden Betrachtung eine Möglichkeit, damit umzugehen. Jedes Managementsystem hat seine eigene Risikobeurteilung (→ Kapitel 4.1.2.2). Mit den aktuellen Revisionen wird der Blick in die Zukunft als Folgenabschätzung bestärkt, und in der normierten Begriffswelt finden sich wieder hilfreiche Definitionen.

**Risiko und Ungewissheit**

- *Risiko* ist die „Auswirkung von Ungewissheit auf ein erwartetes Ergebnis" oder Ziel.
- *Auswirkung* wiederum ist eine „Abweichung vom Erwarteten – in positiver oder negativer Hinsicht". Hiermit sind also auch Chancen gemeint, die als Ansatz für Verbesserungen dienen können.
- *Ungewissheit* ist der „Zustand des auch teilweisen Fehlens von Informationen im Hinblick auf das
    - Verständnis eines Ereignisses oder
    - Wissen über ein Ereignis, seine Folgen oder seine Wahrscheinlichkeit".

(ISO 9000:2015, 3.7.8; ISO 9001:2015, 3.9; ISO 14001:2015, 6.1)

Bild 8.8 fasst die Aspekte zusammen.

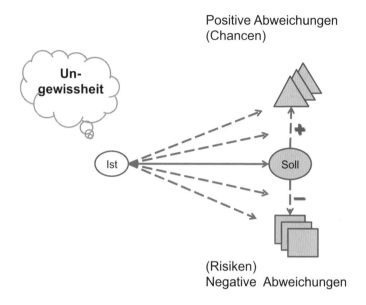

**Bild 8.8** Der Einfluss von Ungewissheit auf zielgerichtete Planung beinhaltet ein Risiko, das sich positiv oder negativ auswirken kann

Deutlich wird, dass gerade die Ungewissheit nicht nur das Risiko erhöht, sondern als Zustand im menschlichen Denken Auswirkungen auf die Wahrnehmung, die Erkenntnis und die Handlungsplanung haben – auch unerwünschte. Für Beides gilt: Je größer die Ungewissheit, umso schwieriger ist es, eine „richtige" Entscheidung zu treffen.

### 8.2.2 Alltägliche Herausforderungen im Managementsystem

Der ursprüngliche Sinn der Managementsysteme bestand darin, Komplexität und damit auch Ungewissheit zu reduzieren. Dies sollte insbesondere dadurch erreicht werden, durch Verschriftlichung Aufbau- und Ablauforganisation transparent und durchschaubar zu machen und damit die direkte Führung zu entlasten. Für Mitarbeitende wiederum sollten Arbeitsabläufe durch Standardisierung nachvollziehbar, vereinfacht und vereinheitlicht werden.

Allerdings gibt es in der betrieblichen Praxis ein erhebliches Maß an entgegengesetzten Kräften. Diese alltäglichen Herausforderungen verringern die Komplexität, Unübersichtlichkeit und Ungewissheit und damit das Stresspotenzial nicht, sondern vergrößern sie:

- unklare, enge oder widersprüchliche Anweisungen, Vorgaben, Regeln,
- ungeeignete Kontrollen und Konsequenzen,
- anwachsende Dokumentationen und Unterweisungen.

### 8.2.2.1 Vorgaben und Regeln

Durch dezidierte Vorgaben wird die persönliche Handlungsfreiheit, die im kompetenten Umgang mit ungewissen Situationen erforderlich ist, eingeschränkt. Vielfach werden Regeln festgelegt, allerdings nicht, wie mit Ausnahmen umzugehen ist. Zwei Beispiele: Gilt die umfangreiche Checkliste der abschließenden Qualitätsprüfung auch, wenn der Auslieferungstermin gefährdet ist? Auf Treppen immer den Handlauf nutzen? Was mache ich, wenn ich dabei eine schwere Last beidhändig tragen muss?

> **Ausnahmen von Regeln in der Luftfahrt**
>
> Auch für die in der Luftfahrt grundsätzlich immer geltenden Regeln (meist aus konkreten Vorfällen entstanden), die Standard Operation Procedures (SOP), gibt es Ausnahmen: Sie sollen zwar durch den Piloten eingehalten, allerdings auch flexibel infrage gestellt werden, „wenn sich bei ihrer Missachtung mehr Sicherheit ergibt" (Ebermann/Jordan 2011, S. 31).

Zum Teil widersprechen sich Vorgaben der unterschiedlichen Arbeitsfelder. Auch die aktuellen Anweisungen des Schichtvorgesetzten entsprechen nicht immer den geschriebenen Anweisungen. Zudem können sich Vorgesetzte in den unterschiedlichen Schichten bei Inhalt und Konsequenz der Umsetzung widersprechen. Nicht selten kommt es vor, dass die Rollenverteilung zwischen dem Managementbeauftragten und dem Linienvorgesetzten unklar ist. So kann es auch hier vorkommen, dass diese – vom Mitarbeiter angesprochen – Anweisungen geben, die sich widersprechen.

Vielfach stehen Regelungen, Entscheidungen und sichtbares Handeln der obersten Führung oder anderer Vorbilder und Führungskräfte im deutlichen Kontrast zu den Zielsetzungen der Managementsysteme.

### 8.2.2.2 Kontrollen

Die vielfach im Managementsystem installierten Kontrollen (Begehungen, Audits etc.) sind in ihrem Ablauf und ihren Fragestellungen oft eingleisig und ignorieren die Vielfältigkeit und Vernetztheit der Realität. Meist wird nicht eindeutig kommuniziert, mit welchem Ziel sie durchgeführt werden: Geht es nur um die Einhaltung bestehender Regelwerke oder geht es um situationsangemessenes Verhalten im Sinne der aktuellen Zielsetzungen oder geht es um Verbesserung des Status quo unabhängig von Regeln und darüber hinaus?

Vielfach wird davon ausgegangen, dass bestehende Regeln und Routinen richtig sind, und die jeweiligen Kontrollierenden sind weder in der Lage, die Komplexität der jeweiligen Situation zu erfassen noch zu ändern. In der Regel beschränkt sich die Analyse auf die Fragestellung „Was läuft falsch?". Die Effekte auf Kompetenz, Selbstwert und -sicherheit werden selten ausgeglichen durch den Blick auf das Richtige.

Zudem schränken auch übermäßige Kontrollen Freiräume ein. Sie drängen auf die Einhaltung der erwähnten Regelungen, wirken oft bevormundend und können durch einen misstrauischen Unterton so verunsichern, dass die vermeintlichen „Tatverdächtigen" am Ende nicht mehr engagiert und eigenverantwortlich handeln können und wollen.

Ein Abweichen von den geschriebenen Regelungen wird je nach Person oder Situation unterschiedlich gehandhabt, gegebenenfalls geduldet (gerade wenn es um Produktivität und Zeitersparnis geht). Im Falle der Einstufung als Fehler oder Regelmissachtung sind die Folgen nicht kalkulierbar und variieren wiederum je nach Person und Situation zwischen produktiver und ziel- und nicht personenorientierter Fehlerbearbeitung oder unangekündigten disziplinarischen Maßnahmen.

> **Ein Beispiel aus der Praxis: Überraschende Abmahnung**
>
> Nicht immer läuft alles wie geplant, und gerade in diesem Jahr gab es im Bereich der Produktion eine ungewöhnlich hohe Anzahl an Vor- und Unfällen. Die Folgen wie Mitarbeiterausfälle, Anlagenreparaturen und -umbauten wurden intern zunehmend zum Thema und führten zu klaren Worten der Geschäftsführung in der Führungsrunde.
>
> Als im Bereich der Verladung einige Tage später durch überhöhte Staplergeschwindigkeit wieder einmal (glücklicherweise nur) ein Schutzgitter angefahren und beschädigt wurde, war für den Schichtmeister der Zeitpunkt gekommen, ein Exempel zu statuieren: Der Staplerfahrer bekam eine Abmahnung.
>
> Wo in der Vergangenheit im besten Fall eine „Erinnerung an die geltenden Regeln" ausgesprochen wurde, sollten jetzt „Nägel mit Köpfen" gemacht werden – unangekündigt und weder für den betroffenen Mitarbeiter noch seine Kollegen nachvollziehbar.

### 8.2.2.3 Dokumente und Unterweisungen

Häufig werden bei Neuerungen oder als „deutliche" Reaktion auf Fehler und Vorfälle gleich neue Vorgabedokumente erstellt, wo es auch andere Wege gäbe (z. B. eine ausführliche Unterweisung, ein ausführliches Feedbackgespräch, eine neue Software, einen speziellen Zuständigen oder Ähnliches). So wächst der Umfang schriftlicher Dokumente schnell ins Unermessliche. Organisationsregeln müssen nicht zwangsläufig schriftlich fixiert sein – „nur" praktiziert. Oder bestehende Dokumente/Dateien werden bis zur Unkenntlichkeit ergänzt und aufgebläht – es wird integriert, integriert, integriert.

Vielfach wird auch eine schriftliche Unterlage erstellt, um die Einführung und Ein- bzw. Unterweisung einfacher zu gestalten. Diese wird gleich zur offiziellen Arbeitsanweisung (Prozessbeschreibung etc.) gekürt, obwohl dies gar nicht notwendig ist.

Zudem werden in Managementsystemen manchmal Dokumente erstellt, von denen nicht klar ist, welchen Stellenwert und welche Verbindlichkeit sie haben (für den Alltag und normalen Betrieb oder für die nächste Zertifizierung?).

Je nach interner Zusammenarbeit kann es vorkommen, dass zu ähnlichen Sachverhalten aus den unterschiedlichsten Arbeitsfeldern und Managementsystemen unabhängig voneinander Vorgabedokumente erstellt werden, die dann am jeweiligen Arbeitsplatz „synchronisiert" werden müssen.

Obwohl immer wieder Neues und Geändertes hinzukommt, kommt es auf der anderen Seite kaum zum Abbau entsprechender Datei- und Dokumentensammlungen. Automatisches oder zumindest regelmäßiges Ausmustern, z. B. wenn Abläufe inzwischen in

Fleisch und Blut übergegangen sind, nicht mehr oder in anderer Form existieren oder automatisiert sind, findet selten statt.

Als Folge umfassender Dokumentation nimmt mit wachsender Dokumentenzahl auch die Anzahl der Unterweisungen zu. In der Regel gilt, Vorgabedokumente einmal jährlich zu unterweisen. Auch immer neue gesetzliche Vorgaben tragen dazu bei, Vorgesetzte und Mitarbeiter mit einer unübersichtlichen Vielzahl von Inhalten und Vorschriften zu beglücken, deren Wiederholung immer mehr Zeit kostet und deshalb in Art und „Kompression" kaum noch sinnvolle Effekte zeigen kann.

Zusammenfassend gibt es im Alltag der Managementsysteme also viele Sachverhalte, die Komplexität und Ungewissheit erhöhen.

Es kann nicht alles vorausgedacht werden. So fehlen denn auch oft klare Regelungen – besonders wenn ein System oder Ziel dem anderen in die Quere kommt. Gerade weil in Managementsystemen allerdings häufig der Eindruck erweckt wird, dass „alles geregelt ist" (denn hierzu sind Managementsysteme schließlich da, hierin liegt ihre Existenzberechtigung), wirken solche Lücken dann oft besonders „überraschend".

Sowohl für Führungskräfte wie auch für Mitarbeitende stellen sich die Fragen: Was ist wichtig? Was ist die richtige Entscheidung, mit welchen Konsequenzen? So kann also auch im normalen Alltagsbetrieb der eine oder andere „persönliche Alarm" ausgelöst – zumindest aber der aktuelle Stresspegel merklich erhöht werden.

### 8.2.3 Außergewöhnliche Herausforderungen im Managementsystem

Neben dem mehr oder weniger herausfordernden Alltag, in dem alles wie immer läuft, gibt es in Managementsystemen auch Ausnahmen: kritische oder sogar bedrohliche Situationen. Je nachdem, wie weit fortgeschritten sie sind, unterscheiden wir (heran) nahende, manchmal auch „schleichende" Krise und einen plötzlich eintretenden, „hereinbrechenden" Notfall.

**Krise und Notfall**

Krise bedeutet, dass in einer Abfolge von Ereignissen wichtige Ziele, Werte oder das Bestehen des betroffenen Systems bedroht sind. Abweichend von einem Notfall, der „eintritt", entfaltet sich die Krise eher schleichend und über längere Zeit. Auch ihre Entwicklung ist unklar. Es besteht immer die Möglichkeit, dass sie abgewendet werden kann und gut ausgeht.

Ein Notfall im Unterschied dazu ist ein Ereignis, das plötzlich eintritt und auf das schnellstens reagiert werden muss. Hier ist schon ein Schaden für Menschen, Umwelt oder andere Güter eingetreten, der ohne Einschreiten noch größer werden kann oder zu entstehen droht („Gefahr im Verzug") (vgl. Horn 2008).

Während Krisen in Managementsystemen eher selten und nicht eindeutig sind, sind „Notfälle" meist relativ klar definiert. Im Kern geht es dabei immer darum, dass konkrete, essenzielle, „lebenswichtige" Ziele des Unternehmens gefährdet sind:

- Im *Qualitätsmanagement* betreffen sie z. B. die termin- und kundengerechte Lieferung,
- in der *Arbeitssicherheit* das sichere und gesunde Wirken der Mitarbeitenden daran und
- im *Umweltschutz* (und auch im Energiemanagement) den Schutz und die Erhaltung der (wichtigsten) natürlichen Ressourcen – konkret gekoppelt mit einem dazu geeigneten und gefahrlosen Ressourceneinsatz und Anlagenbetrieb.

Ob als kleinerer Zwischenfall, z. B. Reklamation, (Beinahe-)Unfall oder ausgewachsene Anlagenstörung, Störfall oder anderes unerwartetes, ungewolltes und ungeplantes Ereignis: Alle Normen stehen dafür, derartige Vorfälle zu vermeiden oder bestmöglich zu bewältigen – ob als herannahende „Krise" oder eingetretener „Notfall". Wie in → Kapitel 4.1.2 (Recht und Risiko) beschrieben sind hier zum einen die gesetzlichen Hinweise auf Risikopotenzial, zum anderen die mehr oder weniger freiwilligen Verpflichtungen, diesen Risiken (und Chancen) auf die Spur zu kommen. Im besten Fall reicht diese Vorbereitung aus, die entlarvten Situationen zu vermeiden. Falls nicht, sind sie für menschliches Denken und Handeln in jedem Fall mit Ungewissheit behaftet.

Gerade in sogenannten *low-risk environments* wie beispielsweise Pflegeheimen oder Hotels existieren kaum Vorstellungen von möglichen Notfällen oder Krisen. Zwar gibt es gesetzlich vorgeschriebene Notfallpläne, diese basieren jedoch häufig auf unrealistischen Annahmen. Zudem werden sie nur selten an sich ändernde institutionelle Bedingungen angepasst, was häufig schon bei den Telefonnummern anfängt. Vor allem aber gehört Krisenmanagement nicht zum Selbstverständnis der Mitarbeiter in solchen Organisationen, es gibt keine mentale Vorbereitung auf kritische Situationen, geschweige denn größer angelegte Übungen dazu (Strohschneider 2003).

Was ist also, wenn die Bewältigung von kritischen Situationen (Notfälle und Krisen) nicht norminspiriert geplant und vorbereitet ist? In solchen unerwarteten Situationen sind Komplexität, Unsicherheit, Risiko und Stress und damit die Gefahr des Abgleitens in den Alarmmodus gegebenenfalls noch viel größer.

## 8.2.4 Der Kern im Überblick

In Managementsystemen kommt der *persönliche Alarmmodus* nicht nur in sogenannten Krisen und Notfällen, sondern *auch im normalen betrieblichen Alltag* zum Tragen. Auch hier ist die Realität zum Teil komplex, also unbekannt, unübersichtlich und überfordernd. Es existieren vielfältige Situationen, die sich dadurch auszeichnen, dass eine Entscheidung *unter Risiko* gefällt werden muss. Konsequenzen des Handelns sind nicht eindeutig festzulegen und dadurch ungewiss:

- Aufwendige Vorgabe- und Hilfsdokumente, unzählige Unterweisungen etc. geben weniger Orientierung, als sie verwirren.
- Zudem begrenzen sie notwendige Entscheidungsspielräume und schaffen dadurch zusätzlich Unsicherheit.

Obwohl in Managementsystemen alles mehr oder weniger dicht und sicher geregelte und gesteuert ist, gibt es Überraschungen – also Situationen, die weder definiert noch geplant sind. Auch hier entstehen *Unsicherheit und Überforderung*, denn es können Fehler passieren, Risiken und Gefährdungen hervorgebracht werden. Und auch hier kann dies zu Erschöpfung und mehr führen.

Auch die vorbereitenden „Alarmpläne", die in Managementsystemen gewöhnlich auf „klassische" Un-, Vor-, Stör- und Notfälle vorbereiten sollen, können nicht verhindern, dass solche Situationen ungewohnt und unerwartet sind, sodass auch hier schnell Überforderung und Stress aufkommen können. Bei solchen Ausgangsbedingungen ist fraglich, wie in wirklichen *Notfallsituationen* angemessen gehandelt werden kann, denn gerade in Branchen, die gemeinhin als weniger gefährlich gelten, wird ein solches Risiko weder gesehen noch trainiert.

Schauen wir uns im nächsten Abschnitt an, wie Menschen typischerweise auf solche Herausforderungen reagieren.

## 8.3 Engpässe und Abkürzungen

Der enge Spielraum des bewussten Denkens, der Einsatz des Autopiloten, Ermüdung und Alarmzustände markieren die Grenzen menschlicher Lenkungs- und Leistungsfähigkeit und lassen erahnen, dass hier mit der einen oder anderen Ungenauigkeit zu rechnen ist. Der Mensch ist halt kein Computer – er ist „nur ein Mensch". Welche allzu menschlichen „Unschärfen" gibt es, die im Endeffekt auch in Managementsystemen wirksam werden können?

Antworten finden wir wieder insbesondere in den Risikobranchen. Hier wurde schon frühzeitig erkannt, dass Vor- und Unfälle nicht nur durch ausgefeilte Technik und Organisation, sondern auch durch den „Human Factor", also den Menschen und sein Zusammenspiel mit den technischen und organisatorischen Rahmenbedingungen verursacht werden. Ursachensuche und Analyse von Vorfällen haben dort in der Vergangenheit viele Erkenntnisse hervorgebracht, die sich auch für die Führung und Zusammenarbeit im „normalen" Unternehmen und im Managementsystem nutzen lassen (Badke-Schaub/Hofinger/Lauche 2012). Die Zuordnung zu den einzelnen Vorstufen des Handelns soll ermöglichen, das „Einsteuern" gezielt zu plazieren.

### 8.3.1 „Unschärfen" der Handlungsvorbereitung im Normalbetrieb

Zunächst schauen wir auf den Normalbetrieb (Bild 8.9), der sowohl im privaten wie beruflichen Alltag normal oszilliert zwischen bewusster Steuerung aus System 2 und dem teil- oder vollautomatischen Betrieb aus System 1.

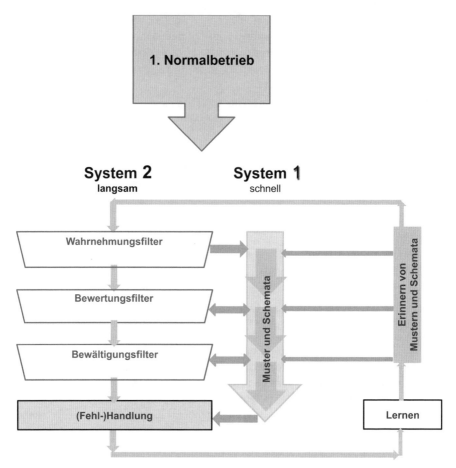

**Bild 8.9** Engpässe und Abkürzungen im „Normalbetrieb" (Normalmodus)

#### 8.3.1.1 Wahrnehmung

Hier führen wir zunächst Engpässe auf, die sich aus den Einschränkungen bewusster Aufmerksamkeit im System 2, also dem langsamen Denken, ergeben. In Bild 8.9 spielen diese sich auf der linken Seite ab. Erst für die letzten zwei Beispiele schalten wir um auf die Routine-Apps des schnellen Denkens (System 1).

Ziel der Wahrnehmung (auch im Managementsystem) als Vorstufe des Handelns ist es, sich ein möglichst realitätsnahes Bild der aktuellen Wirklichkeit/Situation zu machen. Dabei gilt es zum einen, alle notwendigen Informationen, Reize und Signale über die Sinne zu erfassen, um ihnen eine Bedeutung zuweisen zu können: „Dieses blaue, bauchige Etwas auf dem Schreibtisch ist eine Teekanne." „Der dunkel glänzende Kreis unter der Anlage ist ein Ölfleck." Zum anderen müssen allerdings auch überflüssige Informationen ausgeblendet werden, um sich nicht in der Flut an Informationen zu verirren und den Überblick zu verlieren.

### 8.3.1.1.1 Die Wahrnehmung ausrichten

Schon der normale Alltag liefert uns permanent eine Unmenge an Impulsen und Reizen (Bild 8.10). Auch wenn wir generell viele davon über das Sehen, Hören etc. aufnehmen (manche auch unbewusst), so ist der Teil, der es in unser kapazitätsbegrenztes Bewusstsein schafft, doch verschwindend gering.

Gerade bei einem veränderlichen Umfeld mit vielen Einzelaspekten sind wir schnell überfordert, wirklich „alles" mitzukriegen. Wir wissen nicht, worauf wir achten sollen. Eine derart „weitgestellte" Aufmerksamkeit kann nicht alles wahrnehmen.

Ein wichtiger „Regler", den Zufluss an Impulsen und Reizen in das begrenzte Arbeitsgedächtnis auf eine „bekömmliche" Menge zu reduzieren, ist die Aufmerksamkeit. Mit ihrer Hilfe schränken wir die Menge an Wahrnehmungsimpulsen dadurch ein, dass wir uns auf das konzentrieren, was wir für die aktuelle Handlung brauchen, was wir für relevant halten (Bild 8.10). Diese Relevanzeinstufung hängt mit dem jeweiligen Wissen und den Erfahrungen zusammen. Entsprechend erwarte ich, bestimmte Dinge zu sehen, und halte genau danach Ausschau: Wenn ich den Paketboten erwarte, werde ich mich nicht auf die Regenwolken konzentrieren.

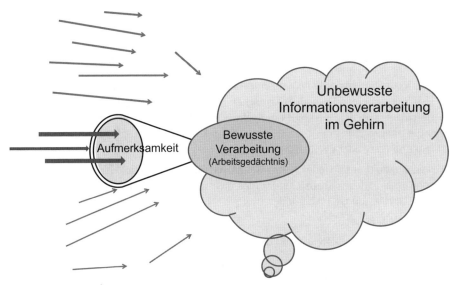

**Bild 8.10** Was im Fokus ist, gelangt ins Bewusstsein (in Anlehnung an St. Pierre/Hofinger/Buerschaper 2011)

Insbesondere bei Kontrolltätigkeiten, z. B. in Begehungen und Audits, oder in der Gefahren- und Risikoerkennung ist dieser Zusammenhang wichtig. Einflussgrößen und -risiken müssen bekannt sein, sonst erfasse ich sie gar nicht: Ist mir unbekannt, dass eine Staubwolke über der Anlage ein erstes Anzeichen für eine vermeintliche Anlagenüberhitzung ist, werde ich sie nicht beachten und übersehen (St. Pierre/Hofinger/Buerschaper 2011).

#### 8.3.1.1.2 Der Scheuklappeneffekt

Das Experiment mit dem Basketballspiel (→ Kapitel 7.2.1) verdeutlicht: Nur die zu lösende Aufgabe – der Gegenstand von Interesse – ist im Fokus und wird beachtet. Alles andere fällt aus dem Rahmen (attentionale oder Unaufmerksamkeitsblindheit) (Müller/Krummenacher 2006). Unerwartetes ist allerdings „normal" im betrieblichen Alltag – es sein denn, man sitzt gerade im abgeschlossenen Büro ohne Telefon. Insbesondere in belebten Produktionshallen mit Kollegen sowie bewegten und unbewegten Anlagen kann die angestrengte Konzentration auf eine Sache zur riskanten Aufmerksamkeitsfalle werden, weil hier das gelegentliche Abscannen des Umfelds nach neuen Informationen, die sogenannte Hintergrundkontrolle, entfällt (→ Kapitel 8.1.1): Man schaut nicht mehr nach „links und rechts".

Diese mangelnde Umsicht verhindert, dass Änderungen oder Gefahren rechtzeitig registriert werden und berücksichtigt werden können und wir so von Entwicklungen überrascht werden (Schaub 2012; St. Pierre/Hofinger/Buerschaper 2011). Auf der Straße beispielsweise wird so das vorausschauende Fahren unmöglich. Wenn die Aufmerksamkeit primär auf die Eingabe in das Navigationssystem konzentriert ist, werden mögliche Risikofaktoren, z. B. ein Passant, der sich der Fahrbahnkante nähert, oder ein Fahrzeug aus der Ausfahrt kommend, nicht registriert.

#### 8.3.1.1.3 Informationslücken durch Ablenkung und Unterbrechung

Wahrnehmen und anschließend darauf reagieren können wir nur auf Dinge, die unsere Aufmerksamkeit haben. Volle Konzentration gelingt uns nur in eine Richtung. Handelt es sich hier um einen besonders kritischen (oder auch risikobelasteten) Ausschnitt der Wirklichkeit, z. B. den Blick auf ein hochwertiges Endprodukt in der Qualitätsprüfung oder die Überwachung des Umfüllvorgangs von konzentrierter Salpetersäure, kann jede Ablenkung teure oder gefährliche Folgen haben.

Was genau lenkt uns ab (oder zieht automatisch die Aufmerksamkeit auf sich und macht es schwer, sie wieder abzuziehen)? Alles das, was (von innen oder außen kommend) persönlich relevant ist, insbesondere weil

- wir es nicht kennen,
- es uns überrascht, plötzlich und unerwartet eintritt, erschreckt,
- uns widersprüchlich vorkommt – nicht in unser Weltbild passt und
- „überlebenswichtig" ist.

Im betrieblichen Alltag sind es oft gut gemeinte Kontaktaufnahmen durch Kollegen, die den gerade sensiblen Arbeitsfluss stören. Innerlich können uns persönliche Sorgen oder Nöte (aber auch emotionale Höhenflüge) so beanspruchen, dass sie unsere Aufmerksamkeit verlangen. Überhaupt ist unser Leben geradezu gespickt mit *Aufmerksamkeitsfallen* – besonders am PC. Da will man nur kurz eine Begrifflichkeit im Internet recherchieren – zwei Stunden später schaut man auf die Uhr und fragt sich, wo die Zeit geblieben ist. Der Begriff ist in der Zwischenzeit immer noch nicht geklärt.

Kritisch daran ist, dass unsere Aufmerksamkeit vom Objekt unserer Konzentration abgelenkt wird und dadurch Wahrnehmungslücken entstehen. Wende ich den Blick vom Geschehen und richte ihn auf mein Smartphone, fehlt mir „ein Stück vom Film".

**Ablenkung im Verkehr**

Von außen kommt beispielsweise ein wichtiges geschäftliches Telefonat, das Sie auf einer belebten Autobahn oder während der Rushhour in der Großstadt erreicht: Ihre Aufmerksamkeit ist um etwa **50 %** reduziert, und dies wird auch durch Freisprechanlagen oder Systeme mit Sprachsteuerung nicht besser, wie Untersuchungen an der Universität von Utah gezeigt haben. Der Griff zum Telefon (oder Freisprechbutton) kann also nicht nur ungeahnte, sondern auch gefährliche Folgen haben (Strayer in Pichler 2014; Müller-Lissner 2014).

Nicht nur, dass wir von dem konzentrierten Handeln abgelenkt werden und wertvolle Aufmerksamkeit vergeuden. In der Folge müssen wir auf die eben verlassene „Baustelle" zurückkehren und uns darauf besinnen, wo wir (in der aktuellen Tätigkeit, dem entsprechenden Denk- und Handlungsprozess) gerade genau waren und wie wir sinnvoll und sicher weitermachen. Dieser „Anschluss"-Prozess erfordert zusätzlich Aufmerksamkeit. Durch Ablenkung wird also massiv Aufmerksamkeitsenergie verschwendet.

Auch kann es sein, dass – je nach Dauer der Ablenkung und Unterbrechung des Wahrnehmungsvorgangs – Informationen verloren gehen. Eben Gesehenes oder Getanes verblasst aus dem Bewusstsein, weil es nicht in Anspruch genommen wird. Es wird im Arbeitsgedächtnis überschrieben und ist vergessen. Üblicherweise geschieht dies innerhalb von drei bis 30 Sekunden. Was im Alltag zu Hause gegebenenfalls nur ein kleines Ärgernis ist („Wozu bin ich jetzt ins Wohnzimmer gegangen?"), kann in riskanten Situationen lebensgefährlich werden (St. Pierre/Hofinger/Buerschaper 2011).

#### 8.3.1.1.4 Muster sehen, die tückische Schnellerkennung

Im Sinne größtmöglicher Effizienz werden generell nur wenige Eindrücke erfasst. Ein schneller Abgleich mit bekannten Mustern liefert uns dann das fertige „Bild" der Situation – in der Regel ohne darüber lange (bewusst) nachzudenken (Bild 8.11).

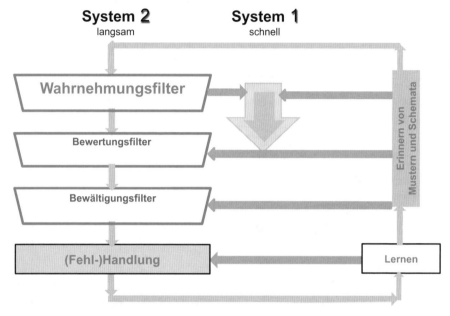

**Bild 8.11** Wahrnehmung mit „routinierter" Unterstützung

Nehmen wir z. B. die Art, wie wir lesen und mit Texten umgehen: Durch das Erkennen erlernter Muster sind wir in der Lage, den Inhalt auch beim Überfliegen zu erfassen oder lückenhafte Texte zu entziffern (Robinson 2005). Aus den erkannten Teilaspekten wird ein sinnhaftes Ganzes konstruiert – provokant ausgedrückt: fantasiert (St. Pierre/Hofinger/Buerschaper 2011). Dieser Effekt, der bekannte Muster schnell entschlüsselt, ist in der Regel hilfreich und funktioniert im Alltag üblicherweise gut, beispielsweise wenn es um die Entschlüsselung eilig formulierter SMS geht – allerdings „vergucken" wir uns auch manchmal (Bild 8.12).

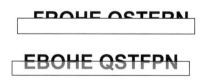

**Bild 8.12** Tückische Wahrnehmung (in Anlehnung an Robinson 2005)

Hinweisschilder mit Orientierungs- und Gefahrenhinweisen haben die Eigenschaft, bis hin zur Unleserlichkeit zu verschmutzen. Je nachdem, wie bekannt und vertraut mir das entsprechende Muster ist, kann es auch hier zu riskanten Fehl- oder Nichtdeutungen kommen.

#### 8.3.1.1.5 Wahrnehmen zur Selbstbestätigung

Gerade wenn viele Eindrücke und Informationen im Raum stehen, mögen Menschen es, Ordnung zu schaffen, Erklärungen zu finden und Bescheid zu wissen und damit Orientierung und Kontrolle zu erlangen. Dinge zu durchschauen und sie im Griff zu haben, erleichtert uns und erfüllt uns mit größter Befriedigung – je früher, umso besser (St. Pierre/Hofinger/Buerschaper 2011; Dörner 2012; DiSalvo 2014).

Aus diesem Grund bilden sich in unserem Kopf nach den ersten Eindrücken blitzschnell erste Hypothesen („Kenn ich!"), und schon ist alles klar. Sobald ein passendes Schema – am besten mit angeschlossenem Handlungsplan – gefunden ist, wird möglichst nicht mehr lang weitergesucht, sondern gleich überprüft, allerdings auf eine sehr „schlaue" Art: Dabei werden nicht solche Hinweise aufgespürt, die gegebenenfalls in der weiteren Handlungsvorbereitung dazu führen könnten, Widersprüche und Kritikpunkte aufzudecken. Vielmehr werden nur solche „gefunden", die vorgefasste Annahmen, also die Wahrnehmung und gegebenenfalls auch die weiteren Vorstufen mit angeschlossener Handlungsplanung, bestätigen. Diese Bestätigungstendenz (confirmation bias) führt dazu, einmal getroffene Hypothesen durch einseitige Informationssuche und Interpretation abzusichern (Hofinger 2012; St. Pierre/Hofinger/Buerschaper 2011).

So habe ich bei der Fehlersuche in einem technischen System relativ schnell eine „Idee" zur Situation und damit das Gefühl, alles „im Griff" zu haben. Diese Idee verführt mich dann dazu, nur solche Anzeichen bzw. Symptome wahrzunehmen, die meine Hypothese bestätigen (Schaper 2014b).

> **Beispiel zur einseitige Informationsaufnahme**
>
> Einerlei, um welches Meinungsbild es geht: Todesstrafe pro oder contra, bestimmte Politiker oder Parteien: Forschungen haben gezeigt, dass Menschen – auch wenn sie zusätzliche Informationen erhalten, diese gar nicht wahrnehmen. Vielmehr tendieren sie dazu, bei ihrer vorgefassten Meinung zu bleiben. Am Beispiel der Todesstrafe wurden bei zusätzlichen Informationen immer diejenigen für aussagekräftiger und plausibler gehalten, die die eigene Meinung stützen und untermauern. Zusätzlich verfestigte sich die jeweils aktuelle Meinung weiter (Lord et al. 1979 in Cummins 2015).

Ein auf diese Weise „abgesichertes", vorschnelles Urteil verstärkt zwar das Kompetenzgefühl und damit die notwendige Handlungssicherheit (Selbstwirksamkeit!), behindert aber die Informationsaufnahme. Gerade sogenannte Experten geraten schnell in diese Falle. „Kenn ich schon – kann ich schon" fragt nicht mehr, was an der Situation neu, anders oder besonders ist. Vielmehr besteht die Tendenz, das zu denken und zu tun, was schon immer befriedigende Ergebnisse gebracht hat. Untersuchungen dazu haben gezeigt, dass Experten deshalb nicht weniger Fehler, sondern andere machen (St. Pierre/Hofinger/Buerschaper 2011; Hofinger/Zinke 2014).

Im betrieblichen Alltag sind wir alle Experten. Hier wird diese Wahrnehmungsfalle auch *Betriebsblindheit* genannt. Das täglich wiederholte Zelebrieren des Vertrauten führt dazu, dass alles „wie immer" angenommen und als Folge davon „wie immer" gesehen wird. Alles ist Routine – also auch die Wahrnehmung im „schnellen Denken" des Systems 1. Das bewusste System 2 „springt" bekanntlich erst dann „an", wenn etwas unbekannt und nicht vertraut ist. Solange alles „wie immer" ist, bleiben wir im Routinemodus mit den Routinemustern. Neues, Unvertrautes gelangt gar nicht in den Fokus und hat so kaum eine Chance, wahrgenommen zu werden (Taschner 2013).

Ähnlich ist es auch mit dem, was wir hören. „Du hörst nur, was du hören willst" fasst dies treffend zusammen. Gibt es bestimmte Routine-„Ansagen" während eines Arbeitsablaufes, kann es sein, dass ein Mitarbeitender – insbesondere bei ähnlich klingenden Wörtern – das ungewohnte andere gar nicht mitbekommt.

> **Betriebsblindheit auf der Jagd**
>
> Auf der Suche nach einer Jagdtrophäe hatte ein 73-jähriger Jäger einen Soldaten in der Dunkelheit mit einem Fuchs verwechselt und den Soldaten, der aus seiner Stellung in einen Graben kletterte, angeschossen. Der Jäger hat den Soldaten vermutlich deswegen verwechselt, weil er auf der Jagd Wild suchte und der Soldat sich am Boden kriechend bewegte. Altersbedingte Wahrnehmungseinschränkungen, die Erwartung und die ‚fuchstypische' Bewegungshöhe führten zu dem Wahrnehmungsfehler" (Focus online, 2007 in Schaub 2012).

### 8.3.1.2 Bewertung und Bewältigung

Welche Bedeutung messen wir der erfolgreich gedeuteten Situation (Wahrnehmung) zu und treibt uns diese Bewertung dazu an, aktiv zu werden? Anders ausgedrückt: Haben wir eine Krankheit diagnostiziert und, wenn ja, ob und wie soll sie therapiert werden?

Um verschiedene Handlungsmöglichkeiten zu vergleichen, setzen wir eine Fernsichtbrille (Bild 8.13) auf. Mit ihrer Hilfe erfassen wir die Folgen der jeweiligen Option und damit auch die in der Zukunft liegenden Risiken und Chancen, Nutzen und „Kosten", Belohnungen und Bestrafungen. Das Bild, das wir am Ende sehen, ist die Voreinstellung zum Handeln. Ist diese positiv, kann es weitergehen. Ist sie negativ, stoppen wir hier.

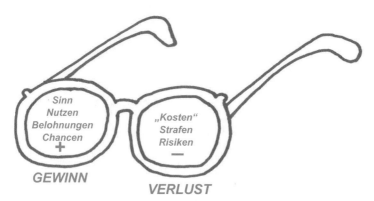

**Bild 8.13** Die Fernsichtbrille für die Folgen

Langsames oder schrittweises Denken erfolgt (→ Kapitel 8.1.1) selten in Reinkultur. Schauen wir uns die möglichen Abkürzungen nun genauer an, die dazu führen, dass der innere Autopilot (System 1) das Steuer übernimmt (Bild 8.14).

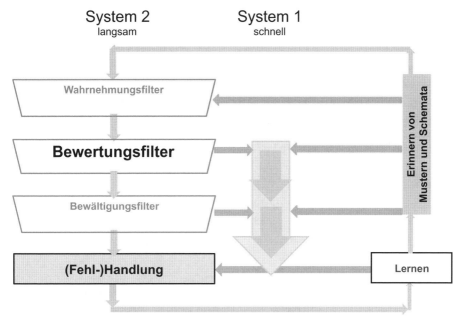

**Bild 8.14** Bewertungs-Apps – Gewinnoptimierung im Schnellverfahren

### 8.3.1.2.1 Einschätzen der Situation aufgrund von Erfahrungswerten

In vielen Situationen, die nicht eindeutig definiert und geregelt sind, fehlen Informationen, und zudem ist meist schnelles Handeln erforderlich. Aus diesem Grund improvisiert unser Gehirn auch bei der Bewertung mithilfe der Frage „Kenne ich das schon?". In der Regel ist das der Fall, unser Gehirn hat eine Schublade angelegt, und damit sind wir mitten drin im schnellen Denken. Einerlei, ob es um die Einschätzung der Situation oder der Handlungsalternativen und -folgen geht – wir suchen zunächst nach ähnlichen Erfahrungen und übertragen diese ins Hier und Jetzt, frei nach dem Motto „Das hat einmal funktioniert, das wird wieder funktionieren". Nicht umsonst kommen uns im Alltag viele Situationen oder Menschen „bekannt" vor. Hier spricht man von heuristischem Denken, das sich dadurch auszeichnet, auch bei begrenzten Ressourcen (wenig Informationen und Zeit) gute Ergebnisse zu erzielen.

 **Heuristiken oder „intuitive Regeln"**

Heuristiken sind „mentale Patentrezepte" oder „kognitive Eilverfahren". Sie werden als Faustregel verwendet, um schnelle und praktische Antworten, Lösungen und Handlungsstrategien zu finden (Gerrig/Zimbardo 2008, S. 321, 734).

> Anhand der *Ähnlichkeitsheuristik* sind wir in kürzester Zeit in der Lage, Situationen zu erkennen und Handlungsoptionen abzuwägen. Sowohl Diagnose (der Situation) wie auch Therapievorschlag (Handlungsoption) stehen uns ohne aufwendige Informationssammlung und Nachdenken unmittelbar zur Verfügung.

Die Einschätzung der Situation unterliegt also einer Improvisation (Bild 8.15): Wir halten das, was uns schnell einfällt und woran wir uns gut und mühelos erinnern, für wahr. Ist etwas im bewussten Denken oder Arbeitsgedächtnis schnell verfügbar, ist es die wahrscheinlichste Deutung der Situation. Sie muss einfach richtig sein und wird nicht lange hinterfragt. Was leicht und mühelos gegenwärtig ist, ist aus folgenden Gründen schnell und leicht zu erinnern (St. Pierre/Hofinger/Buerschaper 2011):

- Gedächtnisinhalte, mit denen wir uns häufig beschäftigen, sind besonders gut, schnell und leicht abrufbar (→ Kapitel 7.5).
- Am leichtesten in der Zugriff auf Daten, die nicht allzu lang zurückliegen. Jüngste Ereignisse liegen griffbereit in den oberen Schubladen.
- Auch auffällige, un- und außergewöhnliche, spektakuläre Ereignisse (der 11. September 2001) sind schnell und leicht erinnert.
- Ein weiterer Garant für schnellen Abruf ist die persönliche Bedeutsamkeit oder Wichtigkeit. War etwas persönlich relevant und von starken positiven oder negativen Empfindungen begleitet, lässt es sich besser erinnern als neutrales Erleben (→ Kapitel 7.5).

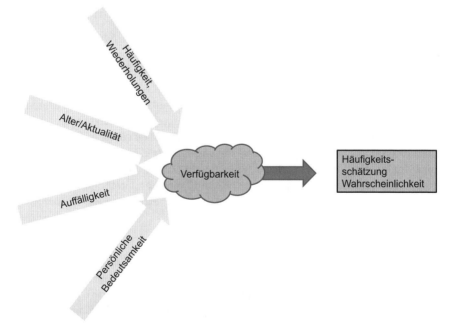

**Bild 8.15** Einflussfaktoren auf die Verfügbarkeit und damit die subjektive Häufigkeit

Haben Sie beispielsweise Kopfschmerzen und konnten diese in der Vergangenheit durch entsprechende Tabletten gelindert werden, werden Sie wahrscheinlich nach der Wenn-dann-Regel handeln, ohne lang weiter nachzudenken, und eine Tablette zu sich nehmen. Diese Art verallgemeinerndes Denken nennt sich *Ähnlichkeitsheuristik*. Sie ersetzt aufwendige Informationssammlungen und Analysen durch Erfahrungen – besser gesagt durch erfahrungsgestützte Vermutungen. Sie vermuten ja nur, dass die Situation „ähnlich" ist und sich auch ähnlich verhält und weiterentwickelt.

Diese Form des Bewertens und Handelns ist zweckmäßig und hilfreich, mit drängenden Alltagsfragen umzugehen. Gewöhnlich verhelfen sie uns zu guten Ergebnisse (schließlich haben sie sich in ähnlichen Situationen bewährt), allerdings nicht immer, denn veränderliche situationsbezogene Einflüsse bleiben in der Regel unberücksichtigt.

Dieses Phänomen findet sich auch in Audits oder Zertifizierungen, wenn die jeweiligen Ausführenden viel Erfahrung haben und diese von einem auf den anderen Bereich oder von einem Unternehmen auf das andere übertragen wollen. Was aber hier als Verfahrensweise zur Fehler-, Unfall- oder Reklamationsbearbeitung gegebenenfalls gut geeignet ist, passt dort überhaupt nicht.

*8.3.1.2.2 Wahrscheinlichkeiten und das Erkennen von Risiken*

Bei der Beurteilung von Folgen und der Wahrscheinlichkeit ihres Auftretens gilt: Woran wir uns gut und mühelos erinnern und was wir uns leicht vorstellen können, ist wahrscheinlich. Dieser Blick auf die Konsequenzen ist uns im Zuge des Erwachsenwerdens in Fleisch und Blut übergegangen – weil wir diese Konsequenzen nicht selten als „ungemütlich" erleben.

Stellen Sie sich nun vor, Sie haben es eilig und stehen kurz davor, mit überhöhter Geschwindigkeit durch eine 30er-Zone zu fahren. Sie kämen pünktlich zu Ihrem Termin – der Zeitdruck wäre vermindert. Wie hoch aber ist das Risiko, beispielsweise geblitzt zu werden oder womöglich einem spielenden Kind zu „begegnen", falls Sie die Geschwindigkeit ein wenig überschreiten und mit 50 Kilometer pro Stunde weiterfahren? Womöglich müssten Sie das Auto zur gründlichen Wahrscheinlichkeitsabwägung erst anhalten, am besten noch einen Taschenrechner zur Hilfe nehmen – undenkbar! Stattdessen erinnern wir uns in einer solchen Situation an bereits erhaltene Strafzettel.

Hier wird also eine komplexe Fragestellung durch eine einfache ersetzt: „Wie schnell und mühelos kann ich mich an die negativen Folgen einer solchen Geschwindigkeitsüberschreitung erinnern?"

Arbeitshilfe ist die *Verfügbarkeitsheuristik*. Auch hier kommen die im Bild 8.15 vorgestellten Einflussfaktoren zum Einsatz. Fällt mir schnell etwas ein, gehe ich davon aus, dass dies nicht nur richtig ist, sondern auch, dass es wahrscheinlich ist und sich wiederholen könnte (Kahneman 2012).

Für unsere 30er-Zone bedeutet dies: Kommt mir nicht ad hoc ein mögliches *Risiko* in den Kopf (geblitzt werden, Beinaheunfall mit Kind, das auf der Straße spielt, oder Ähnliches), gehe ich davon aus, dass es nicht vorhanden bzw. unwahrscheinlich ist. Genauso funktioniert auch die Risikobeurteilung im Unternehmen: Je nachdem, wie verfügbar und vorstellbar ein möglicher Unfallhergang ist, umso eher halte ich ihn für wahrscheinlich und verhalte mich entsprechend. Andersherum allerdings wird es gefährlich: Fällt mir nichts ein, halte ich eine entsprechend unangenehme Folge für unwahrscheinlich. Damit ist die schnelle Risikobetrachtung abgeschlossen.

**Verfügbarkeitsheuristik**

„Als Verfügbarkeitsheuristik bezeichnet man in der Psychologie die Fähigkeit von Menschen, mit denen diese die Wahrscheinlichkeit von Ereignissen je nach ihrer Verfügbarkeit in der Erinnerung behalten, d. h., wenn ihnen etwa schnell Beispiele einfallen – etwa weil sie spektakulär sind –, halten sie ein solches Ereignis für häufig" (Stangl 2015).

„Die Verfügbarkeitsheuristik wird genutzt, wenn die Wichtigkeit oder Häufigkeit eines Ereignisses beurteilt werden muss, aber gleichzeitig keine präzisen Informationen vorhanden sind. Das Urteil wird dann davon beeinflusst, wie (subjektiv) verfügbar dieses Ereignis oder Beispiele ähnlicher Ereignisse im Gedächtnis sind. Ereignisse, die leicht erinnerbar sind, werden als wahrscheinlicher bzw. häufiger bewertet als Ereignisse, die schwer erinnerbar sind. Diese Heuristik wird, wie alle Urteilsheuristiken, in der Regel unbewusst eingesetzt" (Schaub 2012, S. 77).

Bezogen auf die Beurteilung der eigenen oder Selbstwirksamkeit kann dieser Effekt ebenfalls kritisch werden: Fallen mir mühelos und ohne langes Nachdenken Beispiele dafür ein, wie ich beim Autofahren auf unvorhergesehene kritische Situationen schnell und sicher reagiert habe, halte ich mich für eine gute Autofahrerin. Hier überschätze ich meine eigenen Fähigkeiten und unterliege der Illusion, alles im Griff zu haben (*Kontrollillusion*). Auch diese Zusammenhänge sind Erkenntnisse der Verfügbarkeitsheuristik (Beck 2014).

Das Nachdenken und „Erinnern" von Chancen und Möglichkeiten funktioniert nach den gleichen heuristischen Grundprinzipien: Je nach persönlichen Erfahrungen und Erfolgserlebnissen kommt Verfügbares schneller oder langsamer zum Vorschein.

Dies ist ein Grund dafür, dass man – um mehr und neue Möglichkeiten, Chancen und Lösungsansätze zu kreieren – entsprechend Zeit und „Freiraum" braucht. Methodisch inspiriert durch Analogien (Führung und Fußball) und andere methodische Hilfen lässt sich so viel besser quer- und Neues denken.

### 8.3.1.2.3 Verknüpfung von Erinnerung

Beim Übertragen von Erfahrung kann noch ein weiterer Effekt zu Verfälschungen führen: Es werden unbewusst Verknüpfungen hergestellt zwischen Ereignissen, die häufig gemeinsam auftreten. Tritt eines dieser Ereignisse auf, wird stillschweigend davon ausgegangen, dass ein zweites „wie immer" dazugehört (St. Pierre/Hofinger/Buerschaper 2011). Bei der Diagnose „Erkältungen" beispielsweise könnten viele zur laufenden Nase den Husten oder die Kopfschmerzen gleich „dazudichten", obwohl diese Ereignisse nicht zwangsläufig zusammenfallen müssen.

### 8.3.1.2.4 Faustregel statt Abwägen

Haben wir mehrere Optionen mit verschiedenen Kriterien und ihren Folgen zu bewerten, ist unser bewusstes Arbeitsgedächtnis schnell überfordert, und die Zeit kann knapp werden. Sobald die Übersicht verloren geht, greifen wir deshalb gern zu Faustregeln (Bild 8.16), um aufwendigen Analyseverfahren aus dem Weg zu gehen.

Stellen Sie sich vor, Sie stehen vor der Entscheidung, neue Sicherheitshandschuhe für einen bestimmten Arbeitsplatz anzuschaffen (wahlweise auch neue Abfallbehälter für die Reststoffe einer Anlage oder eine Analysewaage). Hier können Sie stundenlang Kataloge wälzen, Foren im Internet besuchen oder von Händlern Informationsmaterial anfordern. Sie können allerdings auch Kollegen oder betriebsinterne Experten (Stabsstellen/Beauftragte) zurate ziehen. Die verwendete Faustregel lautet dann: „Expertenrat geht schneller" oder: „Expertenrat ist verlässlicher."

Im betrieblichen Alltag empfiehlt sich – falls z. B. gerade kein Experte zur Verfügung steht: „Lege ein Anspruchsniveau fest und wähle die erste Alternative, die es erfüllt" oder: „Wähle die Alternative, die das schlimmste Ergebnis vermeidet" (Gigerenzer 2013).

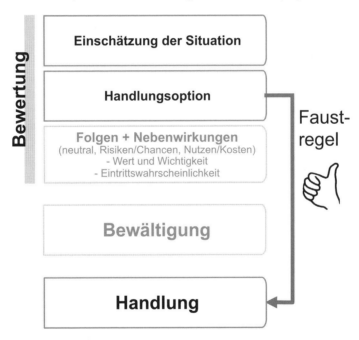

**Bild 8.16** Die „Abkürzung" per Faustregel

### 8.3.1.2.5 Vordringlichkeit aktueller Motive

Was zur Handlung führt, ist nicht immer durchdacht und ausgewogen. Insbesondere der Einfluss augenblicklicher Zustände und ihrer persönlichen Bedeutsamkeiten (Ziele, Motive, Bedürfnisse) überdeckt gern langfristiges, vorausschauendes Denken.

Im Privatleben wird dies unter anderem daran deutlich, dass mittel- und langfristige Gesundheitsziele durch kurzfristige Bedürfnisse oder Motive torpediert werden (z. B. beim Rauchen). Die schnell realisierte Belohnung treibt stärker an als eine zukünftig in Aussicht gestellte. Hirnforschungen haben ergeben, dass kurzfristige Belohnungen über unseren Autopiloten im System 1 schnell entschieden werden, während langfristige Belohnungen im langsamen Denken bewusst „nachgerechnet" werden (McClure et al. 2004 in Beck 2014).

Ähnlich ist es bei Problemen: Aktuelle Probleme stehen immer im Vordergrund, sie „drücken", unter ihnen leidet man jetzt. Zukünftige, gegebenenfalls auch wichtigere Probleme sind „weit weg" (Schaub 2006).

Im Managementsystem stehen oft langfristige Sicherheits-, Qualitäts- und Umweltschutzziele der Produktivität gegenüber. Je nach Unternehmens- und Führungskultur wird die Zunahme an Produktivität eher „bemerkt" und gewürdigt als eine Zunahme der Arbeitssicherheit oder Ähnliches (St. Pierre/Hofinger/Buerschaper 2011).

#### 8.3.1.2.6 Einfluss von Einstellungen

Zur spontanen Einschätzung von Menschen, sozialen Gruppen oder auch zu Situationen oder bestimmten Objekten (z. B. Autos) stehen uns eine Reihe weiterer Abkürzungen zur Verfügung. Zum Teil sind diese auf Basis der eigenen Erfahrungen selbst gemacht (Bewertungsschemata), zum Teil von privaten oder betrieblichen Autoritäten aus dem Fundus der gemeinsamen Kultur übernommen. Sie gehen oft automatisch mit einem bestimmten Denken und Fühlen einher und führen unmittelbar zu einem Verhalten, das selten hinterfragt wird. Bild 8.17 zeigt einige dieser Voreinstellungen unseres Verhaltens.

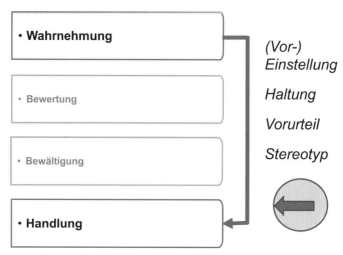

**Bild 8.17** Die Abkürzung per Einstellung etc.

Bezogen auf Menschen oder Minderheiten werden sie als *Vorurteile, Stereotype und Klischees* (frei übersetzt: schablonenartiges Denken) bezeichnet: „Franzosen sind unzuverlässig." „Blondinen sind dumm." „Dunkelhäutige Männer neigen zu Gewalt."

Letzteres hat in den USA dazu geführt, dass relativ gesehen mehr Schwarze zu Tode verurteilt wurden (Spitzer 2007). Auch für Rollen oder Berufsgruppen haben wir solche vorverarbeiteten Wissenspakete angelegt, die uns – sobald wir auf sie treffen – helfen, sie einzuordnen und zu verstehen: „Die Fachkraft für Arbeitssicherheit (wahlweise auch Qualitätssicherung, Umweltschutz) ist für unsere Sicherheit (Qualität, Umweltschutz) im Betrieb zuständig, da muss ich mich nicht kümmern". „Was der Chef sagt, wird gemacht!"

### Prüfen Sie Ihre (Vor-)Einstellung

Bei der Auswahl eines neuen Kollegen wird Ihnen ein potenzieller, unbekannter Kandidat als intelligent und stark vorgestellt. Wie antworten Sie auf die Frage „Wird er eine gute Führungskraft sein?" Wenn Sie kurz nachgedacht haben – lesen Sie weiter ...

Viele Menschen tendieren in einer solchen Situation dazu, hier sofort spontan mit „Ja" zu antworten. Aufgrund der beschränkten Informationen wäre dies eine gute Antwort, die Sie schnell und sparsam gefunden haben. Was Sie nicht getan haben, ist allerdings, danach zu fragen, welche Informationen noch nötig wären, hier eine fundierte Bewertung abzugeben. Stellen Sie sich vor, die weitere Nachfrage zu den Eigenschaften der betreffenden Person würde „unzuverlässig" und „korrupt" ergeben. In diesem Fall war es also einfacher (leichter und ressourcensparsam), ein bekanntes Muster abzurufen, als zum Thema „gute Führungskräfte" nachzufragen. Unser Autopilot (System 1) mit seinen diversen Mustern und Miniprogrammen ist also ziemlich unsensibel für Qualität und Quantität von Informationen. Vielmehr zieht er vor, mit dem zu arbeiten, was schnell lieferbar ist (Kahneman 2012).

Nicht immer beruhen solche automatisierten Einordnungs- und Bewertungsvorgänge auf den eigenen Lernerfahrungen, die im Gehirn als Schema repräsentiert sind. Gerade bei der Kategorisierung gesellschaftlicher Gruppen sind sie nicht selten gesellschaftlich oder kulturell vorgeprägt, werden oft unbewusst übernommen und selten hinterfragt (Schmithüsen/Steffgen 2015; Esser 2002; Jonas/Stroebe/Hewstone 2014).

Fertiglösungen gibt es nicht nur bezogen auf Menschen und Menschengruppen. Sie werden auch angewendet für bestimmte

- Situationen („Die Kollegen wissen, was sie tun – da misch ich mich nicht ein"),
- Objekte („Große, schwarze, PS-starke Autos sind typische Angeberautos"),
- Themen („Griechenlandhilfe – davon will ich nichts mehr hören!", „Wo Umweltschutz machbar ist, muss er umgesetzt werden", „Arbeitssicherheit ist das wichtigste Ziel!") oder
- Tätigkeiten („Sport ist Mord!", „Ich geh doch nicht wählen, die sind doch alle gleich – arbeiten alle in die eigene Tasche", „Zum Putzen und Aufräumen ist mir meine Zeit zu schade") etc.

So manches, was sich in unserem Leben wiederholt, löst fertige Einstellungen und Haltungen (unter anderem auch Prinzipien, Grundsätze, Denkgewohnheiten und Meinungen – im Englischen auch „mindsets" genannt) aus, die kurzerhand auf die aktuelle Situation übertragen werden.

### Einstellungen

„Als Einstellungen bezeichnet man Gesamtbewertungen von Sachverhalten, Menschen, Gruppen und anderen Arten von Objekten unserer sozialen Welt. Einstellungen sind wichtig, weil sie die Art und Weise beeinflussen, wie wir die Welt wahrnehmen und uns verhalten" (Jonas/Stroebe/Hewstone 2014, S. 198). Im englischsprachigen Raum wird nicht nur der Begriff „attitudes" für langfristige Einstellungen genutzt. Zunehmend findet sich hier auch der Begriff „mindset" (Martens 2009; Hruby/Hanke 2014).

Gerade im Zusammenhang mit Verhalten und Verhaltensänderung wurden und werden Einstellungen vielseitig beforscht, unter anderem weil man erkannt hat, dass sie mit dem Verhalten untrennbar gekoppelt sind (Jonas/Stroebe/Hewstone 2014; Barghorn 2010):

- Zum einen sind Einstellungen und Co. die Bedingung/Voraussetzung eines bestimmten Verhaltens.
- Sie können – wenn sie unbewusst sind – aus dem eigenen Verhalten abgeleitet werden.
- Sie funktionieren nur im „Doppel": Stimmen Einstellung und Verhalten nicht überein, fühlen wir uns nicht wohl damit (kognitive Dissonanz). Wir „passen" nach einem spontanen Verhalten (das Sportauto zu kaufen, obwohl man sparen sollte) anschließend unsere Einstellung dazu „an", um das Spannungsverhältnis zu minimieren („Das war ein besonderes Schnäppchen!").

Als „Abkürzung" ermöglichen sie spontanes, schnelles Handeln oder die Entscheidung dagegen: Mit der Einstellung „Sport ist Mord!" erspar ich mir den Aufwand, darüber nachzudenken, ob und warum Bewegung meiner Gesundheit zuträglich wäre und wie ich ihr im vollen Alltag nachgehen kann. Mit der Einstellung „Besser schnell sein und mehr schaffen, als diese kleinkarierten Regeln einhalten" eröffne ich mir die Möglichkeit, Regeln im Sinne von Produktivität und Schnelligkeit zu umgehen. Gerade wenn wir zeitlich oder inhaltlich gefordert sind, helfen solche Voreinstellungen etc., schnell entscheidungs- und handlungsfähig zu werden oder zu bleiben. Auch können sie als erste Einschätzung und Orientierung dienen, die im Folgenden anhand weiterer Informationssammlungen konkretisiert oder wieder verworfen wird. So kann die automatische, unbewusste Verarbeitung in einen kontrollierten Modus übergeleitet werden, wenn man sich dieser Mechanismen und ihrer Wirkungen bewusst ist. Allerdings können sie auch dazu verführen, vorschnell zu urteilen und zu reagieren – mit zum Teil unangenehmen Konsequenzen.

Vor dem Hintergrund, dass Einstellungen und Haltungen ein bestimmtes Verhalten automatisieren, sind auch solche zu Führung und Zusammenarbeit interessant.

### Selbsttest: Führungsrelevante Haltungen und Grundsätze

Wie steht es um meine individuellen Bewertungsgewohnheiten? Wie denke und urteile ich und meine Kollegen im Team generell (und generalisierend/verallgemeinernd) über

- Männer und Frauen (in Führungspositionen),
- ältere Mitarbeiter (über 50 Jahre) oder
- jüngere Mitarbeiter (um die 20 bis 25 Jahre),
- Kollegen mit ausländischen Wurzeln,
- Fremdfirmenmitarbeiter etc.?
- Haben wir eine Führungskultur im Unternehmen (beschriebene Leitlinien, Leitwerte, Führungsprinzipien etc.)?
- Welche Merkmale, Haltungen und Werte sind charakteristisch für uns?
- Welche Werte und Haltungen sind mir für meine Arbeit als „Führender" oder in der Zusammenarbeit besonders wichtig?
- Was lebe ich davon auch konsequent (vor)?
- Was motiviert mich, als Führungskraft diesem Unternehmen treu zu sein?

Besonders relevant ist die Einstellung, die in der klassischen Führungsliteratur mit dem Stichwort Menschenbild umschrieben wird. Dieses *Menschenbild* umschreibt die Haltung zum Mitarbeiter und hat großen Einfluss auf die Art und Weise, wie eine Führungskraft mit ihren Mitarbeitern umgeht.

Douglas McGregor unterscheidet zwei wesentliche Grundhaltungen:

- Nach der Theorie X sind Menschen in der Arbeitswelt von Natur aus faul, meiden Arbeit und Verantwortung und müssen permanent angetrieben und kontrolliert werden.
- Nach der Theorie Y kann der Mensch Arbeit auch als Quelle von Zufriedenheit und Selbstverwirklichung empfinden. Mitarbeiter setzen sich hier freiwillig für Ziele ein, engagieren sich, übernehmen Verantwortung. Solche Mitarbeiter agieren eigenständig und können auch „laufen gelassen" werden.

Die Theorie Y hilft dabei, das Positive im Menschen zu sehen und ihm entspannt gegenüberzutreten. Die Theorie X lässt sich als provokantes Vorurteil sehen, das es ermöglicht, sich zwischen diesen Polen zu positionieren (Pfläging/Hermann 2015). Wenn Sie den Kollegen Müller heute schon das zweite Mal an diesem Morgen im Frühstücksraum entdecken, werden Sie als X-Anhänger sofort vermuten, dass er „schon wieder" Pause macht. Als Y-Anhänger könnten Sie vermuten, dass er womöglich nur kurz einen pausierenden Kollegen ansprechen oder holen wollte. Dass eine X-nahe kritische bis negative Haltung nicht nur das Deuten von unklaren Situationen, sondern auch das Führungsverhalten beeinflusst, liegt nahe. Beispielsweise wird es einer Führungskraft (oder einem Managementsystembeauftragten) beim Delegieren von Aufgaben schwerfallen, den Kollegen etwas zuzutrauen, sodass sie lieber gleich alles alleine macht.

Während die Theorien X und Y durch die zwei Extreme polarisieren, existieren für die Grundhaltungen realer Führungskräften vielfältige Zwischenstufen. Dennoch lohnt sich hier die Frage „Wo stehen Sie?".

Mit diesem Wissen lässt sich nachvollziehen, warum es sinnvoll sein kann, im Unternehmen über gemeinsame und erwünschte *Führungsgrundsätze oder -haltungen* zu diskutieren. Wie sonst sollen Haltungen, die nicht hilfreich sind, verändert werden, wenn sie nicht bewusst gemacht und hinterfragt werden?

### 8.3.1.3 Reflexion und Lernen

*8.3.1.3.1 Selbstbestätigungstendenz*

Wir haben es schon bei der Wahrnehmung gesehen (→ Kapitel 8.3.1.1): Kompetenz, Orientierung und Kontrolle sind wichtige Bausteine des Selbstwertgefühls. Hat man etwas begriffen, hat man auch die Umwelt mit ihren Unwägbarkeiten besser im Griff. Umdenken müssen kann dann leicht zur Bedrohung werden.

Diese Tatsache macht es im Alltag nicht immer einfach, etablierte Positionen, Denk- und Verhaltensweisen oder einmal gefällte Entscheidungen aufzugeben und zu korrigieren. Besonders schwer wird es, wenn schon Zeit und Geld investiert wurden – ein Effekt, der sich auch bei betrieblichen Maßnahmen und Projekten, die mehr oder weniger offensichtlich ins Leere laufen, gerne zeigt (Kahneman 2012). Denn jedes Infragestellen der eigenen Kompetenz kann bedeuten, nicht nur weniger „wert", sondern auch weniger selbst- und handlungssicher zu sein. Vielleicht hat es deshalb die Wirksamkeitsprüfung in Managementsystemen nicht so einfach?

### 8.3.2 „Unschärfen" der Handlungsvorbereitung bei Müdigkeit und Erschöpfung

Müdigkeit und Erschöpfung führen in der Regel dazu, alle Effizienzschaltungen, die schon im Normalzustand wirksam sind, zu verstärken (Bild 8.18). Generell werden durch den mangelnden Antrieb und die fehlende Energie alle Aktivitäten oder Fähigkeiten verlangsamt oder gestoppt, die bei ihrer bewussten Steuerung Aufmerksamkeit erfordern. Diese Tatsache ist nicht neu. Jeder hat schon die Erfahrung gemacht, dass die Konzentrationsfähigkeit bei Müdigkeit und emotionaler Erschöpfung schnell schwindet. Hier geht es primär darum, dass das System nicht zusammenbricht.

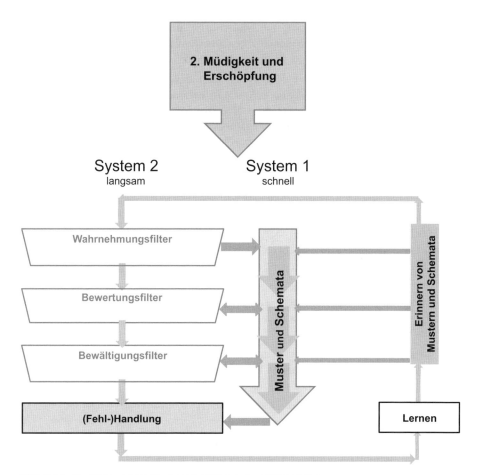

**Bild 8.18** Engpässe und Abkürzungen bei Müdigkeit und Erschöpfung

### 8.3.2.1 Wahrnehmung

So wird z. B. die Wahrnehmung ungenauer und die Auflösung grober. Auch die Scheuklappen werden größer und schirmen noch besser ab, sodass Umsicht und *Hintergrundkontrolle* mehr und mehr schwinden.

Zudem wird es zunehmend schwieriger, sich auf eine Aufgabe, ein Objekt zu konzentrieren, denn Konzentrationsfähigkeit und Aufmerksamkeit sind deutlich reduziert. Insbesondere bei Kontroll- und Überwachungstätigkeiten kann das *„Abschweifen"* zu Informations- und Weiterverarbeitungslücken führen. Auch die Gefahr, abgelenkt zu werden, wird größer. Bei der Sache bleiben kostet Kraft (oder Disziplin) – Selbststeuerung ist anstrengend.

Ermüdung und damit schwindende „Wach(sam)heit" setzen die Fähigkeit herab, auf *bedeutsame Außenreize*, Veränderungen, Ausreißer, Besonderheiten und Unerwartetes zu reagieren (St. Pierre/Hofinger/Buerschaper 2011). Dies ist besonders bei Überwachungsaufgaben am Monitor, die in der Regel monoton sind und eine hohe und angestrengte Konzentration erfordern, unerwünscht. So fällt der abnormale Verlauf der Anlagentemperaturkurve gegebenenfalls genauso wenig auf wie die minimal veränderte Qualität der Oberfläche oder die deutlich „dickere Luft" im Büro.

In Arbeitsumgebungen, die besonders ermüdend sind, z. B. durch permanenten, belastenden Lärm, wird die *Wahrnehmungsschwelle* insgesamt höher – der „Sprung" in das Bewusstsein wird für Reize anstrengender. Man „stumpft" ab und hört dann gegebenenfalls auch Warnsignale z. B. von rückwärtsfahrenden Fahrzeugen nicht mehr (St. Pierre/Hofinger/Buerschaper 2011; Schaub 2012).

### 8.3.2.2 Bewertung und Bewältigung

Müdigkeit und Erschöpfung reduzieren auch unsere Fähigkeit, zu denken, zu erinnern und einzuordnen. Das wird an mehreren Punkten deutlich (St. Pierre/Hofinger/Buerschaper 2011):

- Bewusstes, wissensbasiertes Denken (Bewerten, Entscheiden) wird schwieriger, denn das Gedächtnis ist nicht mehr voll arbeitsfähig. Auch die Konzentrationsfähigkeit lässt nach.
- Die Toleranz gegenüber eigenen Fehlern und voreilig getroffenen Entscheidungen wird größer. Es wird alles nicht mehr „so eng gesehen", und wir neigen dazu, „fünfe gerade sein zu lassen".
- Es wird zunehmend attraktiver, langsames bewusstes Denken zu ersetzen durch weniger aufwendiges regelbasiertes Denken, und wir „fallen" in die autopilotgesteuerten Abkürzungen und Routinen – auch die regelwidrigen.
- Gegebenenfalls sind wir auch geneigt, uns einfach von unserem Bauchgefühl leiten zu lassen.

Im erschöpften Zustand wird man mürrischer, aufbrausender und launischer und hat die eigenen Gefühle (und *Affekte*) nicht mehr „im Griff". Dies kann auch schnell dazu führen, Zuversicht und Handlungsabsicht fallen zu lassen, weil die gefühlte Erschöpfung als Grundstimmung auch die Einschätzung der eigenen Wirksamkeit verändert. Alltägliche Hürden wachsen zu unüberwindlichen Bergen, in denen wilde Tiere und Unwetter lauern und die – wenn überhaupt – nur mit Zögern und Zagen betreten werden.

Selbst die *Kommunikation* verändert sich: Informationen formulieren und weitergeben kostet auch Mühe (St. Pierre/Hofinger/Buerschaper 2011). So wird zwar Unterstützung geschätzt, allerdings reicht die Kraft nicht mehr aus, diese auch zu erfragen.

### 8.3.3 „Unschärfen" der Handlungsvorbereitung im Belastungs- und Notfallbetrieb

Im betrieblichen Alltag führt eine kritische Situation Mitarbeitende nur selten zu archaischen Kurzschlussreaktionen. Kampf, Erstarren oder Flucht sind an der Verpackungsanlage oder am Überwachungsmonitor eher die Ausnahme. Vielmehr sind wir besonders erpicht darauf, unsere Handlungsfähigkeit und -sicherheit aufrechtzuerhalten. Bild 8.19 skizziert die möglichen Abkürzungen.

Hier zeigen sich einige typische Strategien, die über die normalen Einsparungen und Ermüdungserscheinungen hinausgehen.

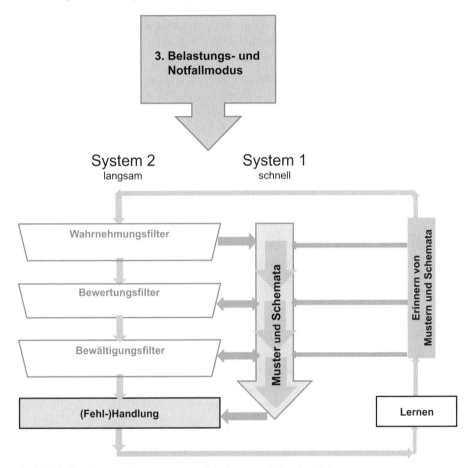

**Bild 8.19** Engpässe und Abkürzungen im Belastungs- und Notfallbetrieb

### 8.3.3.1 Wahrnehmung

Wahrnehmung als Informationsaufnahme ist entscheidend für den Umgang mit alarmierenden Situationen (unbekannt, plötzlich, Zeitdruck, unübersichtlich), die sowohl im normalen Alltag wie auch in Krisen und Notfällen auftreten können.

#### 8.3.3.1.1 Wegfall von Wahrnehmung und Informationsaufnahme im Notfall

Vielfach ist in Notfallsituationen gar keine Zeit zu verlieren. Droht Lebensgefahr, sind auch wir Neuzeitmenschen in der Lage, reflexartig zu handeln. Als unverzügliche Reaktion auf einen Auslösereiz völlig ohne bewusstes Agieren kennen wir solche Reflexe bzw. automatisierte Handlungsschemata beispielsweise vom Autofahren, wenn der Vordermann plötzlich bremst und die roten Rückleuchten unvermittelt den Fuß bewegen (Oehme et al. 2014).

Zum Autofahren wurden diese Reflexe rechtzeitig „eingeschliffen", um auf entsprechende Situationen vorbereitet zu sein. Durch Übung und Training wurden Verhaltensschemata bzw. Routinen im Gehirn angelegt, die im Ernstfall abrufbereit sind. Im Unternehmen sieht die Vorbereitung auf Notfälle anders aus.

#### 8.3.3.1.2 Verkürzte Wahrnehmung bei Zeitdruck und Stress

Zeitmangel und zunehmender Druck wirken auch auf die Wahrnehmung. Man sieht nicht so genau (und so lange) hin und es wird gleich der erste Eindruck weiterverarbeitet. Wiederholung und Neudeutung müssen wegfallen. Der zweite Blick erfordert viel zu große Mühe. Gerade im Zusammenhang mit kritischen Situationen ist dies fatal, denn es geht darum, möglichst viele Elemente, Einflüsse und Wechselwirkungen zu erkennen – die gesamte Situation zu erfassen. Je mehr Puzzleteile mir zur Verfügung stehen, umso umfassender wird das Gesamtbild (St. Pierre/Hofinger/Buerschaper 2011; Dörner 2012).

Die Folge ist, dass mir wesentliche Signale und damit Informationen zur Beurteilung der Situation entgehen oder es zu falschen Ablesungen kommt. Im Ergebnis führt beides dazu, dass ich Situationen weder realistisch diagnostizieren noch behandeln kann, z.B. wenn bei der Anlagensteuerung Betriebstemperaturen nicht richtig abgelesen werden oder Betriebsmittel- bzw. Gefahrstoffetiketten verwechselt werden.

---

**Ein Beispiel aus dem Flugverkehr**

Um auf dem Flughafen Sydney (Kingsford Smith) mehr Flüge abwickeln zu können, wurden zwei sich kreuzende Landebahnen gebaut. Am 12.08.1991 bemerkt ein Pilot beim Aufsetzen seiner DC-10, dass der Umkehrschub inaktiv ist und die automatische Bremse versagt. So kommt das Flugzeug nicht vor der Kreuzung der beiden Landebahnen zum Stehen. Zudem sieht er, dass ein Airbus A320 die Landebahn bereits anfliegt, und versucht deshalb, die DC-10 wieder steigen zu lassen. Er ist allerdings so auf die andere Maschine fixiert, dass er diese Absicht seinem Kopiloten nicht mitteilt.

Dieser sieht die andere Maschine nicht, wundert sich über das plötzliche Steigen der Maschine und drückt dagegen. Dabei ist er auf die Landebahn konzentriert und sieht nur, was direkt vor ihm passiert, und nicht, was am Rande des Sehfelds vor sich geht. Weder Kapitän noch Kopilot betätigen deshalb den Prioritätsschalter, um allein die Steuerung der Maschine zu übernehmen. So heben sich die Wirkungen beider Aktionen auf, sodass die Maschine weiter geradeaus fliegt. Die richtige Handlung des Kapitäns wird nicht umgesetzt, denn er ist in seiner Wahrnehmung der Störung so gefangen, dass er seine Absicht nicht kommuniziert. Die beiden Flugzeuge verfehlen sich um knapp zehn Meter (Schaub 2012).

*8.3.3.1.3 Gefahr des Tunnelblicks*

Schon die normale Wahrnehmung muss sich auf einen Ausschnitt dessen konzentrieren, was um uns herum passiert. Während dieser Kanal sich bei Müdigkeit weiter verengt, wird er im Alarmmodus zum engen, abgeschotteten Tunnel. Hier „vergessen" wir nicht nur die regelmäßige Hintergrundkontrolle. Wir blenden unbewusst alles aus, was störend wirkt (automatische Abschirmung), um uns auf das Wesentliche konzentrieren zu können, und reagieren so nicht mehr auf bedeutende Reize. Wir sind nur noch auf das wilde Tier konzentriert, das uns angreift. So wichtig der Fokus ist, so kritisch kann er auch sein. Auch hier entgehen uns gegebenenfalls hilfreiche Informationen. Wir verpassen nicht nur neue Gefahren, sondern auch gute Gelegenheiten oder hilfreiche Kollegen – wie das Beispiel der DC-10 deutlich macht (St. Pierre/Hofinger/Buerschaper 2011).

Eine erhebliche Filterwirkung hat auch der mehr oder weniger bewusste Vorsatz, sich mit gewissen Aspekten der Realität, die gegebenenfalls belasten oder noch mehr überfordern, nicht auseinanderzusetzen, die dann entsprechend ausgeblendet werden. Dieser Effekt wird auch als Wahrnehmungsabwehr bezeichnet (Dörner 2012).

### 8.3.3.2 Bewertung und Bewältigung

Auch die nachfolgenden Gehirnaktivitäten werden möglichst eingeschränkt. Es wird nicht mehr viel gedacht und geplant, sondern auf Bewährtes zurückgegriffen.

*8.3.3.2.1 Routinen und Wenn-dann-Regeln*

Sind die Situationen bekannt und vertraut, überlassen wir gern dem Autopiloten das Feld. Probleme werden nicht lang analysiert und die Lösung wird nach bewährtem Muster eingeleitet. Bei verschiedenen Optionen helfen einfache Wenn-dann-Regeln, die als prototypische Verfahrensweisen gespeichert sind. Hier kommen gegebenenfalls später Probleme auf, wenn schon zu Beginn Signale, Wechselwirkungen und Folgen ausgeblendet wurden, die auch wirksam werden.

Trifft es uns unvorbereitet und fehlen Handlungsoptionen, ist es einfacher, ein „Wenn" anzupassen, als lange nachzudenken. Man tut das, was man sicher kann und was früher zum Erfolg geführt hat. So trifft die richtige Lösung zwar auf das falsche Problem, aber es wurde gehandelt (St. Pierre/Hofinger/Buerschaper 2011).

*8.3.3.2.2 Selbstwertdienliche, aber riskante Einstellungen*

Gibt es keine vorgedachten Alternativen, erfolgt die Einschätzung und Erwägung nicht bewusst und abwägend, sondern oft unter Einfluss von individuellen Einstellungen/Haltungen, die nicht immer passend sind. Hier gibt es aus dem risikoreichen Arbeitsfeld der Luftfahrt Erkenntnisse über sicherheitskritische Einstellungen oder Haltungen. Ihre unangenehme Kraft liegt darin, dass nicht Sicherheit das handlungsleitende Motiv ist, sondern selbstwerterhöhende Aspekte der eigenen Person im Vordergrund stehen (Jensen 1995 in St. Pierre/Hofinger/Buerschaper 2011; Kern in Hagen 2013). Tabelle 8.4 zeigt, welche „gefährlichen" Gedanken dabei eine Rolle spielen können – gegebenenfalls auch nicht nur im Notfallbetrieb.

**Tabelle 8.4** Gefährliche Einstellungen (in Anlehnung an St. Pierre/Hofinger/Buerschaper 2011)

| Einstellung | Gedanke (insbesondere) im Alarmmodus |
|---|---|
| Macho | Ich kann alles. |
| Kontrollillusion | Ich hab alles im Griff. |
| Antiautoritär | Erzähl du mir nicht, was ich tun soll. |
| Impulsiv | Tu irgendwas – schnell. |
| Unverletzlich | Mir passiert so etwas nicht. |
| Erlernte Sorglosigkeit | Es gibt Wichtigeres. Wird schon gut gehen. |
| Resigniert (auch „erlernte Hilflosigkeit") | Was kann ich schon tun? |

Die *Macho-Haltung* zeichnet sich dadurch aus, dass Dinge getan und vollbracht werden, um mit Beachtung und Beifall belohnt zu werden. Schillernde Handlungen, die von anderen wahrgenommen werden, sollen das eigene Selbstwert- und Kompetenzgefühl stärken. Hier und da wagt man auch ein bisschen mehr, um das behauptete Können unter Beweis zu stellen, auch wenn es richtig gefährlich werden kann. Typischer Gedanke: „Ich kann alles."

Verwandt mit dieser Haltung ist eine weitere, die vielfach auch im normalen Alltag auftaucht: die *Illusion*, alles im Griff zu haben. Die eigenen Einflussmöglichkeiten werden überschätzt, weil man sich mit den möglichen Folgen und Risiken nicht auseinandergesetzt hat oder bei der Planung einfach der günstigste Verlauf angenommen wird (Planungsoptimismus) (Ebermann/Jordan 2011; Schaub 2006). Typischer Gedanke: „Ich hab alles im Griff."

Wer eine *antiautoritäre* Haltung in sich trägt, setzt sich schnell einmal über Regeln hinweg, denn er möchte das Gefühl vermeiden, von anderen Menschen gesteuert und bestimmt zu werden. Lieber behält man die Kontrolle in der eigenen Hand. Typischer Gedanke: „Erzähl du mir nicht, was ich tun soll."

*Impulsivität* als Haltung bedeutet, dass „schnell überhaupt etwas tun" immer besser ist, als abzuwarten und erst einmal nachzudenken. Hier wird selten Zeit verschwendet, über Handlungsoptionen und Folgen nachzudenken und am Ende womöglich nichts zu tun. Einflussnahme hat Priorität. Angesetzt wird – frei nach dem Reparaturdienstprinzip – oft an den offensichtlichsten oder augenfälligsten Punkten (Dörner 2012). Diese Haltung trifft man – und nicht nur in Notsituationen – auch bei Führungskräften an: Es müssen schnell Lösungen her, Entscheidungen getroffen werden. Die Probleme müssen vom Tisch, auch wenn sie noch gar nicht verstanden sind. Typischer Gedanke: „Tu irgendwas – schnell."

Wer sich mangels eigener oder „nahestehender und -gehender" Unfallerfahrung für *unverletzlich* hält, zeigt ebenfalls eine ausgeprägte Tendenz zum risikoreichen Handeln. Man lebt in der Gewissheit, dass ein Unglück immer nur die anderen trifft und man selbst gegen jede Gefahr gefeit ist. Hier vollzieht sich ein ungewollter Lerneffekt, den wir in Kapitel 7 als Verstärkung kennengelernt haben: Die Tatsache, dass es immer wieder gut geht, wird als Belohnung empfunden und bestärkt die Gewissheit. Typischer Gedanke: „Mir passiert so etwas nicht."

Ähnlich funktioniert eine Haltung, die ebenfalls (ungewollt) erlernt und verstärkt wird, und zwar die *erlernte Sorglosigkeit.* Sie tritt u.a. auf, wenn Regelbrüche keine Konsequenzen nach sich ziehen. Im Cockpit wird sie wirksam, wenn beim Anflug wichtige Sicherheitsvorschriften – hier als Standard Operation Procedures (SOP) bezeichnet – nicht beachtet werden und nichts passiert bzw. alles gut geht (Ebermann/Jordan 2011). Im betrieblichen Alltag der Managementsysteme sind es die Schutz- und Sicherheitsregeln und andere schriftliche Vorgaben, die umgangen und nicht eingehalten werden. Geht alles gut, wird der Effekt des Regelbruchs als Belohnung empfunden und das „erfolgreiche" Handlungsschema wird verstärkt: Es wird in ähnlichen Fällen wieder genauso (regelwidrig) gehandelt (Musahl 1997; Schaper 2014b). Typischer Gedanke: „Es gibt Wichtigeres als das Einhalten dieser Regel. Wird schon gut gehen."

**Erfolgreicher Regelverstoß**

„War der Regelverstoß in etwa 70 % der bisherigen Fälle erfolgreich, also ohne unangenehme Konsequenz geblieben, dann ging die künftige Regelbefolgung gegen p = 0,0. Erfolgreicher Regelverstoß begünstigt also den künftigen Regelverstoß (…). Er führt zu einer neuen Regel, nach der die alte Regel nicht mehr gilt" (Musahl 2005, S. 24).

*Resignation* als Haltung bedeutet, bei Schwierigkeiten rasch aufzugeben. Es werden in ungewissen oder kritischen Situationen erst gar keine Handlungsoptionen entwickelt. Das Kompetenzgefühl und die damit einhergehende Einschätzung der Selbstwirksamkeit sind so gering, dass nur noch auf Hilfe von anderen gewartet wird. Diese Haltung wird auch als „erlernte Hilflosigkeit" bezeichnet. Typischer Gedanke: „Was kann ich schon tun?"

*8.3.3.2.3 Intuitives Bewerten*

Sind Optionen, Kriterien und Folgen nicht zu überblicken, hilft die Intuition. Da viele Erfahrungsdaten in den unbewussten Teilen unseres Gehirns lagern, sind sie nicht direkt abzurufen und zu verwerten. Allerdings sendet unser Unterbewusstsein vielfach klare Signale, welche Option sich gut und welche sich schlecht anfühlt. Als Bauch- oder Fingerspitzengefühl geben sie uns eine Bewertung ein, mit deren Hilfe wir intuitiv wissen, was richtig und was falsch ist – können es allerdings nicht erklären (Weibler/Küpers 2008).

Wird intuitive Entscheidung nicht auf Basis langjähriger Expertise und Praxiserfahrung getätigt, mit deren Hilfe eine verlässliche Datenbasis erarbeitet wurde, neigt sie zur Verfälschung. Hier haben Experten die bessere Ausgangsbasis: Ihnen stehen mehr Erfahrungen zur Verfügung, und das intuitive Bewerten und automatisierte Handeln – „ohne groß nachzudenken" – verfügt über mehr Schubladen und Schemata, die in der Regel auch häufiger erprobt wurden (St. Pierre/Hofinger/Buerschaper 2011).

### 8.3.3.3 Reflexion und Lernen

#### 8.3.3.3.1 Stressregulierer Kompetenzempfinden

Das Gefühl der Kompetenz ist wichtig für die Handlungssicherheit. Gemeinsam mit Orientierung und Kontrolle liegt hier der Hebel, das eigene Stressempfinden zu regulieren. Können wir uns eine Situation erklären, können wir sie auch bewältigen. Je länger und komplizierter solche Erklärungen und Zusammenhänge sind, umso alarmierender sind sie. Einfachheit und klare Bilder beruhigen uns und unser beengtes Arbeitsgedächtnis.

In beunruhigenden kritischen, womöglich sogar gefährlichen Situationen brauchen wir die Sicherheit, kompetent zu sein und handeln zu können, besonders. Hier reduzieren wir nicht nur die Realität des Geschehens auf das getunnelte „Wesentliche" – vielleicht nicht mehr auf das nahende Raubtier, aber gegebenenfalls auf die Begegnung mit einem kreuzenden Airbus, wie der Flugkapitän in unserem Beispiel. Es besteht auch die Gefahr, dass wir (Dörner in St. Pierre/Hofinger/Buerschaper 2011; Dörner 2012)

- Informationen übersehen, die darauf hindeuten, dass wir falschliegen (Selbstbestätigungstendenz → Kapitel 8.3.1.3),
- Fehler und Fehleinschätzungen verharmlosen,
- Folgen und Langzeitwirkungen unbeachtet lassen – wir konzentrieren uns auf das aktuelle Problem,
- „ballistisch" handeln, die Maßnahmen werden abgefeuert wie Kanonenkugeln, ohne den weiteren Verlauf des Geschehens im Blick zu behalten.

#### 8.3.3.3.2 Diskrepanz zwischen Handlung und Einstellung

Gerade im Alarmzustand neigen wir zu Abkürzungen – auch zu Kurzschlüssen, die emotional gezündet nicht mehr bewusst kontrolliert werden können. Im Nachhinein bedacht ergibt sich dann, dass die erfolgte Handlung „eigentlich" im Widerspruch steht zu den eigentlichen Ein- und Wertvorstellungen der handelnden Person. Nehmen wir als Beispiel eine Führungskraft, die prinzipiell wertschätzend und kollegial führen möchte (Haltung, Prinzipien), aber in der realen Zusammenarbeit unter Druck schnell laut und „explosiv" reagiert. Dieses Spannungsverhältnis (im Fachjargon „kognitive Dissonanz") wird in der Regel als unangenehm empfunden und will beseitigt werden. Dies hat unterschiedliche Konsequenzen zur Folge. Einerseits kann daraus ein Lernprozess folgen, der eine Verhaltensänderung zum Ziel hat. Andererseits kann die Unstimmigkeit auch anders korrigiert werden:

- Dem erfolgten Tun lässt sich nachträglich ein – auch anderer – Sinn zuschreiben: So wird aus der vermeintlichen Unfähigkeit, angemessen mit der Situation umzugehen, ein authentischer und „reinigender" Schritt, der wieder anschlussfähig macht für die nachfolgende Zusammenarbeit. Im Hinblick auf das Selbstbild und die Fähigkeit, mit Rückschlägen umzugehen, ein nicht zu unterschätzender Wirkfaktor.
- In manchen Fällen wird auch die ursprüngliche Aufwand-Nutzen-Analyse „überarbeitet" und das Ergebnis der Handlung neu bewertet nach dem Motto „Der Zweck heiligt die Mittel".

Im Coaching werden diese nachträglichen Bewertungen und Umdeutungen auch als „Reframing" bezeichnet (die Handlung in einem anderen Rahmen betrachten) und genutzt, innere Abwertungsprozesse, die Zeit und Energie kosten, zu unterbrechen und so wieder handlungsfähig zu werden. Diese nachträgliche Betrachtung ist insbesondere für den Umgang mit vermeintlichen Fehlern essenziell. Sowohl im persönlichen wie betrieblichen Umfeld lassen sich Fehler als Unvermögen und fehlende Kompetenz oder als Chance zum Lernen und Weiterentwickeln deuten.

### 8.3.4 Der Kern im Rückblick

Im Handlungssystem Unternehmen mit den vielen Menschen darin hat die Wirklichkeit viele Facetten, und richtigen Entscheidungen sind nicht einfach zu treffen. Unser Denken und Handeln ist im Wesentlichen geprägt und auch eingeschränkt durch (Bild 8.20)

- die Notwendigkeit, „sparsam" zu agieren, sowohl beim Einsatz der Aufmerksamkeit wie des Autopiloten (*Ressourcenschonung*),
- „*persönliche*" *Bedeutsamkeiten*, die permanent „mitlaufen" und – auch über emotionale Signalgeber – auf die Einhaltung grundlegender Bedürfnisse (insbesondere Orientierung und Kontrolle/Selbstwirksamkeit, Selbstwert/Kompetenz) achten,
- die Art, wie *Erfahrungen* einfließen, also gelernt und erinnert werden – insbesondere bezogen auf vorausschauendes Denken und Wahrscheinlichkeits- bzw. Risikobewertungen.

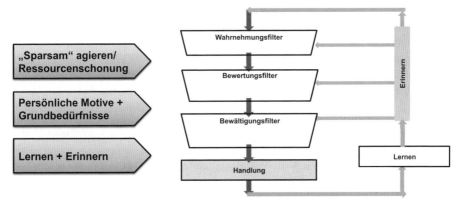

**Bild 8.20** Übersicht menschlicher Denkstrategien und -beschränkungen

So gibt es „automatisch" Ungenauigkeiten. Sie gehören ohne Absicht und Böswilligkeit zum betrieblichen Alltag und werden nicht selten durch ihn ausgelöst. Hier einige Merkposten in der Zusammenfassung:

Menschen sind von Natur aus effizient – besonders beim Denken. Schon im entspannten Alltagsbetrieb (*Normalbetrieb*) verfügen wir über Mechanismen, die diese Effizienz wirkungsvoll unterstützen. Die Ressourcen für bewusstes (langsames) Denken in unserem Arbeitsgedächtnis werden, wann immer möglich, geschont. Liegen entsprechende Erfahrungen und Fertigkeiten vor, werden sie genutzt:

- als Prototyp erkannt an wenigen Eckpunkten oder Mustern bei der schnellen, manchmal sogar unbewussten Wahrnehmung, die auf Auslösereize reagiert und
- hiermit gleich – ohne Zwischenschritt – die Routinehandlung auslöst, die als Schema in unser Gehirn abgespeichert ist,
- als gedankliche Abkürzungen, die das Bewerten überspringen (z. B. Einstellungen, Haltungen, Stereotype) oder
- mittels Wenn-dann- und Faustregeln (Heuristiken) vereinfachen.

Da die Bewertungs- und Handlungsroutinen automatisch verlaufen, stehen sie nicht unter bewusster Beobachtung. Wir sind nicht aufmerksam und konzentriert bei der Sache, und so kann unser Bewusstsein nicht korrigierend eingreifen und „reinsteuern". Entweder die Routinen passen auf die jeweilige Situation oder halt nicht. Umschalten auf „Handbetrieb", also bewusstes oder zumindest halbautomatisches Denken, ist nur möglich, wenn die Hintergrundkontrolle Unerwartetes, Neues oder Abweichendes wahrnimmt.

Bei *Müdigkeit oder Erschöpfung* und bei großen Herausforderungen und Stress (*Notfallbetrieb*) nimmt die Notwendigkeit, sparsam zu agieren, noch zu – und damit auch die Selektion durch Ablenkung, begrenzte Aufmerksamkeit und das erwähnte „eingefahrene" Denken. Da die Hintergrundkontrolle zunehmend eingeschränkt wird, werden Besonderheiten gar nicht (oder zu spät) bemerkt und behindern damit das „Anspringen" oder Einsetzen des bewussten Denkens, das anpassungsfähiger ist als autopilotgesteuertes Denken und Handeln und so auch angemessener reagieren kann.

Die *Handlungsfähigkeit aufrechtzuerhalten*, stehen bei Müdigkeit und mehr noch im Alarmmodus im Vordergrund. Das Gefühl, kompetent zu sein, Bescheid zu wissen, wird wichtiger als angemessenes Handeln. Die entsprechende Selbsteinschätzung („Ich schaff das!") muss – so kurz vor der Überforderung – also „grünes Licht" geben und bedient sich hierzu einer Reihe unlauterer Tricks, unter anderem:

- das (vor)schnelle Festlegen von Urteilen und Einschätzungen,
- das Abschirmen der eigenen Wahrnehmung und das Ausblenden unbequemer – der eigenen Einschätzung widersprechender – Informationen,
- das Nutzen vertrauter, bewährter Handlungsoptionen oder Lösungen, die in der Vergangenheit Erfolg versprachen,
- das Abblocken aller Signale, die die eigene Fähigkeit und Leistung infrage stellen, und das Meiden von Selbstreflexion.

Hier greifen wir einmal mehr auf Vertrautes und Bewährtes zurück, denn wichtig ist das Gefühl, die Situation zu begreifen und im Griff zu haben. Hinzu kommen gegebenenfalls noch individuelle Strategien (motivationale Schemata), die Kompetenzgefühl und Selbstwert stärken sollen. Entsprechende Demonstrationen von Mut und Können zielen auf die Anerkennung des Teams/der Kollegen, auf Anschluss und Zugehörigkeit.

Einerlei, in welchem Betriebszustand wir uns befinden – im bewussten „Handbetrieb" gehört *vorausschauendes Denken* dazu. Hier werden Handlungsoptionen komponiert und durchgespielt, Folgen und Wahrscheinlichkeiten kalkuliert. Als Folgen sind nicht nur Risiken, sondern auch Chancen interessant. Für Managementsysteme ist beides relevant – Ersteres umso mehr, als es Schutz- und Sicherheitsziele tangiert. Auch hier nutzen wir Abkürzungen und Faustregeln. Diese intuitiven Gefährlichkeitsurteile unterliegen zwei maßgeblichen *Kalkulationsfehlern*:

- Zum einen reduzieren sie die Wahrscheinlichkeit eines Risikos auf die einfachen Fragen „Kann ich mich schnell dran erinnern, so etwas erlebt zu haben?" bzw. „Kann ich mir mühelos einen dramatischen Ausgang vorstellen?". Die Faustregel der Verfügbarkeit verwischt die Realität und gaukelt Sicherheit vor.

- Die Art, wie wir lernen und Erfahrungen sammeln, „verstärkt" riskante und regelwidrige Bewertungs- und Handlungsschemata, weil das Nichteintreten erwarteter unliebsamer Folgen als Belohnung gewertet wird.

Gerade bei Routinetätigkeiten schleifen sich so Automatismen und Schemata ein. Schließlich sind sie vertraut und „beherrscht". Es ist nie etwas passiert (keine Ereignisse, an die man sich sofort erinnern würde), und deshalb sind die entsprechenden Apps bzw. Schemata ohne die gegebenenfalls doch hilfreiche Aufmerksamkeit oder Wachsamkeit programmiert.

> **Stolper-, Rutsch-, und Sturzunfälle**
>
> Stolper-, Rutsch- und Sturzunfälle gehören nachweislich zu den häufigsten Unfallarten. 6.000 Schritte läuft ein Mensch durchschnittlich am Tag – automatisch und ohne viel darüber nachzudenken.
>
> Hier wäre mehr Achtsamkeit angebracht! Auch beim normalen Gehen kann zuviel Routine zur Unfallgefahr werden: Eine rutschige, nasse oder ölige Stelle auf dem Boden, ein herumliegendes Kabel, ein vergessenes Spielzeugauto auf der Treppe – wer darüber stolpert und stürzt, kann sich schwer verletzten (Krüger 2013). ∎

Die beschriebenen Effekte – insbesondere auch die im Ausnahmebetrieb (Müdigkeit, Erschöpfung und Notfallbetrieb) – gelten auch in Managementsystemen. Ausgelöst werden sie durch diverse unsichere („kritische", ungeplante, überraschende, unübersichtliche, zielwidersprüchliche) Situationen, in denen Entscheidungen und Handlungen im Ausgang ungewiss sind.

Die resultierende Belastung und gegebenenfalls auch Überforderung führen zu *körperlichen und psychischen Stressreaktionen*, die einem erwünschten, durchdachten und sicheren Handeln im Weg stehen. Sie sind Ursache dafür, dass selbst bei hoch motivierten, erfahrenen Mitarbeitenden schwerwiegende Fehlhandlungen geschehen können. Einerlei, ob es um definierte Qualität, die eigene Gesundheit und Sicherheit, die der Kollegen oder die von Anlagen und Umwelt geht – hier können Abweichungen unangenehme Folgen haben.

## 8.4 Mögliche Konsequenzen für Führung und Zusammenarbeit

Mit den zwei Betriebssystemen und den drei Betriebszuständen hat der Mensch und Mitarbeiter naturgegeben ein differenziertes „Getriebe", mit dem nicht permanent unter „Volllast" gefahren werden kann. Einschränkungen ergeben sich insbesondere, wenn wir müde und erschöpft, überfordert und alarmiert sind.

Der Übergang vom Normal- in den Alarmmodus – mit und ohne Erschöpfung – kann schon durch Kleinigkeiten oder „Nebensächlichkeiten" ausgelöst werden. Die Wirkungen solcher Herausforderungen sind allerdings nicht generell allgemeingültig, sondern liegen auch im (Bewältigungs-)Auge des Betrachters. Zudem entfalten sie ihre belastende „Bedrohung" gegebenenfalls auch unauffällig im Hintergrund – mit entsprechenden Folgen für Aufmerksamkeit und Routinebetrieb. In jedem Fall kann sie durch Managementsysteme entscheidend beeinflusst werden – nicht nur zum Positiven.

Die etwas eingehendere Betrachtung möglicher Engpässe und Abkürzungen bis hin zum Handeln zeigt deutlich, dass Mitarbeitende und Führungskräfte besonders bei Müdigkeit oder in Anspannungssituationen zu Unschärfen und „Fehleranfälligkeit" mit ungewisserem Ausgang neigen. Insofern kann auch der Faktor Mensch mit seinen Begrenzungen zum Risikofaktor im Managementsystem werden.

Für Führung und Zusammenarbeit bieten sich eine Reihe von Möglichkeiten, mit diesen Gegebenheiten umzugehen.

### 8.4.1 Umgang mit Komplexität und herausfordernden Verhältnissen

Das menschliche Denken und Verhalten wird maßgeblich beeinflusst durch die Bedingungen oder Verhältnisse, in denen er agiert: situationsbezogene Einflussfaktoren, das Sollen/Dürfen und die situative Ermöglichung. Zeitdruck, ein Übermaß an gegebenenfalls auch widersprüchlichen oder fehlenden Informationen und Zielen, Intransparenz und Undurchschaubarkeit gibt es nicht nur in typischen Notfallsituationen.

#### 8.4.1.1 Unnötige Belastungen vermeiden und reduzieren

Ungewissheit und Verunsicherung werden durch Managementsysteme zum Teil auch ungewollt hervorgerufen. Deshalb sollte bei der Einführung darauf geachtet werden, die gängigen Instrumentarien, z. B.

- Prozessgestaltung und ihre visuelle Dokumentation,
- Kontrollen, zugehöriges Feedback und Konsequenzen oder
- Unterweisungen,

so zu gestalten und zu handhaben, dass sie diese Faktoren nicht zwangsläufig erhöhen.

Für Managementsysteme typische Ansatzpunkte wurden im → Kapitel 8.2 aufgezeigt. Potenziale ergeben sich insbesondere durch die folgenden Aspekte.

### 8.4.1.1.1 Belastungen erkennen und einbeziehen

Bei der Neugestaltung von Prozessen und Arbeitsabläufen ist es hilfreich, die Faktoren, die als belastend und verunsichernd erfahren werden, zu kennen und wenn möglich in der Planung zu berücksichtigen. Da diese personenspezifisch wirken, können sie hier nicht immer über einen Kamm geschoren werden und müssen die aktuelle und einzigartige Besetzung erfassen. Dies kann zum einen durch enge Zusammenarbeit mit den betroffenen Mitarbeitern geschehen. Zum anderen liefert auch die Gefährdungsbeurteilung am Arbeitsplatz, die inzwischen auch die psychischen Faktoren berücksichtigt (vgl. Tabelle 8.5), wertvolle Hinweise. Hier werden mit den entsprechenden methodischen Hilfen nicht nur Belastungen und Stressfaktoren ermittelt, die Arbeitssicherheit und Gesundheit gefährden, sondern die sich auch auf alle übrigen Tätigkeiten und Abläufe auswirken – und damit auch auf die der Managementsysteme.

**Tabelle 8.5** Psychische Belastungsfaktoren (Auswahl; in Anlehnung an Ausbildungsunterlage „Fachkraft für Arbeitssicherheit" BAuA/BG; Lerneinheit P06 „Psychische Faktoren")

| Arbeitsaufgabe/ Arbeitsinhalt | Arbeitsorganisation | Soziales Miteinander Führung/ Zusammenarbeit | Arbeitsplatz/ Arbeitsumgebung |
|---|---|---|---|
| • Aufmerksamkeit/ Konzentration | • Dauer der Tätigkeit | • Team-/ Gruppenverhalten | • Räumliche Enge |
| • Abwechslung | • Pausen | • Status, soziale Geltung | • Gerüche |
| • Vorhersagbarkeit | • Schichtarbeit | • Zusammenarbeit/ Unterstützung | • Raumklima (z. B. Temperatur) |
| • Arbeitsmenge | • Aufgabenwechsel | • Verhältnis zum Vorgesetzten | • Lärm |
| • Schwierigkeitsgrad | • Arbeitsablauf | • Führungsstil | • gefährliche Tätigkeiten |
| • Handlungs-/ Entscheidungs- spielräume | • Zeitvorgaben/ -druck | • Leistungs- beurteilung/ -rückmeldung | • Signalerkennung |
| • Verantwortung | • Störungen/ Unterbrechungen | • Kommunikation/ Information | • Signal- verständlichkeit |
| • Besondere Anforderungen | • Einzel- oder Teamarbeit | | |
| • Eindeutigkeit bzw. Widersprüchlichkeit der Vorgaben | • Kooperations- möglichkeiten | | |

Generell braucht es Arbeitsplätze, Prozesse und Umgebungsbedingungen, die einen leistungsfähigen Normalmodus auf einem angemessenen Energieniveau ermöglichen. Die entsprechenden Tankstellen wie Freiräume für mehr Selbstbestimmtheit und Autonomie, Identifikation oder auch soziales Miteinander (→ Kapitel 7) lassen sich nicht nur bei der Einführung installieren. Entsprechende Umgangsformen und „Spielregeln" im direkten Kontakt der Durchführung können oft schnell und situationsangemessen stärken und entlasten. Kleine Gesten der Wertschätzung können Enormes bewirken, z. B.

die wohlwollende „Erinnerung" eines engagierten Mitarbeiters oder Kollegen an die Pause.

Außerdem können die Ergebnisse der arbeitsplatzbezogenen Gefährdungsbeurteilung auch wichtige Hinweise liefern, wo und wie der Risikofaktor Mensch im Zusammenhang mit anderen Risikobetrachtungen einbezogen werden kann und sollte.

#### 8.4.1.1.2 Bürokratie abbauen

Regelungen und verschriftlichte Vorgaben sind so lange hilfreich, wie sie aktuell sind. Entsprechen sie nicht mehr der gelebten Realität, verderben sie Image und Glaubwürdigkeit des entsprechenden Regelungswerkes und auch des Managementsystems. Neben der notwendigen Abstimmung und Zusammenfassung braucht es auch eine systematische Entlastung und Ausmusterung der Vorgabewerke, um die Übersichtlichkeit zu erhalten. Hilfreiche Fragen hierzu wären:

- Was ist noch wichtig?
- Was ist noch aktuell?
- Was kann zusammengefasst werden?
- Was kann wegfallen?

#### 8.4.1.1.3 Die menschlichen Betriebszustände beachten

Manche Arbeiten erfordern mehr, andere weniger Aufmerksamkeit, und Mitarbeiter sind je nach Arbeitszeit und Konstitution mal mehr und mal weniger dazu in der Lage. Gerade hochkritische und fordernde Tätigkeiten, die jenseits der Routine Denkfähigkeit und Flexibilität erfordern, sollten bei entsprechend „frischen" und aufmerksamen (innerlich unbelasteten/ausgeglichenen) Mitarbeitern positioniert werden.

Neben der Berücksichtigung in der geplanten betrieblichen Routine gilt auch für ungeplante und spontane Einsätze, Aktivitäten und Aufträge so zu dosieren, dass der eingesetzte Mitarbeiter sie gut und sicher bewältigen kann. Dies ist gerade bei bereichsfremden und überlassenen Kollegen, deren Betriebszustände für die einteilende Führungskraft noch ungewohnt und deshalb schwer zu erfassen sind, nicht immer einfach. Helfen können nur der direkte Kontakt und die entsprechende Kommunikation darüber.

### 8.4.1.2 Der Wirklichkeit ins Auge sehen

Die Komplexität und potenzielle Überforderung im betrieblichen Alltag lässt sich durch Regelungen und Routinestandards nicht beseitigen. Ungeregeltes und Unvorhergesehenes gehören zum Alltag und lassen immer neue „Nebelzonen" entstehen, in denen sicher navigiert werden muss. Managementsysteme sollten nicht „vorspielen", alles im Griff zu haben. Zum einen dürfen sie die Unebenheiten menschlichen Denkens und Handelns im Wirkungsgeflecht des komplexen Alltags nicht verdrängen. Zum anderen sollten Mitarbeitende nicht genötigt sein, diese im „Untergrund" mit unkalkulierbarem (auch disziplinarischem) Ausgang auszutragen. Vielmehr gilt, der Wirklichkeit ins Auge zu sehen und ihr damit die verunsichernde Wirkung zu nehmen.

Das bedeutet nicht nur, die Reichweite der Managementsysteme offen zu thematisieren und sich auch dem ungeschriebenen und informellen Regelwerk der Kultur zu widmen. Ebenso hilfreich ist eine verbindliche Klärung darüber, wie mit diesen nebligen, sichtbehindernden Wetterlagen insgesamt umzugehen ist. Hier geht es darum, den Mitarbeitern von vornherein deutlich zu machen, auf welchem Wege Unklarheiten aufgegriffen werden können und wer wie mit wem aktiv werden soll und darf.

Freiheiten und Entscheidungsräume lassen sich unter anderem mithilfe der folgenden Fragen klären:

- Wie ist mit Regelungslücken und Widersprüchen umzugehen?
- Welche Ziele haben immer Priorität?
- Welche Freiräume dürfen eigenverantwortlich genutzt und gefüllt werden?
- Welche Risiken sind unakzeptabel?
- Welche Chancen stehen im Vordergrund?
- Welche (kulturellen) Faustregeln und Prioritäten helfen, wenn ohne Rücksprache mit der Führung Entscheidungen getroffen werden müssen?

So lässt sich gegebenenfalls so mancher Nebel lichten und verliert seine undurchsichtige und einschüchternde Wirkung. Im Vordergrund steht, zu vermeiden, dass Mut und Beherztheit, in ungewissen (gegebenenfalls auch drängenden) Situationen Entscheidungen zu treffen und zu handeln, durch intransparente Rahmenbedingungen und unkalkulierbare disziplinarische Maßnahmen „bestraft" werden.

Je nachdem, wie groß die Frei- und Spielräume sind, muss der Übergang von der geregelten „Bürokratie" zu mehr selbständigem, eigenverantwortlichem Entscheiden und Handeln stufenweise erfolgen und entsprechend gefördert und unterstützt werden. Alte Routinen sind widerstandsfähig.

### 8.4.1.3 Mit dem eigenen „Betriebssystem" umgehen lernen

Die Unsicherheit im Außen (ungewisse, kritische, alarmierende Situationen) erhöht die Unsicherheit im Innen (Druck, Bedrohung, Stress) und führt zu menschlichen Betriebszuständen, die Denken und Handeln beeinträchtigen. In solchen Situationen wird menschliches Handeln zunehmend ungewiss und unkalkulierbar.

Vielen Mitarbeitern sind diese Zusammenhänge zwischen Denken und Handeln, obwohl sie sie täglich praktizieren und erleben, nicht bewusst. Das Wissen darüber, wie Menschen funktionieren oder nicht, ist allerdings die Voraussetzung dafür, mit diesen Stärken und Schwächen verantwortungsvoll umzugehen. Wie viele Mitarbeitende überlassen sich in der täglichen Routine dem Autopiloten und damit der „erlernten Unaufmerksamkeit", ohne die Risiken und möglichen Konsequenzen für sich und das Unternehmen zu realisieren?

Das bedeutet nicht nur Müdigkeit und damit die Unterschiede in der Leistungsfähigkeit wahr- und ernst zu nehmen. Ein bekannter deutscher Automobilbauer hat hierzu beispielsweise 2011 eine „Schlaf-dich-mal-aus!"- Kampagne gestartet (Schmidt 2011). Es bedeutet ebenfalls, Arbeitsprozesse und -situationen „klassifizieren" zu können, um dann zu entscheiden, wann kraftaufwendiger und aufmerksamer Handbetrieb unbedingt angeraten ist und wann man sich ungefährdet auf den Autopiloten verlassen kann.

Auch wenn durch Management und Führung versucht wird, die technischen und organisatorischen Rahmenbedingungen so planbar und sicher wie möglich zu gestalten, sollten Mitarbeitende in der Lage sein, die vielfältigen möglichen und „nachwachsenden" Ungewissheiten in ihrem Umfeld zu erkennen und sich selbst darin zu steuern.

Die Funktionsweise des menschlichen Betriebssystems mit seinen Vor- und Nachteilen sollte zum Thema verhaltensrelevanter Schulungen und Unterweisungen gemacht werden. Wichtige Aspekte wären z. B.:

- begrenzte Aufmerksamkeit,
- Vorsicht Autopilot – „gelernte Unaufmerksamkeit",
- Schubladendenken (Faustregeln, Einstellungen, Vorurteile),
- Selbstüberschätzung und ihre guten Gründe (Kompetenzerhalt, die Unfähigkeit, Risiken realistisch einzuschätzen).

Zum Üben und Praktizieren der rechtzeitigen Wahrnehmung, Beurteilung und Klassifizierung kritischer Situationen wiederum bieten sich in Managementsystemen vor allem drei gängige Werkzeuge an:

- interne Begehungen und Audits,
- vorausschauende Risikobeurteilungen (FMEA, Umweltauswirkungen Gefährdungsbeurteilungen etc.) sowie
- die in allen Systemen praktizierten Ereignisanalysen (Unfallursachen- und Vorfallanalysen, 8-D-Report etc.).

### Wach und aufmerksam im hier und jetzt: Situationsbewusstsein

Für Risikobranchen ist ein bewusstes Umgehen mit den Unzulänglichkeiten menschlichen Denkens und Handelns selbstverständlich. Hier wird beispielsweise ein angemessenes Situational Awareness (SA) (Situationsbewusstsein) gefordert und auch trainiert.

SA bezeichnet die Fähigkeit, auch in komplexen unüberschaubaren Situationen die Lage zu überblicken und entsprechend darauf zu reagieren. Sie basiert auf den Schritten Wahrnehmung, Bewertung und Prognose und muss in besonders risikoreichen Umgebungen auch „aufgeteilt" werden, weil eine Person allein überfordert wäre („shared situational awareness").

Gerade die Prognose, also das Vorausschauen und Weiterdenken, die Frage nach der Weiterentwicklung der Situation, basiert auf den ersten beiden Schritten. Klappt hier der Austausch, das Ab- und Angleichen der individuellen Wahrnehmungen, lassen sich Risiken und Gefahren durch entsprechendes Handeln effektiver beseitigen (Endsley in Horn/Lauche 2012; Schaub 2012).

## 8.4.2 Lernen lernen

### 8.4.2.1 Erst die Einstellungen, dann das Verhalten

Vielfach ist Verhalten im (betrieblichen) Alltag nicht reflektiert und durchdacht, sondern hängt an automatischen Beurteilungs- und Bewertungsregeln, die zum Teil individuell, zum Teil auch kulturell geprägt, verinnerlicht sind. Diese Einstellungen aktivieren dann ungefragt bei bestimmten Situationen und Auslösereizen den Autopiloten, und schon verhalten wir uns plötzlich – ganz oder halbautomatisch, je nachdem (vgl. Bild 8.21).

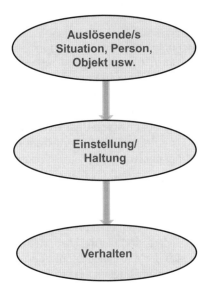

**Bild 8.21** Zusammenhang zwischen Einstellung und Verhalten

Das ist für wiederkehrende gleichartige Situationen im Leben und im Betrieb eine hilfreiche Strategie. Es spart im Alltag Zeit und Energie und erzielt ohne übermäßigen Aufwand sinnvolle Ergebnisse. Im betrieblichen Alltag allerdings kann dies auch zu unerwünschtem, regelwidrigem und riskantem Verhalten führen. Und dieses lässt sich durch Ermahnung, Unterweisung oder Schulung nicht einfach ändern.

Im ersten Schritt geht es darum, die zugrunde liegenden Abkürzungen, Apps oder Voreinstellungen bewusst zu machen und zu hinterfragen. Da es hier oft auch um gemeinsame Einstellungs- und Verhaltensschemata geht, die in der Kultur als ungeschriebene Gesetze akzeptiert sind, braucht ein solches Hinterfragen auch die Diskussion in der Gruppe und die gemeinsame Suche nach besseren Alternativen.

In der Regel ändert sich (freiwilliges) Verhalten erst, wenn auch die entsprechenden Einstellungen und Haltungen in freier Entscheidung „angepasst" sind. Eine autoritäre Führungskraft muss also die Möglichkeit bekommen, ihr Menschenbild und die daran geknüpfte Einstellung, wie Menschen funktionieren und wie sie lernen (z. B. „die funktionieren nur bei Druck"), zu hinterfragen und ändern zu können. Ein Mitarbeitender wiederum muss durch entsprechende Information, Diskussion und/oder Erfahrung die Chance bekommen, Nutzen und Kosten abzuwägen. Beispielsweise kann er sich fragen, ob der Nutzen eingehaltener Produktionszahlen oder individueller „Frei- oder Pausenzeit" die Kosten höherer Ausschuss- oder Reklamationsquoten, größerer Störungs- oder Störfallanfälligkeit oder auch erhöhter Unfallgefahr für sich und die Kollegen wert sind.

Sind Fehlschaltungen erkannt und sollen geändert werden, funktioniert dies meist nicht nur mit gutem Vorsatz. Denn sie sind als Schemata oder Muster in unserem Gehirn „eingeschliffen" oder „gebahnt". Hier muss eine Autobahn durch eine andere ersetzt werden. Und das braucht Übung.

### 8.4.2.2 Notfall trainieren

Managementsysteme dienen unter anderem dazu, auf mögliche Notfälle vorbereitet zu sein, und liefern in der Regel auch die entsprechenden Handlungsanweisungen. Im Allgemeinen werden sie unterwiesen – gegebenenfalls auch regelmäßig. Trotzdem lohnt sich hier die Frage, ob es sinnvoll sein könnte, bestimmte Handgriffe und Verhaltensweisen auch einmal durchzuspielen und zu üben. Auch wenn so keine Routinen angelegt werden, so erhöhen diese So-tun-als-ob-Übungen (z. B. Alarmübungen oder der Umgang mit einem realen Feuerlöscher) die Sicherheit im Umgang mit solchen Situationen und verhindern dadurch unerwünschte Betriebszustände bei den Mitarbeitern.

Allerdings handelt es sich hier oft um ungewöhnliche und überraschende Situationen, gegebenenfalls mit kritischen Folgen (z. B. Störfälle, Unfälle, Brand, Explosion), die Überblick und Koordination erfordern – vielfach durch die Führungskraft, die auch „Krisenmanager" sein muss. Bei solchen Ereignissen ist es kaum möglich, Routine und Gelassenheit zu entwickeln, sodass sich hier die Frage stellt, wie belastbar die jeweilige Person ist und wie schnell sich der Alarmmodus mit unerwünschten Reaktionen (z. B. Flucht oder Starre und Handlungsunfähigkeit durch Überforderung) bemerkbar macht.

In Risikobranchen haben sich entsprechende Trainings etabliert, in denen einzeln und in Gruppen auf solche kritischen Situationen vorbereitet und Entscheiden in Krisen geübt wird, z. B. in Krisenstabs- und Einsatzübungen, Simulationstrainings oder bei der Bearbeitung von Fallstudien. Auch im „Crew Resource Management" der Luftfahrtbranche finden sich solche Lerneinheiten. Auf diese Weise kann das Entscheiden unter Zeitdruck, der Umgang mit Stress oder Informationsüberlastung überprüft und geübt werden, was so manch realem Führungslück die Dramatik genommen hätte (Strohschneider 2012; Horn/Lauche 2012; Hofinger/Zinke 2014).

# 8.5 Literatur

Badke-Schaub, Petra; Hofinger, Gesine; Lauche, Kristina (2012): *Human Factors. Psychologie sicheren Handelns in Risikobranchen*. 2. Auflage, Springer, Berlin/Heidelberg

Barghorn, Kerstin (2010): *Einstellungen und Verhalten von Mitarbeitern in betrieblichen Veränderungsprozessen*. Dissertation zur Erlangung des Doktorgrades des Fachbereichs Humanwissenschaften der Universität Osnabrück

Beck, Hanno (2014): *Behavioral Economics. Eine Einführung*. Springer, Wiesbaden

Blickle, Gerhard (2014): „Methoden". In: Nerdinger, Friedemann W.; Blickle, Gerhard; Schaper, Niclas: *Arbeits- und Organisationspsychologie*. 3., vollständig überarbeitete Auflage. Springer, Berlin/Heidelberg, S. 25–40

Bodnar, Linn; Lohmann-Haislah, Andrea (2013): „Psychische Belastung – Erholung ist wichtig. Pausen nutzen!". In: *baua: Aktuell* 3/2013. URL: http://www.baua.de/de/Publikationen/BAuA-AKTUELL/2013-3/pdf/ba3-13.pdf?__blob=publicationFile&v=4, Abruf: 12/29/2014

Cummins, Denise D. (2015): *Gutes Denken. Wie Experten Entscheidungen fällen*. Springer, Berlin/Heidelberg

DIN EN ISO 9000:2015: *Qualitätsmanagementsysteme – Grundlagen und Begriffe (ISO 9000:2015); Deutsche und Englische Fassung EN ISO 9000:2015*. Beuth, Berlin November 2015

DIN EN ISO 9001:2015: *Qualitätsmanagementsysteme – Anforderungen (ISO 9001:2015); Deutsche und Englische Fassung EN ISO 9001:2015*. Beuth, Berlin

DIN EN ISO 10075_2:2000: *Ergonomische Grundlagen bezüglich psychischer Arbeitsbelastung. Teil 2: Gestaltungsgrundsätze*. Beuth, Berlin

DIN EN ISO 14001:2015: *Umweltmanagementsysteme – Anforderungen mit Anleitung zur Anwendung (ISO 14001:2015); Deutsche und Englische Fassung EN ISO 14001:2015*. Beuth, Berlin

DiSalvo, David (2014): *Was Ihr Gehirn glücklich macht ... und warum Sie genau das Gegenteil tun sollten*. Springer, Berlin/Heidelberg

Dörner, Dietrich (2012): „Emotion und Handeln". In: Badke-Schaub, Petra; Hofinger, Gesine; Lauche, Kristina (Hrsg.): *Human Faktors. Psychologie sicheren Handelns in Risikobranchen*. S. 101–119. 2. Auflage. Springer, Wiesbaden

Ebermann, Hans-Joachim; Jordan, Patrick (2011): „Unfallprävention". In: Scheiderer, Joachim; Ebermann, Hans-Joachim (Hrsg.): *Human Factors im Cockpit. Praxis sicheren Handelns für Piloten*. Springer, Berlin/Heidelberg, S. 1–36

Ebermann, Hans-Joachim; Murtha, Maria-Pascaline (2011): „Ermüdungs- und Wachsamkeitsmanagement". In: Scheiderer, Joachim; Ebermann, Hans-Joachim (Hrsg.): *Human Factors im Cockpit. Praxis sicheren Handelns für Piloten*. Springer, Berlin/Heidelberg, S. 201–224

Esser, Hartmut (2002): *Soziologie. Spezielle Grundlagen, Band 1: Situationslogik und Handeln*. 3. Auflage, Campus, Frankfurt am Main

Fischer, Peter; Asal, Kathrin; Krueger, Joachim I. (2013): *Sozialpsychologie für Bachelor*. Springer, Berlin/Heidelberg

Gasche, Ralf (2015): „Achtsam leben, klug entscheiden, mutig handeln! Erfolgreich führen ohne auszubrennen". In: Buchenau, Peter (Hrsg.): *Chefsache Prävention II – Mit Vorsorgemaßnahmen zum persönlichen und unternehmerischen Erfolg*. Springer, Wiesbaden

Gericke, Gudrun; Rabe, Sebastian; Trimpop, Rüdiger: „Angestrengt und abgelenkt? Unfallgefährdungsfaktoren bei Arbeitswegen und Wegeunfällen". In: Schade, Jens; Engeln, Arnd (Hrsg.):

*Fortschritte der Verkehrspsychologie. Beiträge vom 45. Kongress der Deutschen Gesellschaft für Psychologie.* VS, Verlag für Sozialwissenschaften/Springer, Wiesbaden, S. 31–50

Gerrig, Richard J.; Zimbardo, Philip G. (2008): *Psychologie.* 18., aktualisierte Ausgabe. Pearson Deutschland, München

Gigerenzer, Gerd (2013): *Risiko. Wie man die richtigen Entscheidungen trifft.* Bertelsmann, München

Grim, Catherine (2008): „Schlafforschung. Vielleicht auch träumen". In: *FAZ-Net* vom 05.09.2008. URL: http://www.faz.net/aktuell/wissen/mensch-gene/schlafforschung-vielleicht-auch-traeumen-1699901.html, Abruf: 12.09.2015

Hacker, Winfried (2009): *Arbeitsgegenstand Mensch. Psychologie dialogisch-interaktiver Erwerbsarbeit.* Pabst Science Publishers, Lengerich

Hacker, Winfried; Weth, Rüdiger von der (2012): „Denken – Entscheiden – Handeln". In: Badke-Schaub, Petra; Hofinger, Gesine; Lauche, Kristina: *Human Factors. Psychologie sicheren Handelns in Risikobranchen.* 2. Auflage, Springer, Berlin/Heidelberg, S. 83–99

Hagen, Jan U. (2013): *Fatale Fehler. Oder warum Organisationen ein Fehlermanagement brauchen.* Springer Gabler, Berlin/Heidelberg

Hofinger, Gesine (2003): „Fehler und Fallen beim Entscheiden in kritischen Situationen". In: Strohschneider, Stefan: *Entscheiden in kritischen Situationen.* Verlag für Polizeiwissenschaft, Frankfurt am Main 2003. URL: http://www.plattform-ev.de/downloads/denkfehlerhofinger.pdf, Abruf: 09.01.2015

Hofinger, Gesine (2012): „Fehler und Unfälle". In: Badke-Schaub, Petra; Hofinger, Gesine; Lauche, Kristina: *Human Factors. Psychologie sicheren Handelns in Risikobranchen.* 2. Auflage, Springer, Berlin/Heidelberg, S. 39–59

Hofinger, Gesine; Zinke, Robert (2014): „Menschliches Handeln in Krisen". In: *Zeitschrift für Außen- und Sicherheitspolitik (ZfAS)* 7 (2014), S. 145–159

Horn, Günter (2008). „Notfallplanung – Grundlagen des Notfallmanagements 13370". In: Ecker, Friedrich; Köchling, Stefan (Hrsg.): *Arbeitsschutz besser managen. Organisation und Integration von Sicherheit und Gesundheitsschutz im Unternehmen.* TÜV Media, 22. Akt.liefg. 2008, URL: http://www.qm-aktuell.de/downloads/asm_13370_v.pdf, Abruf: 09.01.2015

Horn, Günter; Lauche, Kristina (2012): „Lernen aus Störfällen und Präventionsansätze in der Prozessindustrie". In: Badke-Schaub, Petra; Hofinger, Gesine; Lauche, Kristina: *Human Factors. Psychologie sicheren Handelns in Risikobranchen.* 2. Auflage, Springer, Berlin/Heidelberg, S. 247–261

Hruby, Jörg; Hanke, Thomas (2014): *Mindsets für das Management. Überblick und Bedeutung für Unternehmen und Organisationen.* Springer, Wiesbaden

Jahn, Thekla (2015): „Neurowissenschaft – Stress vermindert die Denkleistung im Alter". In: *Beitrag Forschung Aktuell in Deutschlandfunk* vom 12.01.2015. URL: http://www.deutschlandfunk.de/neurowissenschaft-stress-vermindert-die-denkleistung-im.676.de.html?dram:article_id=308508, Abruf: 14.01.2015

Jonas, Klaus; Stroebe, Wolfgang; Hewstone, Miles (2014) (Hrsg.): *Sozialpsychologie.* Springer, Berlin/Heidelberg

Kahneman, Daniel (2012): *Schnelles Denken, langsames Denken.* Siedler, München

Kaluza, Gert (2012): *Gelassen und sicher im Stress. Das Stresskompetenz-Buch – Stress erkennen, verstehen, bewältigen.* Springer, Berlin/Heidelberg

Keel, Peter (2015): *Müdigkeit, Erschöpfung und Schmerzen ohne ersichtlichen Grund. Ganzheitliches Behandlungskonzept für somatoforme Störungen.* Springer, Berlin/Heidelberg

Krüger, Angela (2013): „Keine Rutschpartie". In: *Arbeit und Gesundheit (DGUV)* Ausgabe 5/6 2013. URL: http://www.arbeit-und-gesundheit.de/2/1688, Abruf: 30.01.2015

Kumbruck, Christel; Derboven, Wibke (2009): *Interkulturelles Training. Trainingsmanual zur Förderung interkultureller Kompetenzen in der Arbeit*. 2. Auflage, Springer, Heidelberg

Litzcke, Sven; Schuh, Horst; Pletke, Matthias (2013): *Stress, Mobbing und Burn-out am Arbeitsplatz. Umgang mit Leistungsdruck. Belastungen im Beruf meistern*. 6. Auflage, Springer, Berlin/Heidelberg

Lohmann-Haislah, Andrea (2012): *Stressreport Deutschland 2012. Psychische Anforderungen, Ressourcen und Befinden*. Bundesanstalt für Arbeitsschutz und Arbeitsmedizin, Dortmund/Berlin/Dresden. URL: http://www.baua.de/de/Publikationen/Fachbeitraege/Gd68.pdf?__blob=publicationFile, Abruf: 02.01.2015

Martens, Jens-Uwe (2009): *Einstellungen erkennen, beeinflussen und nachhaltig verändern. Von der Kunst, das Leben aktiv zu gestalten*. Kohlhammer, Stuttgart

Müller, Hermann J.; Krummenacher, Joseph (2006): „Aufmerksamkeit". In: Funke, Joachim; Frensch, Peter A. (Hrsg.): *Handbuch der Allgemeinen Psychologie – Kognition*. Hogrefe, Göttingen, S. 118–126

Müller-Lissner, Adelheid (2014): „Smartphone am Steuer. Tödliche Ablenkung im Auto – auch mit Freisprechanlage". In: *Tagesspiegel* vom 22.08.2014. URL: http://www.tagesspiegel.de/wissen/smartphone-am-steuer-toedliche-ablenkung-im-auto-auch-mit-freisprechanlage/10365420.html. Abruf: 12.09.2015

Musahl, Hans-Peter (2005): „Arbeitssicherheit". In: Musahl, Hans-Peter; Schwennen, Christian; Hinrichs, Stephan (Hrsg.): *Arbeitssicherheit – Führung – Qualität*. Dr. Kovač, Hamburg, S. 5–34

Oehme, Astrid et al. (2014): „Taxonomie von Fehlhandlungen bei der Fahrzeugführung". In: *(Forschungs-)Berichte der Bundesanstalt für Straßenwesen*, Fahrzeugtechnik Heft F 95

Pfläging, Niels; Hermann, Silke (2015): *Komplexithoden. Clevere Wege zur (Wieder)Belebung von Unternehmen und Arbeit in Komplexität*. Redline Wirtschaft, München

Pichler, Thomas (2014): „Sprachsteuerung im Auto lebensgefährlich". In: *Pressetext Nachrichtenagentur* vom 07.10.2014. URL: http://www.pressetext.com/news/20141007018, Abruf: 12.09.15

Robinson, Richard (2005): *Warum der Toast immer auf die Butterseite fällt und auch sonst alles schief geht*. München, Goldmann

Roth, Gerhard (2011): *Persönlichkeit, Entscheidung und Verhalten. Warum es so schwierig ist, sich und andere zu ändern*. Klett-Cotta. Stuttgart 2011

Schaper, Niclas (2014a): „Theoretische Modelle des Arbeitshandelns". In: Nerdinger, Friedemann W.; Blickle, Gerhard; Schaper, Niclas: *Arbeits- und Organisationspsychologie*. 3., vollständig überarbeitete Auflage. Springer, Berlin/Heidelberg, S. 321–356

Schaper, Niclas (2014b): „Psychologie der Arbeitssicherheit". In: Nerdinger, Friedemann W.; Blickle, Gerhard; Schaper, Niclas: *Arbeits- und Organisationspsychologie*. 3., vollständig überarbeitete Auflage. Springer, Berlin/Heidelberg, S. 489–516

Schaper, Niclas (2014c): „Wirkungen der Arbeit". In: Nerdinger, Friedemann W.; Blickle, Gerhard; Schaper, Niclas: *Arbeits- und Organisationspsychologie*. 3., vollständig überarbeitete Auflage. Springer, Berlin/Heidelberg, S. 517–539

Schaub, Harald (2006): „Denk- und Handlungsfehler". In: Funke, Joachim; Frensch, Peter A. (Hrsg.): *Handbuch der Allgemeinen Psychologie – Kognition*. Hogrefe, Göttingen, S. 484–493

Schaub, Harald (2012): „Wahrnehmung, Aufmerksamkeit und ‚Situation Awareness' (SA)". In: Badke-Schaub, Petra; Hofinger, Gesine; Lauche, Kristina: *Human Factors. Psychologie sicheren Handelns in Risikobranchen*. 2. Auflage, Springer, Berlin/Heidelberg, S. 63–78

Schmidt, Helmut: Gesunder Schlaf – lästiges Übel oder unverzichtbar in der heutigen Leistungsgesellschaft? Daimler-BLOG, 04. 04.2011. URL: http://blog.daimler.de/2011/04/04/schlaf-dich-mal-aus/, Abruf: 12.08.2015

Schmithüsen, Franziska; Steffgen, Georges (2015): „Sozialpsychologie". In: Schmithüsen, Franziska et al. (Hrsg.): *Lernskript Psychologie*. Springer, Berlin/Heidelberg, S. 96–157

Spitzer, Manfred (2007): *Vom Sinn des Lebens. Wege statt Werke*. Schattauer, Stuttgart

St. Pierre, Michael; Hofinger, Gesine (2014): *Human Factors und Patientensicherheit in der Akutmedizin*. 3. Auflage Springer, Berlin/Heidelberg

St. Pierre, Michael; Hofinger, Gesine; Buerschaper, Cornelius (2011): *Notfallmanagement. Human Factors und Patientensicherheit in der Akutmedizin*. 2. Auflage. Springer, Berlin/Heidelberg

Stangl, Werner (2015b): „Verfügbarkeitsheuristik". In: *Online-Enzyklopädie für Psychologie und Pädagogik*. URL: http://lexikon.stangl.eu/4713/verfgbarkeitsheuristik/, Abruf: 22.01.2015

Strohschneider, Stefan (2003): „Krisenstabstraining: Das Nicht-Planbare vorbereiten". In: Strohschneider, Stefan: *Entscheiden in kritischen Situationen*. Verlag für Polizeiwissenschaft, Frankfurt am Main, S. 97–112

Strohschneider, Stefan (2012): „Human Factors Training". In: Badke-Schaub, Petra; Hofinger, Gesine; Lauche, Kristina: *Human Factors. Psychologie sicheren Handelns in Risikobranchen*. 2. Auflage, Springer, Berlin/Heidelberg, S. 313–332

Taschner, Andreas (2013): *Management Reporting für Praktiker. Lösungsorientierte Kompaktedition*. Springer Gabler, Wiesbaden

Weibler, Jürgen; Küpers, Wendelin (2008): „Intelligente Entscheidungen in Organisationen – Zum Verhältnis von Kognition, Emotion und Intuition". In: Bortfeldt, Andreas et al. (Hrsg.): *Intelligent Decision Support. Current Challenges and Approaches*. Springer, Wiesbaden, S. 457–478

Wiedemann, Rolf; Badke-Schaub, Petra (2012): „Aktuelle Themen und zukünftige Entwicklungen in der Luftfahrt". In: Badke-Schaub, Petra; Hofinger, Gesine; Lauche, Kristina: *Human Factors. Psychologie sicheren Handelns in Risikobranchen*. 2. Auflage, Springer, Berlin/Heidelberg, 2012 S. 221–233

# 9 Mit Fehlern umgehen

In den vorangegangenen Kapiteln haben wir nicht nur die Einflussfaktoren und Rahmenbedingungen beschrieben, unter denen Mitarbeitende im Managementsystem handeln. Wir haben auch dargestellt, wie diese Bedingungen das Denken und Verhalten im Unternehmen beeinflussen und wie durch Führung und Zusammenarbeit hilfreiche Konsequenzen gezogen werden können.

Viele dieser Hinweise lassen sich bei den unterschiedlichsten Anlässen oder vorbeugend einsetzen und stärken das Unternehmen im Umgang mit der alltäglichen Komplexität und Ungewissheit. Ein Themenfeld in Managementsystemen bietet sich allerdings besonders an, die dargestellten Hinweise und Zusammenhänge konkret und beispielhaft anzuwenden und damit eine Reihe der angesprochenen „Schrauben" zu betätigen. Gemeint ist die Bearbeitung von Vorfällen und Fehlern, um sowohl die unerwünschten Ereignisse und Verhaltensweisen als auch ihre Entstehungsbedingungen und Folgen in den Griff zu kriegen.

Hierzu schauen wir zunächst, was unter Fehlern verstanden wird (→ Kapitel 9.1). Anschließend betrachten wir auf auf Basis des vorangegangenen Kapitels, welche Rolle dem Menschen in zeitgemäßen Entstehungsmodellen zugewiesen wird (→ Kapitel 9.2), welche Fehlerarten es gibt und wie dabei die „Absicht" zum Tragen kommt (→ Kapitel 9.3). Dann klären wir, unter welchen betrieblichen und persönlichen Verhältnissen Fehler besonders gerne auftreten (→ Kapitel 9.4) und stellen am Ende Instrumente zum Umgang mit Fehlern vor, die sich in den Risikobranchen bewährt haben (→ Kapitel 9.5).

## ■ 9.1 Was sind Fehler?

Fehler sind ein Thema, das ein Managementsystem prägt. Die Philosophie der „Vorbeuge- und Korrekturmaßnahmen" gehört zum Herzstück jeder Managementsystemnorm. Aufgespürt durch Prüfungen, Messungen, Überwachung und Audits kommen sie auf die Tagesordnung und sollen beseitigt werden. Manchmal tauchen sie auch überraschend auf als Unfall, Anlagenstörung, Beschwerde oder Reklamation – als unerwünschtes Ereignis. Machen möchte sie keiner, und nicht selten sind sie mit unangenehmen Folgen behaftet. Was genau sind nun Fehler? Werfen wir zunächst einen Blick in die Normen.

## 9.1.1 Fehler im Managementsystem

In der Normenwelt sind Fehler das „Nichterfüllen einer Anforderung", wobei Anforderung auch die „übliche oder allgemeine Praxis" sein kann, die sich in einer Erwartung ausdrückt (ISO 9000:2015, 3.6.9, 3.6.4; ISO 14001:2015, 3.24). Allerdings wird hier vorgezogen, diesen Zustand als Nichtkonformität (Bild 9.1) zu bezeichnen (Vorwort ISO 9001). Konformität ist also gegeben, wenn Anforderungen und Verpflichtungen eingehalten werden, die intern und extern (Gesetzgeber, Kunden) als Soll vorgegeben werden (ISO 9001:2015, 3.1.8).

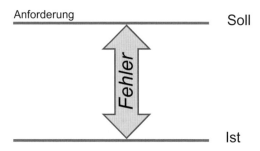

**Bild 9.1** Fehler bzw. Nichtkonformität als Abweichung zwischen Ist und Soll

Aus Sicht der genannten Normen ist der Fehler also generell eine Abweichung von einem definierten Ideal – die Differenz zwischen Ist und Soll. Ein Fehler kann hier also nur da auftauchen, wo es dieses definierte Soll als Bezugsgröße gibt. Bezogen auf menschliches Verhalten hilft uns das nicht immer weiter, denn es kann auch widersprüchliche, unklare oder keine Soll-Vorgaben geben.

Aber nicht nur in Managementsystemen werden Fehler gemacht. Vor dem Hintergrund der Leistungsfähigkeit von Unternehmen und der Sicherheit nicht nur in Risikobranchen sind sie inzwischen intensiv beforscht und auch definiert. Allen gemeinsam sind die folgenden Aspekte (Hofinger 2012).

## 9.1.2 Verhaltensbezogene Fehler

Auf menschliches Handeln bezogen lässt sich – passend zur Konformitätsforderung der Norm – der Fehler charakterisieren als eine Abweichung von einem als richtig angesehenen Verhalten. Beispielsweise wird eine vorgeschriebene Geschwindigkeit oder ein definierter Entsorgungsweg nicht eingehalten. Außerdem lassen sich Fehler auch als Zielverfehlung ansehen. Statt das erwünschte Ziel zu erreichen, muss man sich mit unerwarteten und unerwünschten Ereignissen im Handlungsablauf arrangieren (Wehner/Mehl/Dieckmann 2010).

Es braucht die Beurteilung vom Ziel aus, um etwas als Fehler zu bezeichnen. Und dies kann von Mensch zu Mensch, von System zu System und auch je nach Zeitpunkt und Kontext unterschiedlich sein.

**Fehler**

Fehler sind eine Abweichung von einem erwünschten Ergebnis (Hofinger 2012):
- Das kann ein als richtig angesehenes Verhalten sein oder
- das Nichterreichen oder Abweichen vom angestrebten Handlungsziel.

Wenn z. B. ein Pilot einer großen Passagiermaschine – obwohl es für ihn durch entsprechende Vorschriften strikt verboten ist – in einer befahrenen Wasserstraße landet und damit 150 Menschenleben rettet, ist das kein Fehler, sondern ein Grund, diesen Piloten als Helden zu feiern. Hätte diese Notlandung nicht geklappt, hätte er einen „Fehler" begangen. Die endgültige Beurteilung erfolgt in der Regel immer im Nachhinein und vom Ziel aus gesehen und kann aus Sicht des jeweiligen Systems tolerant ausfallen. Hier ist generell die Frage: „Was ist das höherwertige Ziel?" Eine Frage, die der 2009 im Hudson River notgelandete Pilot eindeutig beantwortet hat.

Um Fehlern begegnen zu können, muss man zunächst einmal ergründen, wie sie entstehen. Hier konzentrieren wir uns auf die Rolle der Menschen, die es gilt, durch Führung und Zusammenarbeit zu unterstützen.

## ■ 9.2 Wie werden Fehler „gemacht"?

Kippt eine Last während der Fahrt vom Lkw, wurde sie nicht richtig gesichert oder der Fahrer ist zu schnell in die Kurve gefahren. So einfach ist das. Oder etwa nicht? Welche Rolle spielen der Faktor Mensch und sein Verhalten in diesem Zusammenhang? Die Normen drücken sich hier „diplomatisch" aus:

„Menschen sind eine der wertvollsten Ressourcen einer Organisation. Die Leistung der Organisation ist abhängig davon, wie sich die Personen innerhalb des Systems, in dem sie arbeiten, verhalten" (ISO 9000:2015, 2.2.5).

„Der Faktor Mensch kann eine signifikante Auswirkung auf ein Managementsystem haben" (ISO 9000:2015, 3.12.4, Anmerkung 2).

### 9.2.1 Menschliches Verhalten als Unfallursache?

Werden dramatische Unfälle in der Öffentlichkeit diskutiert, lautet in der Regel die Frage: „War es technisches oder menschliches Versagen?" Organisatorisches Versagen gibt es scheinbar nicht. Untersuchungen und Unfallanalysen in Risikobranchen lassen ebenfalls keinen Zweifel offen. Menschliches Verhalten wird zunehmend mit zum Risikofaktor und zur Ursache für Unfälle erklärt:

- Im Bereich der Luftfahrt sind es mehr als 70 %, im Bereich der Raumfahrt 66 % und im Bereich der Kernkraft 52 % (Badke-Schaub/Hofinger/Lauche 2012, S. 5).
- Auch die nachträglichen Betrachtungen von Unglücksursachen im Bereich der Risikotechnologien, wie z. B. Bhopal, Tschernobyl, Space Shuttle Challenger, ergaben, dass 70 bis 80 % der Ereignisse auf den Faktor Mensch („Human Factors") und sein Verhalten zurückzuführen sind. Gleiche Zahlen wurden für auch für Zwischenfälle im Gesundheitswesen ermittelt (St. Pierre/Hofinger/Buerschaper 2011, S. 6).
- Bezogen auf ärztliche Kunstfehler berichtet die Bundesärztekammer 2014, dass es bei jeder 100. Krankenhausbehandlung zu einem Kunstfehler kommt und dass einer von 1.000 Patienten hierdurch verstirbt (Oubaid/Anheuser 2014, S. 657).
- Im Bereich der Arbeitssicherheit gibt es vielfältige Belege dafür, dass es die verhaltensbedingten Fehler sind, die als Hauptursache für Unfälle verantwortlich sind. Auch hier kursieren Zahlen um die 80 % (Müller 2012, S. 9).

Spielen Menschen bei der Fehlerentstehung tatsächlich eine solche Hauptrolle?

## 9.2.2 Fehler und ihre Wechselwirkungen

Und wieder hilft die systemische Denkschule mit ihren Modellen. Sie hat auch in der Fehlerforschung ihre Spuren hinterlassen. Zeitgemäße Ansätze hierzu kommen insbesondere aus den Risikobranchen, die immer mit fatalen Folgen rechnen müssen (Krankenhäuser, Atomkraftwerke, Fluggesellschaften etc.). Sie haben Erkenntnisse und Vorstellungen hervorgebracht, die Zusammenhänge und Wechselwirkungen mit anderen Systemelementen berücksichtigen. Dabei werden Mensch und Mitarbeiter Teil eines Wirkungsgefüges.

### 9.2.2.1 Aktive Fehler und latente Bedingungen

Aus systemischer Sicht ist ein Fehler nicht mehr die eine falsche Handlung. Vielmehr gilt das ausschließliche Interesse dem unerwünschten Ereignis, das hierdurch ausgelöst wird. Einerlei, wie groß und gefährlich dieses Ereignis ist, es geschieht als Folge verschiedenster ungünstiger Umstände und Handlungen, die miteinander verknüpft oder verkettet sind.

Der handelnde Mitarbeiter ist lediglich derjenige, der am Ende dieser Kette steht und durch sein Handeln die negativen Folgen unmittelbar auslöst. Er begeht den aktiven Fehler. Dieser ist mehr oder weniger sichtbar und kann auch zu Sanktionen führen. Das Übersehen eines mangelhaften Produkts, das zu einer Beschwerde führt, oder das Überhören eines Warnsignals, das zu einem Unfall führt, sind solche aktiven Fehler.

Allerdings handelt der betrachtete Mitarbeiter in einem zeitlichen und räumliche Kontext, der ihm dabei maßgeblich behilflich ist und entsprechend latente (verborgene) Bedingungen schafft, z. B. Personalengpässe, räumliche Gegebenheiten, Ausbildungsstand etc. Ähnliche Bedingungen rufen dann gegebenenfalls auch immer wieder ähnliche Fehler hervor.

**Latente Unfall- oder Fehlerursachen**
Latente Unfall- oder Fehlerursachen sind solche, die nie allein und direkt wirksam werden, z. B. Personalführung, unzureichende Ausbildung, Ressourcenengpässe, Vorschriften, Organisationskultur. Vielmehr ermöglichen sie als unsichere Zustände, dass aktive Fehler zu Unfällen und Fehlern führen (Hofinger 2012; St. Pierre/Hofinger/Buerschaper 2011).

Latente Bedingungen entstehen durch Entscheidungen, die auf allen Ebenen des Unternehmens von direkten Vorgesetzten bis hin zur Verwaltung gefällt werden (indirekte Führung): Sie liegen als Organisationsstrukturen, als Kultur oder Prozess, z. B. Einarbeitungsplan (Sollen/Dürfen), aber auch als situative Rahmenbedingung, z. B. bauliche Gegebenheiten oder Werkzeuge, vor. Häufig sind dies Entscheidungen, bei denen Qualität oder Kundenvertrauen, Arbeits- und Anlagensicherheit oder Umweltschutz kein vorrangiges Kriterium war. Jeder Fehler hat also wie jedes andere Mitarbeiterverhalten auch (→ Kapitel 1) Einflussgrößen, die „zum Gelingen beitragen" (Reason in Hofinger 2012).

### 9.2.2.2 Latente Sicherheitslücken als Löcher im Käse

Der Zusammenhang latenter Bedingungen und aktiver Fehler als Kettenreaktion wird auch bildhaft anhand eines löchrigen Käses dargestellt (Reason in Hofinger 2012). In diesem Modell stellen die erwähnten Rahmenbedingungen Sicherheitsbarrieren als hintereinandergeschaltete Käsescheiben dar, die Löcher aufweisen können (Bild 9.2). Der unerwünschte Vorfall kann sich dabei nur dann ereignen, wenn diese Löcher an den richtigen Stellen liegen und die jeweilige Gefahr oder Unsicherheit durchschlüpfen kann.

Allerdings lässt sich nicht immer eine Reaktionskette ausmachen. Konsequent systemisch betrachtet wirken die Bedingungen zusammen und ermöglichen dem Fehler, durch ein mehr oder weniger lose geknüpftes, situatives (lokales und zeitliches) Sicherheitsnetz zu schlüpfen.

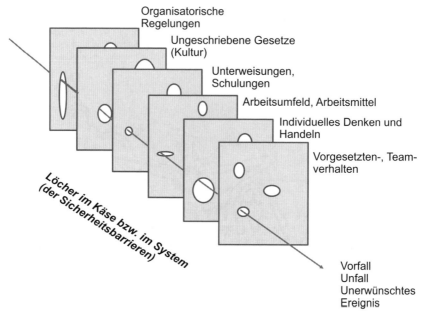

**Bild 9.2** Viele latente Bedingungen und Handlungen als Löcher im Käse machen das unerwünschte Ereignis möglich (in Anlehnung an Reason in Hofinger 2012)

### 9.2.2.3 Vorfälle und Unfälle als Spitze des Eisberges

Gravierende Ereignisse (Unfälle, Störfälle und Reklamationen etc.) richten Schaden an und verursachen Kosten. Sie bilden die Spitze eines Eisberges, wie ihn Bild 9.3 zeigt.

Hinzu kommen sogenannte Zwischenfälle (auch „near miss" oder „critical incident"), die auch als Fehler ihren Auftritt haben und in der Regel ohne gravierende Schäden und Aufwendungen korrigiert werden können. Die Zuordnung ist je nach Leitziel (Qualität, Arbeitssicherheit, Umweltschutz), Branche, Unternehmensgröße etc. unterschiedlich und wird in einer Möbeltischlerei anders aussehen als im Krankenhaus oder in der Luftfahrt.

Eine weitere Etage in unserem Eisberg stellen die minimalen Ereignisse dar (Weick/Sutcliffe 2010), die in komplexen Systemen zur Tagesordnung gehören. Hier sind es kleine Pannen und Abweichungen von vorgegebenen Prozessen, die schnell und folgenlos korrigiert werden können, z. B. nachts im Auto ohne Licht losfahren. Sie werden im Unternehmensgeschehen mal mehr, mal weniger zur Kenntnis genommen.

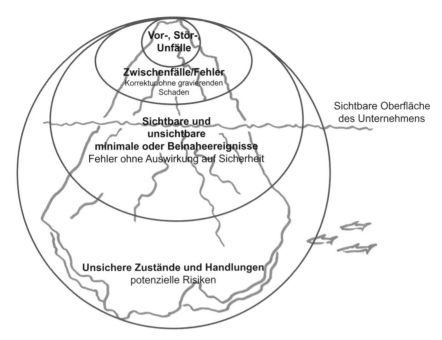

**Bild 9.3** Der Ereigniseisberg – Fehler und ihre Entwicklungsstadien (ergänzt in Anlehnung an St. Pierre/Hofinger/Buerschaper 2011)

Vorläufer dieser Ereignisse sind die jeweils aktuellen, lokalen (latenten) Bedingungen. Diese lauern als unsichere Zustände unentdeckt unter der Oberfläche und warten als potenzielles Risiko nur auf die eine aktive *unsichere Handlung*, die das unerwünschte Ereignis zum Ausbruch bringt. Eine solch unsichere Handlung kann Telefonieren sein. Bin ich abgelenkt vom aktuellen Geschehen, können weitere Unsicherheiten oder Risiken leicht zum unerwünschten Ausfall führen. Auf der Autobahn sind das z. B. die abgefahrenen Reifen und die nasse Fahrbahn, die das plötzlich erforderliche Bremsmanöver zum Scheitern bringen, und in der Produktionshalle der Staplerfahrer, der durch das Sonnenlicht geblendet ist.

 **Der Mensch in der Verantwortung – Auszug aus einem Interview mit Fehlerforscher Theo Wehner (Loriol 2014)**

Frage: „Ist am Schluss immer der Mensch verantwortlich, auch wenn z. B. von einer Stellwerkstörung die Rede ist?

*Letztlich ja, solange in Prozessen am Ende ein Mensch die Technik bedient oder ein Operationsbesteck in der Hand hält. Aber hinter dem Einzelnen stehen andere Menschen, eine Organisation, eine ganze Gesellschaft. Der Operateur macht den Fehler, aber er ist Mensch in einer von vielen gestalteten und organisierten Umwelt. Manchmal veranlasst sie ihn sogar, fehlerhaft zu handeln. Häufig schützt sie ihn nicht davor.*"

Gerade in Risikobranchen wurden viele Erfahrungen dokumentiert, die belegen, wie aus kleinen unscheinbaren Zuständen und Handlungen Katastrophen werden können. Jeder Zwischenfall hätte auch schlimmer ausgehen können – bei den entsprechenden Bedingungen. Deshalb ist es hier zur Selbstverständlichkeit geworden, auch die kleinen und unscheinbaren Zustände und Handlungen frühzeitig aufzudecken und abzustellen (Weick/Sutcliffe 2010). Auch die effektive Unfallvermeidung in der Arbeitssicherheit orientiert sich an genau diesem Vorgehen.

Verhaltensbedingte Fehler entstehen also aus Verhalten und Verhältnissen, einer Mischung förderlicher Bedingungen und ohne wirksame Sicherheitsschranke.

## ■ 9.3 Fehlerursachen und -arten

Wo immer Menschen tätig sind, kann es zu unerwünschten großen und kleinen Ereignissen kommen. Unsichere Handlungen als Auslöser oder Beitrag solcher Begebenheiten haben unterschiedliche Entstehungsgeschichten und führen zu unterschiedlichen Ergebnissen. Die Unterscheidung der Ursachen und Arten liefert verschiedene Blickwinkel, die dabei helfen, Fehlern wirksam zu begegnen.

### 9.3.1 Absicht oder nicht?

Mit der Normdefinition einer Abweichung von einer Anforderung wird der Blick meist unmittelbar auf das definierende Regelwerk gelenkt, das schriftliche Vorgabedokumente zur ultimativen Messlatte und zum Alleinkriterium erhebt. So wird aus einem erkannten Regelverstoß meist schnell und ohne Umwege ein Fehler.

Dies geschieht nicht nur in Audits, die ja die Wirksamkeit des Managementsystems feststellen sollen. Auch die spontanen Kontrollen der Stabs- und Linienführungskräfte zielen oft auf die Einhaltung der Vorschriften. Erfolgt beispielsweise eine Produktkontrolle nicht mit entsprechend zugelassenem Gerät, erfolgt die Entsorgung eines maschinenölgetränkten Putzlappens im falschen Behälter oder aber wird die vorgeschriebene Schutzbrille nicht getragen, ist schnell ein Schuldiger gefunden und der Fehler unmittelbar korrigiert. Dadurch wird deutlich gemacht, dass die Regel wichtig und ernst zu nehmen ist, allerdings führt dieser Führungsreflex ebenfalls dazu, dass wichtige Informationen ungenutzt verloren gehen.

Ist erwünschtes Verhalten geschrieben oder ungeschrieben definiert, beauftragt oder angewiesen, kann ein Abweichen, wie in Bild 9.4 gezeigt, unterschiedlich motiviert sein (Reason in Hofinger 2012). In vielen Fällen handelt es sich nicht um eine vorsätzliche oder fahrlässige Missachtung von Regeln. Vielmehr ist es eine bewusste, beabsichtigte Entscheidung für ein als höherwertig angesehenes Ziel und das gegebenenfalls damit verbundene Risiko. Beispielsweise wurde die Sicherheitsbrille abgesetzt, weil sie verschmutzt war und eine sichere Ablesung der Messanzeige an der Anlage gefährdet hat.

Der Sammelbehälter für ölverschmutztes Arbeitsmaterial könnte zu weit vom Arbeitsplatz entfernt liegen und die vorschriftsmäßige Arbeitshandlung unverhältnismäßig lang unterbrechen, und die geprüfte und zugelassene Waage aus der Qualitätssicherung zu holen, hätte womöglich den ohnehin gegebenen Zeitdruck in der Urlaubszeit weiter erhöht. Oft werden also Handlungen trotz widriger Umstände zu Ende gebracht, um im Sinne des Unternehmens Zeit oder Ressourcen zu sparen oder dringend notwendige Ruhe- oder Erholungspausen zu gewährleisten. Solch ein Verstoß wird vom jeweiligen Mitarbeitenden nicht als Fehler gesehen, denn das erstrebte Ziel wurde ja erreicht. Entsprechend „schmerzhaft" kann eine unhinterfragte Rüge sein.

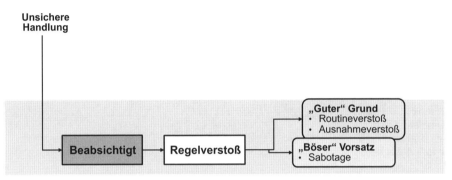

**Bild 9.4** Der Regelverstoß: beabsichtigt, riskant und unsicher

„Verstöße" können einmalig, also eine bewusste Ausnahme sein. Allerdings können sie auch zur (ungeschriebenen) Regel und damit zur Routine werden, wenn kein Schaden eintritt. „Schaden" wäre in dem Fall nicht nur ein tatsächlicher Vor- oder Unfall, sondern auch eine klare und konsequente Kritik und Verfolgung durch die Führung. Bleibt der Verstoß unbemerkt, „lernen" Menschen, dass sie diese Regel gefahrlos und ohne disziplinarische Konsequenzen übertreten können. Hinzu kommt die „Belohnung", die jeweils angestrebten Ziele (Schnelligkeit etc.) erreicht zu haben. In den seltensten Fällen handelt es sich bei Verstößen um böswilliges, vorsätzliches Handeln (Sabotage), dessen Ziel das Herbeiführen von Un-, Vor- oder Störfällen ist.

## 9.3.2 Fehlerarten auf Basis der Handlungssteuerung

Eine unsichere Handlung – mit und ohne sichtbare Konsequenzen – kann allerdings auch unabsichtlich geschehen. Hier greifen wir auf Kapitel 8 zurück, das schon dem entspannten Normalzustand einige Unschärfen bescheinigt, die naturgegeben und ohne Absicht zu Unsicherheiten im Handeln führen können. Die Frage war hier, in welchem Steuerungsmodus die Handlung erfolgt ist. Zur Unterscheidung haben wir den Einsatz des bewussten Denkens genutzt und in Handbetrieb, Halb- und Vollautomatik unterschieden (vgl. Bild 9.5).

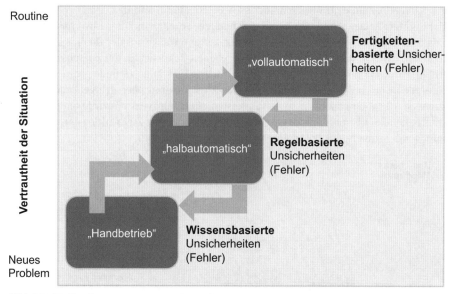

**Bild 9.5** Die Handlungssteuerung „produziert" unterschiedliche Unsicherheiten (Fehlerarten)

Menschen denken und handeln nach der Prämisse: Wo vorgefertigte Lösungen (Muster, Schemata und Erfahrungen) vorliegen, werden sie auch genutzt. Je vertrauter eine Situation ist, umso „automatischer" wird sie bewältigt. Je nach Steuerungsebene können daraus unterschiedliche Handlungsfolgen resultieren. Im Folgenden ordnen wir den Steuerungsebenen einige typische „Vertreter" unsicherer Handlungen zu (Schaper 2014; Hofinger 2012).

#### 9.3.2.1 Fertigkeitenbasierte Unsicherheiten

Fertigkeitenbasierte Unsicherheiten sind durch unseren Autopiloten gesteuert – die bewusste Kontrolle ist weitgehend abgeschaltet. Die Handlung wird durch einen antrainierten äußeren Reiz ausgelöst und „abgespult". Es kann hier zwischen Ausrutschern und Aussetzern unterschieden werden:

- Ausrutscher entstehen durch Gewohnheiten (Apps/Schemata), die unabsichtlich ausgelöst werden, z. B. ein Werkzeug wird beim abendlichen Aufräumen an einen falschen Platz gelegt, weil kurz vorher eine neue Ordnung eingeführt wurde.
- Aussetzer geschehen, wenn eine Handlungskette unterbrochen und ein Schritt vergessen wird, z. B. beim Anlegen der Sicherheitsausrüstung die Brille. Und auch beim Abarbeiten von Prüf- oder Checklisten, in denen die Arbeitsschritte nicht gekennzeichnet werden, kann dies zu unangenehmen Folgen führen.

Während Ausrutscher schnell an den Folgen erkannt werden, sind Aussetzer oft schwer zu identifizieren, denn die Effekte der Auslassungen oder Lücken zeigen sich oft erst zeitversetzt. Ausrutscher sind, wie in Bild 9.6 dargestellt ist, der mangelnden Aufmerksamkeit geschuldet. Hier werden automatisierte Abläufe in vertrauter Umgebung durchgeführt. Aussetzer wiederum basieren auf Einschränkungen im Gedächtnis, die Teile des geplanten Ablaufes nicht korrekt erinnern.

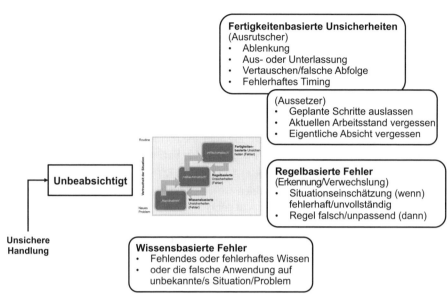

**Bild 9.6** Unbeabsichtigte unsichere Handlungen und ihre typischen Ursachen

## 9.3.2.2 Regelbasierte Unsicherheiten

Regelbasierte Unsicherheiten zeichnen sich dadurch aus, dass die Handlung nicht zur Situation passt. Regeln sind in diesem Zusammenhang auch verinnerlichte betriebliche Regeln (aus Anweisungen oder Prozessbeschreibungen) und gemeinhin akzeptierte Bewertungs- und Handlungsmuster, die zur Routine geworden sind. Es kommt zu Unsicherheiten bei der Erkennung, wenn Anzeichen übersehen, überhört oder verwechselt werden, wie beispielsweise die Ölstandsanzeige im Auto und das Warnsignal einer überhitzten Anlage. Oder es kommt zu Verwechslungen bei der Einschätzung und Bewertung der Situation, die zu zweifelhaften Aktionen führen, z. B. wenn zum Löschen eines Ölbrandes Wasser statt einer Löschdecke verwendet wird. Die ähnlichen Merkmale der Situation aktivieren eingeübte Handlungsmuster.

Oft liegt hier ein Informationsmangel vor, der zur Fehleinschätzung oder Übervereinfachung der Situation führt. So führt die falsche Lagebewertung zu einem Handlungsschema, das nicht hilft.

> **Regelbasiertes Handeln als häufige Ursache**
>
> Ereignisanalysen nach Vorfällen in *Kernkraftwerken* haben ergeben, dass die Ursachen vielfach im Bereich des regelbasierten Handelns liegen: So wurden z. B. Hinweise auf die sich anbahnenden, ernsten Störungen falsch eingeschätzt oder sogar ignoriert. Es kam zu Verwechslungen mit weniger gravierenden, aber häufiger auftretenden Störungen, und auch die Bedrohlichkeit der Situation wurde so viel zu spät erkannt. Aufgrund solcher Fehlurteile wurden oftmals Maßnahmen ergriffen, die die Situation noch erheblich verschärften (Schaper 2014).

## 9.3.2.3 Wissensbasierte Unsicherheiten

Auf der obersten Ebene der Handlungssteuerung geschieht die Handlungsvorbereitung bewusst und konzentriert. Hier liegen Situationen oder Probleme vor, die neu oder selten und für die keine Abkürzungen verfügbar sind. Ziele und Lösungswege müssen selbst entwickelt werden, und dies auf der Basis des gespeicherten Wissens.

Unsicherheiten ergeben sich hier auf allen Vorstufen des Handelns z.B. dadurch, dass durch mangelnde Informationen, Kenntnisse oder Fehlannahmen entscheidende Gesichtspunkte bei der Situationsdeutung und -bewertung nicht berücksichtigt oder unangemessen angewendet werden. Beispielsweise liegen Ziele oder Lösungen „daneben" oder Teilhandlungen bei der Planung werden vergessen.

Auf den letzten beiden Steuerungsstufen wird besonders deutlich, dass Menschen für komplexe Situationen und Probleme nicht gemacht sind. Viel zu gern nutzen sie Vereinfachungsstrategien, die zum Übersehen, Auslassen und Nichtberücksichtigen wesentlicher Sachverhalte und zum Verwenden unvollständiger und unpassender Entscheidungsregeln verführen.

Bild 9.7 fasst diese Aspekte in einer Übersicht zusammen.

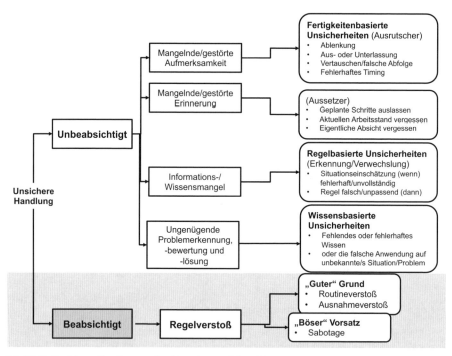

**Bild 9.7** Unsichere Handlungen, ihre Ursachen und Auswirkungen

# 9.4 Unsichere (riskante) Verhältnisse

Unerwünschte Ereignisse und Fehler entstehen – aus unsicherem Handeln und vielfach ungewollt. Auch wenn sie durch Mitarbeiter am Ende der Kette ausgelöst werden – so sind es oft genug die unsicheren Verhältnisse, die dieses herausfordern und ermöglichen.

Weder die Einflussfaktoren noch die Wechselwirkungen zwischen ihnen sind in der Regel bekannt und bewusst. Und auch die Ungewissheit der Folgen, die sich daraus ergeben – das Risiko –, bleibt im Dunkeln. Hinzu kommt: Gerade in Managementsystemen suggerieren ausgefeilte, regelmäßig überprüfte Techniken und straffe, jährlich zertifizierte Regelwerke, dass Handeln innerhalb dieser Gegebenheiten sicher ist.

## 9.4.1 Persönliche Sichtschranken

Um unerwünschte Ereignisse zu vermeiden oder zumindest zu minimieren, müssen aber genau diese unsicheren und ungewissen Verhältnisse und Entstehungsbedingungen aufgedeckt und verstanden sein. Nur dann können sie gezielt gestaltet und verbessert werden. Und nur dann können sie nicht mehr zur Fehler- und Vorfallentstehung beitragen.

Nach großen Störfällen oder Unfällen, die die Spitze unseres Eisberges bilden, ist das Bemühen groß, sie in Zukunft zu verhindern und sie entsprechend „aufzuarbeiten". Viele andere Ereignisse und Zwischenfälle bleiben allerdings oft unter der Oberfläche – auch in Managementsystemen. Hier hindern nicht nur Fehlerkultur und Kompetenzsicherung: „Schlimm genug, dass der Fehler passiert ist, jetzt wird auch noch zusätzlich der Finger auf die Wunde gelegt." Auch Haftung und Strafverfolgung, die sich aus den in Kapitel 4 geschilderten rechtlichen Voraussetzungen ergeben, schüren Befürchtungen und Vorbehalte (Hofinger 2012). So lässt die Bereitschaft zur intensiven Auseinandersetzung mit unliebsamen (Fast-)Vorkommnissen vielfach zu wünschen übrig.

Je früher eine Unsicherheit entdeckt wird, umso weniger kann sie sich zu Größerem auswachsen. Oft fehlt es allerdings an Vorstellungskraft, wie sich solch eine „Kleinigkeit" auswirken könnte.

Sind zudem Autopilot und Gewohnheit am Ruder, gelangt die jeweilige Handlung inklusive der förderlichen Umstände nicht in das Bewusstsein des betroffenen Mitarbeitenden. Es wird nicht realisiert, dass gerade unsicher gehandelt oder unsichere Umstände „gebaut" werden (in der Arbeitssicherheit werden diese Situationen die „unerkannten Beinaheunfälle" genannt (Musahl 1997). Hier kann nur der unterstützende Hinweis von außen (durch Team und andere Kollegen) helfen. Allerdings gibt es einige Hürden zu überwinden, denn vielfach ist das persönliche Unbehagen, kleine Ereignisse „groß" anzusprechen, kaum zu überwinden, weil man

- den Kollegen nicht schlecht dastehen lassen will,
- sich nicht zuständig fühlt (vornehmlich in fremden Bereichen oder bei Fremdfirmen),

- nicht respektlos oder als „Streber" erscheinen möchte,
- Angst davor hat, einen älteren, vermeintlich erfahreneren oder hierarchisch höher angesiedelten Kollegen bloßzustellen (Sozialstatus, Rollenverteilung, Hierarchie),
- nicht die richtigen Worte findet oder
- sich nicht mit der unwirschen Reaktion des vermeintlich Kritisierten auseinandersetzen will.

Die wenigen Fehler und (Beinahe-)Vorfälle, die aus diesen Gründen rückwirkend analysiert und ausgewertet werden, liefern dann auch nur Rückschlüsse für diesen kleinen Ausschnitt der betrieblichen Realität.

### 9.4.2 Unkalkulierbare Risiken

Ein weiterer Faktor macht alltägliches betriebliches Handeln jeden Tag aufs Neue zum Abenteuer. Auch wenn Einflussfaktoren und Risiken bekannt sind, bleiben sie vielfach unbeachtet. Oft genug sind entsprechende Spielregeln nachdrücklich unterwiesen, und auch die unsicheren Bedingungen im Umfeld sind nicht neu. Einerlei, ob die Folgenabschätzung im vorbereitenden Denken unserer Vorstufen bewusst oder automatisiert erfolgt, oft liegt sie daneben. Wie kann es sein, dass Unsicherheiten oder Risiken im Vorfeld von Fehlern und Schlimmerem so selbstverständlich unterschätzt werden?

Risikobewertungen oder -quantifizierungen, wie sie in Managementsystemen bekannt sind, erfolgen – wie in Bild 9.8 dargestellt – üblicherweise aus einer Abwägung von Auftretenswahrscheinlichkeit und möglicher Schadenshöhe.

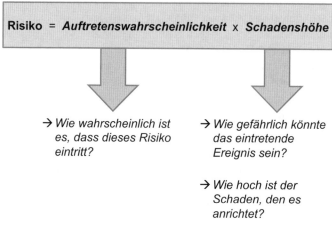

**Bild 9.8** Risikobewertung – eine bekannte Formel

### 9.4.2.1 Menschbedingte Ursachen für Fehleinschätzungen

Auf Basis der generellen Abkürzungsstrategien aus Kapitel 8 lässt sich zusammenfassen, warum uns die Einschätzung von Risiken schwer fällt:

- Risiken und auch Chancen sind imaginäre Folgen, die nicht immer auf konkreten Erfahrungen basieren und deshalb auch nicht immer im Gedächtnis verfügbar sind für die jeweilige Bewertung. Bin ich einem Risiko nie persönlich begegnet, halte ich es für unwahrscheinlich.
- Zudem leiten wir aus der Erfahrung, vermeintlich riskante Situationen ohne Schaden überstanden zu haben, ein Erfolgserlebnis ab. Eine so erlernte Sorglosigkeit verführt dann dazu, das Risiko zu unterschätzen und die Erfahrung zu wiederholen. Aus dem Cockpit wird berichtet, dass ein „gelungener" riskanter Anflug, wie er bei extremen Wetterverhältnissen erfolgt, dazu verführt, immer größere Risiken einzugehen (Ebermann/Jordan 2011). Fallen uns dann zudem schnell und mühelos Situationen ein, in denen wir riskante Situationen bewältigt haben, schließen wir daraus, solche auch zukünftig sicher zu bewältigen (Kontrollillusion).

- Fehlt das eigene Erleben, ist die Frage: „Wie einfach kann ich mir mögliche Gefahren, Risiken etc. vorstellen" (Schaper 2014)? Offensichtliche Risiken, wie beispielsweise von einem Baugerüst zu fallen, sind besser vorstellbar als solche, die bei täglichen Routinehandgriffen auftreten.
- Hinzu kommen persönliche Einstellungen, Motive und Bedürfnisse, die die persönliche Risikoneigung prägen. Sie scheinen gerade bei jungen Mitarbeitern besonders wirksam zu sein (siehe Kasten). Zum einen sind es die Einstellungen des Machos oder der Unverletzlichkeit, die aus den Lernerfahrungen resultieren und der objektiven Bewertung den Boden entziehen. Zum anderen wird einem ausgeprägten Machtmotiv und der damit gegebenenfalls gekoppelten Tendenz, andere beeindrucken zu wollen, eine hohe Risikoneigung unterstellt. Unwahrscheinliche Ziele zu erreichen, beeindruckt in der Regel mehr als wahrscheinliche (Scheffer/Kuhl 2006).

> **Risikoneigung bei jungen Menschen**
>
> Insbesondere junge Mitarbeitende erleiden im *Betrieb* häufig Unfälle (zwischen 18 und 30 Jahren). Darüber sinkt die Unfallrate kontinuierlich bis zum Pensionsalter. Gründe werden in der Unerfahrenheit, aber auch in einer höheren Risikoneigung vermutet (Miner 1992 in Schaper 2014).
>
> Entsprechende Tendenzen im *Straßenverkehr* (hier führen die 18 bis 20-Jährigen die Statistik an) haben dazu geführt, Ausbildung und Erwerb des Führerscheins entsprechend anzupassen, indem mit dem „begleiteten Fahren" die Lernzeit verlängert wurde (Skottke et al. 2008).

- Sehen wir uns aktuell in einer Gewinnsituation, handeln wir tendenziell vorsichtig (risikoavers). Steht allerdings ein Verlust ins Haus, werden wir mutig („Prospect-Theorie", Kahneman 2012). Bei dem möglichen Verlust durch zusätzliche Überstunden bin ich z. B. schnell bereit, die eine oder andere Regel zu brechen und so gesundheitliche oder Qualitätsrisiken in Kauf zu nehmen. Oder der drohende Verlust bei einem verpassten Urlaubsflieger veranlasst mich zu einer „sportlich" schnellen, riskanteren Anfahrt auf der Autobahn.
- Ein einmal getroffenes Urteil hinsichtlich der Wahrscheinlichkeit eines Ereignisses wird auch bei Vorliegen neuer und zuverlässiger Informationen nur selten korrigiert. Lieber bestätige ich das (vor)schnelle Urteil und fühle mich kompetent.
- Ein weiterer Effekt bei der typisch menschlichen Risikobeurteilung ist die Annahme, dass eine minimale Eintrittswahrscheinlichkeit gleichzeitig bedeutet, dass eine unerwünschte Folge nie oder in ferner Zukunft auftritt. Mathematisch gesehen liefert die Wahrscheinlichkeit keine Aussage über den Zeitpunkt des möglichen Schadenseintritts (Krausz 2005). Zudem orientieren sich außergewöhnliche Ereignisse nicht an der Statistik. Ihnen liegen Rechenmodelle zugrunde, die die Realität mit ihren Einflussgrößen nie vollständig abbilden können. Auch Ereignisse mit besonders niedriger Wahrscheinlichkeit (wie ein Tsunami, ein Börsencrash oder ein „schwarzer Schwan") können bereits am nächsten Tag eintreten (Gigerenzer 2013; Taleb 2015).

## 9.4.2.2 Typische Fehleinschätzungen

Risiken im Alltag begegnen uns nicht nur auf dem Weg zum bzw. im Betrieb. Krankheiten, Vogelgrippe, Ebola, das Kraftwerk nebenan, radioaktive Pilze und gentechnisch verändertes Gemüse etc., – Gefahren lauern überall. Wann liegen wir mit unserer Einschätzung gern daneben (Schaper 2014, Musahl 1997)?

Folgende Aspekte lassen die Alarmglocken besonders schnell läuten:

- Risiken, die wir unfreiwillig eingehen, denen wir gezwungenermaßen ausgesetzt sind, werden höher eingeschätzt als solche, die freiwillig eingegangen werden. So manch „sensibler" Beifahrer kann in einer solchen Situation zu einer echten Belastung werden.
- Betreffen die negativen Folgen die eigene Person, ist man also persönlich betroffen (z. B. die Exposition am eigenen Arbeitsplatz), werden Risiken als bedrohlicher bewertet.
- Sind Risiken bzw. ihre negativen Folgen auf Körper und Gesundheit gut vorstellbar und anschaulich, in ihrer Schrecklichkeit gut zu „begreifen", werden sie ebenfalls höher eingeschätzt also solche, die mehr „theoretisch" oder abstrakt bleiben.

Eher zu niedrig werden Risiken in folgenden Fällen bewertet:

- Die Höhe der Einschätzung wird unter anderem dadurch bestimmt, ob man glaubt, das Risiko durch eigenes Handeln kontrollieren – und damit reduzieren – zu können. Hier sind die meisten Menschen „unrealistisch optimistisch", d. h., sie glauben, aufgrund ihrer Handlungsfähigkeiten weniger gefährdet zu sein als der Durchschnitt (Kontrollillusion).
- Der Nutzen wiegt oft schwerer als das Risiko, z. B. der Erhalt des eigenen Arbeitsplatzes aufgrund fehlender Alternativen zu gefährlichen Stoffen oder Tätigkeiten.
- Gehören Risiken zum Alltag und ergeben eher selten schmerzhafte Konsequenzen (Unfall und Tolerieren der Vorgesetzten), sind sie „normal" und führen zur Gewöhnung. Ein Mitarbeiter aus einem Stahlwerk hat ein anderes Risikoempfinden als z. B. eine Lehrerin, Amerikaner betrachten Schusswaffen anders als Deutsche und Australier haben eine andere Einstellung zu Haien.
- So hat denn auch jeder sein individuell akzeptiertes Risikoniveau. Kommt mehr Sicherheit dazu, beispielsweise durch neue Techniken oder Vorschriften, führt dies vielfach dazu, das verbleibende Risiko zu unterschätzen. Die vermeintlich größere Sicherheit – z. B. durch Sicherheitsgurte oder ABS – wird gleich wieder ausgeglichen und führt dazu, das eigene Verhalten den neuen Umständen anzupassen. Im Autoverkehr führte dies zumindest kurz nach der Einführung der Maßnahmen zu mehr Unfällen.

Mit dieser Aufzählung wird nun auch deutlich, warum jemand im privaten Umfeld nach dem Motto „no risc – no fun" lebt und sich ohne jeden Vorbehalt mit einem Gleitschirm vom Berg stürzt – allerdings risikobehafteten Herausforderungen im betrieblichen Arbeitsumfeld grundsätzlich aus dem Weg geht. Erstere sind an grundlegende situationsspezifische Bedingungen geknüpft (Renn 1989):

- Die Herausforderung wird freiwillig akzeptiert.

- Das Risiko ist persönlich kontrollierbar und beeinflussbar.
- Die riskante Situation ist zeitlich begrenzt.
- Es besteht die Möglichkeit und Fähigkeit, sich auf die riskante Tätigkeit vorzubereiten und entsprechende Fertigkeiten einzuüben.
- Mit der Beherrschung des Risikos ist soziale Anerkennung verbunden.

Die hier offenbarte Unzulänglichkeit des Menschen, Risiken zu erkennen und einzuschätzen, macht deutlich, dass das in den Normen geforderte „risikobasierte Denken" nicht so einfach ist.

### 9.4.3 Die Normen zum Risiko

Risiko, als Auswirkung von Ungewissheit insbesondere über Ereignisse, Folgen und Wahrscheinlichkeiten (ISO 9000:2015, 3.7.8) ist, wie schon in → Kapitel 8.2.1 angesprochen, auch in den Standards Thema.

#### 9.4.3.1 Risikobasiertes Denken

In der ISO 9001 ist explizit risikobasiertes Denken gefordert (ISO 9001:2015, 0.5). Es soll vorbeugend angewendet werden, Ergebnisse verbessern und negative Auswirkungen minimieren (ISO 9001:2015, 0.3.3).

**Risikobasiertes Denken**

„Risikobasiertes Denken ermöglicht einer Organisation, diejenigen Faktoren zu bestimmen, die bewirken könnten, dass ihre Prozesse und ihr Qualitätsmanagementsystem von den geplanten Ergebnissen abweichen, vorbeugende Maßnahmen zur Steuerung umzusetzen, um negative Auswirkungen zu minimieren" (ISO 9001:2015, 01).

Das zuständige technische Komitee (ISO's Technical Committee no. 176) macht anhand eines hier aus dem Englischen übersetzten Beispiels deutlich, dass dieses Denken für uns nichts Ungewöhnliches ist (Tabelle 9.1).

**Tabelle 9.1** Erläuterungen zum „risikobasierten Denken" – Auszug (vgl. ISO/TC 176:2015)

| Aussage | Beispiel |
| --- | --- |
| Risikobasiertes Denken ist etwas, das wir alle automatisch tun. | Wenn ich eine Straße überqueren möchte, achte ich zunächst auf den Verkehr, bevor ich losgehe. Schließlich will ich nicht vor einem fahrenden Auto landen. |
| Risikobasiertes Denken ist Teil des prozessorientierten Ansatzes. | Nun habe ich die Möglichkeit, die Straße direkt zu überqueren oder die Fußgängerbrücke in der Nähe zu nutzen. Welchen Prozess ich auswähle, wird sich daran entscheiden, wie ich die Risiken abwäge. |

| Aussage | Beispiel |
|---|---|
| Risiko wird gemeinhin als negativ verstanden. Risikobasiertes Denken deckt allerdings auch Möglichkeiten und Chancen auf – eine positive Seite des Risikos. | Die Straße direkt zu überqueren, gibt mir die Chance, die andere Seite schnell zu erreichen, schnell zu sein – allerdings mit einem erhöhten Risiko, von einem fahrenden Auto verletzt zu werden.<br>Nehme ich jedoch die Fußgängerbrücke, besteht das Risiko einer Verspätung. Die Chance besteht darin, dass das Verletzungsrisiko sehr viel geringer ist. |
| Chancen stehen nicht immer in direkter Beziehung zum Risiko – sie sind allerdings immer bezogen auf das Ziel. Bei der genaueren Betrachtung einer Situation besteht die Möglichkeit, Verbesserungspotenzial aufzudecken. | • Eine Fußgängerunterführung, die direkt unter der Straße hindurchführt,<br>• eine Fußgängerampel oder<br>• eine Umgehungsstraße, sodass die nähere Umgebung vom Verkehr entlastet wird. |

Am Ende sind die Risiken abzuwägen und zu entscheiden, welche akzeptabel sind und welche nicht. Natürlich ist die vermeintliche Verletzung schlimmer als zu spät zu kommen. Allerdings kann das Risiko ggf. gesenkt werden dadurch, dass ich die Straße an einer gut überschaubaren Stelle überquere.

### 9.4.3.2 Risikobetrachtung als Fehlervermeidung

Ob die Normen sich mit ihren Ausführungen auch auf das alltägliche vorausschauende Denken beziehen, mit dem Mitarbeiter z. B. entscheiden, ob sie einen Beinahefehler melden oder nicht, bleibt offen. Ein Fokus liegt deutlich auf der Planung von Prozessen und der Konformität, beispielsweise von Produkten und Dienstleistungen mit Kunden- und Gesetzesforderungen (z. B. ISO 9001:2015, 5.1.2. b, 6.1.2; ISO 14001:2015, 6.1.1).

Diese systematischen Risikobetrachtungen, um z. B. kritische Prozess- oder Arbeitsschritte im Vorfeld zu identifizieren, sind in den normativen Vorgaben nicht im Detail geregelt und sollen nach Bedarf qualitativ oder quantitativ angewendet werden. Als formale Hilfestellung wird auf eine entsprechende Norm zum Risikomanagement hingewiesen (DIN 31000). Im Ergebnis kann solch eine Betrachtung folgendermaßen ausgehen (ISO 9001:2015, 6.1.2 Anmerkung 1):

- „Vermeiden von Risiken,
- ein Risiko auf sich zu nehmen, um eine Chance wahrzunehmen,
- Beseitigen der Risikoquelle,
- Ändern der Wahrscheinlichkeit oder der Konsequenzen,
- Risikoteilung oder
- Beibehaltung des Risikos durch verantwortungsbewusste Entscheidung."

Sind die ungewollten, ungeplanten und gefährlichen Situationen, Folgen oder Ereignisse aufgedeckt, mögliche positive und negative Abweichungen erkannt, lässt sich festlegen, wie sie im Sinne vorausschauender Fehlervermeidung zu minimieren sind und wie im schlimmsten Fall mit diesen umzugehen ist. Neben den indirekten Führungsinstrumenten, wie Anweisungen, Notfall- oder Alarmplänen etc., gilt hier, klare Verhältnisse zu schaffen, die direkte, unmittelbare Führung auszubauen, also Entscheidungsgremien (Krisenstäbe) und Entscheidungsträger auszuwählen und sowohl sie wie auch die Mitarbeitenden durch entsprechendes Training „vorzubereiten".

Insgesamt gehen die Normen beim Thema Risiko einen weiteren Schritt in Richtung systemisches Denken (→ Kapitel 6). Die „Ungewissheit" wird amtlich und ihr soll begegnet werden. Die erkannte Dynamik und Komplexität im Unternehmen soll nicht nur durch die rollierende Planung und rückblickendes Feedback des PDCA-Kreislaufs, sondern auch durch risikobasiertes Vorausdenken bewältigt werden (ISO 9001:2015, 03).

### 9.4.4 Unbekannte Einflussfaktoren und Zusammenhänge

Viele unsichere Verhältnisse und ihre Risiken sind unerkannt. Nicht nur bei der Planung des Managementsystems und seiner konformbestrebten Prozesse ist es hilfreich, die Einflussfaktoren und Zusammenhänge zu kennen. Auch das alltägliche Handeln der Führungskräfte und Mitarbeiter ist Ergebnis ungewiser, zum Teil recht komplexer Wechselwirkungen und findet eben nicht nur unter definierten und sicheren Bedingungen statt.

Anhand von Risikoanalysen lässt sich die Existenz und Dynamik der Verhältnisse in einem gewissen Rahmen vorstellen und vermuten. Eine reale Basis bekommen diese Vermutungen allerdings erst, wenn sie sich aus Erfahrungen ableiten. Erfahrungen, die aufzeigen, welche unsicheren Wegbereiter zu unerwünschten Ereignissen und Fehlern geführt haben (vgl. Bild 9.9).

**Bild 9.9** Das Zusammenspiel zwischen Fehlern und Risiken

Die wenigen großen Vorfälle, die in der Praxis ausführlicher untersucht werden, bieten nur einen kleinen Einblick. Abhilfe lässt sich nur schaffen, wenn auch die unbewussten und Beinahevorfälle ausgewertet werden. Nur dann kann verhindert werden, dass sie nicht doch noch eine größere Wirkung entfachen. Außerdem bieten auch kleine Fälle die Chance, den Faktor Mensch und seine Art, mit Risiken umzugehen, als Einflussfaktor zu beachten und immer wieder bewusst zu machen.

## ■ 9.5 Verhalten (ziel)sicherer machen

Das Auffinden und „Bearbeiten" unauffälliger, unerwünschter Ereignisse ist nicht einfach. Um diese als Erkenntnisquelle für die Zukunft – einerlei, ob zur Folgeneinschätzung und Planung oder zur Fehlerkorrektur und -vermeidung – zu nutzen, sind einige Rahmenbedingungen zu beachten. Inspiration dazu finden wir auch hier wieder insbesondere in den Risikobranchen.

### 9.5.1 Fehlerkultur etablieren

Ohne eine entsprechende Fehlerkultur kann ein System nicht lernen. Entscheidend ist sie unter anderem dafür, ob und wann ein unerwünschtes Ereignis aufgedeckt wird. Und auch das Wie ist von ihr abhängig und entscheidet darüber, mit welcher Tiefe und welchem Engagement die anschließende Bearbeitung erfolgt.

Die Frage, ob und wie sich eine „gute" Fehlerkultur etablieren und eine „schlechte" verbessern lässt, sprengt den Rahmen dieses Buches. Hinweise dazu finden sich unter anderem in Badke-Schaub/Hofinger/Lauche 2012 oder Schaper 2014. Erkennen lässt sie sich allemal, wie die folgenden Beispiele deutlich machen.

#### 9.5.1.1 Wohlüberlegte Fehler

In einem süddeutschen Automobilunternehmen war es in einer größeren Abteilung über längere Zeit üblich, kreative Fehler öffentlich zu prämieren. In Vorbereitung auf die jeweilige Preisverleihung wurde der betroffene Mitarbeiter befragt, was er genau vorgehabt hatte, wie er sein Handeln geplant und anschließend umgesetzt hat. Wurde erkannt, dass der Betroffene nicht unüberlegt und leichtsinnig, sondern im Sinne des Unternehmens reflektiert und in bester Absicht gehandelt hat, allerdings dennoch scheiterte, so wurde öffentlich gelobt. Ziel war, dem engagierten Mitarbeiter und auch seinen Kollegen zu verdeutlichen, dass dem Unternehmen solche Mitarbeiter lieber sind, die kalkulierte Risiken eingehen und damit etwas bewegen und verbessern, auch wenn sie dabei Gefahr laufen, Fehler zu machen (Bihl in Rosenstiel 2015, S. 165).

#### 9.5.1.2 Gute und schlechte Fehler

Ein deutscher Risikoforscher verdeutlicht durch ein einfaches Wortspiel, worauf es ankommt. Er unterscheidet in gute und schlechte Fehler und erklärt das in einem Interview folgendermaßen (Gigerenzer 2015):

*„Was ist ein guter Fehler? Prof. Gerd Gigerenzer: Ein Beispiel: Das Kind lernt die Sprache, aber es reibt sich an den unregelmäßigen Tätigkeitswörtern. Es sagt z. B. „ich denkte" anstatt „ich dachte". Das ist ein guter Fehler. Er zeigt, dass es die Regel anwenden kann – wie bei „ich machte". Durch Fehler bei der viel kleineren Zahl von unregelmäßigen Verben werden ihm dann auch die Ausnahmen von der Regel klar.*

*Und ein schlechter Fehler ist ... Prof. Gerd Gigerenzer ... der, den wir ungenutzt lassen und die Chance, aus ihm zu lernen, verschenken. Wir Wissenschaftler legen unsere Forschung so an, dass wir aus Fehlern lernen können. Wir probieren Neues, um gute Fehler zu machen. Ein richtig schlechter Fehler ist also, aus Fehlern nichts zu lernen."*

### 9.5.1.3 Der experimentelle Fehler

Wenn Wissenschaftler ein Experiment durchführen, kann vieles geschehen. In der Regel gibt es vorher Hypothesen und Vermutungen, die am Ende bestätigt werden oder auch nicht. Gegebenenfalls kommt auch kein Ergebnis heraus. Auch das ist eine Information und ermöglicht Rückschlüsse auf den Untersuchungsgegenstand. Am Anfang hat man Fragen – am Ende die eine oder andere Antwort und gegebenenfalls auch neue Fragen. Hier gibt es keine Fehler und kein Scheitern. Und für den Wissenschaftler ist ein fehlgeschlagenes Experiment auch kein Beweis dafür, dass er etwas falsch gemacht hat oder er ein schlechter Wissenschaftler ist. Herauszufinden, was funktioniert und was nicht, ist gleichermaßen wertvoll (Förster/Kreutz 2015).

Auch im betrieblichen Leben und in Managementsystemen kann es manchmal hilfreich sein, die Welt mehr wie ein Wissenschaftler zu betrachten – gerade wenn die Bedingungen schwer einzuschätzen sind.

### 9.5.1.4 Vertrauenserweckende Fehler

Beim französischen Automobilzulieferer FAVI entdeckte ein Maschinenbediener aus dem Volkswagenteam an einem seiner bearbeiteten Teile ein Qualitätsproblem. Er stoppte die Anlage, prüfte mit seinem QM-Kollegen alle fertigen und unfertigen Teile, ohne weitere Mängel zu entdecken. Trotzdem berichtete er den Vorfall umgehend beim Kunden und initiierte mit dem Kollegen eine immerhin achtstündige Fahrt in das Kundenwerk nach Wolfsburg. Vorort erklärten sie sich und erhielten die Möglichkeit, auch die schon gelieferten Teile zu untersuchen. Es wurden keine Mängel gefunden. Das Verhalten erstaunte den Qualitätsmanager bei VW. Üblicherweise erfolgt in solch einem Fall eine offizielle Bekanntmachung und juristische Schreiben. Wahrscheinlich jedoch ist, dass der Kollege das Problem aus Angst vor den Konsequenzen verschweigt. Der Maschinenbediener bei FAVI übernahm nicht nur die Verantwortung für den Fehler, sondern fuhr sogar zum Kunden, um sicherzustellen, dass weitere Probleme vermieden werden (Laloux 2015).

## 9.5.2 Ereignisanalysen durchführen

Um aus einem unerwünschten Ereignis Erkenntnisse zu gewinnen, braucht es die richtigen Instrumente und Methoden.

### 9.5.2.1 Generelles Vorgehen

Bild 9.10 zeigt die einzelnen Schritte des Vorgehens (in Anlehnung an Miller 2014):
1. Was ist passiert? Wie ist es passiert? (Ablauf rekonstruieren.)
2. Warum ist es/konnte es geschehen?
   a) Mögliche beitragende Einflussfaktoren/latente Fehler/Ermöglicher?
   b) Wie haben Verhalten und Verhältnisse zusammengespielt? (Zusammenhänge und Wechselwirkungen.)
3. „Hauptverdächtige" einschätzen und als wichtigste Einflussfaktoren auswählen.
4. Maßnahmen einleiten, dokumentieren und in ihrer Wirksamkeit beobachten (Controlling) – bei Bedarf nachregeln.
5. Erkenntnisrückfluss organisieren (Unterweisungen, Teambesprechungen, Information der Vorgesetzten, Stabsstellen, Fachkräfte, anderer potenziell Betroffener etc.).

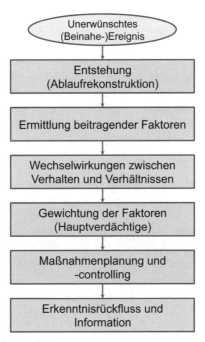

**Bild 9.10** Ablauf einer Ereignisanalyse

Ein wichtiger Hinweis zum Ablauf kommt aus dem SOL-Verfahren, auf das wir im kommenden Abschnitt näher eingehen. Hier werden die zwei Phasen der Analyse strikt voneinander getrennt: Zunächst erfolgt eine ausführliche Beschreibung der Ereignissituation, und erst anschließend werden die beitragenden Faktoren ermittelt und analysiert. Erst wenn die Situation ausreichend beschrieben ist, soll mit dem zweiten Schritt begonnen werden. Eine klare Trennung zwischen Informationssammlung (1., 2.) und Interpretation (ab 3.) soll verhindern, vorschnell Hypothesen zu bilden.

### 9.5.2.2 Beitragende Faktoren

Welche Eigenschaften des Systems tragen dazu bei, dass aus einer unsicheren Handlung ein unerwünschtes Ereignis wird? Aus der Arbeitssicherheit kennen wir die Berücksichtigung der Faktoren Technik, Organisation und Mitarbeiter (Person) als TOP-Konzept (TOP: Technik, Organisation, Person). Die Ursachenanalyse aus dem Qualitätsmanagement nutzt ähnliche Kategorien: Mensch, Maschine, Methode, Material, Management, Mitwelt, wenn beispielsweise das Fischgräten- oder Ishikawa-Diagramm angewendet wird.

In den Risikobranchen gibt es eine Reihe auch elektronisch unterstützter Systeme, die Hinweise liefern. Ziel ist, aus den unerwünschten Betriebserfahrungen bestmöglich zu lernen – am besten in der ganzen Organisation – und dabei auch den Faktor Mensch ausreichend zu würdigen (Fahlbruch/Schöbel/Marold 2012). Die Methode „SOL – Sicherheit durch Organisationales Lernen" (Bild 9.11) wird im Umfeld von Kernkraftwerken eingesetzt. Ein wichtiger Einflussfaktor ist hier die Technik selbst und auch ihre Schnittstellen zum Menschen, also die ergonomische Gestaltung der Anlagen und Arbeitsmittel. Die Leistung der Mitarbeiter beim Umgang mit der Technik wird unter anderem durch psychologische und physiologische Gesetzmäßigkeiten, also die körperlichen und geistigen Grenzen (die Vorstufen) beeinflusst. Werden Arbeiten gemeinsam vollbracht, werden gruppenspezifische Einflussfaktoren, wie z. B. Gruppendruck und soziales Klima, über den Aspekt Gruppe/Team erfasst.

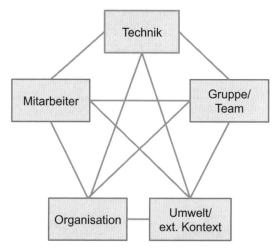

**Bild 9.11** Die relevanten Einflussbereiche nach der SOL-Methodik

Einflüsse über Managemententscheidungen, formelle und informelle Regeln und Strukturen (z. B. Kultur, Ablauforganisation/Prozesse, Einfluss der direkten Führung) sind in der Organisation abgebildet. Und unter Umwelt/externer Kontext findet sich alles, was außerhalb der Organisation einen Beitrag zur untersuchten Zielgröße – im Kraftwerk die „Sicherheit" – leistet. Hierunter fallen z. b. auch Fremdfirmen, die in der Organisation tätig sind, oder Beiträge von Gutachtern und Aufsichtsbehörden. Entscheidend für die Qualität und den Tiefgang der Analyse sind allerdings die Aspekte, die hinter diesen Begriffen stehen.

Mit systemischem Blick und den inzwischen über alle Kapitel konkretisierten Einflussfaktoren lässt sich der Bremsfragebogen des Kapitels 1 ausbauen (Tabelle 9.2).

**Tabelle 9.2** Mögliche beitragende Faktoren in einer Ereignisanalyse

| Einflussfaktor/-bedingung | Konkretisierung | Orientierende Fragen (Beispiele) |
|---|---|---|
| **Situationsbezogene Faktoren (Sollen/Dürfen, situative Ermöglichung)** | | |
| **Indirekte Führung/strukturelle Rahmenbedingung** | | |
| Strategische/Managementvorgaben | Die „wirtschaftlichen" Aspekte … | |
| Organisatorische Vorgaben | Alle relevanten Anweisungen, Prozessvorgaben | Auffindbar? Verständlich?<br>• Lässt sich aus diesen Vorgaben/Aspekten ein definiertes und eindeutiges Soll ableiten?<br>• Gibt es ein ideales „vorbildliches" (praktikables) Vorgehen?<br>• Gab es unvorhergesehene Unklarheiten, Widersprüche? |
| | Entscheidungsstrukturen und -verfahren<br>Kommunikationsstrukturen/Informationsflüsse | • Beteiligung der Mitarbeiter bei der Einführung?<br>• Anweisungen/Prozesse/Vorgaben anwendbar/praktikabel/machbar? |
| | Personalausstattung (Menge und Qualität) | • Verfügbare Zeit?<br>• Verfügbare Qualifikation? |
| Kultur | „Übliches" Vorgehen, ungeschriebene Regeln<br>Geduldete Ausnahmen, Regelbrüche, Abkürzungen | • Freiraum für Varianten und eigenverantwortliche Entscheidungen?<br>• Klare Prioritäten, Werte, Leitziele, die im Freiraum die Richtung weisen? |

| Einflussfaktor/-bedingung | Konkretisierung | Orientierende Fragen (Beispiele) |
|---|---|---|
| **Situationsbezogene Faktoren (Sollen/Dürfen, situative Ermöglichung)** | | |
| **Direkte Führung** | | |
| Aufgabenteilung und -übergabe (Delegation) | ▪ Delegationspflichten (Auswahl, Anweisung, Kontrolle)<br>▪ Aufgabenumfang und -schwere angemessen<br>▪ Freiraum (Selbstwirksamkeit)<br>▪ Kommunikation (Klarheit, Verständlichkeit, Rückfragen, Information)<br>▪ Auftragsklärung (Ziel, Zeit etc.) | Falls keine Routinearbeit:<br>▪ Sach- und personengerechte Delegation/Aufgabenübertragung? War Auftrag „klar"?<br>▪ War Aufgabe für den jeweiligen Mitarbeiter angemessen spezifiziert und unterstützt? |
| Persönlicher Führungsstil | ▪ Wertschätzung<br>▪ Feedback-/Gesprächsstil<br>▪ Vorbild<br>▪ Motivation, Vertrauen | ▪ Verhältnis und Zusammenarbeit zwischen Führungskraft und Mitarbeiter?<br>▪ Lebt die Führungskraft selbst vor, was sie von Mitarbeitern fordert? |
| **Gruppe/Team** | | |
| Qualität der Zusammenarbeit Psychologisches „Klima" | ▪ Teamklima/Stimmung<br>▪ Gegenseitige Verantwortlichkeit<br>▪ Gegenseitiges Vertrauen (z. B. bei Fehlern und Schwierigkeiten)<br>▪ Unterstützung<br>▪ Kommunikation (Offenheit, Rückfragen, Information) | |
| **Situative Arbeitsbedingungen (zusätzliche Belastungsfaktoren)** | | |
| Arbeitsbedingungen .. | ▪ Temperatur<br>▪ Lautstärke<br>▪ Verfügbare Zeit<br>▪ ... | |
| **Arbeitsmittel:**<br>▪ Technik<br>▪ Anlagen/Infrastruktur<br>▪ Werkzeuge | ▪ Konstruktion/Ergonomie<br>▪ Schutz- und Sicherheitseinrichtungen<br>▪ Wartung, Instandhaltung<br>... | ▪ War die Aufgabe mit den gegebenen Mitteln im gegebenen Umfeld gut zu bewältigen? |

## 9.5 Verhalten (ziel)sicherer machen

| Einflussfaktor/-bedingung | Konkretisierung | Orientierende Fragen (Beispiele) |
|---|---|---|
| **Personenbezogene Faktoren** | | |
| Kompetenz und Erfahrung (Können) | | |
| Motivation/Antrieb (Wollen) | • Psychologische Bedürfnisse (Orientierung, Kontrolle, Autonomie, Kompetenz → Selbstwert)<br>• Individuelle Bedeutsamkeit der Aufgabe/des Aufgabenergebnisses<br>• Vordringliches aktuelles Motiv<br>• Kompetenzschutz | |
| Aktuelle Arbeitsfähigkeit/Belastung (Bewältigung/Selbstwirksamkeit) | • Gesundheit<br>• Fitness<br>• Stresspegel<br>• Emotionale Ausgeglichenheit<br>• Einschätzung Selbstwirksamkeit (Bewältigung, Stress) | Hat sich der Mitarbeiter möglicherweise erschöpft/müde und/oder überfordert gefühlt? (Gegebenenfalls Auswirkungen auf Betriebszustand/Stresspegel/Alarmmodus?) |
| Schnelles/langsames Denken | • Konzentration/Aufmerksamkeit<br>• Routine/Autopilot<br>• Voreinstellungen, Faustregeln, Bewertungs- und Handlungsmuster | • Art der Aufgaben und Handlungsregulierung? (Handbetrieb, Halb- oder Vollautomatik?)<br>• Ablenkung?<br>• Fehlende Anpassung von Handlungsroutinen an veränderte Situationen? |
| **Externe Faktoren**<br>• Kunden/Zulieferer<br>• Behörden/Anwohner<br>• Fremdfirmen/Unterauftragnehmer<br>• Externe Dienstleister/Berater (Externe Auditoren/Zertifizierer)<br>• … | | |

Aus der Tabelle lässt sich ein weiterer Tipp zum Vorgehen in der Ereignisanalyse ableiten: Die Einschätzung der Einflussfaktoren beruht auf der individuellen Wahrnehmung (Landkarten). Diese kann bei einer beteiligten Fachfunktion (Qualität, Arbeitssicherheit, Umweltschutz) anders aussehen als beim verantwortlichen Vorgesetzten oder einem beobachtenden Kollegen. Auch der auslösende Mitarbeiter hat ein eigenes Bild der Geschehnisse, das durch seine persönlichen Motive und Bedürfnisse geprägt ist. Zudem kann nur er beurteilen, in welchem persönlichen Betriebszustand das Geschehen seinen Lauf nahm. Die Zusammensetzung des Untersuchungsteams spielt also eine entscheidende Rolle, und die Diskussion der verschiedenen Sichtweisen in Wahrnehmung und Bewertung kann schon der erste Schritt hin zu einer guten Lösung sein. Wie ertragreich die Zusammenarbeit sich dann gestaltet, hängt von der Fehler(lern)kultur und der Einsicht über Sinn und Zweck der Maßnahmen ab.

Ob, wann und wie ein Fast-, Beinahe- oder tatsächliches Ereignis untersucht und bearbeitet wird, ist eine strategische Entscheidung, denn dies kostet Zeit und braucht entsprechende Rahmenbedingungen. Der Grundstein wird bei der Einführung gelegt. Hier wird ebenfalls zu entscheiden sein, ob und wie eine unterstützende Checkliste (analog Tabelle 9.2) oder Softwareunterstützung genutzt werden soll.

Je mehr und besser Einfluss- oder Beitragsfaktoren und Zusammenhänge bekannt sind, umso eher lassen sie sich auch im Alltag, individuell, in Unterweisungs- oder auch Besprechungssituationen für eine kurze, informelle „Zwischendurchanalyse" nutzen.

### 9.5.3 Zwischenfälle berichten (Zwischenfall-Reporting)

Wird nun mithilfe eines mehr oder weniger spektakulären Ereignisses ein bisher unerkanntes Puzzle aus dem Innenleben des Unternehmens aufgedeckt, stellt sich die Frage, wie es weitergeht. Da diese Art unternehmensinterner Lernprozesse Zeit und Ressourcen kostet, sollten die Erkenntnisse bestmöglich genutzt werden.

So ist man in den risikoträchtigen Branchen dazu übergegangen, die wertvollen Informationen über das eigene System, seine Wechselwirkungen und spezifischen Macken weiterzugeben. Entsprechende Informations- und Berichtssysteme gehören hier zum Alltag und werden insbesondere auch branchenübergreifend genutzt, um gängigen Fehlern auf die Spur zu kommen und nicht alle Fehler selbst machen zu müssen. Verbreitet sind solche Reporting-Systeme beispielsweise in der Medizin. Hier werden „Fälle" gesammelt, anonymisiert, nach einer spezifischen Methodik ausgewertet und in einem Datenbanksystem zur Verfügung gestellt.

> **Beispiele aus der Medizin**
>
> Ein Beispiel, wie solche Systeme funktionieren, liefert die Web-Plattform: jeder-fehler-zaehlt: Fehlerberichts- und Lernsystem für **Hausarztpraxen**: https://www.jeder-fehler-zaehlt.de/

Auch **Krankenhäuser** arbeiten mit solchen Reporting-Systemen – hier allerdings CIRS (Critical Incident Reporting System) genannt:

- Krankenhaus CIRS-Netz Deutschland: *http://www.kh-cirs.de/*
- parsis – Patientensicherheits- und Informationssystem: *http://www.medsis.de/parsis_v5*

Der Nutzen von Incident-Reporting-Systemen besteht nicht nur darin, dass Hinweise zu unfall- bzw. fehlerverursachenden Faktoren und Systemschwachstellen ermittelt werden. In der Regel geben sie auch Hinweise darüber, durch welche Maßnahmen oder welche Kompetenzen diese zukünftig vermieden werden können. Darüber hinaus tragen sie in Bereichen, in denen es weniger Vorfälle gibt, dazu bei, einen gewissen Grad an Wachsamkeit aufrechtzuerhalten, denn wir tendieren dazu, uns auf dem gegebenen Erfolg auszuruhen und immer wieder in die Routine zu verfallen, solange alles gut geht (Schaper 2014).

# 9.6 Der Kern im Rückblick

Managementsysteme greifen mit ihrer *Definition der Fehler* als Abweichung von Anforderungen oder Verpflichtungen kurz und verführen damit dazu, Fehler eindimensional zu betrachten. Im Vordergrund stehen die definierten Regeln, die aus Sicht der Normen eingehalten werden müssen. Bezogen auf menschliches Handeln denken wir größer: Hier ist der Fehler die Verfehlung eines erwünschten Ergebnisses, das sowohl ein als richtig angesehenes Verhalten als auch ein angestrebtes Ziel sein kann.

Geht es um die *Entstehung,* hilft die Betrachtung möglicher Ursachen und Zusammenhänge weiter. „Menschliches Versagen" als Ursache für einen Flugzeugabsturz oder ein Fährunglück? Mangelnde Aufmerksamkeit als Ursache für eine Kollision mit Personenschaden? Nicht allein der Mensch ist „schuld", sondern er rückt zunächst als Auslöser ins Bild. Und zwar des aktiven Fehlers, der ins Rampenlicht tritt – gefördert von *latenten Umständen und Bedingungen* aus dem gesamten Unternehmen. Diese bleiben so lange im Hintergrund, bis sich ein neuer Unglücksrabe findet. Als unsichere Zustände und Handlungen beinhalten sie ein gewisses Risiko und können in Verkettung mit anderen Risikofaktoren und bei entsprechend (un)günstigen Bedingungen zu einem Beinahevorfall oder auch zu einem ausgewachsenen Fehler, Un- und Vorfall – in jedem Fall zu einem unerwünschten Ereignis/Ergebnis führen. Zentrale Aussage einer systemischen Fehlerbetrachtung ist außerdem, dass Fehler in ihren Varianten nicht mehr die Folge dieser einen unzureichenden Handlung sind, sondern das Resultat der Bedingungen und Verhältnisse in der Organisation, die auch von Menschen geschaffen wurden. Sie sind Folge eines unzureichenden (soziotechnischen) Unternehmenssystems (Reason in Löber 2012). Eindeutige Urteile und damit auch „Verurteilungen" werden unter diesen Umständen nicht mehr einfach sein.

In unserem Rechtssystem ist „schuld", wer vorsätzlich handelt. In der betrieblichen Welt allerdings ist *böswillige Absicht (Sabotage)* selten. Erfolgt die unsichere Handlung absichtlich, hat sie in der Regel einen guten Grund – nicht selten auch im Sinne des Unternehmens (bewusste Regelübertretung). Unabsichtlich vollzogen basiert sie zum einen auf den ausführlich dargestellten, naturgegebenen Unzulänglichkeiten menschlichen Denkens und Handelns („betriebsbedingte" Fehler). Je nach Steuerungsebene erfolgt das Handeln mal mehr, mal weniger bewusst und krankt vordringlich an ungewollt ausgelösten oder unpassenden Automatismen, vorschnellen Einschätzungen und Etikettierungen sowie unscharfem Erinnerungsvermögen.

*Unsicheren Verhältnissen* auf die Spur zu kommen, ist nicht einfach. Entweder sie existieren im Untergrund unbeachtet vor sich hin, oder aber sie outen sich über Beinahe-, Minimal- und andere, gegebenenfalls auch dramatischere Vorkommnisse. Bislang werden in Managementsystemen fast ausschließlich solche Ereignisse analysiert und bearbeitet, die Aufsehen erregen und wesentliche Unternehmensziele bedrohen. Alle übrigen Vorkommnisse (und Fehler) gelangen nicht an die Öffentlichkeit. Zum einen, weil ihre Erzeuger negative Konsequenzen fürchten, zum anderen, weil sie oft auch automatisch geschehen und dann nur von Außenstehenden wahrgenommen werden. Aber auch wenn Zusammenhänge und negative Folgen erkannt und unterwiesen sind, werden sie oft unterschätzt. Dies liegt an der Art, wie Menschen Risiken einschätzen und dazu wirkungsvolle Mechanismen nutzen, sie „klein" zu machen.

*Der Blick in die Normen* zeigt, dass der Wert angemessener Folgen- und Risikoabschätzungen hier erkannt ist. Zumindest im Rahmen der Planung und Einführung von Prozessen zur Umsetzung von gesetzlichen und Kundenanforderungen sollen sie helfen, Fehler im Sinne von Nichtkonformität zu verhindern. Neben dem Risiko und seiner Ermittlung ist das *„risikobasierte Denken"* für das Qualitätsmanagement angesprochen und in einem normverwandten Zusatzdokument alltagstauglich und anschaulich beschrieben. Diese Alltagstauglichkeit im Sinne des vorausschauenden Denkens ist in der Norm selbst nicht weiter konkretisiert. Sie eignet sich aber als Ansatzpunkt für verhaltenswirksame direkte Führung. Risiken (unsichere Verhältnisse) als Vorläufer von Fehlern (unerwünschten Ereignissen) und Schlimmerem sollten nicht nur ermittelt, sondern auch erkannt werden. Und dabei können entsprechende Lernerfahrungen hilfreich sein.

Solche Lernerfahrungen sind z. B. durch *Ereignisanalysen* möglich, an denen nicht nur Experten, sondern auch die betroffenen Mitarbeiter beteiligt sind. Hier werden fehlende Puzzleteile und ihre Wechselwirkungen aufgedeckt, allerdings nur, wenn die kulturellen Bedingungen stimmen. In einem schrittweisen Verfahren können Ereignisse und ihre Entstehung nachgebildet und durchleuchtet werden. Dabei lassen sich viele verschiedene Faktoren ermitteln, die Ungewissheit erzeugen und Risiken bergen. Sie gehen über Organisation und Technik hinaus und beziehen auch kulturelle und menschliche Faktoren sowie die direkte Führung mit ein. Das Ergebnis einer solchen Ereignisanalyse besteht nicht nur darin, Verhältnisse und Verhalten zu korrigieren und zu verbessern, sondern auch das zukünftige Planen und Verhalten basierend auf den Lernerfahrungen fundierter zu betreiben. Entsprechend dokumentiert lassen sich die Erfahrungen auch Unbeteiligten zur Verfügung stellen, die ihre eigenen Schlüsse daraus ziehen können.

# 9.7 Mögliche Konsequenzen für Führung und Zusammenarbeit

Fehler tauchen einfach auf und outen sich in einem mehr oder weniger öffentlichkeitswirksamen – „unerwünschten" – Ereignis. Vielleicht ist es auch gerade nochmal gutgegangen und das Ganze wird nicht weiter thematisiert. Oder aber Fehler werden als Regelverstoß z. B. durch Kontrollen, Prüfungen oder Audits ans Licht befördert – auch ohne dass konkret etwas vorgefallen ist.

## 9.7.1 Unerwünschte Ereignisse nutzen

Managementsysteme existieren nicht isoliert. Um sie herum lebt und verändert sich ein ganzes Universum an Strukturen, Elementen und Beziehungen, die auf menschliche Handlungen und deren Ergebnisse Einfluss nehmen. Und längst nicht alle sind bekannt. In solch einem komplexen und lebendigen System kann nicht alles geregelt und geplant erfolgen. Umso mehr braucht es das Wissen um unsichere Verhältnisse und Verhaltensweisen und wie diese sich auf menschliche Reaktionen, mögliche „Denk"-Fehler und -Fallen auswirken. Viele verschiedene Rahmenbedingungen leisten hier ihren Beitrag und lassen sich nur ermitteln, wenn ihre Auswirkungen eingehender betrachtet werden. Gerade weil diese häufig erst in Kombination mit menschlichem Verhalten sichtbar werden, lässt sich dieses Handeln als Indikator für bestehende Disharmonien und Lücken nutzen. Ähnliches könnte auch bei positiven Ereignissen geschehen, um besonders förderliche und positive Einflussfaktoren und Zusammenhänge zu ermitteln.

Hier gilt es nicht nur, die großen Erfahrungen unter die Lupe zu nehmen und daraus zu lernen, sondern auch im Alltag die Unsicherheiten zu suchen und zu beleuchten. Aus anlassbezogener Betroffenheit lernt es sich am leichtesten. Dazu braucht es keine umfassenden Checklisten und Protokolle.

## 9.7.2 Mitarbeiter einbinden

Entsprechend angewendet erhellen die ausgewerteten Erfahrungen nicht nur das Wirkungsgeflecht der Verhältnisse, sondern auch den Einfluss der wesentlichen Elemente, der Mitarbeiter. Allerdings nur bei den Mitarbeitenden, die eingebunden sind. Nur sie haben die Chance, den Umgang mit einer unsicheren Situation, den beteiligten Kollegen und mit sich selbst zu lernen bzw. zu verbessern. Im wechselhaften Umfeld und ohne „sicheren" Plan ist dazu vorausschauendes Denken notwendig, das unliebsame Folgenketten erkennt und meidet. Und dieses wiederum wird leichter, je mehr Erfahrungen dazu vorliegen.

### 9.7.3 Vorausschauendes Denken üben

Auch ohne Systematik und strukturierte Analyse lässt sich die dynamische Unkalkulierbarkeit der betrieblichen Realität immer mal wieder in Erinnerung rufen. Zum Beispiel durch „Was-wäre-wenn-Vermutungen" bezogen auf geplante Maßnahmen, neue Prozessschritte oder Sicherheitsvorgaben/-unterweisungen. Ziel ist, die Fäden der Realität in die eine oder andere Richtung weiterzuspinnen und kreative Szenarien zu entwickeln, mit deren Hilfe Reaktionen und Folgen durchgespielt und aufgedeckt werden können. Risiken (und Chancen gleichermaßen) sind dabei keine Fakten, sondern Fiktionen, – Vermutungen, Hypothesen über Dinge, die passieren könnten. Hier ein paar Fragestellungen, die dabei unterstützen, sich Risiken auszudenken:

- Was kann wie zusammenspielen, wenn es „dumm kommt" und dieser Prozess/Arbeitsverlauf/Arbeitsplatz/Mitarbeiter „einen wirklich schlechten Tag hat"?
- Was wäre der am wenigsten vorstellbare Fall?
- An welcher Stelle könnte man am wirkungsvollsten Produktqualität, Sicherheit etc. sabotieren? Wie?
- Wo könnte es einen völlig unerfahrenen Neuling am ehesten „erwischen", sodass Umweltschutz, Sicherheit/Gesundheit oder Qualität darunter leiden?

Je mehr dabei mitmachen, umso besser. Mit ein wenig Übung lässt sich so lernen, die Realität mit ihren alltäglichen Überraschungen – auch auf spielerische Weise – besser einschätzen zu lernen. Hier wird im wahrsten Sinne des Wortes „risikobasiertes Denken" geübt.

### 9.7.4 Je nach Fehlerart reagieren

Unsicheres Verhalten hat die unterschiedlichsten Ursachen. Je nachdem, welche Ziele es motivieren und von welcher Steuerungsstufe es reguliert wurde, sind die Konsequenzen unterschiedlich:

Auf vorsätzliche *Sabotage* müssen disziplinarische Konsequenzen und Sanktionen erfolgen. Allerdings ist dieser Fall in der betrieblichen Praxis selten.

Basiert ein unerwünschtes Ereignis auf einem *Regelverstoß mit gutem Grund*, gilt zunächst, einen weiteren Führungsreflex abzustellen: „Alles Ausreden …" Gerade hier sind es oft die Umstände oder Verhältnisse, die mitspielen und als bestehendes geschriebenes oder ungeschriebenes Regelwerk mit seinen Werten und Zielen keine klare Linie vorgeben. In der Regel gibt der „gute Grund" oder das höherwertige Ziel den Hinweis, wo Ungereimtheiten oder Widersprüche auftreten und an welcher Stelle sie geklärt und beseitigt werden müssen. Und diese müssen zunächst einmal erfragt werden. Statt also nur zu fragen: „Warum ist hier falsch gehandelt worden?", könnte die Fragestellung „Warum war das Handeln gerade in dieser Situation angemessen und richtig?" viel ergiebiger sein.

Gegebenenfalls braucht es hier auch die Rückendeckung von „ganz oben", ob Arbeitssicherheit und Unfallvermeidung, Qualität oder Umweltschutz generell und ohne Ausnahme Vorrang haben vor anderen Produktions- und Leistungszielgrößen. Je nach Antwort müssen dann innerbetriebliche Regelwerke synchronisiert werden, die in der Regel aus unterschiedlichen fachlichen Blickwinkeln kreiert wurden. Im komplexen Unternehmensalltag wird es immer wieder zu Situationen kommen, die Fragen aufwerfen und widersprüchlichsten Anforderungen gerecht werden wollen. Manche Ungereimtheiten bleiben bestehen und andere lassen sich nur nach dem Motto „Bei welcher Lösung sind die Nachteile am geringsten?" auflösen. Sind bestimmte Schemata oder Routinen über die Zeit erlernt und „gebahnt", braucht es in jedem Fall mehr als eine Ermahnung oder einen Hinweis, um umzulernen.

*Autopilotbedingte Ausrutscher oder Aussetzer*, aber auch fehlgeleitete *regelbasierte Fehler* sind häufig bedingt durch mangelnde oder abgelenkte Aufmerksamkeit und Gedächtnislücken (gestörte Aufmerksamkeit und Erinnerung). Sie treten insbesondere bei Erschöpfung und Ermüdung, aber auch bei Überforderung auf. Regelmäßige Pausen und eine Reduzierung kraftzehrender Belastungsfaktoren können hier Abhilfe schaffen. Gegebenenfalls sind auch Arbeitsprozesse oder Anlagen so anzupassen, dass entweder die Technik oder ein unterstützender Kollege mögliche Fehler auffängt.

*Gerade Erinnerungslücken und -unterbrechungen* entstehen oft durch Störungen oder Ablenkung der Aufmerksamkeit. Nicht selten sind es wohlmeinende, zwischenmenschliche Komponenten. Für wichtige oder sicherheitsrelevante Arbeiten sollten deshalb andere Höflichkeits- und Umgangsgepflogenheiten gelten als im normalen betrieblichen Umgang. Genau aus diesem Grund wurde beispielsweise für kritische Situationen im Luftverkehr das „sterile Cockpit" geschneidert, in dem private Unterhaltungen während sicherheitskritischer Flugphasen strikt verboten sind (Raulf 2011). Aber auch die Störung alltäglicher Routinen durch „Besucher" und „Besichtiger" jeder Couleur kann automatisierte Abläufe unterbrechen, was auch z.B. im Audit Berücksichtigung finden sollte.

*Wissensbasierte Unsicherheiten* können kurzfristig durch angemessene Information, längerfristig durch Ausbildung und Training vermieden werden.

Zusammenfassend betrachtet ermöglicht Führung und Zusammenarbeit Mitarbeitenden so immer wieder aufs Neue, im wechselhaften Alltag der Managementsysteme ihren Beitrag zu leisten. Dieser Beitrag sollte nicht darin bestehen, alles fehlerfrei und richtig zu machen, sondern sich kontinuierlich zu bemühen, herauszufinden, wie dies am besten gehen kann (Weick/Sutcliffe 2010, S. IX).

# 9.8 Literatur

Badke-Schaub, Petra; Hofinger, Gesine; Lauche, Kristina (2012): *Human Factors. Psychologie sicheren Handelns in Risikobranchen*. 2. Auflage, Springer, Berlin/Heidelberg, S. 3–20

DIN EN ISO 9000:2015: *Qualitätsmanagementsysteme – Grundlagen und Begriffe (ISO 9000:2015); Deutsche und Englische Fassung EN ISO 9000:2015*. Beuth, Berlin November 2015

DIN EN ISO 9001:2015: *Qualitätsmanagementsysteme – Anforderungen (ISO 9001:2015); Deutsche und Englische Fassung EN ISO 9001:2015*. Beuth, Berlin

DIN EN ISO 14001:2015: *Umweltmanagementsysteme – Anforderungen mit Anleitung zur Anwendung (ISO 14001:2015); Deutsche und Englische Fassung EN ISO 14001:2015*. Beuth, Berlin

Ebermann, Hans-Joachim; Jordan, Patrick (2011): „Unfallprävention". In: Scheiderer, Joachim; Ebermann, Hans-Joachim (Hrsg.): *Human Factors im Cockpit. Praxis sicheren Handelns für Piloten*. Springer, Berlin/Heidelberg, S. 1–36

Fahlbruch, Babette; Schöbel, Markus; Marold, Juliane (2012): „Sicherheit". In: Badke-Schaub, Petra; Hofinger, Gesine; Lauche, Kristina: *Human Factors. Psychologie sicheren Handelns in Risikobranchen*. 2. Auflage, Springer, Berlin/Heidelberg, S. 21–38

Förster, Anja; Kreutz, Peter (2015): „Die völlig andere Art mit Misserfolgen umzugehen". Gepostet am 8. November 2015. URL: http://www.foerster-kreuz.com/experiment-misserfolg/, Abruf: 12.12.2015

Gigerenzer, Gerd (2013): *Risiko. Wie man die richtigen Entscheidungen trifft*. Bertelsmann, München

Gigerenzer, Gerd (2015): Interview in: „Wie Fehler Kinder motivieren können". URL: http://www.familie.de/eltern/interview-prof-gerd-gigerenzer-537811.html, Abruf: 07.12.2015

Hofinger, Gesine (2012): „Fehler und Unfälle". In: Badke-Schaub, Petra; Hofinger, Gesine; Lauche, Kristina: *Human Factors. Psychologie sicheren Handelns in Risikobranchen*. 2. Auflage, Springer, Berlin/Heidelberg, S. 39–59

ISO/TC 176 (2015): „Risk-based thinking in ISO 9001:2015". URL: http://isotc.iso.org/livelink/livelink/fetch/2000/2122/-8835176/-8835848/8835872/8835883/Iso9001andRisk.docx, Abruf: 08.05.2016

Kahneman, Daniel (2012): *Schnelles Denken, langsames Denken*. Siedler, München

Krausz, Michael (2005): *Risikobewertung. Ein White Paper zu Definition und praktischer Vorgangsweise*. 23.12.2005." URL: sicherheitskultur.at/pdfs/Risikobewertung.pdf, Abruf: 08.12.2015

Laloux, Frederic (2015): *Reinventing Organizations. Ein Leitfaden zur Gestaltung sinnstiftender Formen der Zusammenarbeit*. Vahlen, München

Löber, Niels (2012): *Fehler und Fehlerkultur im Krankenhaus*. Dissertation der Uni Eichstätt-Ingolstadt. Springer, Wiesbaden

Loriol, Christine (2014): Interview mit Fehlerforscher Theo Wehner. „Der gute Fehler birgt ein Geheimnis". In: *Tages-Anzeiger* vom 06.12.2014. URL: http://www.tagesanzeiger.ch/leben/gesellschaft/Der-gute-Fehler-birgt-ein-Geheimnis-/story/24635612

Miller, Reiner (2014): *SOL - Sicherheit durch organisationales Lernen. Ein Verfahren zur systematischen Analyse von Ereignissen*. MTO-Safety GmbH 2014. URL: http://www.mto-safety.de/files/pdf/BeschreibungSOL.pdf, Abruf: 07.05.2016

Müller, E.-Werner (2012): *Unfallrisiko Nr. 1: Verhalten. So vermeiden Sie verhaltensbedingte Unfälle!* Hüthig Jehle Rehm, Heidelberg et al.

Musahl, Hans Peter (1997): *Gefahrenkognition. Theoretische Annäherungen, empirische Befunde und Anwendungsbezüge zur subjektiven Gefahrenkenntnis* (Habilitationsschrift). Asanger, Heidelberg

Oubaid, Victor; Anheuser P. (2014): *Der Mensch in Hochzuverlässigkeitsorganisationen. Systematische Personalauswahl als entscheidendes Kriterium.* In: Der Urologe. Springer Medizin, Berlin/Heidelberg, S. 657-662

Raulf, Hans-Ulrich (2011): „Kommunikation". „In: Scheiderer, Joachim; Ebermann, Hans-Joachim (Hrsg.): *Human Factors im Cockpit. Praxis sicheren Handelns für Piloten.* Springer, Berlin/Heidelberg, S. 91-118

Renn, Ortwin (1989): „Risikowahrnehmung – psychologische Determinanten bei der intuitiven Erfassung und Bewertung von technischen Risiken". URL: http://elib.uni-stuttgart.de/opus/volltexte/2012/7076/ Abruf: 07.12.2015. Originalveröffentlichung in: Franck, Eberhard (Hrsg.): *Risiko in der Industriegesellschaft. Analyse, Vorsorge, Akzeptanz.* Univ.-Bibliothek, Erlangen, S. 167-192

Rosenstiel, Lutz von (2015): Motivation im Betrieb. Mit Fallstudien aus der Praxis. 11., überarbeitete und erweiterte Auflage. Springer, Wiesbaden

Schaper, Niclas (2014): „Psychologie der Arbeitssicherheit". In: Nerdinger, Friedemann W.; Blickle, Gerhard; Schaper, Niclas: *Arbeits- und Organisationspsychologie.* 3., vollständig überarbeitete Auflage. Springer, Berlin/Heidelberg, S. 489-516

Scheffer, David; Kuhl, Julius (2006): *Erfolgreich motivieren. Mitarbeiterpersönlichkeit und Motivationstechniken.* Hogrefe. Göttingen

Skottke, Eva-Maria et al. (2008): „Unfallrisiko und Fahrerlaubnisbesitzdauer bei Fahranfängern". In: Schade, Jens; Engeln, Arnd (Hrsg.): *Fortschritte der Verkehrspsychologie.: Beiträge vom 45. Kongress der Deutschen Gesellschaft für Psychologie.* VS/Springer, Wiesbaden, S. 15-29

St. Pierre, Michael; Hofinger, Gesine; Buerschaper, Cornelius (2011): *Notfallmanagement. Human Factors und Patientensicherheit in der Akutmedizin.* 2. Auflage. Springer, Berlin/Heidelberg

Taleb, Nassim Nicholas (2015): *Der Schwarze Schwan. Die Macht höchst unwahrscheinlicher Ereignisse.* Knaus, München

Wehner, Theo; Mehl, Klaus; Dieckmann, Peter (2010): „Handlungsfehler und Fehlerprävention". In: Kleinbeck, Uwe; Schmidt, Klaus-Helmut: *Enzyklopädie der Psychologie/Themenbereich D: Praxisgebiete/Wirtschafts-, Organisations- und Arbeitspsychologie/Arbeitspsychologie.* Hogrefe, Göttingen

Weick, Karl E.; Sutcliffe, Kathleen M. (2010): *Das Unerwartete managen. Wie Unternehmen aus Extremsituationen lernen.* 2. Auflage. Schäffer-Poeschel, Stuttgart

# 10 Zentrale Elemente der Zusammenarbeit

Führung unter Druck und Kontrolle motiviert nicht und gewährleistet keinen nachhaltigen Antrieb. Auch die komplexen unüberschaubaren Rahmenbedingungen im System Unternehmen und die Unwägbarkeiten menschlicher Wahrnehmung und Bewertung im Vorfeld des Handelns lassen sich besser gemeinsam überwinden. Die Normen weisen mit jeder Revision aufs Neue und zunehmend deutlicher darauf hin, Mitarbeitende mitwirken zu lassen und zu beteiligen (ISO 9000:2015, 2.3.4) – auch aus Interesse, weil sie schließlich von den vielfältigen Entscheidungen betroffen sind („interessierte Parteien", ISO 14001:2015, 3.5).

Zeitgemäße Führungskräfte agieren nicht mehr von oben, sondern auf Augenhöhe. So dürfen Worte wie „beteiligen", „einbeziehen" und „mitwirken" auch keine Worthülsen bleiben. Allerdings ist hierzu die richtige Ausrüstung erforderlich. Sowohl bei der Ein- wie Durchführung sind Werkzeuge vonnöten, die einen informativen Austausch und eine ergebnisreiche Zusammenarbeit ermöglichen. Und diese werden in der Regel in den Aus- und Weiterbildungen von Fach- und Führungskräften oder Auditoren bislang noch sparsam dosiert.

## ■ 10.1 Kommunikation

Führung geht nicht ohne Kommunikation – Zusammenarbeit auf Augenhöhe „lateral" schon gar nicht. Einerlei, ob im Audit, in kurzen Dialogen vor Ort oder in größeren Schulungs- und Besprechungsrunden, – klar und verständlich zu formulieren ohne allzu viel „Störsignale" zwischen den Zeilen kann einiges erleichtern. Viele Konflikte im Alltag lassen sich oft auf Missverständnisse reduzieren: Man meint, etwas verstanden zu haben, was der eigenen Position widerspricht, und schon werden die Verteidigungslinien gezogen. Zu der Vieldeutigkeit der Realität (→ Kapitel 7.1 und 7.2) kommt eine weitere Vieldeutigkeit der Kommunikation hinzu.

## 10.1.1 Hinweise der ISO

Von den Normen ist Kommunikation gewünscht und zu organisieren (worüber, wann, mit wem und wie) (ISO 9001:2015, 7.4). Im Umweltmanagementsystem existiert eine eigene Norm zum Thema (ISO 14063). Insgesamt wird deutlich, warum Kommunikation im jeweiligen Zusammenhang wichtig ist. Auch werden Ansprüche zur Qualität formuliert (z. B. offen, transparent, wahrheitsgetreu, präzise, klar und verständlich (ISO 14001:2015, A.7.4) oder wird ihr Sinn und Zweck erläutert: Sie ist das Fundament der Einbeziehung und verbessert das Verständnis des Qualitätsmanagementsystems, seiner Leistung und der organisationsweiten Werthaltungen (= Kultur), Ziele und Strategien (ISO 9000:2015, 2.2.5.2).

Im Umweltmanagementsystem finden sich zur internen Kommunikation im Leitfaden einige Anmerkungen: „Die Kommunikation zwischen den und innerhalb der Ebenen und Funktionsbereiche einer Organisation ist entscheidend für die Wirksamkeit des Umweltmanagementsystems. Kommunikation ist z. B. wichtig für das Lösen von Problemen, die Koordination von Tätigkeiten, die Einhaltung von Maßnahmenplänen und die Weiterentwicklung des Umweltmanagementsystems. Die Bereitstellung von geeigneten Informationen für die Personen, die unter Aufsicht der Organisation Tätigkeiten verrichten, dient dazu, diese Personen zu motivieren und ihre Akzeptanz hinsichtlich der Bemühungen der Organisation zur Verbesserung ihrer Umweltleistung zu erhöhen" (ISO 14004:2015, 7.4.2).

## 10.1.2 Senden einer Information

Zunächst die Frage „Womit kommunizieren wir eigentlich?". Oder in der Sprache mancher Kommunikationsexperten: „Womit ‚senden' wir?"

Sprache soll vermitteln, was zum Ausdruck gebracht werden soll. Welche Worte stehen mir zur Verfügung? Welche Bedeutung gebe ich ihnen? Kann ich die einzelnen Anlagenteile im gebräuchlichen Fachjargon benennen, um dem Instandhalter meine Probleme zu verdeutlichen? Und wie steht es überhaupt um meine Fähigkeit, Beobachtungen und Anliegen klar und anschaulich darzustellen? Verbale Einschränkungen zwischenmenschlicher Kommunikation sind für viele Missverständnisse und daraus resultierende Konflikte verantwortlich. Für das Thema „Führung und Zusammenarbeit" lässt sich das an folgendem Beispiel nachvollziehen: „Herr Müller, schreiben Sie doch bitte ein Kurzprotokoll unserer Sitzung, aber schnell!" Wie lang ist ein Kurzprotokoll und welche Bedeutung geben Sie dem Wort „schnell"?

Zum schriftlichen oder mündlichen Einsatz von Worten bei der Informationsvermittlung finden wir bei den Verständlichmachern des Kommunikationspsychologen Schulz von Thun (siehe Kasten) wertvolle Hinweise.

**Verständlichmacher**

Im beruflichen Alltag gibt es immer wieder Situationen, in denen wir größere Sachverhalte in Wort und/oder Text weitergeben müssen. Dabei wollen wir, dass diese vom Gegenüber verstanden werden. Friedemann Schulz von Thun hat die Grundmerkmale einer gut verständlichen Aussage zusammengefasst (Schulz von Thun 1989):

*I. Einfachheit*

Dieses Stichwort bezieht sich auf die einfache Darstellung eines Sachverhalts. Dieser wird „einfach", wenn er ansprechend und konkret dargestellt wird, in kurze Sätze gefasst ist und unnötige Fremdwörter vermeidet.

*II. Gliederung*

Eine klare Struktur mit „rotem Faden" hilft, die Informationen inhaltlich und zeitlich zu „portionieren" und folgerichtig aufeinander aufzubauen. Eine entsprechende Ankündigung des „Fahrplans" hilft Lesern und Zuhörern, sich zu orientieren. Außerdem ist die klare Unterscheidung von wichtigem und weniger wichtigem Material wesentlich, z. B. durch besonderes Herausstellen der wichtigsten Fakten.

*III. Kürze/Prägnanz*

Gut ist immer, eine klare Botschaft zu haben und darauf möglichst gradlinig zuzulaufen. Sparsamer Wortverbrauch und möglichst wenig Umwege und weitschweifige Erklärungen helfen dabei.

*IV. Anregung/Abwechslung*

Hier geht es um die „Verpackung". Die Art und Weise, wie Inhalte „präsentiert" werden – einerlei, ob mündlich oder schriftlich –, darf gern ein wenig Abwechslung bieten. Ob durch (kurze) Geschichten oder Quizeinlagen – hier dürfen auch persönliche Vorlieben ihren Raum finden. Überraschen lässt sich jeder gern, und mit Humor lässt sich fast alles geschmackvoll verpacken. Besonders gut ist es, wenn durch Aussagen Bilder im Kopf entstehen, z. B. durch bildhafte Sprache, Metaphern, Vergleiche oder Analogien. So entsteht neben dem Lesen oder Hören ein „Kino im Kopf", das nicht nur besser verstanden, sondern im besten Fall auch besser behalten wird.

Vielfach nutzen wir das Sprechen als „lautes Denken", bei dem Wissen, Beobachtungen, Erfahrungen, Bewertungen etc. neu gemischt und zusammengesetzt werden. Dieses laute Denken hilft, Dinge klarer und detaillierter zu sehen (Dörner 2006). So gleicht das laut Verbalisierte einem ersten Entwurf, einer Vermutung oder Hypothese. Allerdings wird es selten so deklariert, was oft zu verhärteten Standpunkten führt.

Gesendet wird bei der Kommunikation verbal und nonverbal (Bild 10.1). Der verbale Teil befasst sich lediglich mit dem Inhalt der Nachricht, der sich aus Worten zusammensetzt, z. B. der Aussage „Ich habe Hunger". Wie dringlich dieser Zustand ist und welche Konsequenzen ihm umgehend folgen sollten, wird auch nonverbal zum Ausdruck gebracht durch Stimme und Körper. Lautstärke, Tonlage und emotionale Färbung des Gesagten und auch die Körperhaltung und Mimik spielen bei der überzeugenden „Übertragung" des Gesagten eine wesentliche Rolle. Erst sie ermöglichen uns ohne langes Nachdenken, uns „einzufühlen". In kürzester Zeit haben wir anhand der erkannten Muster oder Schemata (wieder einmal) bestimmte Körperhaltungen, Stimmfärbungen, Mundwinkel- und Stirnfaltenspiele oder Ähnliches dechiffriert. Wir bilden es innerlich sogar nach und können so gegebenenfalls nachfühlen, was im Gegenüber vorgeht (Empathie) – ganz ohne Sprechen. Dieses „Spiegeln" ist eine Funktion unseres Gehirns, die entsprechenden Nervenzellen heißen „Spiegelneuronen" (Spitzer 2010).

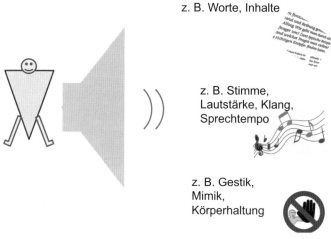

**Bild 10.1** Die Kanäle menschlicher Kommunikation

Wird an Worten gespart, helfen Stimme und Körperausdruck, die Lücken zu füllen. Aus der Frage „Wie weit sind Sie mit dem Kurzprotokoll der gestrigen Besprechung?", begleitet von einem ernsten Blick – gegebenenfalls sogar mit gerunzelter Stirn –, könnte der Angesprochene kontrollierendes Misstrauen heraushören oder Zweifel an der Fähigkeit, den Auftrag zu erledigen. Die gleichen Worte offen, freundlich und ohne Runzeln gesprochen deuten hingegen eher auf Interesse, gegebenenfalls sogar Gesprächsbereitschaft hin.

Wirklich überzeugend ist dieses Dreigespann allerdings nur dann, wenn es im Gleichklang – auch Kongruenz genannt – arbeitet. „Schön, Sie kennenzulernen", extrem monoton und ohne Augenkontakt formuliert – womöglich noch leicht abgewendet mit zusammengekniffenem Mund –, ist im Gesamtpaket nicht besonders überzeugend und glaubwürdig (Schulz von Thun 1989). Da Stimme und Körpersprache vorwiegend unbewusst gesteuert sind, fällt es hier nicht leicht, sich zu verstellen. Und so wird gerade über die Stimme auch die Stimmung übertragen.

Auf diese Weise senden wir bildlich gesprochen zwischen den Zeilen. Ein inzwischen weitverbreitetes Kommunikationsmodell spricht dabei von mindestens „vier Seiten einer Nachricht" (Bild 10.2). Neben der eigentlichen Sachnachricht werden gleichzeitig noch Appelle, Selbst- und Beziehungsoffenbarungen beigemischt. Viel zitiertes Beispiel ist der Satz eines Ehemanns, der im Auto neben seiner Frau sitzt und anmerkt: „Die Ampel ist grün!", und seine Frau diesem simplen Satz neben der eigentlichen Sachinformation so viel „Stoff" entnimmt („Fahr endlich!", „Ich trau deiner Fahrweise nicht", „Du bist unaufmerksam"), dass sie reagiert mit: „Wer fährt denn hier – du oder ich?" Sie könnte auch einfach nur „Danke" sagen (Schulz von Thun 1989).

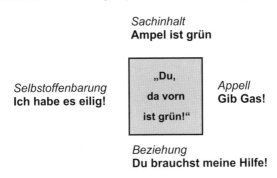

**Bild 10.2**  Die vier Seiten einer Nachricht nach Schulz von Thun (1989)

### 10.1.3 Empfangen einer Information

Kommunizieren besteht allerdings nicht nur aus Senden. Ebenso wichtig sind das Empfangen auf der anderen Seite und damit die „Antennen", die ausgefahren werden. Hier sind es zum einen Zeit und Qualität des Zuhörens (in der Hitze des Gefechts nicht immer einfach: ausreden lassen!)

Zum anderen bleibt Gesagtes manchmal unklar oder es reicht noch nicht aus. Hier kann nachgefragt und Verständnis gesichert werden:

- Wie genau hast du das gemacht?
- Aus welchen Grund hast du …?
- Was wolltest du erreichen?

Im Bild von Schulz von Thun existieren zudem verschiedene Ohren, mit denen gehört werden kann. Wie in den Kapiteln 7 und 8 angesprochen, spielen wir selbst eine entscheidende Rolle dabei, welche Bedeutung wir unseren Wahrnehmungen geben. Jeder Mensch hat also seine eigenen Ohren – abhängig von seiner Persönlichkeit und dem aktuellen Umfeldgeschehen (ist die Lage etwas angespannt, tut sich oft das Beziehungsohr hervor). Im obigen Ampelbeispiel können deshalb unterschiedliche Szenen entstehen, wie Bild 10.3 verdeutlicht.

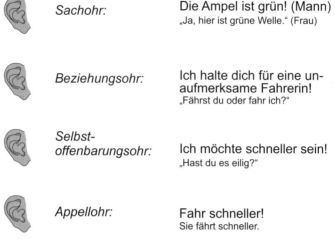

Bild 10.3 Je nachdem, welches Ohr vorrangig hört, kann die Reaktion unterschiedlich sein.

Erfahrungen und Erwartungen bezüglich der Situation und des in der Regel bekannten Gegenübers helfen uns, einzuordnen, wie z. B. die Aussage „Ist der Neue schon fit gemacht für den Arbeitsplatz?" zu deuten ist. Und falls hier kein Vorgabedokument mit exakter Beschreibung vorliegt und aus der Vergangenheit noch nicht genügend sichere Erfahrungen existieren, muss ebenfalls nachgefragt werden:

- Hab ich dich richtig verstanden: Du willst ...?

Das nennt sich u. a. dann „aktives Zuhören".

## 10.1.4 Der Kern im Rückblick

Kommunikation ist der Ort, wo die „eigene Wirklichkeit" von Sender und Empfänger deutlich wird. Neben den individuellen Wahrnehmungs- und Entscheidungsprozessen birgt auch die Kommunikation – als Kernfaktor der menschlichen Zusammenarbeit – eine Reihe von „Ungewissheiten", die unvorhergesehene Reaktionen zur Folge haben. Hier sind es nicht nur die einzelnen Kommunikationskanäle (Inhalt, Stimme, Körper) und ihr harmonischer Einklang, sondern auch die unterschiedlichen Sender- und Empfängereigenschaften sowie ihre Beziehung zueinander, die die Übermittlungsqualität entscheidend beeinflussen.

Für die Führung und Zusammenarbeit bieten sich hier Spielräume für individuelle Deutungen und Interpretationen. Gute Kommunikation lässt sich mit einem Ballspiel vergleichen. Hier wird der Ball so geworfen, dass das Gegenüber eine faire Chance hat, zu fangen, und abgeschlossen ist der Vorgang, wenn sicher ist, dass er gut gelandet ist.

Es lohnt sich die Frage „Haben wir hier wirklich unterschiedliche Standpunkte oder Meinungen oder basiert die aktuelle Unstimmigkeit eher auf dem Unvermögen, klar zu formulieren und aufmerksam und gegebenenfalls klärend, nachfragend zuzuhören?".

**Mehr davon**

Alter, Urs (2015): *Kommunikation für Führungskräfte*. Springer Essentials. Wiesbaden 2015

Schulz von Thun, Friedemann; Ruppel, Johannes; Stratmann, Roswitha: *Miteinander reden. Kommunikationspsychologie für Führungskräfte*. 5. Auflage. Rowohlt, Reinbek 2003

## 10.2 Mitarbeiter beteiligen

Zusammenarbeit in Form von Beteiligung geht auf unterschiedlichste Weise; mal mehr, mal weniger zusammen und nicht immer auf Augenhöhe. Wie hierarchische Varianten unter den Leitgedanken gesetzlich definierter Verantwortung funktionieren, haben wir in Kapitel 4 diskutiert. Werfen wir nun einen Blick auf die „offeneren" Formen, die über Anweisung und rechtssichere Delegation hinausgehen.

### 10.2.1 Hinweise der ISO

Unabhängig davon, ob als Einbeziehung, Beteiligung oder Engagement bezeichnet, es geht um den Beitrag der Mitarbeitenden zum gemeinsamen Ziel (ISO 9000:2015, 3.1.3, 3.1.4). Der entsprechende Managementgrundsatz (ISO 9000:2015, 2.3.3) weiß um die Vorteile: Neben Verständnis und Motivation, der Förderung von Eigeninitiative, Kreativität und sogar der Persönlichkeit werden auch Zufriedenheit, Vertrauen und unternehmensübergreifende Zusammenarbeit und gemeinsame Werte gefördert. Der Schwerpunkt liegt also auf Förderung und Befähigung.

Die vorgeschlagenen Maßnahmen reichen von Kommunikation als Mitwirkungsmotivator über Diskussion und Erfahrungsaustausch bis hin zu Zufriedenheitsumfragen oder Freiräumen und Befugnissen, ohne Furcht die Initiative zu ergreifen, und dem Erkennen und Anerkennen dieses Engagements. Es ist alles offen, und auch der Art und Weise werden keine Begrenzungen auferlegt. Zudem dürfen, wie wir schon gesehen haben, auch Rollen frei definiert werden.

### 10.2.2 Unterschiedliche Freiräume

Zusammenarbeit beginnt in der Regel mit der Aufteilung oder Zuteilung der Aufgaben. Dass es auch beim Delegieren nicht nur Schwarz und Weiß gibt, sondern einige Farben dazwischen, wird immer wieder bei der Frage nach dem Führungsstil deutlich (Bild 10.4).

Wie autoritär führt jemand, wie kollegial? Wie groß ist die Unterstützung und Kontrolle, wie groß der Freiraum?

**Bild 10.4** Vom Anweisen zum Delegieren

Wie bei Organisationen wird auch hier von Reifegraden gesprochen. Diese beziehen sich allerdings auf die Mitarbeiter. Sie variieren und sind maßgeblich dafür, wie viel und welche Unterstützung notwendig ist und wie weit die Kollegen „losgelassen" werden können. Hieraus ist ein Führungskonzept entstanden, das sich „situative Führung" nach Hersey, Blanchard und Dewey (2008) nennt. Die folgende Unterscheidung der Grauzonen entspringt dem „agilen" Umfeld und ergänzt die „situative" Führung (Appelo 2011). Hiernach kann Aufgabenverteilung an Einzelpersonen und Teams auf unterschiedliche Weise erfolgen:

- *Anweisen*: Ich treffe Entscheidungen und weise an.
- *Verkaufen*: Ich entscheide, aber ich versuche, den Mitarbeiter/das Team zu überzeugen und Zustimmung zu erlangen darüber, dass ich meine Ideen gut „verkaufe".
- *Konsultieren*: Ich hole mir Meinungen ein und entscheide dann selbst.
- *Vereinbaren/übereinkommen*: Wir diskutieren, suchen einen Konsens und treffen die Entscheidung gemeinsam. Alle Stimmen sind gleichwertig.
- *Beraten*: Ich gebe ihnen Rat, teile meine Meinung mit. Die Entscheidung liegt allerdings allein beim Team.
- *Erkundigen*: Ich informiere mich, nachdem sie sich entschieden haben. Gut, aber nicht unbedingt notwendig wäre, wenn ich auch überzeugt werden könnte.
- *Delegieren*: Ich delegiere vollständig und muss nicht informiert werden.

Gerade die letzten beiden Stufen gehen mit der Beteiligung sehr weit und bieten weitgehende Selbstorganisation, -kontrolle und -korrektur. Die Delegation am Ende der Liste sollte allerdings in Abgrenzung zur gesetzlich umspülten Variante und ohne den Nachgeschmack disziplinärer Über- und Unterordnung „Auftrag" genannt werden. Mit der Übergabe der Aufgaben wird von vornherein klargemacht, wer welche Rolle (und Verantwortung) hat und welcher Beitrag zu leisten ist.

Auf Managementsysteme übertragen könnten beispielsweise folgende Auftragsvarianten abgeleitet werden:

- Bei Routineaufgaben könnten die betroffenen Kollegen bei der Umsetzung größtmöglichen Freiraum genießen, bis dahin, dass sie ihre organisatorischen Strukturen und übrigen Rahmenbedingungen weitestgehend selbst gestalten.
- Für Neues, Ungewöhnliches und Ungeregeltes kann sich die Zurückhaltung der Führung dahin gehend auswirken, dass sie primär Zielvorgaben und Prioritäten klärt. Der Weg wäre Sache der Umsetzenden.

Führung würde sich bei diesem Ansatz auf die Beantwortung der Frage, was Mitarbeiter zur Erfüllung der Aufgaben brauchen, konzentrieren.

### 10.2.3 Der Kern im Rückblick

Ein erfolgreicher Umgang mit Komplexität erfolgt am ehesten mit Selbstorganisation. Nur so können Mitarbeiter schnell und flexibel auf sich ständig verändernde Anforderungen reagieren. Zudem erhöht das Übertragen von Verantwortung im Regelfall die Zufriedenheit und damit auch die Leistungsbereitschaft der Mitarbeiter. Dieser Ansatz braucht ein Führungsverständnis, das sich darauf konzentriert, die Mitarbeiter zu befähigen, zu fördern und sie bei der Erfüllung der Aufgaben zu unterstützen.

Wie viel Verantwortung übertragen oder Freiräume gewährt werden, ist von der Art der Aufgaben und auch vom Mitarbeiter direkt abhängig. Je anspruchsvoller sich Aufgaben gestalten, desto mehr empfiehlt es sich, möglichst großzügige Freiräume zu gewähren.

## 10.3 Besprechungen und Moderation

Besprechungen haben einen schlechten Ruf. Ihr Problem: Sie „kosten" zu viel Zeit – mit zweifelhaften Ergebnissen. Doch gerade in Managementsystemen werden sie gebraucht. Hier haben wir häufig die Situation, dass unterschiedliche Bereiche und Fachdisziplinen zusammenarbeiten, weil die übergeordneten Ziele (Qualität, Arbeitssicherheit, Umweltschutz) Querschnittsthemen sind, die alle betreffen, und weil die Prozesse und Probleme nicht an den Bereichsgrenzen haltmachen. Auch Beteiligung und Zusammenarbeit innerhalb der Bereiche, Abteilungen, Schichten oder Teams gehen nicht ohne Besprechungen.

In Managementsystemen gibt es bei Besprechungen und ihrer Moderation einige typische Klippen.

### 10.3.1 Vorbereitung

Zunächst ist immer wichtig, ob die gemeinsame Veranstaltung lediglich der Information gilt oder nicht? Ist das *Anliegen*, nur Daten und Fakten auszutauschen, um sich gegenseitig auf dem neuesten Stand zu halten, kann dies unter Berücksichtigung der Verständlichmacher und gegebenenfalls mit unterstützenden Präsentationstechniken und -methoden erreicht werden. Hier hilft auch immer der abwägende Blick auf mögliche Alternativen, die ohne den direkten Kontakt auskommen: Anschreiben, Plakat, Mail, Telefonat etc. Sollen Austausch und Zusammenarbeit schnell und direkt stattfinden, braucht es die Besprechung.

In diesem Fall ist die Frage der *„Leitung"* zu klären. Üblicherweise geschieht dies durch den Einladenden, der dann allerdings in der Regel auch mitdiskutieren will. Je nach Programm und Teilnehmeranzahl bietet es sich deshalb an,

- einen Moderator hinzuzuziehen, der gegebenenfalls mit Ihnen die Veranstaltung auch plant („Fahrplan", Ziel, Schritte etc.),
- die Steuerungsaufgaben (Moderation, Zeitmanagement, Protokoll etc.) im Team aufzuteilen, was bei ein wenig Training ohne Probleme möglich ist, oder
- mit klar definierten Rollen (beteiligte Fach- oder Führungskraft und Moderator) und entsprechenden Hinweisen („Jetzt spreche ich mal als/aus der Rolle als Vorgesetzter") selbst ans Werk zu gehen.

Üblicherweise hat ein *Moderator die Aufgabe,* dafür zu sorgen, dass alle Teilnehmer – auch bei konträren Standpunkten – zu Wort kommen. Im Detail unterstützen sie die Teilnehmer einer Besprechungs- oder Workshoprunde dabei, sich zu verständigen, sich verständlich zu machen und zu guten Ergebnissen zu kommen. In der betrieblichen Zusammenarbeit zeichnen sich Moderatoren dadurch aus, dass sie

- sich auf den Arbeitsprozess konzentrieren und inhaltlich nicht einmischen,
- gute und entspannte Verständigung sicherstellen (nachfragen, zusammenfassen, Unterbrecher regulieren),
- dafür sorgen, dass keine wichtigen Fragen im Raum bleiben,
- für Visualisierung von Beiträgen, Zwischen- und Endergebnissen sorgen,
- bei Bedarf Wortmeldungen zuteilen,
- alle beteiligen (stille Gesprächsteilnehmer aktivieren, Vielredner bremsen),
- zum Thema zurückführen,
- am Wesentlichen/am Fahrplan bleiben,
- dafür sorgen, gegebenenfalls offene Punkte „abzuspeichern" oder zu delegieren,
- Störungen und Konflikte, die die Weiterarbeit behindern, klären helfen,
- die Zeit im Blick behalten,
- am Ende klären, wie es weitergeht, gegebenenfalls für klare Vereinbarungen bezüglich der erarbeiteten Ergebnisse sorgen.

Als Kommunikationslotse begleitet der Moderator die Teilnehmer dabei, in einem offenen, respektvollen und fruchtbaren Austausch zum Ergebnis zu finden.

Neben den jeweils Verantwortlichen oder ihren Vertretern orientieren sich *Art und Anzahl der Teilnehmenden* insbesondere an den Fragen:

- Wer kann beitragen/kann wichtige Informationen/Erfahrungen beisteuern?

- Wer muss beitragen/beteiligt werden (Betriebsrat etc.)?
- Wer ist betroffen und muss hinterher mit den Ergebnissen leben bzw. arbeiten?

Der Weg wird wesentlich leichter, wenn man ein Ziel hat. Wartet eine *Besprechungseinladung* im Mail-Fach auf Zustimmung, ist es nicht uninteressant zu erfahren, worum es gehen soll. Überlegen Sie also gut, wie Sie die Einladung formulieren, um schon hier den ersten Schritt zu machen, „alle mit ins Boot zu holen". Was liegt also an? Wiederkehrende Themen in Managementsystemen sind z. B.:

- Abweichungen, Fehler, Risiken verringern oder beseitigen,
- Vor-, Un-, Störfälle etc. analysieren, um daraus für die Zukunft zu lernen,
- neue Prozesse etablieren, bestehende verbessern/optimieren,
- Zusammenarbeit zwischen Bereichen, Unternehmen koordinieren und verbessern,
- Managementreviews, Ausschüsse etc.,
- Probleme und Konflikte klären.

Um ein Treffen genauer zu planen und nicht zu überfrachten, müssen Inhalt und – falls es eine längere Zusammenarbeit wird – Ziel über Zwischenziele in überschaubare Teile portioniert werden.

### 10.3.2 Gestaltung

Dabei gilt die erste Frage der *Ausgangssituation*: Wo stehen Sie und Ihre Teilnehmer im gemeinsamen Arbeitsverlauf? Nur so können Sie die Teilnehmer genau da auch „abholen" und nur so können Sie sicherstellen, dass in der Veranstaltung alle den „gleichen Film" (→ Kapitel 10.4) sehen.

Ein Auftakt zu gemeinsamen Aktivitäten wird im Schwerpunkt Informationen vermitteln, um den zukünftigen Beteiligten deutlich zu machen, warum und wozu sie erwünscht sind. Hier geht es darum, Ziel, Sinn und Nutzen zu kommunizieren, Zustimmung und Commitment zu erhalten und den organisatorischen Rahmen abzuklären (zukünftige Termine etc.). Ist der Auftrag oder die Aufgabe, eine Entscheidung nur vorzubereiten, kommt es primär auf die Sammlung, Strukturierung und Bewertung von Informationen an. Ist schon über einige Treffen hinweg diskutiert worden, ist womöglich eine Entscheidung fällig.

Für viele Themen lässt sich der Stand der Dinge anhand eines (Problem-)Lösungsprozesses, wie z. B. in Bild 10.5 dargestellt, verorten. Das Ziel ist in der Grafik bewusst nicht explizit erwähnt, denn vielfach verändert es sich im Zuge der gewonnenen Erkenntnisse und insbesondere während der Problemanalyse, wenn die eigentlichen Ursachen oder ihr Zusammenwirken deutlich geworden sind. Gegebenenfalls tun sich auch neue Horizonte auf, wenn Folgen und Chancen deutlicher wurden, sodass selbst hier noch Kursanpassungen möglich sind.

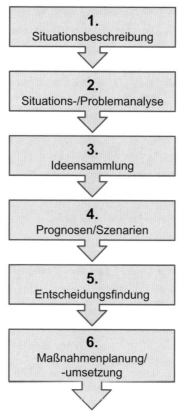

**Bild 10.5** Schritte zur (Problem-)Lösung

Je nachdem, wo Sie mit dem gemeinsamen Auftrag oder Anliegen starten, könnten folgende Fragen bedeutsam sein:

- Was ist los? Was geht besser? Wo liegt das Problem? Wo gibt's Hindernisse, Bremsen und Staus? → Vorläufiges Ziel, Zielrichtung.
- Woran liegt es? Wie hängt es zusammen? (Ursachen, Einflüsse, Wechselwirkungen?) Wo hängt es fest? (Bremsen, Hindernisse, Hürden?) Wann und wie wird es bewegt, angetrieben, verbessert? → Gegebenenfalls Anpassung von Ziel, Zielrichtung.
- Lösungsideen/-optionen sammeln: Welche Lösungen sind möglich? Welche sind realisierbar?
- Szenarien entwickeln/vorausschauend Denken: Folgen, Verkettungen und Nebenwirkungen, Risiken, Chancen? → Gegebenenfalls Anpassung von Ziel, Zielrichtung.
- Alternativen bewerten und entscheiden: Welche Lösung ist die beste?
- Was, wer, bis wann in welchen Teilschritten?

Sind Start- und Endbahnhof klar, gilt es, die *Route zu planen*: Welche Zwischenstationen werden angelaufen und wie wird die Zeit eingeteilt? Ähnlich wie bei jedem anderen Prozess im Unternehmen wird auch hier die Abfolge der Schritte geplant, die erfolgreich zum Ziel führen. Hierzu sind auch die entsprechenden Einflussfaktoren zu berücksichtigen, die menschentypisch „mitlaufen", z. B. die psychologischen Grundbedürfnisse.

Bei Besprechungen steht üblicherweise der Austausch von Informationen, gegebenenfalls auch ihre gezielte Weiterverarbeitung, im Vordergrund. Im *Fahrplan* werden je nach (Zwischen-)Ziel zeitliche Abfolgen und Pausen geplant und über methodische „Streckenabschnitte" zur Reiseroute komplettiert. Ablauf und Methodik helfen, den Arbeitsprozess zu strukturieren und die Kommunikation so zu organisieren, dass ausreichend Informationen gesammelt, verstanden und verdichtet werden können. Dabei dienen unter anderem folgende Fragen zur Orientierung:

- Wie stelle ich sicher, dass alle zu Wort kommen? Hier ist neben einer gewissen Kommunikationskultur (ausreden lassen, zuhören, nicht ins Wort fallen) gegebenenfalls auch methodische Unterstützung erforderlich.
- Wie sorge ich immer wieder dafür, dass alle Beteiligten verstehen und folgen können und während der einzelnen Schritte der Zusammenarbeit „im gleichen Film sitzen"? Neben dem rechtzeitigen Abgleich und der Abstimmung der jeweiligen Informationen (→ Kapitel 10.2) sind hier auch Faktoren wie Abwechslung und Pausen wichtig, um Konzentrationsfähigkeit zu erhalten.

Ergänzend zu speziellen Managementsystemtools gibt es viele *Moderationstools*, die Gruppenarbeit unterstützen, je nach Situation mal strukturiert und systematisch und mal eher kreativ, „querdenkend" und unkonventionell. Tools sind hilfreich, weil sie die Zusammenarbeit strukturieren und konzentrieren. Konkrete Fragen und Aufgaben helfen dabei, Diskussionen nicht ab- und ausschweifen zu lassen. Eine beispielhafte Auswahl ist in Tabelle 10.1 zusammengestellt. Bei häufigeren gemeinsamen Denkprozessen lohnt es sich, persönlich präferierte Methodenwerkzeuge für den Arbeitsalltag parat zu halten.

**Tabelle 10.1** Welche Tools und Methoden bieten sich im jeweiligen Arbeitsschritt an? Einige Beispiele

| | Arbeitsschritt | Tools/Arbeitshilfen |
|---|---|---|
| 1. | Situationsanalyse | - Flussdiagramm<br>- Soll-Ist-Analyse<br>- Stärken-Schwächen-Analyse |
| 2. | Situations-/Problemanalyse | - Ishikawa-/Ursache-Wirkungs-Diagramm<br>- Mindmaps<br>- Kraftfeldanalyse |
| 3. | Ideensammlung | - Brainstorming<br>- Brainwriting (635-Methode)<br>- Denkhüte von Edward de Bono |
| 4. | Prognosen/Szenarien | SWOT-Analyse |
| 5. | Entscheidungsfindung | - Nutzenbewertung<br>- Mehrfachabstimmung/Punkten |

|   | Arbeitsschritt | Tools/Arbeitshilfen |
|---|---|---|
| 6. | Maßnahmenplanung und Umsetzung | - Maßnahmenpläne<br>- To-do-Tabellen<br>- Projektmanagement (auch Ausschnitte und Teile daraus z. B. ein einfaches Balkendiagramm als Zeitplan) |

Zum Schluss einer Besprechung, eines Workshops oder eines Projekts sollte gemeinsam auf die Ergebnisse geblickt, reflektiert und gelernt werden – genauso wie Deming und unsere Managementsystemnormen es mit dem PDCA-Kreislauf favorisieren und wie es im veränderlichen Umfeld angeraten ist (Bild 10.6).

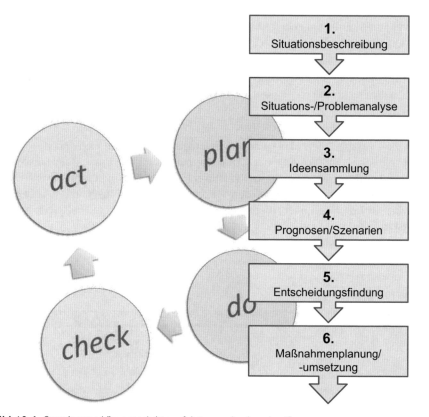

**Bild 10.6** Gemeinsame Lösungsschritte gefolgt von „check und act"

### 10.3.3 Der Kern im Rückblick

Besprechungen enden nicht selten in langatmigen und ergebnislosen Diskussionen und werden als Zeitverschwendung angesehen. Häufiger Grund ist, dass vorher – die Zeit ist immer knapp – nicht durchdacht wurde, unter welchen Voraussetzungen und mit welchen Zielen die Teilnehmer zusammensitzen.

Ist der Kreis klein und sind die Beteiligten besprechungsgeübt und ergebnisorientiert, braucht es gegebenenfalls nicht allzu viel Vorbereitung und Moderation. Solch eine Gruppe ist bei entsprechender Selbstbeobachtung (z. B. was Länge und inhaltliche Fokussierung von Redebeiträgen angeht) ohne Weiteres fähig, sich selbst zu organisieren. Je zahlreicher, ungeübter und unterschiedlicher die Teilnehmer allerdings sind, umso wichtiger sind helfende Strukturen – also z. B. Vorbereitung, Moderation, Methoden.

Auch hier lässt sich prozessorientiert denken, denn der Fahrplan orientiert sich an Ausgangssituation und Ziel. Der Zwischenraum ist vielfältig gestaltbar. Methoden bringen frischen Wind und helfen, nicht zu sehr vom Kurs abzukommen.

**Mehr davon**

Seifert, Josef W.: *Visualisiseren, Präsentieren, Moderieren*. Gabal, Offenbach 2011

Im Internet lassen sich unter „Moderationstools", „Kreativitätstechniken" oder ähnlichen Stichworten ebenfalls viele methodische Hilfen finden.

## ■ 10.4 Gemeinsames Verständnis

Teilnehmer einer Problemlösegruppe, einer Besprechung, eines Workshops kommen in der Regel gerade aus einer anderen Welt mit anderen Problemen und nicht immer vorbereitet auf das angekündigte Thema. Sie steigen also erst in die Thematik und die Fragen ein. Während sie – bildlich gesehen – noch am Bahnhof stehen, ist der Gastgeber und Planer schon lange unterwegs und hat alles schon einmal durchdacht. Die Gruppe ist „nicht im gleichen Film".

Hier den Diskussionsraum zu öffnen und nicht an den eigenen Ideen festzuhalten, ist manchmal nicht einfach. Probleme können allerdings nur dann erfolgreich gemeinsam gelöst werden, wenn bei den Beteiligten ein gemeinsames Verständnis vorherrscht, um was es gerade geht und was der nächste Schritt zum Ziel sein soll. Ein vermeintliches Problem (oder eine potenzielle Abweichung) durchläuft dabei bis zur Lösung verschiedene „Entwicklungsstadien".

## 10.4.1 Stufenweise Übereinstimmung

Zunächst gehen wir einmal davon aus, dass diejenigen, die hier miteinander sprechen, dies freiwillig tun und bereit sind, zur Lösung beizutragen. Analog zu den vorgestellten Vorstufen des Handelns durchläuft jeder Mensch auch bei der gemeinsamen Problemlösung seinen eigenen Denkprozess. Sowohl die Wahrnehmung als auch die Bewertungs- und Bewältigungsfragen können dabei unterschiedlich beantwortet werden, und so können die Stufen dieser Denktreppe nicht immer gemeinsam genommen werden. Was fehlt, ist das gemeinsame Verständnis. Ein Ausstieg ist dabei vereinfacht auf den in Bild 10.7 dargestellten vier Verständnis- oder auch Wirklichkeitsebenen möglich. Deshalb muss ein Abgleich auch schrittweise erfolgen. Folgenden Kernfragen sind hier zu klären:

1. Wird die Ausgangssituation von allen gleich gesehen und als Problem wahrgenommen?
2. Welche Bedeutung wird dem Problem gegeben?
3. Ist das Problem überhaupt zu lösen?
4. Wie sehe ich meine Möglichkeiten und Fähigkeiten, Einfluss auf die Lösung zu nehmen (Verantwortlichkeit)?

Jede Ebene hat dabei Einfluss auf die Möglichkeit und Bereitschaft, gemeinsam an einer Lösung zu arbeiten, und nur wenn die Problemlösung aus einer gemeinsam verstandenen Situation heraus entwickelt wird, kann sie konstruktiv sein (Simon 2004). Tabelle 10.2 zeigt, welche Fragen beim Klären helfen könnten. Wenn auf Stufe 1 kein gemeinsames Fundament vorhanden ist, dürften die Folgeschritte schwierig werden.

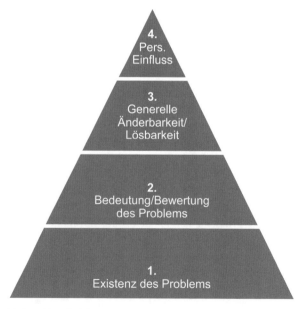

**Bild 10.7** Verschiedene Verständnisebenen auf dem Weg zur Lösung

**Tabelle 10.2** Klärende Fragen zu den einzelnen Verständnisebenen (in Anlehnung an Caspari/Schmid 1998 und Mellor/Sigmund in Nowak 2011)

| | Fragen zu den Verständnisebenen | Ziel | Ausstieg (z. B.) |
|---|---|---|---|
| 1. | • Was war der Anstoß für dieses Treffen?<br>• Wie wird die Ausgangssituation von allen gesehen?<br>• Haben alle die gleichen Beobachtungen/Informationen/Daten?<br>• Gibt es überhaupt ein Problem? | Gemeinsame Wahrnehmung/Wirklichkeit: Ich erkenne, was problematisch sein könnte. | • Davon weiß ich nichts.<br>• Das sehe ich anders.<br>• Ich erkenne nicht, wo das Problem liegt. |
| 2. | • Welche Bedeutung hat das Problem? Ist es überhaupt eines, das es lohnt, weiter betrachtet zu werden? (Wichtigkeit, Priorität)<br>• Wovon hängt es ab? Womit hängt es zusammen? (Einflussfaktoren, Ursachen, Wechselwirkungen, Abhängigkeiten ...) | Gemeinsame Bewertung: Es ist aus den verschiedensten Gründen so problematisch, wichtig, einflussreich, dass es Sinn macht, weiter darüber nachzudenken | • Das ist doch normal.<br>• Das ist nicht wichtig (gefährlich, riskant, schädlich ...).<br>• Das macht doch nichts. |
| 3. | • Ist das Problem zu lösen?<br>• Ist Veränderung zum Guten möglich?<br>• Welche Folgen/Effekte/welchen Nutzen hätte eine Lösung?<br>• Lösungsansätze und Ideen?<br>• Möglichkeiten und Fähigkeiten, Einfluss zu nehmen? | Gemeinsame Analyse und Lösung: Wesentliche Ursachen, Folgen und Zusammenhänge sind erkannt und Ideen zur Lösung generiert und ausgewählt. | • Das bringt nichts.<br>• Ich glaube nicht, dass das so Sinn macht.<br>• Das funktioniert nicht.<br>• Die wirklichen Ursachen werden nicht tangiert. |
| 4. | • Detaillierte Planung von Maßnahmen, Verantwortlichkeiten, Ressourcen<br>• Umsetzung | Gemeinsame Planung: Wer kann wie wirksam Einfluss nehmen? | • Das schaffen wir nicht.<br>• Ich kann das nicht. |

Eine typische Variante in Audits oder Begehungen ist die folgende: Der Mitarbeiter wird bei einem vermeintlichen Fehltritt beobachtet und nach der entsprechenden Feststellung sofort mit Lösungen bombardiert. Wird z. B. Kollege Meier von seinem Schichtmeister dazu angehalten, bitte unverzüglich seine Schutzbrille aufzusetzen, und entgegnet: „Wieso denn – die Anlage läuft doch gar nicht?", ist er schon auf der ersten Stufe der gemeinsamen Wirklichkeit „ausgestiegen". Er sieht das Problem überhaupt nicht. Infolgedessen ist er auch an einer Lösung nicht besonders interessiert.

Am liebsten und engagiertesten werden natürlich die Lösungen umgesetzt, auf die man selbst gekommen ist (Grundbedürfnis nach Autonomie und Selbstbestimmtheit).

## 10.4.2 Der Kern im Rückblick

Zusammenarbeit an Problemen, Fehlern, Abweichungen oder Verbesserungen braucht eine gemeinsame Sicht auf die Dinge. Diese lässt sich in einem gemeinsamen Arbeitsprozess auf vier wesentliche Stufen reduzieren, die sich auf folgende Fragestellungen konzentrieren, über die Austausch und Einvernehmen hergestellt werden sollte:

- Wahrnehmen und Erkennen des vermeintlichen Problems,
- Bewertung des Problems und
- seiner Zusammenhänge und damit der Lösbarkeit/Änderbarkeit sowie die
- Beurteilung und Aufteilung der „Einsatzkräfte".

Zusammenfassen lässt sich das Ganze als gemeinsame Treppe, die nur dann zum gemeinsamen Ziel führt, wenn jeder auf den einzelnen Stufen mitgeht (Bild 10.8).

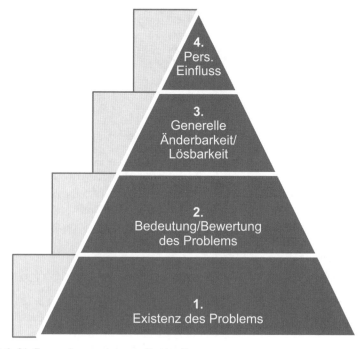

**Bild 10.8** Die Treppe der gemeinsamen Problemlösung

# 10.5 Entscheidungsfindung

Diskutieren, sich austauschen, Wissen und Erfahrung zeigen und zur Lösung beitragen – dies sind Dinge, die angenehm und in der Regel auch mit Erfolgserlebnissen verbunden sind. Wer kennt es nicht, wenn in einer fruchtbaren Zusammenarbeit aus Einzelteilen ein neues Ganzes entsteht, man sich gegenseitig inspiriert und eine Idee der nächsten folgt. Oft allerdings gibt es am Ende der inspirierenden Zusammenarbeit diesen einen Moment, der unangenehm werden kann: Der Konsens scheint unerreichbar, und es ist nicht klar, wer wie entscheidet. Die Zeit wird knapp, und dann entscheidet doch der hierarchisch am höchsten Platzierte. Der Eindruck, hier gemeinsam etwas geschaffen zu haben, verpufft merklich, Frust wird greifbar.

Vermeiden lassen sich solche Situationen, indem der Einlader sich von vornherein Klarheit darüber verschafft, in welchem Umfang er die Kollegen beteiligen und Verantwortung abgeben will (→ Abschnitt 10.2). Besteht also die Zielsetzung der Besprechung auch darin, eine gemeinsame Entscheidung zu fällen, sind folgende Fragen am besten vorher zu klären:

- Wer darf entscheiden?
- Wie wird entschieden?

## 10.5.1 Wer entscheidet?

Jeder, der wertvolle Zeit in Sitzungen verbringt, möchte wissen, wozu das bzw. auch er gut ist. Welchen Nutzen haben die Gruppe und das hier angestrebte Ziel von der Anwesenheit dieser Person? Welcher Beitrag ist erwünscht und wird erwartet? Ob und wie die Teilnehmer am Entscheidungsprozess jeweils beteiligt werden, hängt insbesondere von den folgenden Kriterien ab:

- verfügbare Zeit,
- gewünschte/geforderte Qualität und damit die Vielfalt an Informationen und Sichtweisen sowie die Frage um das Thema
- Identifikation, die als wichtiger Antriebsfaktor diskutiert wurde (→ Abschnitt 7.3).

Tabelle 10.3 zeigt mögliche Varianten auf: Ist die Zeit knapp, ist Zeit also das vordringliche Kriterium, wird der Einlader/die jeweilige Führungskraft gegebenenfalls allein entscheiden müssen (Ich-Entscheid).

Braucht sie die Beiträge/Informationen und die Diskussion der anderen für ein qualitativ besseres Ergebnis, kann der gemeinsame Arbeitsprozess auch in eine Ich-Entscheidung münden (Wir → Ich) – gegebenenfalls kann die Entscheidung allerdings auch gemeinsam getroffen werden, was die Identifikation (und damit auch den Antrieb) erhöht und so auch die folgende Umsetzung erleichtert (Wir). Je nach Priorität und Führungsstil/-gepflogenheiten sind weitere Varianten möglich.

**Tabelle 10.3** Auswahlraster zur Art der Entscheidungsfindung (in Anlehnung an Blümmert 2011)

| Knappe Zeit | Qualität | Identifikation | Entscheidungsart |
|---|---|---|---|
| X | | | Ich |
| | X | | Wir → Ich |
| X | X | | |
| | X | X | |
| X | X | X | |
| X | | X | |
| | | X | Wir |
| | X | X | |
| X | X | X | |
| X | | X | |

## 10.5.2 Wie wird entschieden?

Ist klar, wer sich auf welche Weise beteiligt, stellt sich insbesondere beim Thema „Entscheidung" die Frage: „Wie"? Die im betrieblichen Alltag üblichen Varianten sind:

- Konsensentscheidung,
- Mehrheitsentscheidung,
- der Chef/Verantwortliche/Beauftragte/Einlader entscheidet.

Bei Konsensentscheidungen wird in der Regel so lange diskutiert, bis ein gemeinsames Ergebnis vorliegt.

Falls es zu keiner Konsensentscheidung kommt, bietet sich die Mehrheitsentscheidung an, für die man sich am besten bereits im Vorfeld entscheidet. Hier gibt es eine Reihe von Verfahren (Rommelfanger 2004):

- Eine Stimme
    - Einstimmigkeitsregel,
    - einfache/relative Mehrheit (die meisten Stimmen gewinnen),
    - absolute Mehrheit (die Alternative mit mehr als 50 % der Stimmen ist es).
- Zwei Stimmen (Double Vote): Jeder Teilnehmer hat zwei Stimmen, die er den zwei Alternativen gibt, die er am meisten präferiert; die Alternative mit den meisten Stimmen ist gewählt.

Weil bei Mehrheitsentscheidungen häufig jemand zurückbleibt, der „überstimmt" wurde und sich auch als „Verlierer" fühlt, gibt es inzwischen einige weitere Möglichkeiten, gemeinsam Entscheidungen zu fällen:

- Systemisches Konsensieren (Paulus/Schrotta/Visotschnig 2009),
- Konsententscheidung.

**Entscheidungsfindung**

**Systemisches Konsensieren:** Der Vorschlag mit der geringsten Ablehnung (gewertet anhand einer Punkteskala z. B. von 1 bis 10) kommt dem Konsens am nächsten. Er erzeugt in der Gruppe das geringste Konfliktpotenzial und gilt als „konsensiert" (Paulus/Schrotta/Visotschnig 2009).

**Konsententscheidung:** „Konsent" heißt nicht, dass alle einer Meinung sind, allerdings darf jeder sich äußern und alle hören aufmerksam zu (gegebenenfalls mit Hilfsmitteln wie talking stick). Ziel ist, dass am Ende niemand mehr schwerwiegende Bedenken hat und alle gut mit der gemeinsamen Lösung leben können (Sattelberger/Welpe/Boes 2015).

Beispiele auch für pragmatische, praktische Anwendung solcher alternativen Methoden finden sich z. B. bei Laloux (2015) und seinen Recherchen zu selbstorganisierten Unternehmen. Es gibt viele weitere Methoden, die – vor der eigentlichen Entscheidung – einen offenen, intensiven Austausch ermöglichen und damit organisch zu einem gemeinsamen Denkprozess und zu einer gemeinsamen Lösung führen können. Allerdings kosten diese Zeit (z. B. World Café, Dynamic Facilitation).

**Eine entscheidende Sitzung bei Schubs & Co.**

Die Nutzwertanalyse lässt sich auch in der Gruppe anwenden. Etwas einfacher – allerdings ohne Gewichtung der Kriterien – ist die folgende Verfahrensweise (Blümmert 2011). Stellen Sie sich vor, es sitzt eine Gruppe von Entscheidern zusammen, die über den zukünftigen Zertifizierer abstimmen müssen. Drei verschiedene Bewerber waren vor Ort und haben sich allen Anwesenden vorgestellt, und nun geht es darum, abzustimmen, wer es in Zukunft werden soll.

Herr Schnell, unser Qualitätsmanagementbeauftragter aus den ersten Kapiteln, hatte eingeladen und die Sitzung vorbereitet. Neben seinem Umweltschutzkollegen waren die drei Betriebsleiter und der Geschäftsführer anwesend. Er hatte vorher auch geklärt, ob der Geschäftsführer mit einer Entscheidung leben kann, die gegebenenfalls nicht die preisgünstigste ist. So stand dem Gruppenentscheid nichts mehr im Wege.

Nach einer kurzen Begrüßung und einem Blick auf den Zeitplan und das Ziel des Treffens stellte er seine erste Frage: „Welche Kriterien sollten wir bei unserer Abstimmung hier berücksichtigen?" Nachdem geklärt war, dass die formalen Anforderungen (Akkreditierung, Scope, gemeinsame Zertifizierung mit Umweltmanagement etc.) für alle Kandidaten erfüllt sind, wurde gesammelt. Die vorbereitete Flipchart füllte sich, und auch die von Herrn Schnell – schließlich war er vorbereitet – vorgebrachten Punkte fanden Zustimmung:

1. Preis,
2. Diskussionsbereitschaft, Flexibilität,
3. Kommunikation (Zuhören können, auf das Gegenüber und seine Sicht eingehen),
4. Sympathie/Auftreten/Chemie,
5. Branchenkenntnisse/Fachkunde.

Da die vorgestellten Lead-Auditoren alle fachkundig auftraten und hier keine merklichen Unterschiede erkennbar waren – konnte der Punkt 5. wieder gestrichen werden. Die übrigen wurden in eine Tabelle eingetragen, und die drei Auswahlkandidaten der verschiedenen Zertifizierungsgesellschaften wurden gegenübergestellt. Die nächste Frage lautete: „Welches Kriterium wird von welcher Gesellschaft am besten erfüllt?" Jeder durfte zwei Striche machen (oder Punkte kleben). Zwei sind deshalb sinnvoll, damit jeder über sein gegebenenfalls selbst vorgeschlagenes Lieblingskriterium hinausdenkt. Nun machten alle sechs Teilnehmer der Besprechung ihre Striche (Tabelle 10.4). Spitzenreiter war die Gesellschaft 3 – zwar nicht die preisgünstigste, aber ansonsten mit merklichem Abstand.

**Tabelle 10.4** Anforderungen an die Zertifizierungsgesellschaften mit Bewertung

| Kriterien/Auswahl | Gesellschaft 1/Hr. X | Gesellschaft 2/Fr. Y | Gesellschaft 3/Hr. Z |
|---|---|---|---|
| Preis | IIIII I | | IIIII I |
| Disk.ber./Flexibilität | II | IIIII | IIIII |
| Kommunikation | I | IIIII | IIIII I |
| Sympathie/Auftreten | II | IIIII I | IIII |
| | 11 | 16 | 21 |

### 10.5.3 Der Kern im Rückblick

Vor dem systemischen Hintergrund ist es fast unmöglich, Führung als One-Man-Show zu inszenieren. Vielmehr ist ständig zu entscheiden, wer sich in welcher Form beteiligen und „selbst organisieren" darf. Hier gilt es, nicht nur Beteiligungsgrad und Rollen zu klären, sondern auch methodisch vorbereitet zu sein. Besonders wichtig ist dies in Situationen gemeinsamer Entscheidungsfindung, die zeitlich und beteiligungsstrukturiert zu befriedigenden Ergebnissen führen, wenn die Methodik durchdacht ist.

## ■ 10.6 Zentrale Methoden des systemischen Ansatzes

### 10.6.1 Lösungsorientierung und Perspektivenwechsel

Verbessern geht auch ohne Problem- oder Ursachenanalyse. Beim *lösungsorientierten Vorgehen* im systemischen Umfeld richtet sich der Blick auf die Lösung. Es wird zunächst gefragt, wo man aktuell steht: „Wenn Sie die aktuelle Situation (z. B. die Reklamationsbearbeitung) bewerten – auf einer Skala von 1 bis 10 (1 = sehr schlecht, 10 = top) –, wo würden Sie sie ansiedeln?" Nehmen wir an, die Bewertung landet bei 6: „Was könnten Sie tun, die Situation um einen Punktwert auf der Skala (also zur 7 hin) zu verbessern?" Es kann auch hilfreich sein, die Position zu wechseln, so wie wir es in der zweiten Coachingsitzung mit Herrn Schnell von Schubs & Co. schon getan haben (→ Kapitel 2.2). Steigen Sie als Führungskraft einmal in die Schuhe Ihres Mitarbeiters und versuchen Sie, die Dinge aus seinen Augen zu betrachten. Setzen Sie als Stabsstelle einmal die Brille der Linie auf oder umgekehrt. Überlegen Sie, wie ein Kunde, eine geschätzte Kollegin oder – mal anders – ihr Lebenspartner oder ein guter Freund mit völlig anderem Berufsumfeld die Dinge sehen und beurteilen würde. Vielfach eröffnen sich durch diese Art des Denkens – auch *Perspektivenwechsel* genannt – neue Horizonte.

Hilfestellung erhalten wir hier auch durch ein weiteres Instrument aus der systemischen Werkzeugkiste: das *zirkuläre Fragen*. Es erweitert den Horizont auf unterschiedliche Weise: Beispielsweise könnte Herr Schnell, der Qualitätsmanagementbeauftragte aus unserer Coaching-Sitzung, seinen Produktionsleiter fragen: „Wenn ich Kunden XY fragen würde, welche Produktmerkmale ihm am wichtigsten sind, was würde er antworten?" Mit diesem Fragen werden nicht nur soziale Wahrnehmungs- und Informationsbausteine gesammelt, wie sie durch die Augen anderer gesehen werden könnten, sondern auch ihre Wechselwirkungen und Beziehungen thematisiert.

Neue Blickrichtungen ergeben sich auch durch sachliche oder zeitliche Perspektivenwechsel mithilfe von Fragen wie z. B. (Blessin/Wick 2014):

- Gibt es Verbindungen und Wechselwirkungen zu anderen Ereignissen und Entscheidungen (sachlich)? „Was war der Auslöser, so eine Anforderung in die Spezifikation zu schreiben?"

- Gibt es eine historische (zeitliche) Entwicklung, ein Vorher – Nachher, eine Ursache-Folge-Beziehung? „Warum glauben Sie, legt der Kunde gerade jetzt so großen Wert auf diese Eigenschaft?"

Um für so viel Neues den Kopf frei zu bekommen und innerlich ein wenig aufzutanken, kann zu Beginn einer Sitzung auch der Blick auf das Erreichte, auf die positiven Ergebnisse helfen: Wann haben wir schon mal Ähnliches gelöst/geschafft/vollbracht? Denn hier wird deutlich, dass *wertvolle Ressourcen* vorhanden und einsatzfähig sind. Kompetenz- und selbstwertgestärkte Gehirnzellen arbeiten besser. Von der besseren Stimmung mal abgesehen.

### 10.6.2 Der Kern im Rückblick

Im Unterschied zum Alltagsdenken in Managementsystemen (fehlerfrei und regelgerecht) reicht es bei lösungs- und ressourcenorientiertem Denken aus, „einen Unterschied zu machen". Der Perspektivenwechsel hilft dabei gern auf die Sprünge. Es muss nicht perfekt sein, es reicht völlig aus, besser zu werden!

# 10.7 Zusammenarbeit zwischen Stab und Linie

Mit dem erarbeiteten „Funktionswissen" zu Unternehmen und Menschen braucht es keine langen Erklärungen mehr dazu, dass Fachwissen um Qualität, Umweltschutz oder Arbeitssicherheit allein nicht ausreicht, diese Leitziele im Unternehmen nachhaltig ein- und durchzuführen. Auch der Faktor Mensch mit seinen Facetten und Besonderheiten muss beachtet werden, um neue Themen und Prozesse zu etablieren und am Leben zu erhalten.

### 10.7.1 Das Was und Wie klären

Im Change- oder Veränderungsmanagement hat sich ein Beratungsansatz entwickelt, der eine gewisse Arbeitsteilung beinhaltet und auf die Bedürfnisse der Managementsysteme gut übertragbar ist: die *Komplementärberatung* (Königswieser/Hillebrand 2008). Komplementär in unserem Sinne lässt sich mit „Ergänzung" oder „Vervollständigung" übersetzen und kombiniert Fach- und Prozessberatung.

Formale Rahmenbedingungen geben beispielsweise vor, wer die oberste Führung fachlich entlasten und neue Vorgaben und Pflichten in das Unternehmen und seine Strukturen „impfen" soll. Die hierzu installierten Fachfunktionen (Stäbe) liefern dabei allerdings nur die Noten – arrangiert, dirigiert und gespielt werden muss woanders. Nachfolgendes Beispiel soll diesen Ansatz verdeutlichen:

Als Stabsstelle im Managementsystem sind Sie Fachmann (oder -frau). Sie wissen, was gefordert ist – vom Kunden oder Gesetzgeber –, kennen die relevanten Normen und Ihren Zertifizierer und können aus dem Stand referieren, welche Forderungen in Qualität, Umweltschutz oder Arbeitssicherheit umzusetzen sind. Sie wissen also genau, was gefordert ist. Beispielsweise wissen Sie als Stabsstelle im Managementsystem, dass die jährliche Auditplanung schriftlich vorzuliegen hat. Das Ziel ist also klar.

Nehmen wir nun an, dass Sie wollen, dass der neue Auditplan auch umgesetzt wird. Die „geplanten" Bereiche und ihre Verantwortlichen sollen die vorgesehenen Termine wahrnehmen können und wollen. Nur dann ist der Plan verbindlich für Bereiche und Auditoren und „funktioniert". Sie wissen, dass ein Unternehmen ein komplexes Gebilde ist, in dem es neben den Vorgaben und Zielsetzungen auch Strukturen, Systeme und Menschen gibt, die zum Teil auf eigenwillige und dynamische Weise zusammenwirken. Sie fragen sich, was Sie tun können, wie genau Sie vorgehen können, um Akzeptanz und Umsetzung des Auditplans sicherzustellen. Sie können beispielsweise entscheiden, ob

- Sie den fertigen Plan per Mail versenden und um schriftliche Rückmeldung bitten oder
- vor der Fertigstellung kurz Rücksprache mit jedem Einzelnen halten oder
- die Rücksprache mit allen Betroffenen in der Geschäftsführungsrunde oder im Managementreview abhalten oder, oder, oder …

Dieses Wie beinhaltet die Frage „Wie kann ich Menschen in Bewegung bringen – wie kann ich sie veranlassen, einen bestimmten Weg bis zum Ziel mitzugehen?". Es nennt sich – zumindest im Konzept der „Komplementärberatung" – Prozessberatung (Königswieser/Hillebrand 2008). Der Prozess, den wir hier durchdenken und gestalten, ist der Veränderungsprozess. Jeder noch so kleine Veränderungsprozess ist auch ein Zusammenarbeits- und Lernprozess. Und jeder Veränderungsprozess muss sich mit dem Faktor Mensch und gegebenenfalls auch seinem Widerstand arrangieren. Wie in jedem anderen Prozess, den Sie kennen, gilt auch hier, zu fragen, wer was wann und wie zu tun hat, bis der Plan „steht" und umgesetzt werden kann.

Durch die Menschen, die involviert sind, und durch die gegebenenfalls erst im Verlauf erkannten und sich ändernden Rahmenbedingungen ist dieser Prozess allerdings nicht standardisierbar. Er muss flexibel und anpassungsfähig sein. Um das zu erreichen, bedienen sich die entsprechenden Experten einer Art „erweiterten Projektmanagements". Hier kommt es nicht nur auf Planung und Steuerung der Veränderung an, sondern auch auf psychologische, soziale und methodische Kompetenzen, um zu klären, mit wem und auf welche Weise Information, Kommunikation, Diskussion, Entscheidungs- und auch Lernprozesse stattfinden. Vielfach werden diese Kompetenzen auch im Zuge von Change-Aus- und Weiterbildungen vermittelt.

### 10.7.2 Das Wer klären

Die fachlichen Rollen im Managementsystem sind in der Regel vergeben. Als Beauftragte wissen Sie um Ihr Kernziel und die Normen, und der Kollege aus der Linie kennt seinen Bereich. Wer allerdings bringt in der Einführung der Managementsysteme die Veränderungs-/Prozesskompetenz ein?

In vielen Fachschriften zum organisatorischen Wandel (und die Einführung und kontinuierliche Anpassung von Managementsystemen gehört dazu) werden die Führungskräfte als wesentliche Akteure verstanden. Schließlich sind das Erkennen der Notwendigkeit und das Initiieren und Umsetzen von Veränderung seit jeher Management und Linienführung vorbehalten. Durch ihre Einbindung im Unternehmen, ihre Position, Befugnis und Verantwortlichkeit und durch die klassischen Führungsaufgaben – Planung, Kontrolle, Organisation, Mitarbeiterführung (→ Kapitel 3) – sitzen sie an den „Schaltstellen der Unternehmensmaschinerie". Hinzu kommen die dynamischen Zeiten, in denen Wechsel und Wandel weniger die Ausnahme als die Regel sind und Veränderungen zur Routine der täglichen Führungsarbeit gehören.

Nicht verwunderlich also, dass die dazu notwendige Bereitschaft und Kompetenz in die diesbezüglichen Stellprofile einfließen (Krummaker 2007). Auch die Führungskräfteentwicklung in Unternehmen passt sich diesem Trend zunehmend an (Palmieri 2011).

Hinzu kommt ein Wandel des Berufsbildes für die fachlichen Stäbe – besonders im Qualitätsmanagement. Dass zur erfolgreichen Berufsausübung von Fach- und Stabskräften auch Soft Skills gehören, hat sich inzwischen mehr und mehr durchgesetzt (Weber 2007). Kommunikation, Präsentation, Moderation etc. finden sich nicht nur in den Aus-

und Weiterbildungskatalogen, sondern auch in den Anforderungsprofilen der Stellenanzeigen.

Nun kommt auch Veränderungskompetenz dazu. Dank einer Doktorarbeit, die hierzu das Berufsbild des Qualitätsmanagers durchleuchtet hat, ist diese Aussage jetzt auch wissenschaftlich belegt (Sommerhoff 2012). Sommerhoff bezeichnet moderne Qualitätsmanagerinnen und Qualitätsmanager als Organisationsentwickler, die ganzheitlich und zielgerichtet nicht nur Strukturen, sondern auch Kultur gestalten. Dazu leitet er aus einer Befragung von 400 Topentscheidern zur Rolle des Qualitätsmanagers im Jahr 2010 ab, dass aus dem bewahrenden Qualitätscontroller und Systemverwalter zunehmend ein verändernder Projektdienstleister und Organisationsentwickler wird (Sommerhoff 2013).

Berufsbilder mit neuen Rollen erfordern auch neue Kompetenzen und Fähigkeiten: Der Prüfer wird Entwickler. Der Operative wird strategisch. Der Prediger wird Zuhörer. Der Oberlehrer wird Coach und der Realist Visionär. Der Blick fürs Detail muss dem Ganzen weichen. Es wird nicht nur in die Tiefe, sondern auch vernetzt gedacht, und die Kollegen im Betrieb sind immer weniger Objekte der Beratung und Kontrolle, sondern immer mehr Verbündete und Beteiligte in gemeinsamen Lern- und Entwicklungsprozessen. Eine neue Berufswelt nicht nur für Qualitäter. Jeder Fachexperte lebt davon, dass sein Spezialwissen auch „nützlich" ist. Das kann es nur werden, wenn es Akzeptanz findet und gelebt wird.

### 10.7.3 Der Kern im Rückblick

Wer jetzt im Zusammenspiel zwischen Stab und Linie welche Rolle übernimmt, muss zwischen den Akteuren im jeweiligen Unternehmen abgestimmt werden. Wichtig ist lediglich, auch auf den Veränderungs- und Lernprozess zu achten, wenn die Umsetzung erfolgreich sein soll.

Geht es um neue bereichsspezifische Anforderungen, Aufgaben und Prozesse, ist die jeweilige Führungskraft nah an den Mitarbeitern, ihren Stärken und Besonderheiten und kann neben der bereichsfachlichen auch diese spezielle soziale Kompetenz einbringen.

Allgemeine Mensch- und Methodenkompetenz zu Einführung oder Veränderung können auf beiden Seiten vorliegen und entsprechend abgestimmt eingesetzt werden.

# 10.8 Literatur

Appelo, Jurgen: *Management 3.0. Leading Agile Developers, Developing Agile Leaders.* Addison-Wesley Professional, Upper Saddle River NY et al. 2011

Blessin, Bernd; Wick, Alexander (2014): *Führen und Führen lassen.* 7. Auflage, UVK Verlagsgesellschaft, Konstanz, München

Blümmert, Gisela (2011): *Führungstrainings erfolgreich leiten. Der Seminarfahrplan.* ManagerSeminare, Bonn

Caspari, Sabine; Schmid, Bernd (1998): „Ebenen der Wirklichkeitsbegegnung". Nr. 29 im Schriftenverzeichnis des Instituts. Institut für Systemische Professionalität, Wiesloch 1998, Stand 2003, URL: http://www.systemische-professionalitaet.de/download/schriften/29-ebenen-der-wirklichkeitsbegegnung.pdf, Abruf: 10.11.2015

DIN EN ISO 9000:2015: *Qualitätsmanagementsysteme – Grundlagen und Begriffe (ISO 9000:2015); Deutsche und Englische Fassung EN ISO 9000:2015.* Beuth, Berlin November 2015

DIN EN ISO 9001:2015: *Qualitätsmanagementsysteme – Anforderungen (ISO 9001:2015); Deutsche und Englische Fassung EN ISO 9001:2015.* Beuth, Berlin

DIN EN ISO 14001:2015: *Umweltmanagementsysteme – Anforderungen mit Anleitung zur Anwendung (ISO 14001:2015); Deutsche und Englische Fassung EN ISO 14001:2015.* Beuth, Berlin

DIN EN ISO 14004:2015: *Umweltmanagementsysteme – Allgemeiner Leitfaden über Grundsätze, Systeme und unterstützende Methoden (ISO/DIS 14004:2015); Deutsche Fassung prEN ISO 14004:2015.* Beuth, Berlin

Dörner, Dietrich (2006): „Sprache und Denken". In: Funke, J. (Hrsg.): *Denken und Problemlösen (Enzyklopädie der Psychologie. Reihe C Theorie und Forschung).* Hogrefe, Göttingen

Dörner, Dietrich (2012): „Emotion und Handeln". In: Badke-Schaub, Petra; Hofinger, Gesine; Lauche, Kristina (Hrsg.): *Human Faktors. Psychologie sicheren Handelns in Risikobranchen.* S. 101–119. 2. Auflage. Springer, Wiesbaden

Hersey, Paul; Blanchard, Kenneth; Dewey, Johnson: *Management of Organizational Behavior.* 8. Auflage. Pearson Prentice Hall, New York 2008

Königswieser, Roswita; Hillebrand, Martin (2008): *Einführung in die systemische Organisationsberatung.* 4. Auflage, Carl-Auer, Heidelberg

Krummaker, Stefan (2007): *Wandlungskompetenz von Führungskräften. Konstrukterschließung, Modellentwicklung und empirische Überprüfung.* Dissertation, Universität Hannover, DUV/Springer, Wiesbaden

Laloux, Frederic (2015): Reinventing Organizations. Ein Leitfaden zur Gestaltung sinnstiftender Formen der Zusammenarbeit. Vahlen, München

Nowak, Rosa C. (2011): *Transaktionsanalyse und Salutogenese. Der Einfluss transaktionsanalytischer Bildung auf Wohlbefinden und emotionale Lebensqualität.* Waxmann, Münster

Palmieri, Alessandra (2011): Führungskräftetraining als Instrument der modernen Personalentwicklung. Diplomica, Hamburg

Paulus, Georg; Schrotta, Siegfried; Visotschnig, Erich (2009): *Systemisches Konsensieren. Der Schlüssel zum gemeinsamen Erfolg.* Danke, Karlsruhe

Rommelfanger, Heinrich J. (2004): „Entscheidungstheorie. Entscheidungen in Gruppen". URL: http://www.wiwi.uni-frankfurt.de/professoren/rommelfanger/index/dokumente/et-5-1.pdf, Abruf: 13.11.2015

Sattelberger, Thomas; Welpe, Isabel; Boes, Andreas (2015): *Das demoratische Unternehmen: Neue Arbeits- und Führungskulturen im Zeitalter digitaler Wirtschaft.* Haufe-Lexware, Freiburg

Schulz von Thun, Friedemann (1989): *Miteinander reden 1 + 2. Allgemeine Psychologie der Kommunikation.* Rowohlt, Reinbek

Simon, Fritz B. (2004): *Gemeinsam sind wir blöd. Die Intelligenz von Systemen, Managern und Märkten.* Carl-Auer, Heidelberg

Sommerhoff, Benedikt (2012): *Entwicklung eines Transformationskonzeptes für den Beruf Qualitätsmanager.* Dissertation, Bergische Universität Wuppertal, Shaker, Aachen

Sommerhoff, Benedikt (2013): „Beruf Qualitätsmanager. Was kann, was wird, was muss sich ändern?". Vortragsfolien zum DGQ Regionalkreis Hannover 28.01.2013

Spitzer, Manfred [Hrsg.]: Hirnforschung für Neu(ro)gierige. Brainertainment 2.0. Schattauer, Stuttgart 2010

Weber, Hans (2007): „Die Anforderungen an den QM-Manager heute und in Zukunft". In: Pfeifer, Tilo; Schmitt, Robert (Hrsg.): *Masing Handbuch Qualitätsmanagement.* 5. Auflage, Hanser, München

# Abkürzungen

| | |
|---|---|
| AktG | Aktiengesetz |
| AMS | Arbeitsschutzmanagementsystem |
| ArbSchG | Arbeitsschutzgesetz |
| ASiG | Arbeitssicherheitsgesetz |
| A&G | Arbeitssicherheit & Gesundheitsschutz |
| BetrSichV | Betriebssicherheitsverordnung |
| BImschG | Bundesimmissionsschutzgesetz |
| BImschV | Bundes-Immissionsschutzverordnung |
| DIN | Deutsches Institut für Normung e. V. |
| EDV | Elektronische Datenverarbeitung |
| EMAS | Eco-Management and Audit Scheme |
| EN | Europäische Norm |
| FMEA | Fehlermöglichkeits- und -einflussanalyse |
| GefStoffV | Gefahrstoffverordnung |
| IMS | Integriertes Managementsystem |
| ISO | International Organization for Standardization |
| KrWG | Kreislaufwirtschaftgesetz |
| KVP | Kontinuierlicher Verbesserungsprozess |
| OHSAS | Occupational Health- and Safety Assessment Series |
| PC | Personal Computer |
| QMP | Qualitätsmanagementprozess |
| QMB | Qualitätsmanagementbeauftragte/r |
| QMS | Qualitätsmanagementsystem |
| SMART | Spezifisch, messbar, attraktiv, realistisch (akzeptiert), terminiert |
| SOL | Sicherheit durch Organisationales Lernen |
| SWOT | Strengths, Weaknesses, Opportunities, Threats |
| TOP | Technik, Organisation, Person |
| TQM | Total Quality Management |
| UMS | Umweltmanagementsystem |

# Dank

Auch eine Autorin hat einen Kontext, hat Rahmenbedingungen, die mal mehr und mal weniger förderlich sind. Sich in der „heißen Phase" dieses Buch-Projektes den rechten Oberarm zu brechen, ist in jedem Fall eine echte Lernerfahrung ...

Dass das Buch trotzdem vollendet wurde, ist nicht zuletzt der geduldigen, wohlmeinenden und motivierenden Unterstützung der Lektorin Lisa Hoffmann-Bäuml zu verdanken.

Hinzu kommt Iris Zerger (Cartoonistin und Illustratorin, für t&t auch als Graphic Recorder unterwegs), die meine Ausführungen nicht nur mit wundervollen Cartoons humorig pointiert hat, sondern mir auch als einfühlsame Begleiterin und Diskussionspartnerin zuverlässig zur Seite stand.

Natürlich und glücklicherweise sind da noch eine Reihe weiterer Personen, die sich über ihren Tellerrand und auf den meinen begeben haben und so Inhalte und Ausführung bereichert haben:

Zum einen die unzähligen Fach- und Führungskräfte aus meinem beruflichen Umfeld, die bereit waren, ihre Erfahrungen, Erfolge sowie Fragen und Probleme aus dem betrieblichen Alltag mit mir zu teilen – unabhängig davon, ob als Erfahrungsaustausch oder konkrete Zusammenarbeit. Die Vielfalt an Expertise, Erfahrung und Einfaltsreichtum gepaart mit Geduld und Unerschütterlichkeit bringt mich immer wieder zum Staunen.

Auch die Zusammenarbeit mit den Gründern und Kollegen von t&t Organisationsentwicklung, Training, Beratung, die jenseits der Managementsysteme auf Einstellungen und Verhalten spezialisiert sind, hat ihre Spuren hinterlassen. Sie macht nicht nur Spass, sondern auch schlauer.

Hinzu kommen Freunde und Kolleginnen aus dem Umfeld der Personal- und Organisationsentwicklung, die mir (sogar aus Istanbul) durch ihre Wertschätzung und Diskussionsbereitschaft regelmäßig fachlichen Rückhalt und Sicherheit gaben. Besonderer Dank gilt „meiner" WSFB-Regionalgruppe (aus der systemischen Change-Ausbildung entstanden) – einer äußerst kompetenten Runde fester und freier HR- und Change-Experten und Praktikerinnen, die mir in regelmäßigen Runden kollegialer Beratung fachlich, menschlich und kulinarisch (unser gemeinsames Frühstück ist unübertroffen!) zur Seite stehen.

Auch viele nahe und ferne Freunde und Bekannte haben durch ihr regelmäßiges Interesse und durch „situatives Coaching" viel dazu beigetragen, dass dieses Buch nicht dem Tunnelblick verfällt.

Den würdigen Platz am Ende dieser Zusammenstellung belegt mein Lieblingsmann und Lebensgefährte – selbst eine erfahrene und natürlich wunderbare Führungskraft. Er hat mich nicht nur durch Diskussion und Austausch fachlich bereichert, sondern durch seine Fürsorge und seinen Humor ganz wesentlich dazu beigetragen, dass ich immer wieder „aufgetankt" und inspiriert an die Tasten zurückgekehrt bin!

Danke – allen!

# Index

## A

Abkürzung 288
Ablauf 61
Abwägen 202
Ähnlichkeitsheuristik 285
Alarm 261, 266
Alarmprogramm 262
 – menschlich 262
Anerkennung 31
Anschluss 193
Antrieb 234
Anweisen 358
Arbeitsfeld 172
Arbeitsplatz 259
Aufbau 50
Aufgabe 62, 78, 259
Aufmerksamkeit 181, 248
Aufrechterhaltung 53
Auslöser, Stress 261
Ausrichtung 169

## B

Beauftragter 91
Bedrohung 263
Bedürfnis 188
 – psychologisches 191
Befindlichkeit 218
Befürchtung 30
Belastung 247, 259, 304
Beobachtung 226
Besohlung 82
Besprechung 359
Beteiligung 357
Betriebsblindheit 281
Betriebszustand 247, 306
Bewältigung 282, 294, 297
 – detailliert 216
 – gefiltert 216
 – Rahmenbedingung 217
Bewertung 282, 294, 297
 – detailliert 185
 – gefilterte 184
 – intuitiv 299
Bewertungs-App 283
Botschaft 28, 199
Bremsen 239
Bremsfragebogen 37
Bürokratie 306

## C

Change-Kurve 32
Coaching 8, 25, 39
Compliance 87

## D

Delegation 72, 357
Delegationsprozess
 – detailliert 80
Delegieren 358
Denken 119, 229, 346
 – langsames 248
 – risikobasiertes 332
 – schnelles 249
 – Zusammenspiel 250
Diskrepanz 300
Disposition 45
Dissonanz, kognitive 300
Dokumentation 55, 142, 172
Durchführung 56, 58
 – Delegation 81, 84
Dürfen 10
Dynamik
 – unerwünschte 157

# E

Einbeziehung 167
Einfluss
 - andere 211
Einflussfaktor 334
Einführung 56, 58, 59
 - Delegation 80
Einschätzfaktor 219
Einstellung 288, 297, 300
Emotion 199, 204, 223, 227
Empfangen 355
Engagement 146
Engpass 293
Entscheidung 46, 369
Entwicklung 48, 151
 - Mitarbeiter 63
Ereignisberg 321
Ereignisse
 - unerwünschte 345
Erfahrung 283, 225
 - Bewältigung 222
 - Bewertung 198
 - Wahrnehmung 183
Erfolg 222
Erinnerung 227, 286
Erkenntnis 223
Erschöpfung 266
Eskalation 90
Eskalationsverfahren 90
Expertenfalle 281

# F

Faustregel 287
Feedback 120, 238
Fehler 160, 173
Fehlerfreiheit 316
Fehlerkultur 335
Fehler
 - verhaltensbezogene 316
Fehlverhalten
 - Ursachen 322
Fernsichtbrille 282
Folgemaßnahme 85
Förderung 48, 63
Freiraum 357

Führung 12
 - Aufgaben 42
 - direkt 16, 38
 - indirekt 13, 107, 135
Führungsaufgaben 59
Führungsperson 115
Führungsprozesse 59
Führungssystem 113
Führungszyklus 58

# G

Gesetz 78
Gewinn- und Verlust-Rechnung
 - mentale 200
Gewohnheit 31
Gleichgewicht 111
Grundbedürfnisse 189
Grundsatz 73

# H

Handeln 300
 - bewusstes 253
 - Fehlerarten 323
 - halbautomatisches 253
 - unbewusstes 253
Handlungsimpuls 215
Handlungsmöglichkeit 201
Handlungsplan motivational 192
Handlungsstart 223
Handlungssteuerung, Betrieb 251
Herausforderung
 - einmalige 61
 - alltägliche 270
 - außergewöhnliche 273
Heuristiken 283
Hierarchie 77, 123
Hintergrundkontrolle 249, 278

# I

Identifikation 210, 234
Improvisation 45
Information 352
Informationsverarbeitung 183
Integration 151
Intention 213

Interpretation 283
Intuition 214

## K

Kenntnis
  – Bewältigung 222
  – Bewertung 198
  – Wahrnehmung 183
Kernanforderung 57
Klammeraffen 121
Kommunikation 160, 240, 351
Kompetenz 300
Kompetenzerleben 190
Komplexität 267, 304
Konflikt 259
Können 10
Kontext 116, 132
Kontrolle 46, 64, 173
Kränkung 31
Kreisverkehr 121
Krise 273
Kultur 109, 114, 133, 135, 159, 168, 171

## L

Lateral führen 97
Leistung 193
Lernen 160, 174, 224, 241, 309
Loslassen 121
Lösungsorientierung 372

## M

Macht 193
Menschenbild 291
Mitarbeiter 84, 115, 144, 345
Moderation 359
Motiv 188, 191, 195, 287
  – implizit und explizit 195, 211
Motivation 189
  – intrinsisch und extrinsisch 189
motivationale Schemata 192
Motivationsbremsen 212
Motivationspyramide 235, 236
Müdigkeit 254
Muster 107

## N

Nachricht 355
Nichtkonformität 316
Norm 50, 127, 155, 196, 269, 332, 352, 357
  – Systemisches in 130
Notfall 273, 295
Nutzwertanalyse 202

## O

Oberste Leitung 92, 145
Ordnung 107
Organigramm 95
Organisation 43, 45, 72, 109, 114, 140, 155, 167
Organisationsmangel 76
Organisationsverschulden 76

## P

Perspektive 234
Pflicht 73
Pflichtenübertragung 76
Plan, Do, Check, Act (PDCA) 49, 364, 334
Planung 43
Problemlösung 362, 368
Prozess 25, 141
Prozessorientierung 155
psychologische Grundbedürfnisse 189

## Q

Qualitätskriterien 202

## R

Rabattmarken 29
Rahmenbedingung
  – äußere 217
Reaktion 199, 262
Realität 306
Recht 78
Regel 196
Regelverstoß 323
Resilienz 230
Respekt 147

Risiko 71, 269, 285, 328
Risikobewertung 328
Rollen 91
Routine 61, 227, 280, 297
Rückdelegation 121
Rückschlag 230

## S

Schemata 229, 254
Schlüsselaufgaben
 – Führung 42
Schlüsselprozess
 – Führung 59
Schrauben 8
Selbstbestätigungstendenz 292
Selbstbestimmung 210
Selbstmanagementdreieck 262
Selbstorganisation 121, 123, 130
Selbstwirksamkeit 190, 237
Senden 352
Signal 36
Sinn
 – persönlicher 209
Situation 184, 283
 – unsichere 267
SMARTe Ziele 187
Sollen 10
SOL-Methodik 338
Stab-Linien-Organisation 95
Stab und Linie 374
Starthilfe 33
Steuerung 142
Stimmung 220
Störung 110
Strategie 113, 134, 166
Stress 296
Stressauslöser 258
Struktur 60
Synergie 165
System
 – Bestandteile 104
 – Eigenschaften 103
 – Grenze 105

## T

Theorie X und Y 291
Total Quality Management 129
TQM 129
Tunnelblick 297

## U

Übereinstimmung 147, 366
Überforderung 266
Übergabe 82
Unbewusstes 215
Unerwartetes 122
Ungewissheit 270
Unsicherheit 122, 269
 – fertigkeitenbasierte 324
 – regelbasierte 325
 – wissensbasierte 326
Unternehmenskultur 108
Unternehmensmodell
 – systemisches 112
Unternehmenspolitik 167
Unterschrift 83

## V

Veränderung 110, 224
 – Reaktion 33
Veränderungsprozess 32
Verantwortung 74
Verbesserung 54, 56
Vereinbarung 38
Verfügbarkeit 284
Verfügbarkeitsheuristik 285
Verhalten 109, 120, 177, 317
 – sicheres 335
Vernetzung 107
Verständnisebene 366
Verständnis
 – gemeinsames 365
Vertrauen 121
Verwirklichung 52
Vorurteile 288

## W

Wahrnehmung 276, 293, 295
- Schritte 180
- tückische 280

Wahrnehmungsfilter 181
Wahrscheinlichkeit 285
Wechselwirkung 107, 132, 318
Wenn-dann-Regel 297
Wert 196
Widerspruch 65
Widerstand 27
Wiederholung 227
Wirklichkeit
- persönlicher Ausschnitt 184
Wissen 229
Wollen 9

## Z

Zeit 30, 38, 121
Zeitdruck 296
Ziel 42, 59, 166, 170, 186, 239
- persönliches 188, 197

Zugehörigkeit
- soziale 211

Zuhören 38
Zukunft 201
Zusammenhänge
- äußere 116
- innere 112

Zwischenfall-Reporting 342

# Die Autorin

Susanne Petersen ist selbstständige Organisationsberaterin, Coach und Dozentin.

Nach dem Ingenieurstudium „Technischer Umweltschutz" an der TU Berlin lagen ihr beruflichen Schwerpunkte als Seniorberaterin, Partnerin und Führungskraft einer Unternehmensberatung zunächst vordringlich bei der Einführung und Optimierung von Managementsystemen. Im Fokus waren Arbeitsabläufe und Zielsetzungen aus Qualitätsmanagenment, Umweltschutz, Arbeitssicherheit und Gesundheitsschutz – mit und ohne Standards, aber generell mit den entsprechenden Rechtsvorschriften im Gepäck.

Schon immer der Moderation von Gruppen und Entscheidungsprozessen zugetan, arbeitete sie in den unterschiedlichsten Workshop-Settings von Klein- bis Großgruppe und entdeckte die Kraft und Effizienz, die in solchen Veranstaltungen möglich werden.

Mit zunehmender Methodenvielfalt und wachsendem Gespür für die zwischenmenschlichen Wechselwirkungen rückten unweigerlich auch die Themen Führung und Zusammenarbeit in den Fokus. Diese Faktoren entschieden letztlich darüber, ob wertvolle Kernziele wie Qualität, Arbeitssicherheit oder Umweltschutz tatsächlich und erfolgreich im Unternehmen auf- und angenommen wurden und tun es nach wie vor.

Inzwischen unterstützt die Autorin als systemisch orientierte Change-Beraterin bei der Planung und Durchführung entsprechender Vorhaben, Projekte und Veränderungsprozesse und begleitet diese auch durch Trainings- und Coachingmaßnahmen für Fach- und Führungskräfte.

Kontakt: www.change-in-progress.de

**HANSER**

# Wecke die 7 Kreativen in dir!

Friesike, Gassmann
**Kreativcode**
**Die sieben Schlüssel für persönliche und berufliche Kreativität**
200 Seiten
€ 14,99. ISBN 978-3-446-44557-4

Auch einzeln als E-Book erhältlich
€ 11,99. E-Book-ISBN 978-3-446-44610-6

Wir alle tragen den Kreativcode in uns, doch wir lassen unsere Kreativität zu oft verkommen. Im Laufe unserer Kindheit, unserer Jugend und auch noch im Erwachsenenalter wird sie durch die unterschiedlichsten Zwänge unterdrückt, bis sie vollkommen verschwunden ist. Doch wer nicht versucht, kreativ zu sein und neue Problemlösungen zu entwickeln, läuft Gefahr, bald selbst zum Problem zu werden.

Unser Kreativcode lässt sich auf sieben grundlegende Eigenschaften reduzieren, auf sieben Eigenschaften, die jeweils einen ganz eigenen Charakter darstellen: der Künstler, der Rebell, der Enthusiast, der Asket, der Träumer, der Imitator und der Virtuose. Wenn wir alle sieben Eigenschaften vereinen, dann sind wir KREATIV! Dieses Buch zeigt – überaus anschaulich und unterhaltsam – was diese Charaktere ausmacht und wie sie der Leser selbst entschlüsseln kann.

Mehr Informationen finden Sie unter **www.hanser-fachbuch.de**

# HANSER

# In 7 Zügen zum Unternehmer!

Grichnik
**Entrepreneurial Living – Unternimm dein Leben**
**In 7 Zügen zur Selbstständigkeit**
232 Seiten
€ 24,99. ISBN 978-3-446-44631-1
Auch einzeln als E-Book erhältlich
€ 19,99. E-Book-ISBN 978-3-446-44972-5

Egal, ob wir uns vornehmen, das neue Amazon zu entwickeln, eine Bar zu eröffnen oder mit unseren Freunden ein Hilfswerk ins Leben zu rufen: Es gibt tausend Gründe, um zu gründen – und in uns allen steckt ein Unternehmer!

Dieses Buch zeigt in sieben Zügen, was es braucht, um sich mit Humor und Freude an das unternehmerische Leben heranzuwagen und das persönliche Glück in der Eigenverantwortung zu finden.

*»Ein exzellenter Leitfaden zum Start der eigenen Unternehmerkarriere. Einfach anzuwenden, unterhaltsam und vielfach erprobt mit Unternehmern an der Universität St. Gallen.«* Prof. Dr. Miriam Meckel, Chefredakteurin der Wirtschaftswoche

Tech-Entrepreneure wählten Dietmar Grichnik dafür in die TOP-100 der führenden Entrepreneurship-Professoren weltweit.

Mehr Informationen finden Sie unter www.hanser-fachbuch.de

# HANSER

# Normanforderungen erfüllen

Koubek (Hrsg.)
**Praxisbuch ISO 9001:2015**
**Die neuen Anforderungen verstehen und umsetzen**
358 Seiten
€ 49,99. ISBN 978-3-446-44523-9
Auch einzeln als E-Book erhältlich
€ 39,99. E-Book-ISBN 978-3-446-45040-0

Dieses Werk stellt die ISO 9001:2015 umfassend dar, erläutert die Neuerungen und zeigt, wie diese am besten in der Praxis umgesetzt werden. Mit diesem Praktikerbuch gelingt Ihnen nicht nur leicht und konkret die Umstellung auf die neue Normversion, sondern Sie haben auch ein Werk bei der Hand, das Ihnen hilft, Ihre Prozesse zu verbessern und die Kundenorientierung sowie die Mitarbeiterzufriedenheit zu erhöhen.

- Konsequent umsetzungsorientiert
- Mit vielen Methoden, Beispielen und konkreten Tipps
- Leichte und unkomplizierte Umstellung auf die ISO 9001:2015
- Alle Änderungen und Neuerungen besonders hervorgehoben und auf Anhieb ersichtlich
- Namhaftes Autorenteam, das Sie sicher durch das Normendickicht navigiert und tatkräftig unterstützt

Mehr Informationen finden Sie unter **www.hanser-fachbuch.de**

# HANSER

# Rüstzeug eines jeden Qualitäts- und Prozessmanagers

Kamiske (Hrsg.)
**Handbuch QM-Methoden**
**Die richtige Methode auswählen und erfolgreich umsetzen**
3., aktualisierte und erweiterte Auflage
984 Seiten
€ 179,99. ISBN 978-3-446-44388-4

Auch als E-Book erhältlich
€ 149,99. E-Book-ISBN 978-3-446-44441-6

Das Handbuch QM-Methoden stellt die relevanten Methoden und Werkzeuge des Qualitätsmanagements wie Total Quality Management (TQM), Lean Management, Six Sigma, Kontinuierlicher Verbesserungsprozess (KVP), 5S, 8D, M7 oder Q7 kompakt und praxisbezogen vor. Sie können für jedes Problem die richtige Lösung finden und erhalten einen konkreten Leitfaden zur Hand, wie Sie Ihre Probleme lösen und die jeweilige Methode effektiv umsetzen. Die Neuauflage wurde überarbeitet und erweitert. Das Kapitel zum EFQM-Excellence-Modell wurde vollständig ersetzt; neu hinzugekommen ist die Methode Layered Process Audit.

Mehr Informationen finden Sie unter **www.hanser-fachbuch.de**